Mosche Zalcman
ALS MOSCHE KOMMUNIST WAR

D1619663

Mosche Zalcman

Mosche Zalcman

Als Mosche Kommunist war

Die Lebensgeschichte eines jüdischen Arbeiters
in Polen und der
Sowjetunion unter Stalin

Aus dem Jiddischen von Halina Edelstein
und dem Französischen von
Helma und Günther Schwarz
übersetzt

DARMSTÄDTER BLÄTTER

Originaltitel:Moshé Zalcman, La véridique histoire de MOSHÉ
ouvrier juif et communiste
au temps de Staline
traduit du yiddish par Halina Edelstein,
ENCRES/Recherches, Paris 1977 ISBN 2-86222-004-3

CIP-Kurztitelaufnahme der Deutschen Bibliothek

Zalcman, Moshe:
Als Mosche Kommunist war : d. Erlebnisse e.
jüd. poln. Arbeiters in Polen u. in d. Sowjet-
union unter Stalin / Mosche Zalcman. Aus d.
Jidd. von Halina Edelstein u. Franz. von Helma u.
Günther Schwarz übers. - Darmstadt : Darmstädter
Blätter, 1982
    (Judaica : Bd. 15)
    Einheitssacht. : Histoire de Moshé, ouvrier juif
    et communiste au temps de Staline (dt.)
    ISBN 3-87139-077-1
NE: GT

Reihe Judaica Band 15

1982

Gedruckt in der Druckerei E. Lokay, Reinheim im Odenwald

Verlag Darmstädter Blätter, Schwarz & Co
D-6100 Darmstadt, Haubachweg 5

ISBN 3-87139-077-1

Ich möchte allen denjenigen danken, die mir
bei der Abfassung des Buches geholfen haben:

„La Société associée des Amis
de Lublin à Paris"

Den Familien:

Léon und Pinkas Daitch

und allen Freunden in Frankreich,
Amerika und Israel.

Mosche Zalcman

Abbildungen

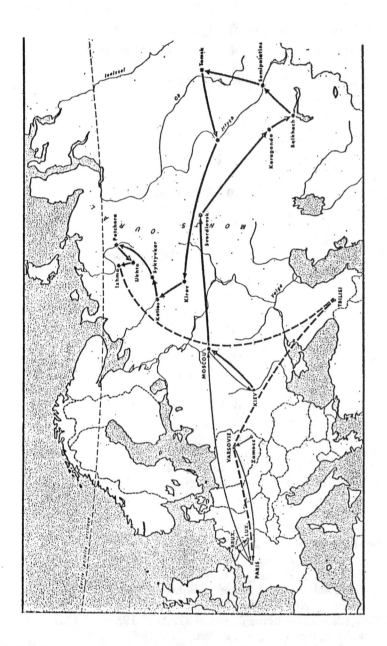

Mosches Lebensweg: Polen-Frankreich-Sowjetunion-Polen-Frankreich

INHALT

GELEITWORT

von Iring Fetscher

Woher nimmt Moische Zalzmann die Kraft, um auszuhalten, was er durchgemacht hat? Schlimmer als die Verfolgung von Feinden, als der dumme Haß von Antisemiten, die Diskriminierung durch fremdenfeindliche Kleinbürger waren die Brutalität der eigenen Genossen, der Kerker, die Folterung, die erlogenen Anklagen und die zynischen Verurteilungen des Unschuldigen durch Beamte des NKWD und Richter des "ersten sozialistischen Landes der Weltgeschichte". Voller Hoffnung reist der - daheim in Polen wie in Frankreich - engagiert für die Sache des Kommunismus Kämpfende schließlich in die Sowjetunion, das Land seiner Träume, das "himmlische Jerusalem" aller Leidenden, Unterdrückten und Elenden. Aber welch schmerzhaften Prozeß des Erwachens, der Öffnung der Augen, des erneuten Leidens muß er durchmachen, ehe er - endlich - das vermeintliche Paradies wieder verlassen kann!

Zuerst begegnet ihm das neue System der Privilegierung weniger auf Kosten der extremen Armut der meisten. Er wehrt sich gegen die eigene Bevorzugung als "ausländischer Genosse" und wird seines Idealismus wegen von den Ärmeren belächelt und von den Führenden beargwöhnt. Wie immer ist die Anständigkeit, die Uneigennützigkeit des Ankömmlings ein geheimer Vorwurf gegen die Korruptheit der neuen "Elite". Welch besseres Mittel gäbe es da, als die möglichst rasche Vernichtung des Außenseiters, wenn er sich schon nicht integrieren und das heißt hier korrumpieren läßt? Anfangs ist Moische Zalzmann noch bereit, als Propagandaredner in Betrieben aufzutreten. Als er jedoch merkt, wie irreführend seine Worte übersetzt werden, welche Lügen

9

man ihm in den Mund legt, hält er das Spiel nicht mehr aus. Er
will leben wie die einfachen Sowjetmenschen, ihre Kämpfe mit-
kämpfen, ihre Leiden mittragen, um ihnen helfen zu können.
Nach und nach wird er dem "Apparat" verdächtig. Schon seine
Aufnahme in die Partei ist von dem gleichzeitigen Verlust des
französischen Passes begleitet. Der Stolz auf die "hohe Auszeichnung, Mitglied der großen und siegreichen Kommunistischen
Partei der Sowjetunion" geworden zu sein, überwiegt zwar noch,
aber leise beginnen die ersten Zweifel sich zu regen, die selbst-
kritisch rasch wieder unterdrückt werden.

Bedrückend ist die Erfahrung des Verlustes an Solidarität, selbst
unter den Ärmsten. Durch ein raffiniertes System von Prämien
für überdurchschnittliche Leistungen einzelner, von Überwachung und Antreiberei bei niedrigstem Reallohn der "normalen"
Arbeiter wird ein Kampf aller gegen alle erzeugt, der doch nicht
zu der gewünschten Steigerung der Produktion führt. Bestarbeiter, die das Zwei- oder Dreifache der "Norm" bewältigen, erhalten Sanatoriumsaufenthalte, Lohnzulagen, Auszeichnungen.
An ihrem Beispiel wird die "neue Norm" orientiert, die Zurück-
bleibenden werden um so schmerzlicher für ihr "Versagen" ge-
straft. Die Bestarbeiter (wie Stachanow) werden von den einen
bewundert und beneidet, von den anderen als Normsteigerer ge-
haßt. Wer irgend kann, sucht eine Karriere als "Büromensch"
zu machen. Sei es in der verstaatlichten Gewerkschaft, die
kaum noch Interessen der Arbeiter verteidigt, sei es in der Partei, im NKWD oder sonstwo. Die Zahl der Verwaltungsangestellten und Aufseher in einem vergleichbaren Betrieb in Frankreich
war nicht halb so groß wie in der Kiewer Textilfabrik, in der
Zalzmann arbeitet. All diese "Büromenschen" müssen von gleichen Lohnfonds bezahlt werden wie die Betriebsarbeiter. Ihre

hohen Löhne drücken die der einfachen Handarbeiter herab.

Alles kämpft um die einfachsten Dinge des Alltags: um ausreichende Menge von Brot, Fett, Fleisch, Milch usw. Vor allem aber um ein Stück Wohnraum. Korruption und Vetternwirtschaft, Denunziation und gegenseitige Bespitzelung machen das Alltagsleben zur Qual. Oft genug werden einfache Menschen, öfter noch Funktionäre verhaftet, weil einem anderen Funktionär ihre Wohnung gefallen hat. Moische Zalzmann gerät in die Maschine der Stalinschen Prozesse, wird verhört und gefoltert und hält sich mit unendlicher Tapferkeit, ohne auch nur einen seiner Genossen zu verraten. Einmal wird er 70 Stunden lang stehend verhört, dazwischen immer wieder geschlagen und mißhandelt, aber er bleibt fest.

Einziger Trost - wenigstens einige Zeit lang - ist der Zusammenhalt der Leute aus Zamosc, seinem Heimatort. Es ist die gleiche Industriestadt, in der auch Rosa Luxemburg geboren wurde, und ein Ort, aus dem zahlreiche jüdische Kommunisten stammen. Einige von ihnen sind schon längere Zeit in der Sowjetunion, einige haben führende Positionen und sind bereit, dem neuangekommenen Genossen zu helfen. Später geraten die meisten von ihnen in die Mühlen der Verfolgung, die mit Vorliebe jüdische Altkommunisten sich vornimmt.

Enttäuschend dagegen ist das Bild der ausländischen Genossen, die - als Gäste der Sowjetregierung oder der Partei - besuchsweise ins Land kommen. Sind sie blind, macht man ihnen etwas vor, baut man ihnen Potemkinsche Dörfer auf - oder wollen sie aus Bequemlichkeit lieber nicht sehen? Wie bringen sie es nur fertig, daheim jene Lügen vom Vaterland aller Werktätigen und den glücklichen Sowjetmenschen zu verbreiten, denen auch Moische Zalzmann Glauben geschenkt hat? Vielleicht sind acht bis vierzehn Tage auch zu kurz, um die Wahrheit des sowjetischen Arbeiteralltags kennenzulernen, vor allem dann, wenn man nur von einem Sanatorium ins andere, von einer Prominentendatscha zur anderen gefahren wird? Aber er hat ja mit einigen von ihnen gesprochen, ihnen - vorsichtig - etwas über das reale Alltagsleben der Arbeiter erzählt. Wollten sie einfach nicht hören und nicht sehen?

Was Moische Zalzmann zu berichten hat, sind nicht die Propagandalügen von berufsmäßigen Antikommunisten, aber auch nicht die geschönten Märchen von Apologeten der bürokratischen Herrschaft, die sich mit dem Namen des Sozialismus zu Unrecht schmückt. Es ist der nüchtern geschriebene, ehrliche Erfahrungsbericht eines jüdischen Arbeiters aus Polen. Eines Arbeiters, der seine ganze Kraft in den Dienst der Befreiung der Arbeiterklasse stellen wollte und aus diesem Grunde sich der Kommunistischen Partei Polens und später Frankreichs anschloß. Eines gläubigen Kommunisten endlich, der nichts sehnlicher sich wünschte, als in der "großen Sowjetunion" am Aufbau des Sozialismus mitwirken zu können. Sein Schicksal ist das von vielen Tausenden. Aber während fast alle übrigen Kommunisten aus Zamosc während der "großen Säuberung" ums Leben kamen, jämmerlich starben in Gefängnissen und Lagern, hingerichtet von Exekutionskommandos, gestorben an Hunger und Seuchen unter den unsäglichen Haftbedingungen, hat Moische Zalzmann die Zeit seiner Leiden überlebt. So konnte er Zeugnis ablegen, nicht nur für sich selbst, sondern auch für die zahllosen Genossen, die gleich ihm das neue "himmlische Jerusalem" gesucht hatten und in der Hölle des Archipel Gulag umkamen.

Ergreifend an diesem einfachen Bericht ist das gänzliche Fehlen von Haß und Vergeltungsbedürfnis. Zalzmann will Zeugnis ablegen. Die Tatsachen sprechen für sich selbst. Er hat keine Theorie, um wegzuerklären, was er am eignen Leib erfahren hat. Es ist an uns, die Erklärung zu suchen. Meine Aufgabe kann es nicht sein, an dieser Stelle die Antwort auf die Frage zu geben, die sein Buch stellt. Aber so viel läßt sich gewiß sagen: Die bürokratische Organisation des Lebens und die totale Vernachlässigung des alltäglichen Glücksbedürfnisses der Menschen führt - zusammen mit der materiellen Not - zu einer Zerstörung von Solidarität, die dann ihrerseits von den Machthabern als Grundlage ihrer Herrschaft bewußt gepflegt und gefördert wird. Hierarchie, Konkurrenzstreben von Karrieristen sowie Unterdrückung freiwilliger, spontaner Vereinigungsformen ergänzen einander zu einem perfekten, aber wenig leistungsfähigen System. Einem System, das zwar stark genug ist, Menschen zu brechen, aber nicht, qualitativ höhere Leistungen aus ihnen hervorzulocken.

In der heutigen Sowjetunion mag vieles anders aussehen als während der schlimmen Jahre, die Moische Zalzmann erlebt hat, aber das Prinzip von Hierarchie, Privilegierung, Konkurrenz der Karrieristen und Unterdrückung spontaner Vereinigungen stellt noch immer das erfolgreich praktizierte Herrschaftsmittel dar. Aus diesem Grunde konnte in Polen die alte Losung der Arbeiterbewegung - Solidarität - zum Schreckenswort für die privilegierte Führungskaste werden. Wie groß das Bedürfnis und die Fähigkeit zu solidarischer Organisation und zu solidarischem Handeln dennoch unter der Bevölkerung ist, haben mehr als ein Jahr lang die Erfolge der polnischen freien Gewerkschaft gezeigt. Der Versuch einer friedlichen Koexistenz zwischen einer wirklich solidarischen Gewerkschaft und dem hierarchisch-bürokratischen Herrschaftssystem ist vorerst gescheitert. Die beiden scheinen schlechthin unvereinbar zu sein. Im Mund der Machthaber des Apparates verwandelt sich das Wort Solidarität zur sinnlosen Phrase. Vor der praktizierten Solidarität schmilzt die bürokratische Herrschaft zusammen, verliert sie ihre Kraft. Die Nomenklaturaklasse kann darum wirkliche, praktizierte Solidarität nicht zulassen - jedenfalls nicht "im eignen Lande". Vielleicht erklärt das auch, warum freiwillig und für dauernd ins Land kommende ausländische Genossen - wie Moische Zalzmann - eher mißtrauisch angesehen werden. Sie praktizieren eine Haltung, von der man zwar gerne spricht, die man aber lieber "unter strenger Kontrolle" hält.

Was unterscheidet die Sowjetunion von einer faschistischen Diktatur? Vor allem die Tatsache, daß sie einmal ein Land der unermeßlich großen Hoffnung war, daß die erste Generation der Revolutionäre wirklich ihr Leben der Sache der "Befreiung der Arbeiterklasse" geweiht hatte. Aus diesem Grunde ist es auch berechtigt, von einer Tragödie zu sprechen, der größten vielleicht, die das zwanzigste Jahrhundert kennt. Die Herrschaft der Nazis und ihre brutale Verfolgung der Juden, der Zigeuner, der politischen Gegner war nicht "tragisch", sondern Ausdruck eines systematischen Herrschafts- und Vernichtungswillens. Die Niederlage der Nazis war immerhin eine Befreiung. Das Scheitern der Befreiungsbewegung, als die einmal der russische Kommunismus angetreten war, ist tragisch, die Opfer dieses Scheiterns, die Millionen, die im Archipel Gulag ihr Leben verloren, dahinsiechten und ihre Hoffnungen begraben mußten, können noch nicht einmal sagen, sie seien für eine bessere Sache umgekommen oder hätten für ein schöneres Morgen gelitten. Das einzige, was ihrem Leben noch Sinn geben konnte, war die Zeugenschaft. Eine Zeugenschaft wie die von Moische Zalzmann. Ein Zeuge unter vielen und dennoch eine unverwechselbare, uns anrührende Gestalt.

14

Vorwort zur französischen Ausgabe

Dies Buch von Mosche Zalcman wurde zuerst auf Jiddisch ver-
öffentlicht. Es wurde zu einer Art Bestseller, aber seine Verbreitung scheiterte an einer unabänderlichen Tatsache: Es gibt
immer weniger in Polen geborene polnische Juden und andere,
die das Buch auf Jiddisch lesen könnten.

Wir haben uns daran gewöhnt, geduldig zuzuhören, wenn diese
Juden aus den Gemeinden Polens und aus dem revolutionären
Europa von ihrem Unglück erzählten. Solche Erzählungen wa-
ren in unserer Kindheit an der Tagesordnung.

Eine dieser Erzählungen wollen wir veröffentlichen, die Geschichte von Mosche, einem jüdischen kommunistischen Arbeiter zur Zeit Stalins. Wird die Generation europäischer Juden,
die in Frankreich geboren ist, jetzt entdecken, von wem sie ab-
stammt? Aber es handelt sich für uns nicht darum, alte, vertraute Erinnerungen hervorzuholen. Wir wissen wohl, daß wir
einander entfremdet sind. Unser Wunsch ist es nur, daß diese
Erzählungen über ihren ursprünglichen Leserkreis hinaus bekannt werden, vielleicht eine paradoxe Weise, heutzutage unsere "Jiddischkeit", unser Judentum zu entdecken.

Fréderic DAJEZ
Philippe GUMPLOWICZ
Youval MICENMACHER
Isy MORGENSTERN
Luc ROSENZWEIG   Paris 1977

Vorwort zur deutschen Ausgabe

Mein Buch ist kein literarisches Werk, sondern der ergreifende Aufschrei eines Menschen, der alle die Leiden und Qualen, körperliche wie seelische, durchgemacht hat, die Millionen Menschen in dem traurig-berühmten G u l a g der Sowjetunion erlebt haben. Mein Buch ist gleichzeitig das Zeugnis eines von zehntausend politischen Emigranten, die auf der Flucht vor Verfolgung im eigenen Land in die Sowjetunion gegangen sind. Sie hatten vorher im geheimen in den Rängen der kommunistischen Partei in den verschiedenen Ländern gekämpft (Polen, Rumänien, Litauen, Österreich, Deutschland). Die Anzahl der Juden unter ihnen war verhältnismäßig hoch, und das hatte seinen Grund. Sie wurden doppelt verfolgt: sowohl gesellschaftlich und national als auch als Juden.

Nach Hitlers Machtergreifung im Jahre 1933 wurden viele dieser Kämpfer in die Sowjetunion geschickt, die damals für sie die einzige Hoffnung und die einzig mögliche Zukunft in den schönsten Farben darstellte.

Im Jahre 1937 wurden alle politischen Emigranten, ohne jede Ausnahme, verhaftet. Die Intelligenzija wurde erschossen. Die übrigen wurden, ohne jedes Gerichtsverfahren, deportiert und in den zahllosen Sklavenlagern interniert, wo 80 bis 90 Prozent unserer Leute gestorben sind. Wir waren achtzehn Kameraden, alte Mitglieder der kommunistischen Organisation meiner Geburtsstadt Zamosc, die damals in die Sowjetunion gefahren sind. Ich bin der einzige Überlebende dieser Gruppe! Das vermittelt eine Vorstellung von dem Prozentsatz derjenigen, die das große Glück hatten, im G u l a g zu überleben. Und dabei betrug die Zahl der unglücklichen Häftlinge in den sowjetischen Lagern mehrere Millionen. Allein vor und in dem Zweiten Weltkrieg waren hunderttausende Koreaner, Tataren, Wolgadeutsche und andere eingekerkert in den Lagern, die an allen Enden des riesigen Gebietes der Sowjetunion gelegen waren.

Nach dem letzten Weltkrieg, der von Hitler-Deutschland geplant und begonnen wurde und der besonders mörderisch war, hoffte die ganze Menschheit auf eine Zukunft in Frieden und Freiheit, hoffte darauf, daß endlich ein Frühling der Freundschaft und der Brüderlichkeit zwischen den Völkern kommen werde. Leider hat der siegreiche Adler der Sowjets die Insignien von Hammer und Sichel überschattet.

Mit Hilfe ihres verlogenen sozialistischen und kommunistischen Geredes hat die Sowjetunion erneut ihre Schwingen der Expansion ausgebreitet. Der großrussische Chauvinismus hat sich immer mehr des Antisemitismus als giftigen Propagandamittels in der Sowjetunion selbst und in anderen Ländern bedient.

Die Sowjets betrachteten die Juden als ein Volk, das organisch mit der westlichen Kultur verbunden ist, und haben ihm daher den gnadenlosen Krieg erklärt. Sie haben die jüdischen Intellektuellen zu dreckigen Weltbürgern, zu vaterlandslosen Gesellen ohne Paß erklärt. Als sie schließlich die jüdische Kultur mit der westlichen Ideologie verwechselten, begannen die sowjetischen Führer einen Krieg gegen die aufrichtigen jüdischen Intellektuellen: Universitätslehrer, Schriftsteller, Ärzte. Diese letzteren wurden als "Mörder in weißen Kitteln" behandelt. Die Russen haben das kulturelle Leben der Juden gänzlich vernichtet. Die jüdischen Dichter und Schriftsteller: Peretz, Markisch, Hoffstein, Bergelson, Michoels und andere wurden erschossen. Hunderte weiterer Intellektueller wurden in den Lagern des G u l a g interniert, um dort langsam, aber sicher umzukommen.

Mehr als ein Vierteljahrhundert ist inzwischen vergangen, seitdem der Kult Stalins und Berijas angeblich liquidiert wurde. Trotzdem ist die Sowjetunion gegenwärtig das einzige große europäische Land, das antisemitische Propaganda verbreitet, das Feindseligkeit und Haß gegen die Juden unter dem Deckmantel des Anti-Zionismus und der Israel-Feindschaft propagiert. Diese Täuschung nützt nichts, die Absichten sind klar und offenkundig.

Ich möchte von ganzem Herzen dem Verlag D a r m s t ä d t e r B l ä t t e r dafür danken, daß er die Verbreitung meines Buches in deutscher Sprache ermöglicht hat. Bei dieser Gelegenheit möchte ich in Erinnerung rufen, daß in der schönen Sprache Goethes, Beethovens, Einsteins, Freuds und anderer Persönlichkeiten der Wissenschaft und der Weltkultur der teuflische Plan Hitlers ausgearbeitet wurde, das jüdische Volk auszurotten. Ein Drittel meines Volkes, darunter 15 000 Männer, Frauen und Kinder meines Geburtsortes Zamosc, wurden vernichtet. Niemand von den dort Geborenen überlebte. Jede Spur kulturellen Lebens in dieser Stadt, deren Geschichte drei Jahrhunderte zurückreicht, ist ausgelöscht worden.

Im Laufe dieser dreihundert Jahre haben mehr als siebzig Schriftsteller, Rabbiner und hervorragende Politiker das Licht der Welt in Zamosc erblickt. Unter anderen der rabbinische Schriftsteller Israel von Zamosc, Autor des Buches "Netze Israel" (auf Hebräisch),verlegt in Frankfurt a. d. Oder. Einer seiner Schüler war der Philosoph und Schriftsteller Moses Mendelssohn (1729-1786), Begründer der jüdischen Kulturbewegung "Haskala", Übersetzer des Pentateuch ins Deutsche. In meiner Heimatstadt kam der Schöpfer der modernen jüdischen Literatur (auf Jiddisch), Itzhak Leibich Peretz, zur Welt. Zamosc ist auch

die Geburtsstadt von Rosa Luxemburg (1870-1919), einer der
großen Vorkämpferinnen der Arbeiterbewegung, der weltbe-
rühmten Kämpferin für Sozialismus und Frieden.

Es ist unmöglich zu sagen, wieviel die Menschheit infolge der
Vernichtung von sechs Millionen Juden, darunter eine Million
Kinder, unter der Nazibesatzung im Laufe des Zweiten Welt-
kriegs verloren hat. Auf jeden Fall müssen wir eine Lehre aus
unserem so tragischen Schicksal, aus der Erfahrung des Holo-
causts unseres Volkes ziehen. Jede Diktatur bringt unweiger-
lich Unglück, Kriege und Katastrophen mit sich. Es ist höchste Zeit, daß die ganze Menschheit die Botschaft des Prophe-
ten Jesaia verwirklicht: "Der Wolf und das Schäfchen weiden
zusammen. Die Schwerter werden zu Pflugscharen umgeschmie-
det. Der Mensch wird seines Nächsten Bruder sein."

Paris, 5. Februar 1982   Mosche Zalcman

"DIE RÜCKKEHR NACH HAUSE"

Eines Tages im November des Jahres 1957 erreiche ich schließlich den letzten sowjetischen Bahnhof in der Grenzstadt Brest-
Litowsk. Dieser Bahnhof ist wieder aufgebaut worden, und der
Glanz und die Pracht seiner weiten Säle, seiner Hallen und seiner Büros sollen denjenigen blenden, der das riesige sowjetische Reich betritt. Die überwiegende Mehrheit der Reisenden in
dem Zug, der in die Grenzbezirke fährt, sind sowjetische Offiziere. Die Gruppe der Zivilisten, zu denen ich gehöre, besteht
aus Heimkehrern. Die meisten sind Polen, die aufgrund eines
Abkommens zwischen Rußland und Polen nach Jahren des Exils
und der Widerwärtigkeiten aus Sowjetrußland heimkehren. Freude belebt ihre Gesichtszüge, erhellt ihre Blicke. In einem wahren Freudentaumel wiederholen sie: "Wir kehren heim! Wir kehren heim!"

Ganz anders unsere kleine Gruppe Juden, die in diesem Bahn-
hofssaal sitzen und auf die Abfahrt warten. Obgleich im Herzen
Polens geboren, in Warschau, Lodz, Lublin und Zamosc, verbunden durch die Erinnerung an die Leiden und an die gemeinsam mit den Polen geführten Kämpfe, wissen wir, als polnische
Juden, daß wir nicht in die Heimat zurückkehren, wir haben keine Heimat. Mit Hilfe der Polen sind mehr als drei Millionen der
Unsrigen von den Nazis umgebracht worden.

Es ist wahr, daß man der gegenwärtigen Regierung Polens viel
Gutes nachsagt. Es heißt, sie sei gerecht und zu den Juden
menschlich ... Nach so langen Jahren des Leidens empfinden

wir aber eine wahre Angst bei dem Gedanken, diesen Polen zu begegnen, mit ihnen zu sprechen, ihnen gegenüberzustehen. Hatten sie nicht, direkt oder indirekt, mit unserer Vernichtung zu tun, und waren sie nicht sogar am Massaker beteiligt? Nach so vielen Jahren der Trennung von den Unsrigen, ihnen entrissen, ist unser Heimweh lebhaft, hartnäckig und heftig ist unser Wunsch, wieder unter unseren jüdischen Brüdern zu leben. Wieder Jiddisch zu hören, diese verfemte Sprache, die in Sowjetrußland so brutal liquidiert worden ist!

Im Geiste eines jeden von uns lebt nur ein Gedanke, ein Wunsch: die UdSSR zu verlassen, so schnell wie möglich abzureisen, woanders hin! Nach mühsamen Antragsformalitäten und unbeschreiblichen Schwierigkeiten, die wir den Angestellten, der Polizei und der sowjetischen Bürokratie verdanken, hat die Mehrzahl von uns Heimkehrern, die durch den Krieg aus ihrem Lande gejagt worden waren, schließlich die Erlaubnis erhalten, Rußland zu verlassen.

Aber ich selbst gehöre einer anderen Kategorie an: Ich bin einer der wenigen am Leben gebliebenen Zeugen, einer unter Zehntausenden von Kommunisten, die schon lange vor dem Kriege sich ins Land des Sozialismus begeben hatten.

In den zwanziger Jahren war diese Elite von den kommunistischen Parteien entsandt worden, um eine gründlichere ideologische Ausbildung zu erhalten, die ihr später erlauben sollte, in ihren Ursprungsländern zu politischen Kadern zu werden. Nicht wenige waren gekommen, um nach den langen Jahren, die sie in den Gefängnissen Polens oder anderer Länder verbracht hatten, wo die verbotene kommunistische Partei im Untergrund operierte, einen Hauch der Freiheit wiederzufinden. Wie soll ich dies

Gefühl zum Ausdruck bringen, diese Freude, die unsere Herzen in dem Augenblick erfüllte, als wir endlich die Grenze des Landes überschritten, in dem Gerechtigkeit und Freiheit herrschen sollten? Wir warfen uns auf die Erde, um den Boden zu küssen!

Es kamen die Jahre 1936· und 1937, als das Fallbeil fiel: Ich, der wunderbarerweise überlebte, sehe die verlorenen Kameraden vor mir, die völlig in Vergessenheit geraten sind; aber ihr beispielhaftes Leben darf nicht unbekannt bleiben. Und mit allen meinen Kräften möchte ich die Geschichte dieser Kämpfer, die an ihrem Ideal zerbrochen sind, aufzeichnen. Alle diese Kameraden, die aus meiner Geburtsstadt stammten und die glühende Revolutionäre waren, leben in meiner Erinnerung an diesem nebligen Novembertag 1957, in diesem Bahnhof von Brest-Litowsk wieder auf.

Schließlich fängt man an, uns aufzurufen, uns unsere Pässe zurückzugeben; man schickt uns zum Bahnsteig, wo die polnischen Waggons halten. Angst ergreift mich ... Wenn es nur keine Überraschung gibt! Diese Panik ist nicht unbegründet. Ich stelle mich an den Schalter, wo die Pässe nach der letzten Kontrolle ausgehändigt werden; meine Frau und mein Sohn verlassen mit ihren Pässen den Schalter, während ich auf den meinen warte. Mein Paß ist nicht da. Mit tonloser Stimme frage ich, wo er sei. Der Angestellte sagt mir, wie abwesend, er wisse es nicht, und schließt den Schalter. Niedergeschmettert blicke ich mich um; die Meinen sind schon auf der anderen Seite des Schlagbaums. Ich fühle Fieber aufsteigen, ebenso wie damals, vor dem Eintritt in dies gelobte Land! Jawohl, damals verzehrte mich die Angst, nicht dorthin zu gelangen, gegenwärtig ist es ein anderer Schrecken, nämlich zurückgehalten zu werden, daran gehindert zu werden, es zu verlassen. Ich habe nur einen einzigen Wunsch: von hier wegzukommen! Meine Angst vergeht: Mein Paß ist da. Ich stürze wie ein Verrückter zu dem Zug, der auf der anderen Seite der Grenze wartet, auf polnischem Boden.

Fünfundzwanzig Jahre sind seit dem Tage verflossen, als meine Kameraden von der jüdischen Sektion der französischen kommunistischen Partei in Paris einen Abschiedsabend vor meiner Abreise in die UdSSR veranstaltet hatten. Heute bin ich ein politischer Ex-Emigrant, ein Privilegierter; ich habe das Recht, direkt nach Warschau zu fahren und mich an die Sektion "Geschichte der Partei" zu wenden, deren Aufgabe es ist, sich um die Entkommenen der Alten Garde zu kümmern.

In diesem überfüllten polnischen Waggon wird die Luft knapp; man atmet mit Mühe, und dennoch stellt sich eine Entspannung ein: Man lächelt, man ist freundlich, leutselig, sogar höflich; man rückt ein wenig zusammen, um dem Nachbarn etwas mehr Platz zu machen; man schließt schnell Bekanntschaft. Die Unterhaltungen kommen ganz wie von selbst: Das Vertrauen zum andern hat sich wieder eingestellt. Dies ist der erste Hauch von Freiheit, dieser seit Jahren vergessenen Freiheit. Es ist eine Festtagsstimmung, eine Wiedergeburt.

Ich beobachte einen Offizier mit vielen Orden. Ruhig hört er unseren Gesprächen zu. Gelegentlich macht er eine Bemerkung, sagt ein Wort der Billigung, lächelt. Ich wage es kaum zu glauben, ich wundere mich und sage zu mir selbst, daß irgend etwas in diesem alten Polen sich geändert hat, etwas, das nach Demokratie aussieht. Damals hätte der bescheidendste Unteroffizier nicht gewagt, sich mit Leuten wie uns abzugeben. Der Stolz der Militärkaste hätte es ihm nicht erlaubt. Hier aber spricht ein höherer Offizier, hoch dekoriert, einfach und freundlich mit den Zivilisten. Es ist nicht zu leugnen: Das heutige Polen ist anders geworden. Um mich herum spricht man über die Innen- und Außenpolitik des Landes, über den Freien Markt und über die polnische Landbevölkerung; man stellt das Scheitern der Kooperativen fest. Die Städter haben die Folgen zu tragen.

— Die Bauern wollen nur ihr Land bestellen; sie sagen, daß ihr Hof und ihr Stückchen Land ihnen genügen und daß die Kooperative von ihnen eine größere Anstrengung bei geringerem Verdienst fordere!

— Wenn das Land genügend industrielle und landwirtschaftliche Ausrüstung besäße, um den Boden ertragreich zu machen, sagt ein anderer Reisender, würde der Bauer investieren, die Produktion würde steigen, der Handel in Gang kommen.

— Früher produzierte Polen genügend Maschinen und Nahrungsmittel und war in der Lage, ans Ausland zu verkaufen. Heutzutage fehlt es an allem, sogar Getreide und Hafer, den wir woanders kaufen müssen.

— Bei wem liegt der Fehler? fragt ein Reisender; wenn wir den Russen nichts abgeben müßten, würde es uns in Polen an nichts fehlen!

Und während ich zuhöre, erinnere ich mich an ganz ähnliche Klagen aus dem Munde von Sowjetbürgern. Dort sagten sie: "Wenn wir nicht die kleinen befreundeten Länder ernähren müßten, würde man bei uns in Rußland im Wohlstand leben."

Wir kommen in Warschau an. Dort gibt es eine Art Empfangszentrum für Heimkehrer. Ich eile, dort die Genossen meiner Jugend wiederzufinden, besonders meinen Freund H., der gegenwärtig einen hohen Rang bei der Sicherheitspolizei einnimmt.

Meine Familie erinnert sich noch daran, was er sagte, als er von meiner Verhaftung in Sowjetrußland hörte: "Wo gehobelt wird, da fallen Späne". Das ist ein altes Sprichwort bei uns. Heute aber besitze ich meinen Rehabilitations-Ausweis, der mir in diesem demokratischen Polen eine gewisse Rücksichtnahme verschaffen müßte. Bei ihm angekommen, klingele ich in der Ungewißheit: Werden wir heute noch eine gemeinsame Sprache finden? Wird er mich überhaupt wiedererkennen? Wir haben uns zum letzten Mal im Jahre 1928 gesehen, als er, fast blind, aus dem Gefängnis entlassen wurde. Mit Bangen warte ich auf das Öffnen der Tür, ich drehe mich um und sehe, wie er in einem schönen Wagen ankommt. Ich erkenne ihn wieder. Heute hat er einen ungezwungenen Gang, wie ein Mensch, der seinen eigenen Boden bestellt. Wir umarmen uns: Obwohl die militärische Uniform ihm steht und ihn schlank macht, scheint er kleiner geworden zu sein. Seine Haare, einstmals braun, sind weiß geworden; sie sind dünner und nicht mehr gewellt. Die Gesichtszüge sind energisch, aber seine tief in den Augenhöhlen liegenden Augen und das ermüdete Gesicht verraten Erschöpfung und Schlaflosigkeit.

Er führt mich in seine Wohnung. Er ist warmherzig, zuvorkommend. Er stellt mich seiner Frau vor, einer schönen nichtjüdischen Polin, und seinen beiden Kindern. Trotz aller Zeichen seiner Freundschaft fühle ich, daß er offensichtlich sorgsam vermeidet, unsere Vergangenheit in Erinnerung zu rufen; man könnte sagen, er bemühe sich, so zu tun, als ob sie nie existiert habe. Meinerseits brenne ich mit ganzem Herzen darauf zu erfahren, was aus unserer Geburtsstadt Zamosc geworden ist, zu erfahren, wer überlebt hat und wer von dieser ganzen wundervollen Gruppe der Kameraden unserer jungen Jahre übriggeblieben ist. Denn mich verlangt es danach, diese **Vergangenheit**, die er fürchtet, nochmals zu erleben.

ראטהויז

Rathaus von Zamosc

Die während des Krieges zerstörte Synagoge von Zamosc

פ. ל. פרץ

Porträt von P e r e z , Jizchok Lejb:
Zamosc 18. 5. 1851 - Warschau 3. 4. 1915,
dem Vater der modernen jiddischen Literatur

Rosa Luxemburg, geb. 5. 3. 1870 Zamosc,
ermordet am 15. 1. 1919 in Berlin

ZAMOSC - MEINE HEIMAT

Zamosc erfreute sich bei den Juden Polens eines großen Ansehens. Hier lebten einst die berühmtesten talmudistischen Gelehrten. Hier wurden die Begründer der jüdischen Literatur, Ettinger und Peretz, geboren. Und in seinen ärmsten Vierteln entstanden die ersten politischen Bewegungen.

Die alte Stadt war vielgestaltig, wenn nicht gegensätzlich: Neben den Mitnagdim, die die Gebete der Thora strikt einhielten, entwickelte sich der Chassidismus, eine vom Mystizismus gefärbte Strömung. Ein Rabbiner hatte hier seine leidenschaftlichen Anhänger; aber der Bund, die Organisation der jüdischen Arbeiter und die wichtigste sozialistische Bewegung Polens, hatte auch hier seit dem Jahre 1905 Fuß gefaßt. Nach der Spaltung des Bunds, Anfang 1920, folgte der linke Com-Bund den Kommunisten und errichtete dort seine Bastion; die jüdische Jugend stand unter dem Druck des Antisemitismus und der christlichen Religion. Sie erblickte in dieser neuen Partei die Lösung ihrer Probleme, hing ihr massenhaft an und schenkte ihre Energie und ihren Enthusiasmus dieser Partei.

Gab es irgendein Handwerk, das die Juden von Zamosc nicht kannten? Sie waren Dachdecker, Blechschmiede, Seiler, Schlosser, Uhrmacher, Mützenmacher und was sonst noch alles. Zwei Handwerker sind mir lebhaft in Erinnerung geblieben, Pinele und Berele, beide Schlosser, beide von kleinem Wuchs. Pinele ein ziemlich ernsthafter Träumer, Berele, im Gegensatz dazu, leutselig und immer guter Stimmung; sogar während der Arbeit lachte er und trieb seinen Spaß. Während des Ersten Weltkrieges wurden die Rohstoffe knapp, aber die beiden fanden immer einen Ausweg. Es waren einfallsreiche Leute, die Mittel und Wege fanden, um ihre Kunden zufriedenzustellen, weil sie es verstanden, mit ihren Händen verschiedenartige Abfälle: alte Schlüssel, Sardinenbüchsen und allerlei sonstige Eisenwaren, die wir Buben gerne für sie sammelten, in Schlösser, Schlüssel, Klinken und Haken zu verwandeln.

Zamosc rühmte sich auch seiner guten Bäcker. Sie buken das Brot und die geflochteten Kranzkuchen nicht nur für unsere Stadt, sondern auch für die Städte und Dörfer der Umgebung. Für die Festtage wandte man sich an die jüdischen Bäcker und Konditoren von Zamosc; zu Ostern prangte das Matzegebäck auf der glänzend weißen Tischdecke. In dem neuen Stadtteil war der Bau von Mühlen Sache der Juden; zunächst entstand eine Dampfmühle, später kamen zwei elektrisch betriebene Mühlen hinzu, und die alten Windmühlen bildeten bald nur noch malerische Erinnerungsstätten, die von Dichtern besucht wurden. Der kleine jüdische Hausierer führte in Zamosc ein besonders hartes Leben: Er war der hauptsächliche Mittler zwischen Stadt und Land. Diese armen Hausierer wurden eine leichte Beute der Pogromveranstalter. Mit der Zeit wurden diese arbeitsamen, zähen Leute, die mit so viel Mühe die armselige Existenz ihrer Familien sicherten, vernichtet.

Der Erste Weltkrieg begann in meiner Kindheit. Wir wohnten nahe der österreichischen Grenze . Nach der Kriegserklärung beschlagnahmte man bei den Juden die Kühe und Pferde. Die Juden wurden damit ihres Unterhalts brutal beraubt. Die Kinder gingen nicht mehr zur Schule. Kosakenregimenter, bis an die Zähne bewaffnet, blockierten die Straßen. Die Kosaken griffen die Flüchtlinge der Frontdörfer an, um ihnen die kümmerlichen Reste, die sie mit sich führten, wegzunehmen. Weil die Juden Bärte trugen, waren sie ihr bevorzugtes Ziel.

Unsere Stadt dämmerte damals in Angst dahin. Mein Vater war Fischhändler. Plötzlich war ihm sein Broterwerb genommen worden, denn man konnte nicht mehr auf dem Land einkaufen (in Polen kannte man nur Süßwasserfische). Wenn es zufällig gelang, einige Pfund Fisch aufzutreiben, dann wurden sie unterwegs gestohlen, sei es von den Kosaken, sei es von einem durchziehenden Regiment. Notfalls konnte man an einem Sabbat ohne Fisch leben, aber wir hatten bald nichts mehr, um Brot zu kaufen. Meine Mutter stammte von einer Bauernfamilie ab, von Milchhändlern, die in einem Dorf nahe der ukrainischen Grenze lebten. Sie halfen uns ein wenig, aber bald mußten auch sie alles aufgeben und flüchten, denn die Kosaken, die nach Wodka suchten, nahmen die vor der Beschlagnahme geretteten Kühe und Pferde mit, nachdem sie den Bauernhof verwüstet und geplündert hatten.

Der Rückzug der russischen Armeen nach Galizien stand im Zeichen einer Reihe von Pogromen. Man klagte die Juden der Spionage zu Gunsten Österreichs an. Unter diesem Terror vereinte mein Großvater seine Familie, und sie suchten Zuflucht in unserer Stadt. Mein Großvater war ein tüchtiger Bauer, er strotzte vor Kraft. Um sein Heimweh nach dem Lande zu beruhigen, ging er häufig auf die Straßen in der Hoffnung, dort einem Bekannten oder einem benachbarten Bauern zu begegnen. Aber diese mißtrauten ihm. Wie, wenn dieser Jude ein Spion war? Mein Großvater kehrte verbittert ins Haus zurück. Häufig

hörte man die Anklage: "Die Juden spionieren für Österreich".
Und die Pogrome verstärkten sich.

Aber die Gerüchte tauchten wieder auf: Im Palais des Grafen
Zamoiski, in der ganzen Stadt, hatte man Spionageringe entdeckt. Die Juden wurden wieder gejagt, und die Polen plünderten ihren Besitz. Die Unglücklichen versteckten sich in Höhlen
und in Schuppen. In der Stadt war die Schießerei Tag und Nacht
zu hören. Beim Morgengrauen kehrte die Ruhe zurück mit der
österreichischen Armee, die die Stadt besetzte. Die Österrei-
cher verhielten sich den Juden gegenüber menschlich: Den Kindern gaben sie Brot mit Marmelade. Aber dieser Aufschub dauerte nicht lange: Die österreichische Armee wurde durch die
Schutzmänner ersetzt, die roh und hart jeglichen Handel un-
tersagten und die mageren Reste beschlagnahmten. Die Juden
sahen sich gezwungen, sich dem Schleichhandel zu widmen, der
unter dem Namen S c h m u g g e l bekannt war; sogar meine Mutter begann, Brot für den illegalen Verkauf zu backen!

Mit dieser Arbeit beschäftigt, von ihren Sorgen in Anspruch genommen, konnte sie sich nicht mehr um uns kümmern, nicht
einmal um unseren kleinen kranken Bruder, der still starb.
Mein Vater litt an Asthma; ohne Medizin oder Heilmittel starb
er nach langem Leiden bei einem Anfall. Mit 36 Jahren, an der
Schwelle der Reife gestorben, hatte er nie erfahren, was Jugend war; er kannte keinen einzigen Tag des Wohlbefindens.Sein
so kurzes Leben bestand nur aus Arbeit, Mühe und Qualen. Er
hinterließ uns nicht einmal eine einzige Fotografie von sich,
aber seine Gesichtszüge haben sich meinem Gedächtnis eingeprägt: seine gebeugte Haltung, sein von einem rötlichen Bart
umgebenes klares Gesicht, seine geröteten Augen, die krank

waren und niemals behandelt wurden. Ich sehe seine vom Tabak gelbgefärbten Finger vor mir, deren Geruch, vermischt mit dem Geruch von Fischen, mir in Erinnerung geblieben ist. Er trug die lange schwarze Wolljacke des polnischen Juden. Der einzige Tag, an dem ich seine Gesichtszüge entspannt sah, war der Samstag. Die Samstage blieben in meinem Gedächtnis als die klarsten Bilder meiner Kindheit.

Ich erinnere mich an einen dieser heiligen Tage: Meine Mutter schläft noch, ihr Gesicht ist bleich. Ihre abgearbeiteten Hände, voller Falten und welk, haben sich am Vorabend abgemüht, um die Mahlzeit vorzubereiten und alle Arbeiten zu erledigen, bevor die Stunde des Anzündens der Sabbatkerzen gekommen ist. Mein Vater öffnet die Fensterläden, ein Lichtstrahl gleitet ins Innere, beleuchtet den Tisch, als sei er von Schnee bedeckt. Die zwei Kerzenhalter aus Kupfer glänzen in der Mitte des Tisches. Über die Thora gebeugt, sammelt sich mein Vater. Sein Gesicht ist heiter, leuchtend. Ein Sonnenstrahl liebkost seine Wimpern, und er scheint wie von innen erleuchtet. Seine Lippen murmeln die geheiligten Sätze, kaum hörbar. Ich stütze meinen Kopf auf das Kopfkissen. Alle Feindlichkeit der Welt ist vergessen, alles ist hier nahe, vertraut. Dies hier ist meine Welt. Seinen Oberkörper hin- und herwiegend, singt mein Vater die frommen Gebete, deren melancholischer Klang mein Kinderherz wiegt. Ich schließe die Augen. Ich genieße einen unsagbaren Frieden und auch ich bete: Mein Gott! Mach, daß dieser Sabbat niemals endet!

Die Gasse, in der wir wohnten, führte zur Synagoge. In der Nähe waren die Wohnungen der Chassidischen Aristokratie, also auch die des Rabbiners. Sein Sohn Mendele und der Sohn des Tischlers Hakman, beide noch jung, wurden sehr bald von den sozialistischen Ideen angezogen, als die Bewegung noch im Entstehen war. Eine weitere in unserer Gasse wohnende Familie schloß sich dieser Bewegung an; die des Kutschers Cholem Frailech. Sein einfaches Heim wurde zum Sitz der jüdischen sozialistischen Partei Bund. Aus dieser Partei holte später die Arbeiterbewegung ihre Kader. Gezel Szwarzberg, Plac, Kuperman, Heiring. Zusammen mit diesen fortschrittlichen, noch ganz jungen Kämpfern erlebte ich mit Freude einen von den jüdischen und christlichen Arbeitern der Mühle Kahané durchgeführten Streik.

Während der Übergangsperiode zwischen der deutschen Besatzung und der Unabhängigkeit Polens wütete der Antisemitismus. Man plünderte die Mühlen der Juden, jedoch niemals die des Grafen Zamoiski. Da die Juden bei keiner Autorität Schutz fanden, schlug der Bund vor, eine bewaffnete Selbstschutzgruppe mit jüdischen und nichtjüdischen Arbeitern zu bilden. Dieser schlossen sich die Aktivisten der polnischen sozialistischen Partei (P. P. S.) an. Dank dieser Gruppe wurde eine Reihe von antisemitischen Exzessen verhindert.

Im Jahre 1918 kam die Regierung Moraczewski in Lublin an die Macht. Trotz sozialistischer Beteiligung ließ diese neue Regierung keine Juden in ihrer Mitte zu. Bei uns, in Zamosc, entwickelte die jüdische sozialistische Bewegung mit ihren Gewerkschaften eine lebhafte Aktivität. Die kulturelle Entwicklung erreichte ihren Höhepunkt, ein Chor, eine Theatergruppe und eine schöne Bibliothek, namens J. L. Peretz, hatten lebhaften Er-

folg. Die jüdische Kultur erwachte aus ihrem langen Winter-
schlaf. Viele jüdische Jugendliche traten dieser Bewegung bei
und widmeten sich ihr mit Begeisterung.

Die Linke der polnischen sozialistischen Partei unternahm, zusammen mit anderen revolutionären Gruppen, die von Allbrecht,
den Brüdern Kowalski, Fidler, Askenazy, Levin und Wapierski
geleitet wurden, eine große Propagandaaktion unter den Soldaten des 9. Regiments der polnischen Legion. Sie endete mit einer kühnen Kundgebung: Den Arbeitern der Brikett-Fabrik, die
in der Armee waren, gelang es eines Tages, das Kommissariat
und die Bürgermeisterei zu besetzen. Die Offiziere erhielten
rasch Verstärkung und erstickten den Aufstand. Der B u n d hatte nicht an den Erfolg dieser Erhebung geglaubt und seine Anhänger aufgefordert, fernzubleiben. Obwohl die jüdischen Arbeiter an dieser Aktion nicht teilgenommen hatten, richtete sich
der Zorn der Autoritäten gegen sie: Juden wurden in Massen
verhaftet, das Kulturzentrum wurde geschlossen und der B u n d
verboten. Aber schon ein Jahr später, 1919, wurde die Bibliothek offiziell wieder eröffnet.

Am 1. Mai gleichen Jahres gingen die polnischen nichtjüdischen
und jüdischen Organisationen gemeinsam auf die Straße und veranstalteten eine großartige Demonstration. Zum ersten Mal beteiligte ich mich an einem solchen Fest. Mit welcher Freude und
Hoffnung hörte ich die Rede des Leiters des B u n d s , des Genossen Zak! Er sprach uns von der Einheit aller Arbeiter, von der
Bedeutung des 1. Mai, vom Sozialismus, der eines Tages allen
Völkern der Erde Freiheit und Gleichheit bringen werde. Wie
oft hatte ich vom Sozialismus geträumt! Unter ihm gebe es keinen Raum für Kriege, für Pogrome und für Ausbeutung des Menschen durch Menschen! Kaum hatte der Redner geendet, als die

Polizei sich daran machte, die Menge zu zerstreuen. Wir regten uns nicht auf. Unsere Augen glänzten, die Brust war von Hoffnung geschwellt, und man begab sich in guter Ordnung unter Absingen der Internationale auf den Heimweg.

Wenig später kam die Nachricht von der Erklärung des englischen Ministers Balfour, der den Juden die Schaffung einer jüdischen Heimstatt in Palästina versprach. Gleich danach verstärkte sich in Zamosc ebenso wie anderswo die zionistische Bewegung, die bislang sehr schwach geblieben war. In allen Schichten sprach man vom jüdischen Vaterland, besonders unter der jungen Generation. Zunächst träumten die Leute davon, dann begannen sie, daran zu glauben und sich dafür zu begeistern. Die Kutscher, die Lastenträger wurden auch dafür gewonnen: Zunächst war es nur ein Traum, der sich aber rasch entwickelte und ausbreitete: "Endlich ein Vaterland, wo der Jude zu Hause ist! Endlich kein Eindringling mehr zu sein, der allseitigem Haß ausgesetzt ist!" Ich hörte, wie man mit wachsender Überzeugung und Begeisterung darüber diskutierte.

— Wie, den Polen ist es gelungen, ihr Polen wiederzugewinnen, und uns Juden sollte das nicht ebenso gelingen?

— Machen wir uns daran, die Reichen geben ihr Geld, wir geben unsere Arbeitskraft, unsere Arme und unsere Köpfe!

Ich selbst sympathisierte nicht mit den jungen Zionisten, vielleicht, weil ein großer Teil von ihnen Söhne und Töchter der privilegierten Klasse waren; vielleicht auch, weil sie so eine überlegene Haltung annahmen, wenn sie sich an uns, die Armen, die Bettler, wandten. Die Zionisten sammelten Geld für Palästina. Mein Onkel väterlicherseits zählte zu den bekannten Geldgebern. Ich glaubte nicht an den Zionismus, von dem ich nur eins wußte: Die sozialistische Führung sah darin nicht die Lösung des jüdischen Problems.

Und andere Erinnerungen an meine Kindheit und meine Jugend kamen mir ungeordnet in den Sinn. . Ich erinnerte mich an die Zeit, als ich die Bibel zu studieren begann. Mein Vater war Schüler des Rabbi von Kazimierz. Sein Platz in der S h o u l e - der Synagoge - befand sich nahe der Tür. Meine Onkel, seine Brüder, hatten ihre Plätze bei den Reichen, in der Nähe der Thora. Mein Vater hatte nicht die Mittel, um seine Brüder zu einer ihrer würdigen Mahlzeit einzuladen. Trotzdem lud er sie ein, aber sie kamen niemals. Mein Vater dachte immer mit tiefer Bitternis daran. Ich erinnere mich an einen Samstagvormittag in der S h o u l e . Meine Onkel wandten die Köpfe ab; sie vermieden es, uns zu sehen, sie schämten sich unserer armseligen Lage. Ich sehe meinen Vater vor mir, wie er, eingeklemmt und verloren zwischen den übrigen nahe der Eingangstür, mit Inbrunst betete, und ich fragte mich mit Angst: Wird Gott diese Anrufe hören, die so weit vom Schrein, in dem die Thora ruht, kommen?

Als ich von einer Versammlung heimkomme, finde ich meine Mutter wie für einen Sabbattag gekleidet. Sie trägt ihren weißen Schal, den sie nur anlegt, wenn sie zum Beten in die Synagoge geht. Erstaunt betrachte ich sie. Sie entnimmt dem Buffet einen kleinen Schrein, der den goldenen Becher meines Vaters - unseren einzigen Schatz - enthält. Sie wickelt ihn in ein Seidentuch. Ich trete an sie heran: "Wohin willst du ihn bringen?" Sie antwortet nicht. Zwei Tränen fließen über ihre Wangen. Der Blick, mit dem sie mich betrachtet, ist voller Vorwürfe, und ich senke den Kopf; sie ist unzufrieden mit mir: Mein häufiger Umgang

mit Ungläubigen, mit Gottlosen verletzt sie; sie hält mich
für unwert, ihre Leiden zu teilen. Ich fühle mich ganz ohnmächtig: Wie kann ich ihr beibringen, daß die Welt im Begriff ist,
aufzuwachen? Sie lebt in ihrer eigenen Welt, von dauerndem
Elend niedergedrückt und eingebettet in einen irdischen Schlummer. Dennoch empfinde ich soviel Zärtlichkeit, soviel Zunei-
gung für sie in meinem Herzen!

Andere Bilder kommen mir ins Gedächtnis. Das Judenviertel
von Zamosc ist in heller Aufregung. Leute stehen an den Fenstern, auf den Türschwellen, auf der Straße, überall. Eine
Nachricht verbreitet sich, fliegt von Mund zu Mund: Eine bedeutende Persönlichkeit wird in der Synagoge einen Vortrag halten.
Die Juden gehen umher, streichen sich den Bart, diskutieren
viel, erregen sich leidenschaftlich. Die ungeduldige Jugend
drängt herbei, hört zu und mischt sich ein. Die Synagoge ist
randvoll. Was für ein Ereignis! Eine aus Jerusalem speziell
für uns Juden von Zamosc delegierte Persönlichkeit! Der Redner wird über den entstehenden Staat sprechen, über die Klagemauer, den Zionismus. Vor den Türen der Synagoge lärmen Op-
positionelle. Vorneweg der Bund. Sie versuchen, die Versammlung zu stören. Jedem Argument des Redners stellen sie sozialistische Theorien entgegen. Es gelingt ihnen, sich trotz des
Tumultes Gehör zu verschaffen. Sie schreien: In einem von
Arabern übervölkerten Palästina gibt es keine Hoffnung auf einen jüdischen Staat! Wir werden nur mit allen Völkern gleichzeitig frei sein. Allein der Sozialismus kann uns Juden, ebenso
wie auch allen anderen nationalen Minderheiten, die nationale
Unabhängigkeit verschaffen. Schimpfworte hier, Ausrufe dort,
der Zorn steigt.

"Frieden, Juden!" dröhnt plötzlich die Stimme des Synagogen-
dieners; Ruhe tritt ein. Ich entferne mich, das Herz schwer und
voller Zweifel. Warum ist die Arbeiterpartei gegen die Entste-
hung eines Judenstaates? Immer heftiger wird der Antisemitismus im Lande; ungestraft ermordet man Juden; die kleinen Geschäfte werden angegriffen und geplündert, man wirft Juden aus
fahrenden Zügen; am hellen Tage schneidet man Juden den Bart
ab, reißt häufig die Haut mit ab. Wenn vielleicht unser Volk einen Staat hätte? ... Vielleicht ist das sozialistische Ideal doch
nicht das Höchste, die sicherste Lösung für die Juden?

Und genau an dieser Stelle kommt mir eine weitere Erinnerung.
Der russisch-polnische Krieg zur Zeit Pilsudkis hat begonnen:
Unsere Stadt ist schwarz von Rekruten, alles Bauernsöhne. Be-
trunken greifen sie die Juden an, und alles beginnt von neuem:
Diebstähle, Morde, Plünderungen der Geschäfte und Häuser.
Es gibt keine Behörde, bei der wir um Schutz bitten können. Da
richten die Gewerkschaften der Tischler, Möbelschreiner und
Kutscher, unter der Anleitung einer Stütze des B u n d s , Kuper-
man, einen Aufruf an die jüdische Jugend. Spontan bilden sich
bewaffnete Selbstschutzgruppen, gehen zum Gegenangriff gegen
jugendliche Banden vor und erteilen ihnen eine derartige Tracht
Prügel, daß die Verbrechen und Plünderungen plötzlich aufhören.
Endlich verteidigen sich die Juden.

Hinter dem neuen Zamosc führt die Straße nach Lwow und Hroubieszow, wo sich die Kämpfe zwischen den russischen und polnischen Armeen abspielen. An einem Samstagabend dringen die
ersten Kosaken in unsere Stadt ein. Augenblicklich ist alles verschlossen, verbarrikadiert. Nur noch der Rhythmus der Hufe
und das Wiehern der Pferde sind zu hören. Ich bin zusammen mit
einem Kameraden auf der Straße. Wir sehen, wie eine Gruppe

Kosaken das Haus unseres Nachbarn, eines Mehlhändlers, angreift. Von Panik erfaßt, laufen wir zu unserem Haus. Atemlos angekommen, finden wir die Tür verschlossen. Wir hören die Stimmen unserer Mütter, wie sie die Soldaten bitten, uns eintreten zu lassen. Es ist schon Nacht. Der Himmel - welche Ironie - ist ruhig und sternenklar. Plötzlich zerreißen Notrufe die Stille der Erwartung, es sind Hilferufe. Ich weiß, daß die Meinen, sei es in den Keller, sei es auf den Dachboden, entkommen sind. Ich drücke mich an die Hausecke, atemlos, mit gespanntem Ohr, als ich das Jammern eines Kindes höre. Es ist ein kleines, in der allgemeinen Flucht vergessenes Mädchen, allein auf der Straße. Ich renne zu ihm, ergreife es und trage es zum Nachbarhaus, wo man mir schon den Arm entgegenstreckt, um es aufzunehmen. Im gleichen Augenblick höre ich die Läden unseres Fensters krachen, dann das Klirren zerbrochener Scheiben. Gerade in dem Augenblick bemerke ich einen Kosaken, der von seinem Pferd durch das Fenster ins Innere springt. Ich entfliehe. Wo ist mein Kamerad? Ich laufe. Ich weiß keine Zuflucht. Die Kosaken sind mir auf den Fersen. Erneut kehre ich zu unserem Haus zurück. Die Tür ist aufgerissen, eine bis zu den Zähnen bewaffnete Bande befindet sich bei uns. "Wo ist der Hausherr? Geld heraus!" Zu dem Geschrei der Horden kommt das Pfeifen der Peitschenhiebe und das Klirren der Säbel. Die Meinen, bleich, vor Angst halbtot, drängen sich um meine Mutter. Sie erklärt so gut sie kann, daß der Hausherr verstorben sei, daß wir allein sind, arm, und überhaupt kein Geld haben.

Ein plötzliches Licht beim Nachbarn, ein Getöse, das von der Straße herkommt, retten uns. Die Kosaken stürzen dorthin. Während meine Mutter sich bemüht, meinen verängstigten klei-

nen Bruder zu beruhigen, schlüpfe ich nach draußen. Ich muß
sehen, was beim Nachbarn vorgeht. Er teilt eine Runde Wodka
aus! Ich weiß, daß der Nachbar ein unerschrockener Mann ist.
Er und sein junger Vetter, der unlängst aus der Armee entlassen wurde, reden auf die Kosaken ein. Ihre feste Haltung und
ihre Kenntnis der russischen Sprache bleiben nicht ohne Wirkung. Aber dies hält nicht an. Nachdem der Wodka getrunken
ist, kommen die Eindringlinge aufs Geld zurück; schon machen
sich einige daran, das Haus zu plündern. Die mutigen Proteste
unserer jungen Nachbarn, ihr Wagemut tragen ihnen schwere
Verletzungen ein; was im Haus nicht niet- und nagelfest ist,
wird mitgenommen, und der Rest zerstört. "Welch ein Glück,
daß die Frauen und Kinder im Keller versteckt blieben!" sage
ich mir. Am Morgen bläst die Rote Armee zum Rückzug, und
die Frontlinie entfernt sich von unserer Stadt, sie ist von den
Kosaken frei. In diesem Jahr sind die J o m - K i p p u r - Feierta-
ge noch trauriger als gewöhnlich. Die jüdische Bevölkerung ist
in diesen letzten Monaten allzu sehr heimgesucht worden, um
nicht zu weinen.

In meinem jungen, 14 jährigen Arbeitergemüt erwacht plötzlich
der Wunsch, mich zusammenzunehmen, mich zu bessern, besonders meiner Mutter gegenüber. Ich beobachte sie, wie sie
betet, und bin von ihrer Inbrunst fasziniert. Mit geschlossenen
Augen neigt sie den Kopf vor den entzündeten Kerzen. Sie bedeckt ihr Gesicht mit ihren vom Licht durchscheinenden Händen.
Sie murmelt Gebete. In diesem Augenblick überblicke ich ihr so
unerbittlich hartes und trauriges Leben. Als Witwe, bereits in
ganz jungen Jahren, beladen mit Kindern und ohne Unterhalts-
mittel, spricht sie immer mit ihrem Gott, ohne Gebetsbücher.
Sie vertraut ihm ihre Leiden in einer naiven und einfachen Spra-

che an. Nachdem sie sich an Gott gewandt hat, nimmt sie die Hände vom Gesicht und blickt mich mit tränennassen Augen an.

Sie legt ihre Hände auf meine Schultern und fleht mich mit sanfter Stimme an: "Geh zur S h o u l e und bete am Platz deines Vaters, sei ein Jude, mein Sohn. " Von Rührung ergriffen, mache ich mich auf den Weg zur S h o u l e. Dort herrscht ein Gedränge zum Ersticken. Juden beten inständig in Gebetsmänteln, mit Gebetstüchern, in Festtagskleidung. Das Buch in Händen, halten sich die jungen Leute bei ihren Vätern. Der Platz meines Vaters ist besetzt, und ich kehre mich einsam ab. Ein Nachzügler drängt sich herein und stößt mich ohne Scham zur Tür beiseite. Von fern erkenne ich meine Onkel, das Gesicht hinter ihrem Buch versteckt; sie haben mich gesehen: Sie schämen sich meiner armseligen Kleider. Ausgestoßen, abgelehnt, verdrücke ich mich.

Ich betrete ein anderes Gotteshaus, das in der Unterstadt, wo man besonders diejenigen findet, die kommen, um für ihre Toten zu beten. Hier erkenne ich Burschen aus meinem Milieu: Lehrlinge und Arbeitersöhne. Hier bin ich akzeptiert. Diese Synagoge liegt nach Norden. In ihren dicken Steinmauern aus behauenen Steinen sind hohe Fenster eingelassen. Zur Seite befindet sich die Frauenabteilung; hier atmet alles wahre Frömmigkeit. Der Rabbiner steht nahe dem Tabernakel. Ohne seine Worte zu verstehen, die auf Hebräisch gesprochen werden, fühle ich mich von dem warmen Klang seiner Stimme und von seinem Gesichtsausdruck angerührt. Seine durchdringende, erschütternde Stimme erzählt das weltliche Martyrium, dessen Opfer unser Volk ist. Ich schlage das Gebetsbuch auf, möchte auch gerne beten, aber für mich sprechen die gedruckten Buchstaben nicht: Ich kann sie nicht lesen. Dann schweifen meine Blicke umher:

Juden mit schwieligen Händen, Arbeiter in abgetragenen Kleidern unter den Gebetsmänteln, Erwachsene und Halbwüchsige sitzen nachdenklich und gesammelt da. Neben mir befindet sich die Familie der Lastenträger: Großvater, Sohn und Enkel. Kräftig gebaute Juden, angesehen in der Stadt. Ein jeder von ihnen kann eine ungeheure Last heben - "Wie ein echter G o i", sagen die Leute. An den Wänden ihres Hauses kann man Fotografien in Militäruniform sehen, denn die Ahnen haben in der Armee des Zaren gedient, und sie ähneln den Kosakenriesen. Ihre Schnurrbärte, ihre üppigen Vollbärte, ihre ungehobelte Sprache schüchtern ein, aber ihr Herz ist gut und brüderlich. Auch sie tauchen in meiner Erinnerung auf und verblassen wieder in der Vergangenheit.

Der Krieg ging zu Ende, und die Hoffnung kehrte zurück. Der Hof, Eigentum meiner mütterlichen Familie, war geplündert worden. Meine Großmutter zog zu einem ihrer Söhne. Mein Onkel Jossele kam aus der Armee zurück und blieb bei uns. Ich hörte ihn gern vom Krieg gegen die Rote Armee berichten, denn er hatte der polnischen Armee angehört, die von den Roten bis an die Mauern Warschaus zurückgedrängt wurde. Hatte er doch mit eigenen Augen die Sowjets gesehen! Ich bat ihn, mir von Trotzki und Lenin zu erzählen, von allen, die die Revolution gemacht hatten! Aber mein Onkel liebte es nicht, über die jüngste Vergangenheit zu sprechen. Mit Mühe lockte ich eines Tages einige Erinnerungen aus ihm heraus: "Ja, ich habe sie gesehen, deine Roten, sie standen nahe bei Kiew. Nun also, wenn du es wissen willst, das sind G o i m s , wie bei uns. Dennoch haben sie mein Mitleid mit ihrem elenden Aussehen, ihren Lumpen und ihren Fetzen erweckt. Unsere Truppen haben sich mit dem Schrei auf sie geworfen: "Dreckige Bolschewiken! Drecksjuden!

Trotzkisten!" Sie haben eine große Anzahl von ihnen getötet.
Als aber die Roten, wieder zu Kräften gekommen, uns zurückgedrängt hatten, hörte man in unseren Reihen sagen: "Das sind
die Juden, die uns verraten haben. " Und auf dem ganzen Wege
haben die Polen wiederholt: "Die Juden haben uns verraten. "
Ein Nachbar sagte mir: "Du, Jossel, bist ein ehrlicher Mensch,
und auf dich hat man es nicht abgesehen. " Als aber die Gendarmen gekommen sind, um die Ordnung wiederherzustellen, hat
mich keiner verteidigt. Man hat uns abgesondert, uns jüdische
Soldaten, und uns im Lager Jablonna interniert. Zum Glück hat
der jüdische Abgeordnete M. Prylucki einen energischen Protest
erhoben und uns befreit.

Auf dem Marktplatz der Stadt versammelten sich von neuem die
Juden. Die Läden öffneten ihre Türen. Die Waisen und Witwen
des Krieges und der Pogrome entdeckten Verwandte in Amerika.
Dollars und Reisedokumente traten in Erscheinung. Überall war
das magische Wort "Quote" zu hören, das die Zahl der Emigranten bezeichnete, die nach Amerika kommen durften. Und
die Juden machten sich daran, ihre Koffer zu schultern. Unter
ihnen meine Tante, eine Witwe mit vier Kindern. Vor ihrer Abreise versprach sie mir, mich nach Amerika kommen zu lassen,
aber die Fahrkarte kam niemals an ...

In jener Zeit war ich auf alles neugierig. Ein gelehrter Jude
hatte eine Thorarolle neu geschrieben. Das ganze Viertel frommer Juden bereitete sich vor, dies Ereignis und seinen Autor
zu feiern. Für diese Feierlichkeit kam der Rabbiner aus Kas-
zimiercz. Er wurde von einer Menge Chassidim erwartet. Als
er aus dem Wagen stieg, wurde er hochgehoben und von Dutzenden seiner Schüler getragen, die sich drängelten und sich diese

Ehre streitig machten. Andere sangen und tanzten die ganze
Wegstrecke entlang. Von allen Seiten streckte man ihm Bittschriften entgegen. Ich beobachtete diesen bizarren Zug, die
Menge der ihn anflehenden Frauen, die ihm Zettel reichten, und
ich fragte mich, wie kann dieser auf die Schultern seiner Getreu-
en gehobene Mann, rosarot, so wohlgenährt, mit eitlem Lächeln, mit vor Stolz glänzendem Blick, wie kann ein solcher
Mann sich zum Elend der anderen hinablassen und für sie bei
Gott eintreten? Liest er überhaupt die Bittschriften, die man
ihm verzweifelt entgegenstreckt?

Von allen politischen Gruppen war der B u n d für uns junge Arbeiter die nächststehende, denn alle seine Kämpfer waren Arbeiter. Man stritt sich heftig über den Eintritt in den Komintern. Der B u n d von Warschau ordnete Zygelbaum für uns ab,
den späteren Helden des Warschauer Ghettos, der in London
zum Zeichen seines Protestes gegen das Schweigen der Welt angesichts des Völkermords an den Juden Selbstmord beging. In
einer langen Ansprache erläuterte er den Standpunkt des B u n d e s ,
der seine organisationsmäßige Unabhängigkeit von kommunistischen Parteien forderte. Jedoch übernahm die große Mehrzahl
der Jungen den Standpunkt des Komintern und bildete den C o m -
B u n d , eine Organisation junger Juden, die der kommunistischen Internationale angeschlossen wurde. Der Beitritt zu diesem Bund brachte unserer kämpferischen Aktion einen neuen
Aufschwung, und wir hatten bald Hunderte von Anhängern.

Man studierte den Marxismus, den Sozialismus, und nach und
nach beschäftigte sich diese Organisation unmittelbar mit politischen Aktionen. Für die Wahlen zum Parlament im Jahre 1922
entfalteten unsere jungen Mitglieder eine breite Propagandatä-
tigkeit zugunsten der kommunistischen Liste. Am Vorabend der

Wahlen gab es Massenverhaftungen. Diejenigen, die verschont blieben, mußten fliehen oder sich verbergen. Und unsere Organisation war plötzlich führungslos. Die Jungen bekamen Angst und wurden vorsichtig; die Aktion bekam es zu spüren. Dennoch verdoppelten diejenigen, die blieben, ihre Anstrengungen, und es gelang ihnen, eine Aktivität im Untergrund fortzuführen, indem sie sie unter dem Deckmantel eines kulturellen Zirkels versteckten. Offiziell suchten wir Leser für die Bibliothek, obwohl die meisten dieser neuen Leser weder lesen noch schreiben konnten. Für letztere organisierte man Abendkurse. Die Agouda, religiöse Partei der Rechten, entdeckte uns und startete gegen uns eine Kampagne: Wir brächten die Jugend vom rechten Weg ab.

Seit diesen Verhaftungen fehlte uns eine politische Führung. Jede Partei wollte uns zu ihren Ansichten überreden, besonders die zionistisch-sozialistische Partei, die von Jochanan Morgenstern angeführt wurde, der einer der Führer bei der Revolte im Warschauer Ghetto werden sollte. Damals teilten wir nicht seine Ansichten, sondern erst sehr viel später begriff ich, daß er recht hatte, wenn er versicherte, daß der Sozialismus nicht das jüdische Problem lösen würde. Aber welchen Preis habe ich für diese Erkenntnis bezahlt!

Der Polizeiterror setzte sich sogar nach den Parlamentswahlen fort. Die Gewerkschaften wurden verboten, mehrere Führer zwang man zur Emigration. Viele Anhänger des Com-Bundes verließen uns. Man konnte sagen, daß plötzlich die ganze sozialistische Bewegung zur Untätigkeit verurteilt war. Keine Demonstrationen mehr, keine Forderungen, kein Eintreten für junge Arbeiter. Unmöglich, für sie eine Beschäftigung zu finden und besonders einen Lehrherrn, bei dem sie eine Lehre absolvieren konnten. Unser Vorhaben, einen Streik bei den Schuhfabrikanten auszulösen, scheiterte. Unsere Situation wurde kritisch: Von den Chefs wurden wir als Anführer boykottiert, und wir fanden keine Arbeitsmöglichkeit.

Die Qualifizierteren gingen in andere Städte. Ich mußte mich darauf einstellen, den Beruf zu wechseln. Vielleicht Möbelschreiner? Körperlich war ich dafür nicht kräftig genug. Ich zog dann die Schneiderei in Betracht. Auch hier war eine Lehrstelle nicht leicht zu finden. Ich war aktives Mitglied der "Zukunft", also verdächtig, und die Türen der Werkstätten waren vor mir verschlossen. Ich versuchte, bei einem benachbarten Schneider, einem schüchternen Mann, unterzukommen; ich bat ihn, mir zu gestatten, sein Handwerk dadurch zu erlernen, daß ich ihm bei der Arbeit zusah. Er schüttelte den Kopf und sagte: "Dein politischer Führer begann auch als Schneider. Ich weiß nicht, ob du eines Tages Politiker sein wirst, aber ich bin sicher, daß du niemals ein Schneider werden wirst." Damals hatte ich zuviel Vertrauen in das sozialistische Ideal, um von diesen Prophezeiungen verwirrt zu werden.

Im Jahre 1923 wurde die kommunistische Partei durch die Ankunft eines alten Revolutionärs, D. Fidler, der aus dem Gefängnis kam, gefestigt. Es wurden Kontakte mit der Gruppe der Jugend von Lublin hergestellt. Unsere Organisation wurde auf gewerkschaftlicher Basis in Zellen der verschiedenen Berufszweige aufgebaut. Und damals ereignete sich die riesige Explosion in der Zitadelle von Warschau, die von zwei kommunistischen Offizieren, Baginski und Wicierkewicz, provoziert wurde. Ihr folgte eine Welle des Terrors, der sich bis Zamosc erstreckte. Die Bibliothek wurde für ihre tausend Leser geschlossen.

In diesen Tagen bereiteten wir uns darauf vor, den 1. Mai zu feiern. Zum ersten Mal erhielten wir geheime Broschüren und Aufrufe. Wir verteilten sie in der Nacht, das Herz schlug uns vor Stolz und Angst. Auf mich fiel die Aufgabe, diese Literatur in die Kasernen einzuschmuggeln. Die Ehre, für diesen Auftrag ausgewählt worden zu sein, konnte meine Angst nicht beruhigen. In jedem Schatten glaubte ich einen lauernden Polizisten zu sehen. Aber welches Glücksgefühl, als ich die Aufgabe erledigt hatte. Seit diesem Tage wurden wir immer unerschrockener, und wir verteilten unsere Flugblätter sogar in den Bauernhäusern der benachbarten Dörfer.

Der B u n d begann eine große Aktivität auf kultureller Ebene. Er gründete gemischte Fortbildungsschulen in jiddischer Sprache. Unsere Gruppe des C o m - B u n d s lehnte die Existenz solcher Schulen ab. Viele Genossen wunderten sich über diese Opposition: Man antwortete ihnen, daß die Juden sich nicht isolieren und eine gesonderte Gemeinschaft gründen sollten. Zur gleichen Zeit gelang es den Zionisten, eine Höhere Schule in hebräischer Sprache zu gründen. Ihre Organisationen entwickelten sich. Ein Sportklub namens M a c c a b i hatte großen Erfolg. Auch erfuhr man, daß in Jerusalem die erste hebräische Universität eröffnet worden war. Dies war eine große Freude, und die Juden der verschiedenen sozialen Schichten bereiteten sich darauf vor, dies Ereignis würdig zu begehen. Wir, die jungen Kommunisten, erhielten Flugblätter von der Leitung zum Zweck, diese Feier zu verhindern. Wir waren nur eine Handvoll Leute, angesichts einer begeisterten Masse von Jungen und Alten. Aus diesem Konflikt gingen wir physisch und moralisch gebrochen hervor: Obwohl wir den Befehlen unserer Chefs gehorcht hatten, verstanden wir nicht, warum eine jüdische Universität oder jüdische Schule abgelehnt werden mußte.

Mit großen Schwierigkeiten wurde die legale Anerkennung der Gewerkschaften erreicht. Zunächst die Sektion der Holzarbeiter, dann die der Konfektionäre und der Lederverarbeiter, der Bäckereiarbeiter und der Handelsangestellten. Jede Sektion hatte eigene Jugendgruppen. Alles war in einem Zentralbüro zusammengefaßt und wurde von dort geleitet, die Jungen hatten ihre eigene Führung. Ich wurde dazu bestimmt, diese Führung zu übernehmen. Diese Aufgabe begeisterte mich und ich setzte mich dafür voll ein. Wir schufen dann einen Chor, eine Theatergruppe und auch einen Sportklub. Es gelang uns, eine für die Gewerkschaften bestimmte Bibliothek einzurichten. Am schwierigsten war es, die Hausgehilfen zu organisieren, besonders die Dienstmädchen, die jung, arm und meistens Waisen von vierzehn bis achtzehn Jahren waren, die aus Kleinstädten kamen, wo sie sich geschämt hatten, diese Arbeit auszuüben. Sie gingen in andere Städte, um dort die Anonymität zu finden. Unter ihnen waren junge Töchter aus kinderreichen Familien, die zum Unterhalt der Familie beitrugen und nicht wagten, bei uns einzutreten, weil sie befürchteten, von ihrem Arbeitsplatz verjagt zu werden. Mit Tränen des Bedauerns erklärten sie uns ihre Situation, die erlittene Scham, die groben Arbeiten, die sie für mageren Lohn verrichten mußten. Außerdem wurden sie von Vermittlern ausgebeutet, die ihnen die Arbeitsplätze verschafften. Es gelang uns nach einer langwierigen und hartnäckigen Arbeit, ihr Vertrauen zu gewinnen. Unsere Gewerkschaft verteidigte sie. Dank eines klug vorbereiteten Streiks gelang es uns, für sie einen Ruhetag pro Woche, eine Lohnerhöhung und bessere Behandlung durchzusetzen. Sie kamen in großer Zahl zu uns und wurden in die große proletarische Familie aufgenommen.

Parallel zur Aktivität in unserer Stadt führten wir eine Propagandaarbeit in den benachbarten Ortschaften durch. Dort bildeten wir Komitees, die eine große Zahl Jugendlicher erfaßten. Als Mitglied des Sekretariats mußte ich häufig diese Ortschaften besuchen, wo ich nicht ohne Freude feststellen konnte, wie fruchtbar unsere Arbeit war. Die Jugendlichen strebten nach einem breiteren und weniger düsteren Horizont. Wir boten ihnen diese Aussicht mit unserer neuen und begeisternden Vision des Kommunismus. Dank uns fanden sie die Hoffnung auf eine Zukunft wieder, wo der Arbeiter sein eigener Herr sein würde. Die Jugendlichen folgten uns begeistert. In all diesen Orten brachten die zionistischen Gruppen der Rechten, denen die Kinder wohlhabender Familien angehörten, es nicht fertig, mit den Traditionen der Älteren zu brechen, für die die Arbeiter kein annehmbarer Umgang waren. Diese jungen Zionisten lebten gänzlich abgeschnitten von unserer Welt und nahmen die große Hoffnung, die uns damals erfüllte, nicht zur Kenntnis.

Im Jahre 1925 fanden die Wahlen zum Gemeinderat statt. Wir stellten im Namen der Gewerkschaften eine Liste dafür auf; zusammen mit den Lastträgern und Kutschern. Die Eltern unserer Mitglieder begegneten uns mit Wohlwollen, als wir sie um ihre Unterstützung baten. "Macht euch keine Sorgen, kleine Genossen", sagte uns einer von ihnen. "Ihr macht aus unseren Söhnen aufgeklärte Menschen, und wir verdanken euch viel. Wir werden euch unterstützen, ihr könnt mit uns rechnen!" Und wir alle wiederholten glücklich dasselbe Versprechen. Gerührt bewunderten wir ihre Kraft, ihre Leutseligkeit und ihren offenherzigen und fröhlichen Blick. Ja, man konnte auf sie rechnen! Das Ergebnis dieser Wahlen war ermutigend. Von vierundzwanzig Ratsmitgliedern waren fünf Kommunisten und je einer Bundist, Zionist und Links-Zionist; die polnische sozialistische Partei erhielt die Stimmenmehrheit. Der Gemeinderat hatte damals also eine sozialistische Mehrheit.

Der 1. Mai 1926 bleibt in meiner Erinnerung als ein unvergeßlicher Tag. Die roten Flaggen leuchten in den Fenstern des Rathauses. Zahlreiche andere Fenster sind ebenfalls beflaggt. Arbeiter, Bauern und Intellektuelle, die aus der Umgebung gekommen sind, füllen die Hauptstraßen der Stadt in Richtung des Sammelplatzes für die gemeinsame Demonstration der polnischen sozialistischen Partei und des Bunds.

Die Kommunisten bilden einen Demonstrationszug von tausend Demonstranten, die unter den Fahnen und Spruchbändern der Vereinigten Syndikate vereint sind. Der Kamerad Fidler - 1937 verhaftet und in Sowjetrußland erschossen - spricht namens der linken Fraktion der Stadt; Swietochowski - 1946 Justizminister - spricht im Namen der P. P. S. ; Budwain - von den Nazis ermordet - spricht im Namen des Bunds; Genosse Szif - 1937 verhaftet und in Moskau verschwunden - spricht im Namen der vereinigten Gewerkschaften; und ich spreche im Namen der jungen Gewerkschaftler. Jeder Redner wird mit Leidenschaft angehört, dann jubelt ihm die Menge mit Freudenausbrüchen zu. Es herrscht ein Klina der Brüderlichkeit und der Begeisterung. Die Herzen sind voller Hoffnung, die ganze Stadt ist freudig erregt. Plötzlich erklingen die Töne der Internationale, die proletarische Hymne wird von Tausenden vereinter triumphierender Stimmen gesungen.

Aber die Freude war von kurzer Dauer. Am nächsten Tage begannen im Morgengrauen die Verhaftungen. Dutzende von Kämpfern aus der ganzen Gegend wurden in dieser Nacht abgeführt. Auch ich wurde von der Polizei gesucht. Einen Monat lang versteckte ich mich. Das Komitee beschloß darauf meine sofortige Versetzung nach Warschau. Man brachte meine Mutter zum Abschiednehmen zu mir. Sie brachte mir Brot und zwei Hemden, und mit diesen Schätzen als meine ganze Habe, ohne einen roten Heller, ohne sichere Adresse für ein erstes Unterkommen machte ich mich nach Warschau auf. Ich hatte nur den einen Auftrag: Dort unten mit der Konfektionsgewerkschaft Verbindung aufzunehmen, deren Verantwortlicher aus Zamosc stammte ...

IN DEN STRASSEN VON WARSCHAU

Beim Verlassen des Warschauer Bahnhofs, angesichts der
Pracht der Hauptstadt, ihrer großartigen Architektur, ihrer
Denkmäler, ihres Lärms und ihrer ständigen Bewegung fühlte sich der junge Provinzler, der ich war, verloren. Als ich
nach der ersten Berührung mit der Menge schließlich den Weg
zum jüdischen Viertel von Muranow fand, bemerkte ich mit
Schrecken, daß ich im Zuge das Gepäck vergessen hatte, das
meine Mutter mir hatte besorgen können. Gott weiß, wie das
geschehen war. In Eile kehrte ich zum Zug zurück, aber der
war abgefahren.

Hungrig kam ich am Platz Muranow an, aber der einzige Genosse, den ich dort kannte, war abwesend. Es blieb mir nichts
übrig, als zu warten. Im Hin- und Hergehen vor seiner Wohnung fragte ich mich ängstlich: Und wenn er nicht mehr hier
wohnt?

Ich besaß noch eine Hilfsadresse der Konfektionsgewerkschaft
in der Ogrodowastraße. Von Muranow, wo ich mich befand, war
es ein weiter Weg bis Ogrodowa, aber ich mußte dorthin gelangen,
koste es, was es wolle. Trotz Hunger und Hitze machte ich mich
schnell auf den Weg; als ich an einer Bäckerei vorbeiging, atmete ich den unwiderstehlichen Duft frischen Brotes ein, mein
Magen fing an zu knurren, meine Beine verlangsamten ihren
Lauf ... Ich revoltierte gegen mich selbst und warf mir vor:
"Denk an die Genossen in den Gefängnissen, die tagelang einen
Hungerstreik erleiden, leiden sie nicht viel mehr als du? Du
bist ein komischer Revolutionär!" Diesem Selbstgespräch folg-

ten andere. Die einen setzen ihr Leben ein, wie Botwin, andere aber sind wie Mimosen. Schämst du dich nicht, noch nicht einen einzigen Tag lang Hunger ertragen zu können? Gestärkt durch diesen strengen Verweis, nahm ich meinen schnellen Gang durch die endlosen Straßen unter der brennenden Sonne wieder auf. Alles wäre vollkommen gewesen, wenn nur nicht die Brötchen- und Brezelverkäufer so zahlreich mir mit ihren verführerischen Angeboten im Weg gestanden hätten: "Zwei Brötchen für drei Groschen! Zwei knusprige Brezeln für drei Groschen!" Endlich gelangte ich zur Ogrodowastraße. Ich stellte mich vor der angegebenen Adresse auf. Eine lange Zeit verging, bis ich, krank vor Hunger und Müdigkeit, endlich den erwarteten Genossen kommen sah. Bevor er mich zu sich nach Hause mitnehmen konnte, mußten wir zunächst zur Versammlung der sozialistischen Jugend "Zukunft" in der Nalewskistraße gehen, wo der B u n d seinen Sitz hatte.

Am Eingang verwehrten Wachposten jedem Unbekannten, der als Kommunist verdächtigt wurde, den Zutritt zum Lokal. Ich zeigte meine Mitgliedskarte einer Provinzgewerkschaft vor, und man gestattete mir, einzutreten. Es war ein schöner, weiträumiger Saal, voll von lachenden und singenden Mädchen und Burschen. Plötzlich trat Schweigen ein. Es wurde ein Präsidium gebildet. Man drängte sich um die Tribüne, um die Genossin Sara von der Konfektions-Gewerkschaft zu hören. Sie gab zunächst Informationen über die Sitzung der Internationale in Amsterdam, dann zählte sie die von den Kommunisten begangenen Fehler auf. Sie schloß mit der Erklärung: "Sie dienen einer Sache, die nicht die unsre ist, und sie untergraben die Einheit der Gewerkschaften." In der darauf folgenden Diskussion bat ich ums Wort. Man gab es mir. Ich widersprach der Rednerin und versicherte: "Die Kommunisten errichten eine neue Welt;

sie beabsichtigen nicht, die Gewerkschaften zu zerschlagen, sondern sie zu stärken, indem sie sie vereinigen. " Dann berichtete ich, was die kommunistischen Aktionen in meiner Stadt erreicht hatten, wo alle Arbeiter, ohne Unterschied der politischen Ansichten, einen gemeinsamen Kampf gegen die Ausbeutung führten. Man schnitt mir das Wort mit dem Zuruf ab: "Das ist ein Provokateur!" Und der ganze Saal wiederholte: "Provokateur! Provokateur!" Der Tumult vergrößerte sich; der Vorsitzende forderte zur Ruhe auf. Ich nutzte den Augenblick der Beruhigung, um zu rufen:

— In einer Atmosphäre des Hasses unter Brüdern, die derselben Klasse angehören, ist es unmöglich, zu diskutieren!

— Es sind deine Roten, die diese Atmosphäre geschaffen haben! antwortete man mir von der Tribüne aus.

Ich ging in gedrückter Stimmung fort. Seitdem war ich bei den Genossen der Konfektionsgewerkschaft unter dem Namen "Mosche" von Zamosc bekannt. Am folgenden Tag konnte ich Kontakt mit der Organisation der kommunistischen Jugend aufnehmen. Ich wurde Mitbewohner einer Mansarde und hatte ein halbes Bett. Nach drei Monaten der Arbeitslosigkeit und des Hungers fand ich schließlich Arbeit.Sehr rasch übertrug man mir Verantwortung in der Organisation der kommunistischen Jugend. Dort fand ich eine Atmosphäre der Wärme und der Kameradschaft und eine vorbildliche Disziplin vor. Die Zellen waren innerhalb der Betriebe organisiert. Da die Konfektion ein vor allem von Juden ausgeübtes Handwerk war, rechnete die Organisation der kommunistischen Jugend in diesem Sektor vor allen Dingen mit den jungen Juden. Es gab sie auch in anderen Wohngegenden und in anderen Handwerken, aber die Mehrheit setzte sich aus Studenten, die am meisten assimiliert waren, zusammen. Die aktivste Bewegung befand sich in Muranow.

Alle diese jungen Kämpfer erhielten eine politische Ausbildung und bildeten das, was man in den Gewerkschaften "die rote Fraktion" nannte. Ihre Führer wurden von den Betriebszellen gewählt. Meine in meiner Heimatstadt erworbenen theoretischen Kenntnisse genügten hier nicht mehr. In Warschau mußte man die großen Theoretiker wie Plechanow, Lenin, Koutsky und andere kennen. Mir wurden die Mängel meiner Bildung klar, aber mein Eifer und meine Hingabe brachten mir die Achtung und das Vertrauen meiner Vorgesetzten ein. Nach kurzem Aufenthalt in der Organisation wurde ich zum Mitglied des Exekutivkomitees der Konfektionsgewerkschaft gewählt, einer Gewerkschaft, die sehr gefürchtet war, bis ich nach den Wahlen im November zur Sozialen Sicherheit, zusammen mit hundert anderen Genossen, verhaftet wurde. Im Gefängnis feierten wir den achten Jahrestag der Oktoberrevolution 1917.

Ich wurde mit zwei anderen Genossen festgehalten, die in derselben Situation waren wie ich, d. h. in Warschau nicht angemeldet waren. Ich behauptete, am Morgen meiner Verhaftung angekommen zu sein. Diese Lüge verfing nicht. Aber der Pförtner und der Eigentümer der Mansarde, die ich mit einem Genossen teilte, kamen und sagten zu meinen Gunsten aus, und sie machten es so gut, daß man an die Wahrheit meiner Erklärung glaubte, und ich wurde freigelassen. Die vor mir freigelassenen Genossen hatten den Pförtner bestechen und das Herz des Eigentümers rühren können ...

Es kam der Winter und mit ihm eine andauernde Kälte. Unser Leben als Kämpfer, die aus der Provinz gekommen waren, keine Heimstatt hatten, schlecht genährt und schlecht gekleidet waren, wurde schwer. Es war unmöglich, in der eiskalten Mansarde zu bleiben. Wir zogen durch die eiskalten Straßen dahin. Um uns zu wärmen, gingen wir schnell. Eine große Anzahl unter uns, noch Lehrlinge, waren arbeitslos, weil es an Arbeit fehlte. Während der ganzen Woche war ich durch meine Tätigkeit im Exekutivkomitee meiner Organisation und in der Gewerkschaft in Anspruch genommen, wo ich zahlreiche Verantwortungen hatte, darunter die Verantwortung für eine junge Gewerkschaftsgruppe. Ich mußte von einem Treffen zum anderen laufen, um die Verbindung zwischen meiner Gruppe und den anderen aufrechtzuerhalten. Jeder Gewerkschaftler machte ein Übermaß an Mühe: er mußte ermutigt und informiert werden und man mußte sich um seine soziale Situation kümmern. Aber zur gleichen Zeit hatte jeder ein eigenes Problem, das häufig das gleiche war wie bei der ganzen Gemeinschaft, zum Beispiel ein Streik, eine Zulassung. Die Gewerkschaft kümmerte sich darum. Außer diesen Aufgaben war ich für mehrere Zellen in der Organisation der jungen Kommunisten verantwortlich, wo ich Instruktionen erhielt, die verbreitet werden mußten. Die Illegalität verdammte unsere Aktion zur größten Genauigkeit, und unsere Organisation funktionierte wie eine Uhr. Es wurden alle Formen der Propaganda verwendet: Plakate ankleben, Flugblätter verteilen usw. ... außerdem gab es Aufrufe zu Demonstrationen, das Anbringen von Fahnen am Vorabend verbotener Arbeiterfeste, die Vorbereitung von "spontanen" Aufläufen in den Straßen. Diese ganze Arbeit kam der Partei und der roten Fraktion der Gewerkschaft zu.

Trotz dieser intensiven Tätigkeit, dieser Begegnungen bemächtigte mich am Donnerstagabend, dem Vorabend des Sabbats, Heim-

weh und nagte an mir. Ich fühlte mich plötzlich fremd und isoliert. Kein wahrhaft aufrichtiger Freund, kein Heim, das mich
erwartete. Die große Stadt mit den Hunderten von Genossen
war mir lieb, aber dies war nicht meine Stadt, in der ich jeden
Stein kannte. Die Leere meiner Mansarde trieb mich auf die
Straße, ich eilte dahin. Hier und dort sah ich im Fenster eines
jüdischen Hauses den Widerschein angezündeter Sabbatkerzen,
was mein Heimweh nach der Heimat, nach der Mutter und nach
all den Meinen, die in Zamosc geblieben waren, verstärkte.
Die Nacht des Donnerstags war am längsten. Ich suchte den
Schlaf, aber die Melancholie und das Heimweh hielten meine
Augen offen, auf ferne Bilder meiner vielgeliebten Stadt ge-
richtet.

Der Samstag war ein ausgefüllter Tag, weil dann die Versammlungen der kommunistischen Jugend in abgelegenen Häusern
stattfanden. Dort folgten wir politischen Vorlesungen über Marxismus, erhielten aber auch unsere Anweisungen; das ganze
wurde von den Mitgliedern des Sektionskomitees geleitet. Nach
sechs Monaten hingebungsvoller Studien wurden die begabtesten
und eifrigsten jungen Gewerkschaftler ausgesucht und in die
Zellen geschickt. Diese ganze Arbeit erforderte ein vertieftes
Wissen, vielfältige Kenntnisse, Geduld und viel menschliche
Wärme, dennoch war die Methode weder sicher noch festgelegt:
Jeder vertraute seiner Intuition, seiner eigenen Erfahrung, seinem Temperament. Wir hatten Jugendliche vor uns, die mehr
oder weniger intelligent, manchmal mittelmäßig, gelegentlich
brillant waren. Es brauchte viel Nachsicht, Beharrlichkeit
und vor allem Glauben.

Wenn so der Donnerstag mich traurig stimmte, verwischte der
Samstag davon jede Spur. Nach fünf bis sechs Stunden solcher

Tätigkeit war ich erschöpft und heiser, kehrte des Abends vertrauensvoll und zufrieden in mein Zimmer zurück. Wenn ich zufällig am Samstag vormittag frei hatte, besuchte ich den "Treffpunkt der Arbeiter", den offiziellen Treffpunkt des B u n d e s. Dort genehmigte ich mir ein besonderes Gericht, gehackte Leber, was mich an das von meiner Mutter zuhause Bereitete erinnerte. Was ich in diesem Lokal vor allem suchte, war die Begegnung mit der Jugend, die die beiden großen Säle füllte. Obgleich die Mehrheit dieser Jugendlichen Kinder von Arbeiterfamilien waren, war das Einvernehmen gekünstelt: Theoretisch waren sie mit den Sowjets einverstanden, aber ... es gab dieses "Aber", das uns trennte, das Palästinaproblem, das uns zu Feinden machte, die bereit waren, sich gegenseitig umzubringen.

Der 1. Mai 1926 kam näher. Wir wurden angewiesen, nicht ins Lokal zu kommen und wegen etwaiger Feuerüberfälle nicht zu Hause zu schlafen. Nichts als kurze Begegnungen auf der Straße. Mit Beteiligung aller Jugendlichen der Gewerkschaftsgruppen und der Betriebszellen organisierten wir in mehreren Wohnvierteln und am hellen Tage Blitz-Demonstrationen. Es war uns gelungen, während der Nacht Plakate anzukleben und Flugblätter zu verteilen, die zum Kampf aufriefen. Viele der Unsrigen wurden in flagranti festgenommen. Einige bezahlten ihre Taten sogar mit ihrem Leben. Beim Ankleben eines Anschlages wurde ein Jugendlicher meiner Zelle von einem Polizisten angegriffen, sein Gefährte, Turiek, wollte ihn retten und warf dem Polizisten einen Farbtopf ins Gesicht, was uns zur Flucht verhalf; aber zwei Polizisten in Zivil tauchten auf und machten von der Schußwaffe Gebrauch. Unser Genosse Turiek fiel. Er hatte die Losung der Oktoberrevolutionäre befolgt: Du sollst deinen Kameraden sogar unter eigener Lebensgefahr retten. Dieser Tod bedrückte mich. Als Verantwortlicher für die Zelle hielt ich mich für diesen Tod verantwortlich. Ich hätte vorsichtiger sein und rechtzeitig die zwei Polizisten in Zivil bemerken müssen.

Trotz unserer Trauer sah uns der Morgen des 1. Mai für den Festtag bereit. Unsere Begeisterung stieg, je mehr wir uns dem Versammlungsort näherten. Aus allen Wohnbezirken der Stadt strömten sonntägliche Demonstranten freudestrahlend und entschlossen herbei. Schulter an Schulter, die Internationale auf den Lippen, bildeten wir unseren Zug. Viele waren mit einem soliden Stock für den Fall bewaffnet, daß es Angriffe von Faschisten oder irgendwelchen studentischen Rowdies gäbe. Wir, die Jugend, hatten uns unter die Fahnen der legalen Gewerkschaften eingereiht. Uns folgte die Sektion Leder; dann kamen die Maler, die Bäcker, die Chauffeure, die Lastenträger, die Eisenbahner und noch andere. Wir waren von einem Ordnungsdienst umgeben, der sich aus bärenstarken Kerlen zusammensetzte. Ihre Arme bildeten um uns eine eiserne Mauer.

Wir rückten in Ordnung vor, den Kopf der Sonne entgegen, das Gesicht ernst. Hallende Schritte, ernste Gesänge, begleitet von dem Beifall der Zuschauer an den Fenstern. Am Ende der Leznostraße ein Polizeikordon, aber er kontrollierte nur die Fahnen und suchte nach den verbotenen. (Nur die der Gewerkschaften waren zugelassen). Nach durchgeführter Kontrolle ließ man uns zum Theaterplatz, dem Versammlungsort, durchmarschieren. Eine starke Miliz der polnischen sozialistischen Partei schützte auf der linken Seite die Tribüne.

Der P. P. S. wurde auf der einen Seite flankiert vom Bund und auf der anderen von unserer Gruppe, aber diese Masse von einigen tausend jüdischen Arbeitern, zur Phalanx geschmiedet, war zugleich wie eine abgesonderte Insel, als der Abgeordnete Sifala, umgeben von Bauarbeitern, ankam. Er war eine eindrucksvolle Persönlichkeit, bemerkenswert, mit weißem Kopf; er kam am Arm seiner Tochter nach vorne, neben ihm Warski, der kommunistische Abgeordnete - erschossen in Moskau 1937 - und die Arbeiter der Fabriken Parvosin und Lillpot. Sofort erhoben sich die Fahnen des Zentralkomitees der Kommunistischen Partei und der Kommunistischen Jugend. Dann begann die Schießerei; wir erhielten die Anweisung, uns auf den Boden zu legen, aber die Panik löste eine kopflose Flucht aus: einer fiel über den anderen , ohne sich loslösen zu können. Ich fand mich am Boden wieder, mit einem einzelnen Schuh und zerrissenen Kleidern. Überall waren die Torwege verschlossen! Die zur Verfolgung der Flüchtigen eingesetzte Polizei schlug hart zu ... Schreie zerrissen die Luft. Die faschistischen Studenten rannten herbei, um der Polizei zu helfen, und schrien noch lauter als diese. Die Demonstranten, denen es nicht gelang zu entkommen, wurden unterschiedslos festgenommen. Wie gelang es mir, wegzukommen? Ich weiß es nicht. Ich weiß nur, daß am selben Abend die Kämpfer der Kommunistischen Jugend eine große Demonstration durch Muranow veranstalteten und daß wir uns unter den wachsamen Augen der Polizei zerstreuen konnten.

SEHNSUCHT NACH HAUSE

Wenn ich auch noch so sehr die Erinnerungen an daheim zu verdrängen suchte, suchten sie mich doch in schlaflosen Nächten immer wieder heim. Das Bild meiner Mutter stand vor meinen Augen. Gassen meiner Stadt, in denen meine liebsten Kameraden wohnten ... Mein Herz schlug zu stark, als daß der Schlaf dies Heimweh hätte besiegen können. Wenn ich mich auch noch so sehr bemühte, mir Vorwürfe machte - der Wunsch, die Meinen und meine Heimatstadt wiederzusehen, war zu groß. Und als ein Brief mit der Nachricht aus Zamosc kam, daß der Provokateur, der uns verfolgte, unter eine Säuberungsaktion gefallen war und daß es infolgedessen nicht mehr gefährlich war, dorthin zurückzukehren, bat ich meine für die Sektion Muranow verantwortlichen Genossen, mich für einige Tage zu beurlauben, damit ich nach Hause fahren könnte.

Der Urlaub wurde genehmigt, ich schnürte mein Bündel und stieg in den Zug, trunken vor Freude bei dem Gedanken, meine Mutter wiederzusehen. Die Reise kam mir recht lang vor. Aber vor der letzten Station hatte ich plötzlich das Empfinden, beobachtet zu werden; ich wandte den Kopf und erkannte zwei Agenten in Zivil aus Zamosc; ich begriff, daß sie mich erkannt hatten, nachdem einer von ihnen, der mich mit einem forschenden Blick lange fixiert hatte, sich zu seinem Kollegen gewandt und ihm etwas zugeflüstert hatte. Bestürzung und Angst fegten meine Freude hinweg. Ich sah, wie sie auf mich zugingen.

Sie forderten mich auf, mein Bündel aufzuschnüren: Dort fanden sie nichts; dennoch führten sie mich nach dem Aussteigen ins Kommissariat. Man beschuldigte mich dort, aus Zamosc geflohen zu sein. Ich bewies die Ordnungsmäßigkeit meines Aufenthaltes in Warschau, wo ich arbeitete. Trotzdem ordnete der Untersuchungsrichter meine Verhaftung an. Während ich ins Gefängnis abgeführt wurde, bemerkte ich Kameraden, die mich am Bahnhof hatten begrüßen wollen und mich nun in den Händen der Polizisten sahen. Sie versammelten sich vor dem Kommissariat, von wo aus sie mich bis zum Gefängnis begleiteten. Ihr schweigender Abschied bewegte mich tief und gab mir meinen Mut zurück.

Erhobenen Hauptes, zum Himmel lächelnd, wiederholte ich mir die Worte Liebknechts: "Kein General trug seine Epauletten mit soviel Stolz, wie ich meine Gefangenenkleidung trage." Als die Tür des riesigen Gefängnisses sich hinter mir schloß, stand ich im Hof, von wo aus ich die Häftlinge der beiden Stockwerke sehen konnte. Sie hatten sich alle an die Gitter gedrängt. Ich erkannte einige politische Gefangene. Auch sie sahen mich und riefen: "Verlange, in die 18. Abteilung, die politische, zu kommen!" Nach erschöpfenden Formalitäten schloß man mich bei ihnen ein. Dort traf ich zwei polnische nichtjüdische Genossen, drei Ukrainer und mehrere Juden. Wir wurden nicht allzu schlecht behandelt. Zwei Stunden täglich Rundgang, mit dem Recht, Pakete, Zeitungen und Bücher zu erhalten. In unserer Abteilung wurde das, was jeder einzelne bekam, unter allen geteilt. Diese Verteilung unter allen war manchmal Gegenstand von Diskussionen, sogar von Konflikten, besonders mit den beiden Polen, die einen gewissen Abstand hielten. Sie meinten, alles zu teilen sei für die Ukrainer und für die Juden normal, aber sie selbst, die bei ihnen waren, hätten Anspruch auf Privilegien. Sie hatten einen gewissen Überlegenheitskomplex wegen der Tatsache, daß der Partei viel mehr Ukrainer und viel mehr polnische Juden als nichtjüdische Polen angehörten.

Wenn ein nichtjüdischer polnischer Arbeiter oder Angestellter der Partei beitrat, dann begünstigte man seine Beförderung dadurch, daß man ihm von vornherein eine Verantwortung übertrug, ohne ihn auf die Probe gestellt zu haben. Dieses unkluge Vertrauen ermöglichte die Infiltration von agents provocateurs (Lockspitzeln) und Verrätern, und mehr als einmal kam es vor, daß Genossen am Vorabend einer beabsichtigten Aktion verhaftet wurden, daß ein regionales Komitee seine besten Führer verlor.

In unserer Zelle protestierten zwei der jüdischen Genossen energisch gegen die Haltung der beiden Polen. Es waren zwei junge Leute, die man mit dem Namen "Palästinenser" bezeichnete. Sie waren von ausgeglichener Gemütsverfassung, Optimisten, liebten es, Witze zu machen und zu lachen; dies machte es leichter, die Zeit totzuschlagen. Ich habe mich ihnen angeschlossen, besonders wegen ihrer Unbeugsamkeit und ihrer Grundsätze. Sie erzählten uns von den Kämpfen der kleinen jüdischen Gemeinde in Palästina. Sie berichteten von ihrem Kampf ums Überleben, von der Wüste, von der Verwitterung, von dem, was sie beim Straßenbau zu leiden hatten, beim Trockenlegen von Sümpfen, alles unter einer erbarmungslosen Sonne; zur gleichen Zeit hatten sie gegen die englische Besatzung, gegen die Eigentümer der jüdischen Weinberge, die Malaria und andere Übel zu kämpfen. Bei der Arbeitssuche standen sie in Konkurrenz mit den schlechtbezahlten arabischen Arbeitern. Auf dem Arbeitsmarkt hatten die Landbesitzer die Muskelkraft der Arbeiter überprüft, bevor sie sie einstellten, ganz wie auf den Sklavenmärkten.

Diese "Palästinenser" stammten aus Bilgoraj. Anfang 1920 waren sie als H a l o u t z i m , als Pioniere, nach Palästina gekommen. Über einen von ihnen, Natan Swierczaf, schreibt der Schriftsteller I. Baschevis in seinen autobiografischen Aufzeichnungen, daß er diesem ungewöhnlich begabten Jungen den Zugang zur jüdischen Laienliteratur verdankte, als er noch unter der Leitung seines Großvaters, des Rabbiners von Bilgora, den Talmud studierte. In Palästina traten Swierczaf und sein Kamerad, A. Bromberg, im Jahre 1925 der Kommunistischen Partei bei. Aktiv nahmen sie an dem Wahlkampf teil, als dessen Ergebnis die Partei 25% der Stimmen erhielt. Beide befanden sich mit uns zusammen am Vorabend des Jahrestages der Oktoberrevolution 1917 im Gefängnis.

Wir beabsichtigten, diesen Tag im ganzen Gefängnis feierlich zu begehen. Es gab aufs neue Streitigkeiten, Meinungsverschiedenheiten; eine Minderheit meinte, wir würden am Vorabend unseres Prozesses riskieren, unsere Strafen zu verschärfen, und sie weigerte sich, unserer Initiative zu folgen, und schlug vor, diesen Jahrestag unter uns in unseren Zellen zu feiern. Die Mehrheit, der ich angehörte, war der Ansicht, dies Fest sei Sache des Proletariats, aller fortschrittlichen Menschen und nicht nur der Kommunisten, und aus diesem Grunde schlugen wir vor, es gelegentlich des Rundganges im Gefängnishof zu feiern, wo wir die anderen trafen. Wir wollten diesen Tag durch eine Demonstration mit Losungsworten und revolutionären Gesängen ehren, aber dabei hatten wir die Rechnung ohne die Gefängnisleitung gemacht, die ihre Vorkehrungen traf: Schon am frühen Morgen wurden wir einer genauen Durchsuchung unterzogen.

Dennoch kamen wir mit einem roten Abzeichen auf unserer Kleidung zum Rundgang; inmitten des sofortigen Beifalls aller Häftlinge riefen wir unsere Slogans. Zwei Minuten später jagte man uns vom Hof und schloß uns in unsere Zellen ein; uns wurde der Paketempfang und der Rundgang während eines Monats verboten. Auf diese Strafen antworteten wir mit einem Hungerstreik. Der Aufseher war kein schlechter Mensch: Hätte es nur von ihm abgehangen, wären wir menschlich behandelt worden. Nach zwei Tagen Hungerstreik waren wir erschöpft und ruhiger, aber entschlossen, nicht nachzugeben. Am dritten Tag kam der Aufseher in unsere Zelle und forderte uns auf, ohne übermäßige Strenge, künftig disziplinierter zu sein, und auf diese Weise wurde die Bestrafung aufgehoben.

Nach zehn Monaten Haft hatten wir das Recht auf den Besuch des Untersuchungsrichters. Mein Blut wallte in den Adern, denn eine innere Stimme sagte mir: Deine Freiheit ist auf Jahre dahin. Aber am Ende meiner Vernehmung erklärte der Richter, daß ich aufgrund meiner Jugend und fehlender Beweise für meine Zugehörigkeit zur Kommunistischen Partei ... entlassen würde! Als ich das Gefängnis verließ, waren alle Häftlinge an den Gittern, um meinen Abschied zu feiern. Bewegt antwortete ich mit dem Ruf: "Die politischen Gefangenen sollen leben!" Aufs neue öffnete sich vor mir die kleine Tür des riesigen Gefängnisses, diesmal aber in die Freiheit: Erste Schritte, erste Atemzüge in frischer Luft ...

BÜRGERKRIEG

Ich hatte kaum Zeit, das Glück und die Annehmlichkeit des eigenen Heimes zu genießen. Ich lief Gefahr, von neuem verhaftet zu werden. Tatsächlich interessierte sich die Polizei für mich, und ich hätte die Gewerkschaft, bei der ich kämpfte, kompromittieren können. Aus diesem Grunde entschloß ich mich, zum großen Kummer meiner Mutter, nach Warschau zurückzukehren.

Während meiner Abwesenheit war in Warschau in der Gewerkschaftsbewegung eine große Veränderung eingetreten. Unsere Konfektionsgewerkschaft war geteilt worden. Unsere Gewerkschaftssektionen führten ihre Aktivitäten auf der Straße durch: Bei Wind und Regen standen unsere Genossen stundenlang Wache, organisierten Demonstrationen, versuchten, für die Arbeitslosen Beschäftigung zu finden, verteilten Unterstützungen an die Familien der Streikenden. Ich war voller Respekt für die riesige Arbeit meiner Kameraden, aber ich fand im übrigen die Atmosphäre durch die Streitigkeiten und die wechselseitige Feindlichkeit zwischen Kommunisten und Bundisten vergiftet. Manche Begegnungen bei einer gemeinsamen Aktion endeten mit Schlägereien.

Beim Überdenken dieser Epoche erkenne ich heute die verbrecherischen Fehler, die damals von der Komintern begangen wurden. Ihre Direktiven bezeichneten die Sozialisten als Faschisten und riefen zum Klassenkampf gegen diese Partei auf, wodurch sie diejenigen abstießen und brandmarkten, die für die Kommunisten nichts übrighatten. Offensichtlich wurden ähnliche

Fehler von den Vertretern des B u n d s begangen. Und die Kämpfe um einen Arbeitsplatz in einer Fabrik trugen dazu bei, die trennende Mauer zwischen den Gewerkschaftlern auf der einen und der anderen Seite zu erhöhen.

In der Konfektion, die ein jüdisches Handwerk war, wurde die Lage kritisch. Die auf Respekt und Vertrauen gegenüber unseren Führern begründete Brüderlichkeit, die vor meiner Abfahrt geherrscht hatte, gab es fast nicht mehr. Bei meinem ersten Besuch unterrichtete mich die Genossin Natka, die ich bewunderte, über die Lage: Das Zentralkomitee der Kommunistischen Jugend hatte für die Minderheit Stellung genommen und führte einen Stellungskrieg gegen das Zentralkomitee der Partei, dem alle die Götter angehörten, die ich damals verehrte. Der Streit betraf die Unterstützung, die dem "sozialdemokratischen" Staatsstreich Pilsudskis zu gewähren sei. Am selben Abend traf ich zwei Führer der Kommunistischen Jugend, die ohne Umschweife die Mehrheitsanhänger des Zentralkomitees der Partei angriffen. Sie erzählten mir auch von den brutalen Umbesetzungen Pilsudskis, der wie ein reiner Reaktionär handelte, während er sich für einen Sozialdemokraten ausgab. Sie zählten mir die vom Zentralkomitee der Partei begangenen Fehler auf und begrüßten den Sieg der Minderheitler, die nach ihrer Meinung die revolutionäre Bewegung in Polen vorangebracht hatten. Ich liebte die beiden Genossen, die in der Gewerkschaftszelle, in der ich kämpfte, herangebildet worden waren. Intelligent, mit Organisationstalent begabt, hatten sie schnell den Bildungsstand, den man in einer Zelle erreichte, überschritten und waren von der Leitung mit verantwortlichen Posten betraut worden. Von ihren Worten tief verunsichert, verlor ich die Orientierung. Ich versuchte, mit Vernunftgründen zu einem objektiven Urteil zu kommen, aber vergeblich. Meine Verwirrung dauerte an. War es denn möglich, daß die Partei keine Verständigung, keinen Ausweg aus dieser Uneinigkeit fand? Aber jedesmal, wenn ich Genossen traf, die kochten - alle kochten, begegnete ich denselben Anklagen gegen das Zentralkomitee der Partei. Einschließlich der mir nahestehenden Genossen beim Exekutivkomitee der Konfektion, die zur Minderheit gehörten.

Unter ihrem Einfluß entschied ich mich, ihrer Gruppe beizutreten. Dies war der Anfang eines ideologischen Kampfes, der sich täglich verstärkte und schließlich zur Bildung von zwei Lagern führte. Es kam zu einer Tagung aller gewerkschaftlichen Sektionen der Konfektion. Ich wurde von meinem Konfektionskomitee abgeordnet. Diese Tagung begann in einem fieberhaften Klima, und bald erklärte die Genossin Natka, die präsidierte, die Tagung für geschlossen. Dies war das Zeichen eines Bruches zwischen den beiden Lagern. Der Vertreter der Kommunistischen Jugend erklärte im Namen seines Komitees, daß er im Einvernehmen mit Goldfinger und Jozek, einem Abgeordneten der Jugend-Internationale (in Moskau im Jahre 1937 erschossen) vorschlage, die Diskussion sollte wieder aufgenommen werden. Daraufhin verließen die Mehrheitsanhänger den Saal. In der Angst, von ihnen provoziert zu werden, beschloß man, an diesem Tag die Verhandlungen einzustellen. Wie weit konnte mangelndes Vertrauen zwischen den Genossen derselben Partei führen!

Mich peinigte dieses Zerwürfnis im innersten Kern der Partei. Einige Tage später wurde ich zum Abgeordneten der Jugend im Exekutivkomitee der Erwachsenen - Sektion Maßkonfektion - ernannt, deren beide Führer Mehrheitsanhänger waren. In meinem Inneren war ich damals davon überzeugt, daß die Komintern sich nicht irren konnte. Ich glaubte, daß jeder Streik in den

Unternehmen den Boden für die Revolution vorbereite, daß sie uns, je nach Ausmaß und Dauer, ihr näherbrachte. Dies war der Grund dafür, daß ich Anhänger des Exekutivkomitees war, das für harte und häufige Streiks eintrat.

Im Frühjahr 1929 organisierten wir Streiks in der Sektion der Angestellten der Einzelhandelsgeschäfte und der Maßkonfektion. Objektiv gesehen war die wirtschaftliche Lage ungünstig, und es bestand keine Hoffnung auf Sieg. Es war die Haltung der Partei, sich auf die Basis zu stützen, d. h. auf die Arbeiter. Und tatsächlich kam es zu einem Kampf zwischen den Einzelhandelsangestellten und den Arbeitern. Die sozialistische Gewerkschaft des Bunds war gegen diesen Streik. Die Arbeiter, die ihr folgten, wurden von uns als Streikbrecher gebrandmarkt. Wir zwangen sie, ihren Arbeitsplatz zu verlassen. Als Antwort mobilisierte der Bund seine Miliz, um seine Mitglieder zu schützen; die Kommunisten des "starken Arms" auf der einen Seite, diese Miliz auf der anderen setzten sich voll ein. In der Sektion Maßkonfektion war die Situation besser. Dort war die Gewerkschaft des Bunds schwach, und außerdem machte sich die Wirtschaftskrise in dieser Branche noch nicht bemerkbar. Nach einem Streik von sieben Wochen, der siegreich war, wurde ein Kollektivvertrag zwischen Unternehmern und Arbeitern unterzeichnet. Aber der Vertrag brachte den jungen Arbeitern nichts ein, die ihren Arbeitsplatz verloren; ich gehörte zu ihnen.

Ich tröstete mich für den Augenblick mit der legalen Anerkennung des Lokals, das wir hatten und das für die jungen Gewerkschafter der Konfektion reserviert war. Wir führten einen heftigen Kampf gegen das Feudalsystem, das sich anschickte, die Pilsudski-Regierung wieder einzuführen. Wir konnten keine entscheidende Aktion durchführen, trotzdem erfüllte unsere Grup-

pe ehrlich ihre Aufgabe, die Jugendlichen politisch aufzuklä-
ren und sie zu organisieren. Unsere Mittel? Flugblätter, Begegnungen vor den Werkstätten und den Fabriken, die Jugendliche beschäftigten. Während dieser Aktivitäten wurden Dutzende unserer jungen Kämpfer festgenommen. Trotzdem waren
mehrere Tagungen in dem Gewerkschaftslokal erfolgreich. Mehrere Fabriken delegierten ihre Genossen. Ich vertrat dort meine Konfektionssektion.

Eines Abends wurde nach Eröffnung der Tagung das Haus von
Polizei umstellt. Obgleich diese Versammlung unter dem Namen "Vereinigung der Künstler und Theaterangestellten" legal
war, drang die Polizei in den Saal ein und prüfte die Ausweise
aller Anwesenden, wobei jeder gefragt wurde, welcher Gewerkschaft er angehöre. Die Mehrzahl wurde freigelassen, aber ein
Dutzend Jugendliche, zu denen ich gehörte, wurde abgeführt.

Nach einigen Tagen der Haft führte man uns in ein großes Büro,
wo hinter mehreren Tischen Agenten saßen, die uns ausfragten.
Jede Ankunft eines Häftlings wurde von ihnen mit einem Aus-
bruch des Lachens begleitet, und es stimmt, daß unser Anblick
komisch und zur gleichen Zeit tragisch war. Ohne Gürtel, hielten wir unsere Hosen fest, unsere Schuhe hatten keine Schnürsenkel, wir waren seit einigen Tagen weder rasiert noch gewa-
schen, wir glichen Vagabunden, Gauklern, ich weiß nicht wem...
Bei jedem Eintretenden lachten sie laut auf: "Noch ein Artist!"
Diese Heiterkeit der Polizisten gab uns Vertrauen und Hoffnung
zurück: Sie würden die Sache nicht allzu ernst nehmen, wenn sie
sich so amüsierten, und tatsächlich wurden wir alle innerhalb
von zehn Tagen entlassen.

Eines Tages erfuhren wir von einem Kameraden, der damals in

der Armee war, daß sein Regiment eine Parade durch Muranow vorbereitete. Unser Sektionskomitee beschloß, diese Parade in eine kommunistische Manifestation umzufunktionieren. Diese Entscheidung wurde getroffen, nachdem wir uns mit einigen Kameraden, die noch unter den Fahnen standen, beraten und abgesprochen hatten. Am Sonntag vormittag, als der Vorbeimarsch begann, tauchte unser Kamerad Paul, Metzger seines Zeichens, plötzlich an der Spitze des Zuges auf und hißte wie ein Blitz die rote Fahne. Im selben Augenblick intonierten wir – von verschiedenen Punkten in der Menge aus – die Internationale, die das ganze Regiment, im Glauben, einem Befehl zu gehorchen, mit Disziplin aufnahm. Während mehrerer Minuten, in denen die Überraschung der Offiziere andauerte, tönte unser Freiheitslied triumphierend durch das Viertel! So ging es bis zur Dzikastraße: Erst dort griffen uns Polizisten an. Unter die Soldaten gemischt, gelang es uns, das Weite zu suchen. Nachdem ich einen Schlag mit dem Gummiknüppel erhalten hatte, wurde ich von den Kameraden in eine Apotheke gebracht; meine Verletzung war leicht, und ich konnte nach Hause gehen.

Einige Tage später fanden vier Arbeiter auf einer Baustelle den Tod. Die Baugewerkschaft verbreitete sofort einen Aufruf und forderte alle Gewerkschaftler auf, der Trauerfeierlichkeit beizuwohnen. Es war eine eindrucksvolle Zeremonie; ein endloser Zug, schweigend und ernst, bewegte sich durch die Hauptstraßen der Stadt; es wurde dunkel, als wir am katholischen Friedhof ankamen; nach der Beisetzung der vier Särge, als die zwei kommunistischen Abgeordneten Bitner und Scripa (in Moskau 1937 hingerichtet) den Opfern im Namen der kommunistischen Partei die Ehre erwiesen hatten, krachte eine Salve. Hinter den Grabsteinen erhoben sich Polizisten in Uniform und Zivilagenten und warfen sich auf uns, schlugen auf uns ein und knüppelten sogar auch die Witwen der Opfer. Es folgte eine kopflose Flucht; inmitten der Panik gelang es mir, eine Ausgangstür zu erreichen, ich bemerkte aber sofort, daß dahinter die Polizeiwagen warteten ... Alle, die zu entkommen suchten, wurden gesammelt und in die Wagen geworfen. Ich machte einen Umweg, aber es war zu spät: Einer der Polizisten wurde auf meine Verfolgung geschickt. Wie gelang es mir, ihn abzuschütteln? Ich weiß es nicht. Ich kam an eine Mauer, mußte um jeden Preis hinüber. Ich riß mir Hände und Kniee auf, gelangte aber auf die andere Seite, ohne gesehen zu werden. Dort fand ich andere Kameraden, die mich auf eine Unfallstation brachten, denn ich war verwundet.

Während der Wahlkampagne des Jahres 1928 entfalteten die Kämpfer von Muranow eine rege Tätigkeit. Wir errichteten improvisierte Tribünen auf den Rücken unserer kräftigsten Kameraden, um an die Einwohner Warschaus Aufrufe zu richten und um sie zu veranlassen, für unsere Kandidaten zu stimmen. Ich war vom frühen Morgen bis zur späten Nacht tätig. Außer meiner Arbeit für die Wahl, für die Gewerkschaft und als Mitglied der Kommission der Kommunistischen Jugend mußte ich mir das Propagandamaterial für die Wahl beschaffen und mußte es nach Zamosc bringen. Da das Komitee von Lublin seiner besten Führer beraubt war, konnte es nicht mehr die Umgebung beliefern. Mit Hilfe des Genossen Zachariasz, der für das Zentralkomitee des Wahlkampfes verantwortlich war, gelang es mir, die drei Städte Bilgoraj, Zamosc und Hroubieszow, eine Wohngegend für Arbeiter und Bauern, mit Propagandamaterial zu versorgen. Am Vorabend der Wahlen besuchte mich ein Genosse aus Zamosc. Kaum waren wir auf die Straße gegangen, als ich mich von Polizisten umringt sah, und wieder kam ich in Polizeigewahrsam.

Das Gefängnis quoll über von jungen Kommunisten, es gab sogar Pioniere, Kinder, bis hinauf zu Mitgliedern des politischen Büros: Amsterdam und Henrykowski, der durch sein angenehmes Äußere eines Intellektuellen und Aristokraten leicht zu erkennen war. Nach sechs Wochen Haft wurde ich entlassen unter der Bedingung, mich wöchentlich bis zu meinem Prozeß beim Kommissariat meines Bezirks zu melden. Kaum war ich frei, stellte ich mich dem Komitee der Kommunistischen Jugend zur Verfügung. Bald erhielt ich meine Anklageschrift. Ein Genosse des M. O. P. R. - Internationale Hilfe für politische Häftlinge - übernahm meine Verteidigung.

Mein Prozeß sollte am 21. Juni 1929 stattfinden, und ich bereitete mich auf einen langen Gefängnisaufenthalt vor. Meine Kameraden der Sektion Konfektion intervenierten für mich beim Zentralkomitee, denn sie waren der Ansicht, daß meine durch die Gefängnisse und durch meine Aktivität angegriffene Gesundheit keine längere Haft mehr vertragen könnte; aus diesem Grunde verlangten sie, daß man mich nach Sowjetrußland schicken solle, wo ich eine Ausbildung als Kader, d. h. leitender Funktionär in der Partei, erhalten könne; inzwischen würde mich die Polizei vergessen. Das Zentralkomitee billigte diesen Gedanken und befahl mir, mich nicht zum Prozeß zu stellen. Meine Kameraden der Kommunistischen Jugend beschlossen, eine Sammlung zu veranstalten, um den notwendigen Betrag zusammenzubringen, damit ich rechtzeitig Polen verlassen konnte. Bald bekam ich einen Paß, der mir gestatten sollte, zunächst nach Frankreich zu reisen, bevor ich in die UdSSR ging.

Diese Sammlung zählt zu meinen eindrucksvollsten Erinnerungen. Sie wurde in einer Periode von Streiks, Arbeitslosigkeit und Elend, die alle Arbeiterfamilien trafen, durchgeführt. Ich sah mich fürstlich belohnt und für alle meine Leiden, alle meine Opfer und für alles entschädigt, was ich künftig zu erleiden haben würde. Solcher Selbstlosigkeit fühlte ich mich nicht würdig: War diese Aufopferung seitens meiner Kameraden nicht das unwiderlegliche Zeichen dafür, daß ich mich von nun an gänzlich unserer Sache hingeben mußte?

Nach unvergeßlichem Abschied bestieg ich am 20. Juni 1929 den Zug nach Danzig, von wo aus ich nach Frankreich weiterfahren sollte.

IN DER FREMDE

Ein schöner Sommermorgen kündigte sich an, als wir uns Paris näherten. Die Gesichter der Reisenden zeigten die freudige Ungeduld, die sich am Ende einer Reise einstellt. Ein jeder würde von seinen Angehörigen beim Aussteigen aus dem Zug erwartet werden. Alle wußten, daß ein sicherer Hafen sie erwartete, wo sie nach den Strapazen der Reise Wärme und Ruhe finden würden.

Ich dagegen erwartete diese Ankunft mit einer gewissen Besorgnis. Der falsche Paß wog schwer in meiner Tasche. Ich sollte ihn im Laufe von acht Tagen Blatt für Blatt zurückschicken. Was sollte ich in dieser mir unbekannten Stadt anfangen, allein, ohne Freunde, fast ohne Geld und ohne die französische Sprache zu verstehen? Ich besaß nur die Adresse des M. O. P. R. (Internationale Hilfe für politische Häftlinge). In Berlin hatte man mir mitgeteilt, ich müsse einige Tage warten, bis der Kontakt zwischen M. O. P. R. Berlin mit demjenigen von Paris hergestellt worden sei. Ich besaß eine ziemlich unbestimmte Adresse eines gewissen Genossen Jakob, die der für meine Partei-Zelle Verantwortliche mir gegeben hatte. Jakob wohnte im vierten Arrondissement. Als ich den Bahnhof verließ, zog mich die Menge mit sich wie ein Blatt im Wind. Der Lichterglanz von Paris hatte kaum Zeit, mein aufgewühltes Gemüt eines einsamen Immigranten abzulenken, als ich mich in der Rue des Rosiers wiederfand. Das war eine enge, überfüllte und schmutzige Straße. Ich fand die gesuchte Nummer, ein altes Haus, eine steile und düstere Treppe. Oben im sechsten Stock! Auf jedem Stockwerk begleiteten mich streitende Stimmen, Kindergeschrei. Genosse Jakob war nicht da. Ich traf nur seine Schwägerin, umringt von Kindern. Als sie erfuhr, daß ich aus Warschau angekommen war und ihren Schwager sehen wollte, überschüttete sie mich mit einer Flut von Flüchen: Sie galten Jakob, mir und all den "G r i n e", den Immigranten neueren Datums, die sie zum Teufel wünschte. Ich brachte mich in Sicherheit, indem ich mir die Ohren zuhielt.

Ich ging durch die Straßen des jüdischen Viertels, das mitten in Paris lag. Ich hatte den Eindruck, mich in Warschau wiederzufinden, in Muranow. Dieselben kleinen Läden, dieselben bescheidenen Restaurants, dasselbe Gedränge. Mein Herz schlug schneller, als ich meine Muttersprache erkannte. Aus einem Laden tönten die traurigen Melodien volkstümlicher jüdischer Lieder.

Ich betrat das billigste Restaurant, voll von Leuten und Lärm, und glaubte, in Warschau zu sein. Ich näherte mich einem Tisch, an dem lebhaft diskutiert wurde. Die Worte "Papiere" und "Arbeitserlaubnis" wiederholten sich ständig, während ich wie im Fieber zuhörte. Bald begriff ich, daß man betrügerischen Vermittlern mißtrauen mußte, die sich Anzahlungen gegen das Versprechen geben ließen, eine Aufenthaltsgenehmigung zu beschaffen, und sich dann davonmachten; ich erfuhr, daß man auch den Arbeitgebern mißtrauen mußte, die einen beim Stücklohn oder Stundenlohn bestahlen und häufig den Probetag nicht bezahlten. Man sprach von den Vorteilen, die die Gewerkschaften in Polen dem Arbeiter verschafften, und von der Schwäche der Gewerkschaft in Frankreich. Die alten Immigranten betrachteten die Neulinge mit Herablassung und erwiderten, daß es hier solche Vorteile nicht gäbe.

Ich verließ diesen Tisch auf der Suche nach "Boden" unter den Füßen, nach einem Bekannten. Ich durchquerte die Rue des Rosiers und las im Schaufenster eines Ladens die Anzeigen: Man suchte Konfektionsarbeiter. Unsicher machte ich mich auf, um mich bei einem Arbeitgeber vorzustellen, dann bei einem anderen, aber überall, wohin ich kam, war es zu spät. Mutlos ging ich dennoch von einer Adresse zur anderen. Schließlich wurde ich von einem Chef wohlwollend empfangen. Er erklärte mir, er warte seit dem frühen Morgen auf einen Arbeiter, die Arbeit sei eilig, und er müsse sie am nächsten Tag abliefern. Er forderte mich auf, mich gleich an die Arbeit zu machen. Klopfenden Herzens machte ich zur Bedingung, am gleichen Tag bezahlt zu werden. Der Chef runzelte die Stirn: "Soviel ich sehe," sagte er, "gehören Sie zu diesen 'kleinen Kameraden'". Und in väterlichem Ton fügte er hinzu: "Glauben Sie mir, solche Tricks sind hier nicht üblich. Bei uns in Paris muß man solche Dummheiten vergessen." Nach einigen Arbeitsstunden bezahlte er mir nicht nur meine Arbeitsstunden, sondern auch den folgenden Arbeitstag im voraus! Ich verließ ihn erhobenen Hauptes und mit einem Herzen voller Hoffnung.

Ich entdeckte den Genossen Jakob und die "Kultur-Liga", wo mich die Genossen in der kommunistischen jüdischen Sektion brüderlich empfingen. Sie unterrichteten mich, daß meine Akte vom M. O. P. R. aus Berlin angekommen sei und man nun wisse, daß ich ein politischer Emigrant sei und Hilfe brauche. Trotzdem war ich sehr glücklich, durch eigene Initiative Arbeit gefunden zu haben und nicht einer Organisation zur Last zu fallen.

Jakob (später in Spanien gefallen) war Mitglied der Kommunistischen Jugend und führte mich gleich zu ihrem Sitz. Das Leben begann wieder. Nach einer gewissen Zeit wurde ich zum Vertreter der "Kultur-Liga" ernannt. Die Genossin Bronka vertrat unsere Jugend im M. O. I. - Komitee-Main-d' OEuvre Immigrée- das die Arbeit der immigrierten kommunistischen Jugendgruppen unter der Aufsicht der französischen kommunistischen Jugend leitete.

Ich wurde zugleich Aktivist der Konfektions-Gewerkschaft. Obwohl Kommunisten mit einer langen Erfahrung, die sie in den Gewerkschaften Polens und anderswo erworben hatten, anwesend waren, gab es hier nur wenig Aktivität. Wir hatten keine Massenarbeit zu organisieren. Die Ursachen waren vielfältig: vor allem ein gewisser Wohlstand, der in Frankreich nach dem Ersten Weltkrieg herrschte und der viel höher war als in unseren Herkunftsländern; wegen dieser Tatsache hatte sich eine große Anzahl Immigranten hier niedergelassen, um an dem Wohlstand teilzuhaben.

Die Konfektion war ein Saisongewerbe. Man suchte möglichst viel herzustellen, um mehr im Akkord- oder Stundenlohn zu verdienen, so daß man vom frühen Morgen bis Mitternacht an der Maschine saß. Die Mehrzahl der Immigranten waren keine politischen Flüchtlinge; es war die Wirtschaftslage in ihren Herkunftsländern, die sie zur Immigration gezwungen hatte. Als gelernte Handwerker versuchten sie nach ihrer Ankunft in Frankreich zunächst, möglichst schnell das notwendige Geld zu verdienen, um ihre Familie nachkommen zu lassen und ihren Haushalt wiederherzustellen. Eine größere Anzahl arbeitete ohne Arbeitserlaubnis oder sogar ohne Aufenthaltserlaubnis und lebte daher unter der ständigen Bedrohung, ausgewiesen zu werden. Unter diesen Bedingungen konnte sich unmöglich eine Gewerkschaftsbewegung entwickeln. Die jüdische Jugend gehörte meist der "Kultur-Liga" an. Die Leitung der Kommunistischen Jugend begriff, daß eine Arbeit auf kultureller Ebene allein für die Jugendlichen nicht ausreichend war. Unter uns gab es Sportler; sie gründeten einen Sportklub. Mit gesammeltem Geld und Unterstützung der Sportunion der Französischen Linken mieteten sie ein Lokal für ihren Klub, den sie Y. A. S. K. (Yiddische Arbeiter Sport Kloub), Sportklub Jüdischer Arbeiter, tauften. Das Büro der Kommunistischen Jugend delegierte den Genossen Bernard. Zusammen organisierten wir Tagungen und Ausflüge. Bald wurde der Y. A. S. K. zu einer wichtigen und unabhängigen Organisation.

Ich möchte gerne von einem unserer Kollektivausflüge erzählen: Wir waren eine bedeutende Gruppe junger dynamischer Jugendlicher und waren voller Lebensfreude. Wir hatten uns in der Nähe des Dorfes Bellevue versammelt und dort in einem kleinen Wald niedergelassen. In diesem Dorf lebte der Schriftsteller Scholem Ach. Wie wäre es, wenn wir ihn bäten, zu uns über literarische Fragen zu sprechen? Wir wählten die hübschesten Mädchen aus, die ihm unsere Bitten vortrugen. Unvorbereitet angesprochen, lehnte Scholem Ach zunächst ab, aber dann siegte seine Neugierde, und er ließ sich zu uns führen. Nach der Begrüßung und lobenden Worten über seine Werke ergriff ich das Wort. Ich sprach über seinen Beitrag zum jüdischen kulturellen Erbe, dann fragte ich ihn, warum er der Regierung Pilsudski zugestimmt habe und sich dessen rühmte. Warum er nicht über die proletarische jüdische Jugend schreibe und nicht ihre Kämpfe kennenzulernen suche, ihre Helden, wie Botwin zum Beispiel, nicht kenne? Darüber regte sich Scholem auf und schrie mit Heftigkeit: "Ich kenne Euch nicht und will Euch nicht kennenlernen, ich sehe Euch nicht und will Euch nicht sehen!" Die Feindseligkeit war auf beiden Seiten zu spüren.

In dem Büro unserer jüdischen Parteisektion gab es Reibungen und Konflikte zwischen zwei Führern: Malaga und Wasserman, zwei sehr sektiererischen Genossen. Der Leiter des M. O. I. - Komitees (eingewanderte kommunistische Jugend), der für alle ausländischen kommunistischen Gruppen verantwortlichen Organisation, unterstützte sie, was die Arbeit der "Kultur-Liga" erschwerte. Wir, die neu angekommenen Jugendlichen, entwikkelten eine intensive Aktivität in herzlichem Einvernehmen. Die kommunistische Zeitschrift, die in jiddischer Sprache unregelmäßig erschien, begann wöchentlich zu erscheinen. Sie wurde immer reicher an aktuellen Informationen und zählte zahlreiche Leser unter der jüdischen, sogar der nicht-kommunistischen Bevölkerung.

Erst wurden ein Chor und eine Gruppe dramatischer Kunst, dann Abendkurse in französischer Sprache organisiert. Neben der "Kultur-Liga" bildete sich die erste Gruppe jiddisch schreibender Schriftsteller und Journalisten.

In allen Handwerken, wo Juden arbeiteten, erweiterte sich die gewerkschaftliche Aktivität. Eine Zentraldirektion der Gewerkschaftsabteilung kontrollierte und leitete die ganze Arbeit. Die ersten örtlichen Streiks in Trikotfabriken waren erfolgreich. Das stärkte die Gewerkschaft.

Ich war vom frühen Morgen bis spät in die Nacht beschäftigt, und dennoch erwachte gelegentlich das Heimweh nach Warschau, nach einer eigenen Heimstatt, nach den lieben verlassenen Gesichtern. Wir sprachen darüber mit den Genossen Bronka und Bernard, die unter dieser Entfernung noch mehr litten als ich. Sie kehrten im Jahre 1930 nach Polen zurück. Ich durfte daran nicht einmal denken, denn man hatte mich benachrichtigt, daß mein Prozeß stattgefunden hatte und daß ich in Abwesenheit zu fünf Jahren Gefängnis verurteilt worden war. Aber auch in Paris war ich nicht in Sicherheit. So wurde ich mit anderen Immigranten verhaftet, und wir wurden nach Belgien ausgewiesen. Die Rote Hilfe in Brüssel empfing mich so herzlich, daß ich mir schwor, nach meiner Rückkehr nach Paris mich mit Leib und Seele dieser Organisation zu verschreiben.

Auch Belgien befand sich damals in einer Wirtschaftskrise, die die Ausweisung von Immigranten nach sich zog. Die Kommunistische Partei war dort nicht sehr stark. Die kleine Gruppe jüdischer Kameraden hatte eine kosmopolitische Haltung. Viele kämpften in der polnischen Gruppe. Es war sehr schwer, Arbeit zu finden. Der Winter begann vorzeitig mit Kälte und Regen. Der Tag ging recht und schlecht vorbei, wo aber für die Nacht eine Bleibe finden?

Ich verließ Brüssel, um in Antwerpen mein Glück zu versuchen. Dort verbrachte ich einige Tage. Ich wurde von einem Landsmann, Kuba, aufgenommen. Dieser hatte das Glück gehabt, von der polnischen Sektion an die Moskauer Universität geschickt zu werden, um seine politische Ausbildung zu vervollkommnen. Er hatte sogar Trotzki zum Professor, der ihm die Oktoberrevolution erklärte. Nachdem er an einer Demonstration trotzkistischer Studenten in Moskau auf dem Roten Platz teilgenommen hatte, wurde er von der Universität verwiesen und nach Polen zurückgeschickt. Dort vertraute ihm die Partei keinerlei Aufgabe an; dennoch blieb er Mitglied und war in einer Zelle aktiv.

Ebenso erging es ihm in Belgien, wohin er gekommen war, nachdem er erneut Warschau verlassen hatte. Bei seiner Rückkehr aus Moskau war seine Haltung zur Partei voller Zurückhaltung und Kritik. Er glaubte an seinen Gott, Trotzki; ich als Sohn meines Vaters war an die äußersten Grenzen des Glaubens an meine Partei gelangt, und ich konnte nicht die geringste Kritik an unseren großen Führern ertragen, die für mich Sternen glichen, deren Bahn weit über unsere eigene Sphäre hinausführte.

In Antwerpen fand ich ebensowenig Arbeit wie in Brüssel. Um nicht die Gastfreundschaft Kubas zu mißbrauchen, kehrte ich nach Brüssel zurück. Dort wurde ich bei einer Demonstration von Arbeitslosen festgenommen. Wir waren eine ganze Emigrantengruppe. Da wir im Augenblick der Festnahme weder Geld noch einen angemeldeten Wohnsitz hatten, wurden wir wegen Landstreicherei angeklagt. Wir wurden zu zwei Monaten Gefängnis verurteilt und ausgewiesen. Die rechte Hand an die linke Hand eines Polizisten angekettet, durchquerten wir die Stadt vom Justizpalast bis zum Gefängnis. Während dieser Überführung schrien wir den Gaffern zu: "Wir sind keine Missetäter, wir suchen Arbeit!"

Das Gefängnis war ein riesiges Gebäude im Stil amerikanischer Gefängnisse. Gewölbeeingang, Gitter an den Fenstern. Nur zwei Wächter überwachten ein ganzes Stockwerk. Man führte uns in den linken Flügel, der für diejenigen bestimmt war, die nur kleine Vergehen auf sich geladen hatten. Der lange Saal enthielt für jeden ein eisernes Bett mit einer Decke und sogar einem weißen Laken. Seit langem hatte ich kein so komfortables Lager genossen. Als ich mich zur ersten Nacht schlafen legte, ging mir ein Gedanke durch den Sinn: Nur zwei Monate ... wie schade! Morgens machten wir halb entkleidet unsere Toilette, wie Soldaten, dann eine halbe Stunde Sport im Hof unter der Leitung eines Aufsehers. Der Saal, in den man uns führte, glich einer Schule, aber ein Wachtposten stand auf einem erhöhten Platz. Auf eine große schwarze Tafel schrieb er die im Gefängnis geltenden Vorschriften. Während dieser Zeit mußte Schweigen bewahrt werden. Nur zwei Wachposten gingen umher, und wir waren fünfzig an der Zahl. Für die geringste Übertretung drohte uns Kerker. In diesem Saal gab es auch einen mit Büchern vollgestopften Schrank; auf einem langen Tisch lagen vor jedem von uns Schreibpapier, ein Federhalter und ein Tintenfaß. Dreimal täglich wurden Mahlzeiten serviert. Menge und Qualität waren fast ausreichend. Viel später, in Rußland, sollte ich von dieser Ernährung träumen.

Nachdem wir die zwei Monate abgesessen hatten, wurden wir zu einem Gefangenenzug gebracht. Es ging zur luxemburgischen Grenze. Diese wenigen Reisestunden waren unangenehmer als die zwei Monate Gefängnis.

Die belgischen Gendarmen erklärten uns, wie man die Grenze ungesehen überquert. In Luxemburg nahm man uns gleich fest, und man ließ uns ein Papier unterzeichnen, wodurch man uns verpflichtete, die Stadt innerhalb vierundzwanzig Stunden zu verlassen. Am selben Tag fuhr ich über Metz nach Nancy und kehrte auf Umwegen nach Paris zurück. Dort stellte ich mich wieder bei der Bewegung der kommunistischen Jugend ein und machte mich erneut an die Arbeit. Unser Sekretär war damals Genosse König. Genosse Leiba war Sekretär der jüdischen Erwachsenenabteilung. Er war ein talentierter Redner. Später wurde er besser bekannt unter dem Namen Domb-Trepper ... Genosse Szraga war für die "Kultur-Liga" und für die Herausgabe der Zeitschrift in jiddischer Sprache verantwortlich.

Er organisierte eine Verteilergruppe, der es zu danken war,
daß die Zeitschrift dreimal statt zweimal wöchentlich erscheinen konnte.

Zu dieser Zeit wurde in Rußland Birobidjan zur jüdischen autonomen Region erklärt. Sofort bildeten wir eine Organisation,
"Die Freunde der UdSSR" , mit Scholem, genannt "Konsul",
als Präsident, und Avrom, mit dem Beinamen "Komintern",
als verantwortlichem Führer.

Treu meinem in Belgien abgelegten Schwur unternahm ich es,
eine jüdische Sektion der Roten Hilfe zu gründen. Wir gingen
nach Stadtvierteln vor, begannen in Belleville bei der sehr dich-
ten jüdischen Bevölkerung, dann im vierten und im zweiten Bezirk. Nach dem Beispiel des B u n d s gaben wir diesen Komitees Namen: Engels, Luxemburg, Botwin usw. Die jüdische Bevölkerung von Paris reagierte auf unseren Aufruf zugunsten
der politischen Häftlinge, die in Polen im Gefängnis waren. Jeden Sonntag morgen gingen wir von Tür zu Tür. Die französischen Genossen der Roten Hilfe waren voller Bewunderung angesichts unserer Bemühungen und Erfolge, sie waren von den
Summen, die wir wöchentlich in die Zentralkasse der Roten
Hilfe einzahlten, freudig überrascht.

Bei einer Tagung der Jahresversammlung für 1932 im alten
kommunistischen Lokal "La Bellevilloise", nach Verlesung des
Rechenschaftsberichtes durch den Verantwortlichen wurde ich
als Delegierter vom ganzen Saal begeistert begrüßt und eingeladen, auf die Tribüne zu kommen, damit mich jeder sehen
konnte. Nun war mein Glück derart, daß für mein Privatleben
und die täglichen Sorgen kein Raum mehr blieb. Ich ging derart
in dieser Organisation auf, daß man mich "Mosche - Rote Hilfe"

nannte. Diese Organisation wurde zur Quelle, aus der ich meine ganze Lebenskraft schöpfte.

Unter dem Pseudonym "Artek" wurde ich Vertreter der jüdischen Sektion des Zentralkomitees der Roten Hilfe. Auf diese Weise erfuhren die französischen Genossen von den Leiden der Unseren in den Gefängnissen Polens; sie entdeckten auch die harten Probleme, die das Leben für die politischen Immigranten mit sich brachte. In Verbindung mit der Organisation von Bernard Lecache führte die L . I. C. A. (Ligue internationale contre l'antisemitisme) zusammen mit der Roten Hilfe eine energische Aktion gegen den Antisemitismus, der in Polen wütete und sich verstärkte. Die Zeitschrift der Roten Hilfe veröffentlichte Dutzende von Artikeln, unterstützt von Zahlen und Dokumenten, die von Tausenden französischer Arbeiter gelesen wurden. Eine Versammlung unter dem Präsidium großer Persönlichkeiten der verschiedenen Richtungen und mit Delegierten von Dutzenden von Organisationen wurde veranstaltet. Unsere Delegierten waren der alte und hochgeschätzte Charles Rappoport und Emile Bureau. Am Vorabend dieser Versammlung bedeckten wir die Mauern von Paris mit riesigen Plakaten; an die Bewohner von Paris wurden Flugblätter verteilt, darunter eins in jiddischer Sprache, herausgegeben von unserer Sektion; außerdem zeigten alle Tageszeitungen diese Versammlung an; sie fand großen Widerhall.

Als ich einige Tage später das Sekretariat der Roten Hilfe verließ, wurde ich festgenommen. Was man bei mir fand, war allzu kompromittierend, als daß ich mich mit der klassischen Lüge hätte herausreden können, ich sei erst am Vortage in Paris angekommen. Zunächst die Schlüssel, die bei mir gefunden wurden, Schlüssel zur Wohnung des französischen Kameraden, Sekretärs meiner Zelle, bei dem ich wohnte. Er war Korrespondent der Zeitschrift L'Humanité; er und seine Frau waren großzügig und kameradschaftlich. Meine Weigerung, die Adresse anzugeben, erregte eine solche Wut bei dem, der mich ausfragte, daß der Schlag, den er mir versetzte, eine Nasenader zum Platzen brachte, und es war schwierig, die Blutung zu stillen. Als ich wieder zu Bewußtsein kam, war ich im Bahnhof. Mein Wächter, ein guter Kerl, betrachtete mich mitleidig und sagte: "Du hättest an drei Dinge denken sollen: die Mädchen, den Wein und das Kino. Siehst Du, mein Kleiner, die Franzosen haben bewiesen, daß sie die Revolutionen ohne deine Hilfe zu machen verstanden!"

In der Nacht kamen wir an der belgischen Grenze an. Beim Abschied zeigte mir mein Wächter den Weg, den ich nehmen sollte. Natürlich nahm ich den entgegengesetzten Weg, d. h. denjenigen, der mich nach Paris zurückführte. Nach einem längeren Marsch, allein in der Nacht, erschöpft, setzte ich mich an den Straßenrand und, gegen einen Baum gelehnt, schlummerte ich ein ... Als ich aufwachte, stieg die Morgendämmerung empor; ich machte mich wieder auf den Weg. Bald bemerkte ich einen Bauern, der ein Feld überquerte; ich fragte ihn, wo ich mich befände. Es stellte sich heraus, daß ich noch eine ganze Wegstrecke vor mir hatte, bevor ich wieder auf französischem Boden sein würde. Beim ersten Bahnhof nahm ich eine Fahrkarte ins Innere Frankreichs. Am Bestimmungsbahnhof angekommen, machte ich mich wieder auf den Weg; ein feiner Regen begleitete und durchnäßte mich; im ersten Dorf kaufte ich einen Imbiß, dann ein Hemd und eine Baskenmütze. Am nächsten Tag traf ich wieder in Paris ein.

Das Parteikomitee des zwanzigsten Arrondissements, in dem

ich wohnte, stellte beim Zentralkomitee den Antrag, für mich eine legale Aufenthaltsgenehmigung in Paris zu beschaffen; falls dies nicht möglich sei, wurde vorgeschlagen, mich in die UdSSR zu schicken. Während man auf die Antwort wartete, veranlaßte mich das Komitee, in einen anderen Stadtteil umzuziehen, mit Rücksicht darauf, daß ich zweimal im 20. Arrondissement festgenommen worden war. Ich siedelte also ins 18. um und wurde derselben Parteizelle zugeteilt wie Maurice Thorez; tatsächlich kam er selten, obwohl seinerzeit die Partei entschieden hatte, daß jeder Führer einer Basiszelle angehören und bei ihren Versammlungen zugegen sein müßte. Wenn er kam, verhielt er sich uns gegenüber sehr herzlich und einfach. Als mein Fall behandelt wurde, war er zugegen und hörte interessiert zu.

Mein Leben im 18. Arrondissement unterschied sich kaum von demjenigen, das ich im 2o. geführt hatte. Neben der Förderung der Komitees der Roten Hilfe hatten wir einen Freundschaftskreis gegründet, dessen Ziel es war, den politischen Gefangenen in Polen Hilfe zu bringen; wir kamen hier mit einer anderen Bevölkerungsschicht in Berührung: Es waren einfache Juden, Handwerker und kleine Kaufleute, in denen wir ein Gefühl der Solidarität geweckt hatten, das bei den Juden sehr lebhaft ist. Im übrigen gab es Zusammenschlüsse von Leuten, die aus polnischen Städten stammten. Sie wurden "Gesellschaften " genannt: Es gab eine von Warschau, eine von Lublin, eine meiner Heimatstadt und einige andere. Diese Juden standen unseren revolutionären Zielen sehr fern, aber ihr lebhaftes Solidaritätsgefühl mit den Opfern des Antisemitismus übertraf alles andere. Die Hauptverantwortlichen dieser Freundschaftskreise waren Wainman und Efraim; Letzterer hatte in Warschau zur Mehrheitsgruppe gehört, was mich ihm zuerst entfremdet hatte. In

Paris aber wurden unsere Beziehungen sehr herzlich, und ich entdeckte in ihm einen freimütigen und umsichtigen jungen Mann, der mir eines Abends sagte: "Ich will nicht der Partei beitreten, aber deiner Organisation gerne angehören; ich bin bereit, die Rote Hilfe nach besten Kräften zu unterstützen. "

Als ich ihm meine Hoffnung anvertraute, in die Sowjetunion geschickt zu werden, sagte er einfach: "Du bist wie geschaffen dazu, dorthin zu gehen, du bist wie einer dieser Juden am Fuß des Sinai, die vor Moses ausriefen: 'Wir werden dir gehorchen, wie werden deine Worte hören'. Auch du wirst zuerst gehorchen und dann zuhören: Du bist ein C h a s s i d unerschütterlichen Glaubens, während ich es vorziehe, zuerst zuzuhören, zu begreifen und dann, aber erst dann, zu gehorchen. " Er wurde Freiwilliger für Spanien, und als der Krieg beendet war, nahm er sich das Leben. Man schrieb seinen Selbstmord einer nervösen Depression zu.

Damals rief die Wirtschaftskrise in Frankreich eine verlängerte Sauregurkenzeit für die Kleinunternehmungen hervor, in denen die Mehrzahl der Juden arbeitete; diese Krise empfanden vor allem die Immigranten neueren Datums, die von Tag zu Tag arbeiteten und von dem lebten, was sie verdienten, ohne einen Pfennig zurücklegen zu können, gar nicht zu reden von denen, die weder eine Aufenthaltsgenehmigung noch eine Unterkunft hatten. Letztere hatten nicht einmal Anspruch auf die bescheidene Unterstützung, die die französischen Arbeitslosen erhielten. Ihre hoffnungslose Situation brachte sie zu unseren kommunistischen Organisationen. Auch sie begannen, von diesem vielgerühmten Birobidjan, dieser "jüdischen Republik" in der Sowjetunion, zu träumen, von der man damals so viel sprach ...

Die jüdische Bevölkerung gab guten Mutes ihren Obolus, um es einigen zu ermöglichen, sich ordentlich auszustatten und in diesem so gelobten Land eine Heimstatt zu gründen: Durch unsere Bemühungen konnten achtig Personen abreisen, und andere ließen sich für spätere Abreisen vormerken.

In Frankreich stieg die Arbeitslosigkeit, und die Situation der Unsrigen wurde immer kritischer: Warum nicht eine Volksküche für die jüdischen Arbeitslosen eröffnen? Es gelang uns, das Herz der wohlhabenden Juden zu erweichen, und sogar andere, weniger Gutgestellte gaben uns Geld und Nahrungsmittel; bald wurde eine Essensausgabe in einer Gasse des 20. Arrondissements eröffnet. Mehr als hundert Arbeitslose erhielten dort täglich zwei Gratismahlzeiten; jüdische Bäcker schenkten uns Brot, Milch- und Lebensmittelhändler brachten Gemüse und Mehl; mit dem unter den Mitgliedern der "Gesellschaften" gesammelten Geld und den Geschenken der Genossen und der Kurzarbeiter konnten wir Fleisch kaufen. Diese Aktion stärkte unsere kommunistischen Organisationen sowohl materiell als auch moralisch beträchtlich; wir traten allmählich mit allen "Gesellschaften" in Verbindung, und dieser Kontakt wurde solide und vertrauensvoll.

Im Mai 1933 entschied unsere jüdische Sektionsleitung, als jüdische Gruppe an der Manifestation vor der Föderiertenmauer teilzunehmen. Wir versammelten uns an der Seite von Tausenden spanischen, italienischen, polnischen Familien hinter dem eindrucksvollen Zug der französischen Arbeiter. Unsere Leiter marschierten an der Spitze, gefolgt von den Kindern unserer drei Jugendheime; dann kamen der Sportklub Y.A.S.K., die Dramatische-Kunst-Gruppe und schließlich der Chor; die Gruppen der Roten Hilfe und der jüdischen Intellektuellen beendeten den Zug, aber es kamen nach uns noch eine Masse Arbeiter und jüdischer Jugendlicher. Beim Vorbeiziehen wurden wir herzlich begrüßt von den Zuschauern, unter denen sich unser alter Genosse Rappoport, die Galionsfigur der Epoche, befand. Das Zentralkomitee der Partei, mit Marcel Cachin, André Marty und Maurice Thorez, ebenso wie die ganze Parteileitung, brach bei unserem Vorbeiziehen in den weithallenden Ruf aus: "Es leben die jüdischen Proletarier!" Dann leuchteten die Augen unserer Genossen vor Freude und Stolz; in mir lösten diese Worte das Glück aus, verstanden zu sein, gerechtfertigt und in all meinen Entscheidungen anerkannt zu sein. Und trotzdem mißfiel dieser brüderliche Gruß einigen unserer jüdischen Genossen, die gekränkt waren und es vorzogen, ihr Herkommen zu verbergen. Sie mißbilligten unseren Zug als eine "national-separatistische" Demonstration. Sie kritisierten heftig die Absicht, eine besondere Gruppe zu bilden. Aber ihre Proteste konnten unsere Zufriedenheit und unseren Stolz nicht trüben.

Nachdem ich zwei Jahre lang mit sechs Genossen auf einem Dachboden gehaust hatte, zog ich zu einer Freundin um. Diese sechs Genossen kamen später alle um. Ich möchte zuerst von dem erzählen, unter dessen Namen diese Mansarde gemietet war. Er nannte sich Scholem "Konsul". Ein großer Kerl mit leuchtend blonden Haaren, großen blauen Augen, die einem das Herz wärmten, sobald sie einen anblickten. Immer bereit, seinen letzten Bissen zu teilen, suchte sein lebhafter Geist immer nach neuen Horizonten. Er reiste durch ganz Frankreich, und überall suchte er sich bei der Arbeit den Leuten zu nähern, sie kennenzulernen, um sie zu lieben. Begeisterter Optimist, genügte es ihm nicht, in der Parteizelle zu arbeiten. Er zog die

tägliche Arbeit in der Gewerkschaft und eine Arbeit auf kultureller Ebene vor. In der Aktion für Birobidjan spielte er eine
Hauptrolle. Er trug die Bewerber für die Emigration ein und
erledigte die notwendigen Anträge für die Abreise, was ihm den
Beinamen "Konsul" einbrachte. Er war Freiwilliger der Internationalen Brigaden für Spanien. Er kehrte zurück, wurde aber
später von den Nazis deportiert.

Der zweite Genosse nannte sich Le Brun und rechtfertigte seinen Namen durch schwarzes, welliges Haar. Ich erinnere mich
noch an einen Gang, den wir gemeinsam zum Restaurant "La
Bellevilloise" machten, ohne einen Groschen, hungrig, aber gewiß, dort einen Genossen zu treffen, der bereit war, uns eine
Mahlzeit zu bezahlen. Le Brun sagte mir eines Tages: "Weißt
du, Mosche, wenn wir die Aktivität, den Unternehmungsgeist
und den Willen, den wir der Partei widmen, dazu verwenden würden, reich zu werden, wären wir bereits heute Multimillionäre!"
Aber niemals kam er in die Versuchung, einen Weg zu gehen,
der unserem Ideal nicht entsprach. Aus Spanien, wo er in der
Division Botwin kämpfte, der jüdischen Freiwilligen-Division,
kehrte er als hundertprozentiger Invalide zurück; die Partei
schickte ihn in die UdSSR. Als ich aus Warschau nach dem Kriege zurückkehrte, vertrauten mir die Genossen an, daß er sie in
einem geheimen Brief angefleht hatte, ihn aus dem sowjetischen
Paradies herauszuholen: Was sie taten. Er starb in Polen im
Jahre 1958.

Der dritte, Avrom "Komintern", rechtfertigte seinen Beinamen
durch seine sehr aktive Tätigkeit innerhalb der Partei. Er begann in Warschau als Aktivist in mehreren Sektoren, für die er
verantwortlich war. Nach Rußland geschickt, um dort seine politische Ausbildung zu vervollkommnen, beendete er sein Studium

an der Universität von Moskau und wurde nach Warschau zurückgeschickt. Mit rednerischem und journalistischem Talent begabt, wurde er bald ein führendes Mitglied. Zur Zeit der innerparteilichen Kämpfe wurde er wegen seiner Zugehörigkeit zur Mehrheitspartei von der Leitung ausgeschlossen. In Paris fand er wegen seiner manuellen Ungeschicklichkeit, Kurzsichtigkeit und der Unfähigkeit, sich längere Zeit aufrechtzuhalten, keine Arbeit. Seine intellektuelle Überlegenheit trennte ihn von den Arbeitern: Er gehörte zu der Minderheit echter Berufsrevolutionäre. Mitglied der Leitung der jüdischen Sektion von Paris, arbeitete er an der Zeitung L a P r e s s e N o u v e l l e mit und hielt Vorlesungen und politische Tagungen ab. Freiwilliger für Spanien, kämpfte er in der Brigade Botwins. Sein Kommandant Bornstein vertraute mir später an, er habe ihn gefragt:

— Avrom, warum bist du gekommen? Du bist unfähig, ein Gewehr zu halten!

— Ja, ich weiß es, hatte er geantwortet, körperlich bin ich am Ende, ich bin nicht für den Krieg geschaffen. Aber mein Geist und mein Herz drängten mich zu euch, ihnen habe ich gehorcht.

Deportiert aus Paris, kam er in einem Hitlerlager um, ebenso wie meine anderen Kameraden vom Dachboden.

Im Oktober 1933 hielt ich meinen ersten und einzigen Vortrag über den Fünfjahresplan in der UdSSR. Ich bereitete ihn ernsthaft vor und sammelte eine mit Zahlen versehene Dokumentation und genaue Informationen, die ich aus Zeitungen und offiziellen Broschüren schöpfte. Ich war glücklich, in Hochspannung, denn an diesem Morgen hatte ich die Mitteilung erhalten, daß ich in die UdSSR reisen durfte.

Am Abend nach dieser Tagung kehrte ich mit meiner Freundin in das Zimmer zurück, wo ich illegal wohnte; die Pförtner waren Zellenkameraden. Es war eine schöne Oktobernacht, vielleicht die schönste unseres gemeinsamen Lebens, mit einem Himmel, der mit Sternen übersät war, die leuchteten, sprühten und oberhalb der Stadt erloschen. Eine nie gekannte Freude erfaßte mich, und ich sagte zu meiner Gefährtin: "Kannst du ermessen, welche Bereicherung unser Ideal in unser Leben bringt? Der Tag ist nahe, wo die anderen Völker ebenso frei und glücklich sein werden wie das russische Volk! Ich bin so glücklich! Vielleicht allzu glücklich, um abzureisen?"

Am folgenden Tag übermittelte mir das Zentralkomitee der Roten Hilfe die Kopie der Entscheidung der Partei, mich in die Sowjetunion zu schicken, unterzeichnet von Maurice Thorez, und die Zustimmung des M. O. P. R. (Internationale Hilfe für politisch Verfolgte) von Moskau, unterzeichnet von Stasowa; dies war im Juli 1933. Man versah mich mit dem Paß eines französischen Bürgers, geboren im Elsaß, unter dem Namen Bloch, mit einer Empfehlung an den Vertreter der Roten Hilfe, der beauftragt wurde, mir den Grenzübertritt zu erleichtern - er nannte sich Bigasowa - und einer Fahrkarte.

Am Vorabend meiner Abreise veranstaltete die Leitung der jüdischen Sektion einen Abschiedsabend unter dem Vorsitz des Genossen Szraga. Alle meine Kameraden waren anwesend. An diesem Abend nahmen einige Genossen aus Südamerika teil, die auf dem Rückweg aus Rußland waren. Nachdem ihr Leiter einige lobende Worte über Sowjetrußland gesprochen hatte, nahm er mich unauffällig beiseite, als ich ihm die Hand gab: "Bevor ich kam, habe ich gezögert, ich habe mich gefragt, ob ich dich nicht unterrichten sollte ... dir raten sollte, nochmals zu überlegen ... abzuwarten ... es ist noch Zeit, deine Entscheidung zu ändern. " Diese Worte überraschten mich im Augenblick, ohne mich jedoch zu verwirren. Als ganze Antwort wußte ich nichts anderes, als zu lachen. Er blickte mich an, wünschte mir gute Reise und endete mit diesem Wunsch: "Mögest du niemals eine Enttäuschung erleben!"

Ich erhielt noch einige Empfehlungsschreiben, unter denen sich eins an Leiba, Professor an der Universität Moskau, befand, der früher in der jüdischen Sektion der Partei in Paris eine verantwortliche Stellung hatte. Es kam der Abschiedstag. Ich mußte mich von meiner Lebensgefährtin, von meinen Freunden , von dieser Stadt trennen, wo ich die erhebendsten Augenblicke erlebt hatte, die zu erfahren einem jungen Kämpfer gegeben war.

Im Augenblick des Abschieds von meiner Lebensgefährtin drohte mein Herz zu brechen, Abschied für wie lange?

Ende September 1933 verließ ich Paris.

IN DAS LAND MEINER TRÄUME

Aufs neue durchquerte ich Deutschland. Auf den Gesichtern
meiner Reisegefährten spiegelten sich Zuversicht und Siegesbe-
wußtsein. Beim Ein- und Aussteigen aus dem Wagen grüßten sie mich mit "Heil Hitler". Auf allen Bahnhöfen bildeten Jugendliche, junge und schöne Männer, geschmückt mit Hakenkreuzen, die Wache.

Vier Jahre vorher waren während meiner Fahrt nach Berlin
die Häuser der Vorstädte mit roten Fahnen beflaggt gewesen;
heute hatten die reich mit Hakenkreuzen bestickten Hitlerfahnen
sie ersetzt. Vorher hatte ich in jedem deutschen Proletarier
selbst das Symbol eines Kommunisten gesehen, in den wir jungen Kämpfer alle unsere Hoffnungen setzten. Heute sah ich auf
ihrer Arbeitskleidung die Hitlerzeichen. Dazu kam, daß erst
vor wenigen Monaten Hitler die Macht ergriffen hatte. Was war
aus zwölf Millionen Menschen geworden, die kommunistisch
oder sozialistisch gewählt hatten? Wo waren die Spuren ihres
Widerstandes gegen den Faschismus? Wie konnte ich Vertrau-
en in die Analysen der Komintern haben, die versicherten, daß
Deutschland nicht Italien sei und daß der Faschismus nicht an-
dauern werde? Die Komintern hatte selbst die deutschen Kommunisten dafür gelobt, daß sie sich ohne den geringsten Widerstand zurückgezogen hatten. Man hatte uns gelehrt, nach der
These Lenins, daß die 1905 verlorene Schlacht die Grundlage
der Oktoberrevolution gewesen war. Wie sollte man aber die
Sozialdemokraten mit den Sozial-Faschisten gleichstellen, wenn
auch sie Opfer des Faschismus waren, wie das ganze jüdische

Volk? Diese Gedanken beschäftigten mich während der ganzen Fahrt durch deutsche Städte. Sie verfolgten mich sogar auf dem litauischen Territorium, und ich wurde durch sie derart verwirrt, daß ich, anstatt in die erste Klasse einzusteigen, einen Wagen dritter Klasse betrat, und in dieser vertrauten Umgebung kam ich wieder zu mir. Dieser Waggon erinnerte mich an diejenigen der Strecke Warschau-Otwock in Polen, mit ihren vielen Gepäckstücken, mit der Munterkeit braver Leute. Bald wandte sich die Unterhaltung den jüngsten Ereignissen in Deutschland zu: Einige erzählten, daß in Litauen der Antisemitismus stärker geworden sei, daß die Antisemiten niemals so arrogant, derart hetzerisch gewesen seien; aber alle diese Juden behielten die feste Hoffnung, daß die Welt keine Ausdehnung der gegen unser Volk gerichteten Verfolgungen zulassen werde.

Ich versicherte ihnen, daß Rußland den Weg zum Faschismus versperren werde. Sie musterten mich ungläubig; als ich ihnen sagte, ich käme aus Frankreich und sei auf dem Weg in die UdSSR, sah ich sie auffahren vor Erstaunen: "Aber was machen Sie, junger Mann? Wissen Sie nicht, daß man da drüben vor Hunger stirbt?" Ich protestierte: Der Hunger sei nichts als eine Lüge der bürgerlichen Presse, die von den weißrussischen Pogromisten in die Welt gesetzt worden sei. Daraufhin zog ein alter Jude mit weißem Bart einen Brief aus seiner Tasche, den er mir reichte: "Sehen Sie", sagte er zu mir, "betrachten Sie den russischen Poststempel, lesen Sie, was meine Schwester schreibt: ' Wir sterben vor Hunger'. Sehen Sie, junger Mann", fügte er mit ernster Stimme hinzu, "steigen Sie bei der nächsten Station aus und kehren Sie nach Hause zurück. In wenigen Stunden wird es zu spät sein. " Ich lächelte herablassend. Im Grunde wunderte ich mich: Wie kommt es, daß brave und bescheidene Juden, die nahe an den russischen Grenzen leben, solchen Geschichten Glauben schenken? Wie findet diese antisowjetische Propaganda Widerhall in den Köpfen! Hatte nicht auch mein Schwager in Paris, immerhin ein Sympathisant, der unserer Partei sehr wohlwollend gegenüberstand, mich gewarnt? : "Iß gut, sammle Reserven, denn später, da drüben, weißt du .. "

Je näher man der russischen Grenze kam, desto geringer wurde die Anzahl der Reisenden. Gegen Abend waren wir nur noch drei. Wir stiegen an der ersten sowjetischen Station, Bigassowa, aus; ein riesiger Wartesaal, noch im Bau, der aber schon Hunderte von Reisenden aufnehmen konnte. Wir stellten unser Gepäck vor die Zollkontrolle. Ich verlangte den Zuständigen der internationalen M. O. P. R. (Internationale Hilfe für politische Flüchtlinge). Mein Gepäck wurde nicht untersucht. Einem Soldaten, der von meiner Ankunft unterrichtet war, vertraute ich mein Empfehlungsschreiben an. Nachdem er mein Papier gelesen hatte, prüfte er meinen Koffer recht oberflächlich: während dieser Zeit interessierte ich mich für die Spruchbänder, die die Mauern zierten. Beeindruckt las ich die riesigen Inschriften in deutscher und französischer Sprache, die die Proletarier Mitteleuropas grüßten. Ein Scheinwerfer erhellte die riesigen Porträts von Marx, Engels, Lenin und Stalin. Unmerklich befeuchteten Tränen der Freude, der Dankbarkeit meine Hände. Ohne etwas von meiner Bewegung, noch von meinen Tränen zu begreifen, forderte mich mein Soldat auf, meinen Koffer aufzunehmen, ihn gut verschlossen zu halten und mich nie von ihm zu trennen. Man brachte mir ein ganzes Brathuhn und einige weiße Brötchen. Der Soldat sagte mir, ich solle einen Teil davon essen und den Rest für die Reise aufheben, denn man würde in Moskau erst am nächsten Tag ankommen. Er reichte mir eine Fahrkarte erster Klasse. Als er mir dann noch dreihundert Rubel aushändigte, begann ich aus allzu lang zurückgehaltener Emotion einen lebhaften Protest zu stottern:

– Aber das ist zuviel! Das ist viel zuviel!
Er gab mir einen freundlichen Klaps und fügte hinzu:
— Gut, gut, Genosse, das ist nett von dir.
Dann hielt er mir ein Papier zur Unterschrift hin. Das heißt also, daß man sie mir leiht, sagte ich mir selbst, und ich fügte in Gedanken an die Warnungen meiner Reisegefährten hinzu: Das ist also euer schrecklicher Hunger. Ich erinnerte mich auch, daß meine Mutter mit den Innereien eines Huhnes samstags eine ganze Mahlzeit bereitete ...

Erschöpft von dieser langen Reise, aber noch mehr von all diesen Erregungen, schlief ich mit Wonne in dem fürstlichen Bett erster Klasse ein. Als ich am Morgen meine Augen öffnete, sah ich in meinem Wagen drei Reisende, zwei Männer und eine Frau, die alle in einer Art Uniform gekleidet waren. Aus ihren Äußerungen entnahm ich, daß es sich um Führungskräfte des Wirtschaftssektors handelte. Der ein wenig männliche Anblick der Frau, ihr offenes Gesicht und ihre klare Stimme gefielen mir. Hier ist die neue russische Frau, dachte ich, derart verschieden von den unbedeutenden Modepuppen der kapitalistischen Länder! Man hat die schöne Anna Karenina von Tolstoi zu dieser robusten und dynamischen sowjetischen Katja gemacht. Sie hat gegenwärtig das Gewehr gegen eine Aktentasche vertauscht. Meine Kleidung, wenn auch sehr einfach und bescheiden, verriet den Ausländer. Meine Reisegefährten richteten bald freundliche Worte an mich, boten mir Früchte an. Ich erinnerte mich dabei an das, was Bernard Shaw nach seiner Rückkehr aus Rußland erzählt hatte: Man hatte ihn dermaßen vor dem Hunger und der Unordnung gewarnt, daß er vor seiner Ankunft auf sowjetischem Boden alles aus dem Waggonfenster geworfen hatte, was er besaß, aus Furcht, ermordet und beraubt zu werden. Ich bedauerte bitter, meinen so liebenswürdigen Reisegefährten nichts anbieten zu können. Wir näherten uns Moskau, dieser so gefeierten sowjetischen Hauptstadt. Vor den Waggonfenstern zogen die niedrigen Häuser, die strohgedeckten Bauernhütten vorbei. Es war ein schöner Septembertag. Die Sonne spiegelte sich in den Scheiben und streichelte zärtlich unser Gesicht. Und ich erinnerte mich an mein Dorf zur Zeit, wenn die für die Wintersaat vorbereitete Erde ihre Frische ausatmete.

Moskau: Auf dem Bahnhof entdecke ich Bauern, die auf der Erde sitzen, schmutzig, in Lumpen gehüllt. Ihre Schreie und ihre Klagen ergreifen und betäuben mich. Ungläubig kann sich mein Blick nicht von diesen tränenüberströmten Frauen lösen, die mit entblößter Brust sich bemühen, den Hunger ihrer Säuglinge dadurch zu betäuben, daß sie versuchen, den Mund, der sie anfleht, mit ihrer Brust zu schließen. Die durcheinandergebrachte Miliz schimpft auf die Leute, die die Mitte des Raumes besetzt halten und die Ausgangstüren versperren. Aber woher kommen diese Flüchtlinge? Wohin gehen sie, wo es doch in dieser Zeit der großen Ernten niemals genug Hände für die Arbeit gibt? Und dieses schreiende Elend, nach der siegreichen Erfüllung des ersten Fünfjahresplans?

Verwirrt und beunruhigt, erinnere ich mich an den Rechenschaftsbericht über den ersten Fünfjahresplan und an meinen Vortrag, den ich in Paris gehalten hatte. Ich sehe meinen Kameraden Lichter vor mir, wie er, eine Zeitung in der Hand, mit Nachdruck ausruft: "Sieh doch, hier! Was nützt unsere ganze hohe Politik? Hier sind die Ziffern, die alle unsere Gegner zum Schwei-

gen bringen müßten! Die totale Kollektivierung, die Flurberei-
nigung, das Ende der bitteren und endlosen Streitigkeiten zwischen Bauern. Anstelle der abgemagerten Pferde mächtige
Traktoren, Mähdrescher für die endlosen Weiten. Bei uns in
Frankreich entläßt die Industrie die Arbeiter. Selbst wenn er
arbeitet, kann ein Arbeiter nicht zweimal täglich Fleisch essen. Ganz zu schweigen von dem Arbeitslosen, der von elf
Francs täglich leben muß. Bei uns müssen wir für die alten
Tage sparen, aber der sowjetische Arbeiter, er braucht sich
nicht um seine Zukunft zu kümmern - er ist versichert. "

Verwirrt warte ich auf das Erscheinen der Genossin Lorenz,
die das Zentralkomitee M. O. P. R. vertritt. Sie empfängt mich
mit Wärme, entschuldigt die Abwesenheit des französischen
Vertreters, der mich hätte begrüßen sollen, der aber mit einer Delegation ins Landesinnere hatte reisen müssen. Genossin Lorenz führt mich in ein Zimmer des großartigen Hotels
"Moskwa", erbaut während des ersten Fünfjahresplanes. Sie
versieht mich mit Gutscheinen für das Frühstück im Hotel für
eine Woche. Mittag- und Abendessen würden mir in dem Haus
der politischen Emigranten im "Bahnhofspalast" serviert werden. Ich bewunderte die moderne Architektur meines Hotels
und war von der Schönheit des Panoramas, das sich vor meinem Fenster erstreckte, ergriffen.

Ich teilte mein Zimmer mit zwei jungen Leuten, die hier seit
zwei Monaten lebten. Sie waren gekommen, um an der Parteischule zu studieren. Einer war Südamerikaner, der andere Iraner. Der Iraner, sehr geschwätzig, erzählte mir, daß man ihn
aufgefordert habe, an einem dreijährigen Lehrgang teilzunehmen, was er abgelehnt habe; er hätte seine Frau mitbringen
müssen, die, dessen war er sicher, sich nicht an die Lebensbedingungen der UdSSR angepaßt hätte.

106

Am folgenden Tag wachte ich sehr spät auf; mein Zimmer war von Licht überflutet; das Radio übertönte den Straßenlärm. Ich stellte mich ans Fenster. Angesichts des fernen Horizonts weitete sich meine Brust, ich atmete tief, frei. Vor mir lag Moskau mit seinen 1 600 Kirchen. Die Herren von gestern hatten sie bauen lassen mit dem Ziel, ihre Herrschaft dadurch aufrechtzuerhalten, daß sie die Frömmigkeit des russischen Volkes ausbeuteten. Heute aber lebten dort Millionen freier Menschen, die ihre Blicke vertrauensvoll zum Kreml wandten. Zum Frühstück las man mit lebhafter Neugierde die ausländische kommunistische Presse. Die Mehrzahl der Hotelgäste waren Delegierte, die aus fremden Ländern gekommen waren, aber gleicherweise hohe Funktionäre des Staates oder der Partei. Sie stiegen hier im Zentrum ab, angesichts wichtiger Tagungen. Politische Emigranten erhielten selten in diesem Hotel ein Zimmer. Der Iraner machte mir diese Mitteilungen. Ich verdankte also die Ehre, in diesem Hotel untergebracht zu sein, vermutlich meinem französischen Paß. Das bestätigte mir meine Schwester, die mich an diesem Vormittag besuchte. Seit sechs Jahren hatte ich sie nicht gesehen. Drei Jahre hatte sie in Gefängnissen in Polen verbracht, in den Städten Zamosc, Lublin und Leczyce. Nach einem beschwerlichen Hungerstreik, der ihre Gesundheit ruinierte, war sie entlassen worden. Seit einem Jahr lebte sie in der UdSSR.

Ich bat meine Schwester, mir Moskau zu zeigen. Wie ein frommer Jude, der, kaum im Heiligen Land angekommen, sich zuerst zur Klagemauer begibt, oder wie ein Christ, der sich ans Grab Christi begibt, wollte ich zuerst auf den Roten Platz gehen und reihte mich in die endlose Besucherschlange vor dem Mausoleum Lenins ein. Ich wollte mich vor dem einbalsamier-

ten Leichnam dessen verbeugen, der das Licht der Oktoberrevolution war. In dem tiefen Schweigen, das seinen Sarg umgab,
erinnerte ich mich bestimmter Sätze aus seinen Werken, die
wir in unseren Zellen der Kommunistischen Jugend studiert hatten, insbesondere aus dem Werk D e r S t a a t u n d d i e R e -
v o l u t i o n : "Die Bourgeoisie erschafft ihren Machtapparat mit
den Menschen des Volkes, die sie von diesem Volk entfernt",
dann dies andere Zitat: "Damit die Angestellten keine Bürokra-
ten werden, sind drei Bedingungen notwendig: Die erste ist der
Grundsatz der ständigen Neuwahl, die zweite die gleiche Ent-
lohnung wie für die Arbeiter, die dritte die Teilnahme aller an
der Herrschaft. " Wurden diese wesentlichen Forderungen hier
erfüllt ? Bei meiner ersten Begegnung hatte mich meine Schwester gewarnt: "Bleibe nicht stehen, starre nicht auf den Kreml,
entferne dich, denn sonst machst du dich verdächtig! Sprich
möglichst wenig mit deinen Nachbarn im Hotel! Höre zu, aber
behalte deine Meinung für dich. "

Ich besichtigte das schöne, kaum vollendete Palais, in dem das
Zentralkomitee aller Gewerkschaften der Sowjetunion untergebracht war; es war ein ständiges Kommen und Gehen von Besuchern und Angestellten; ich war überrascht über die Zufriedenheit, die sie zur Schau trugen: militärisch gekleidet, gingen sie
ungezwungen. Hier hatte ich überhaupt nicht das Gefühl, Ausländer zu sein, im Gegenteil. Hier traf ich den ehemaligen Sekretär der Gewerkschaft der Hutmacher von Paris, Losowski,
gegenwärtig Generalsekretär der Profintern. Von hier gingen alle unsichtbaren Fäden aus, die alle Arbeiterbewegungen in der
Welt belebten und verbanden.

Meine Schwester war sehr abgemagert. Sie trug die Kleider, die sie aus Polen mitgebracht hatte, aber an den Füßen schleppte sie schwere Winterstiefel. Ich freute mich, daß ich den Rat meiner Frau befolgt hatte, und bot meiner Schwester ein Paar leichte Schuhe an, die fast soviel gekostet hätten, wie ich am Grenzbahnhof erhalten hatte. Ich fragte sie, wieviel Arbeitstage ihres Lohnes mein Geschenk wert war.

— Vier Wochen, antwortete sie.

— Warum ist der Lohn so niedrig?

— Mein Lohn ist der Durchschnittslohn der Arbeiter. Ich arbeite in der Fabrik, die den Namen Kaganowitch trägt, erklärte mir meine Schwester. Wir erhalten als Tagesnorm 800 Gramm Brot; die Arbeiter der Leichtindustrie, die Schneider, die Schuhmacher oder die Uhrmacher erhalten nur 400 Gramm, manchmal 600. Wir bekommen in den Läden, denen wir zugeteilt sind, kleine Mengen Zucker und andere Eßwaren. In gewissen Branchen fehlen diese Erzeugnisse häufig und werden nicht nach der festgesetzten Norm verteilt. Wenn der Monat um ist, sind die Karten und Gutscheine nicht mehr gültig, selbst wenn sie nicht benutzt wurden.

Meine Schwester sprach weiter. Ich war erregt und wußte nicht, was ich denken sollte.

— Aber wie bringt ihr es fertig, euch zu kleiden?

— Alles wird in der Partei von oben entschieden. Die Führer belohnen von Zeit zu Zeit die Arbeiter, die sich durch eine höhere Leistung oder durch kleine Erfindungen auszeichnen, durch die die Produktion erhöht wird. Sie teilen ihnen Gutscheine für einen Anzug oder ein Paar Schuhe zu oder schicken sie in ein Erholungsheim. Im Alltagsleben hängen wir von diesen Komitees ab: Man muß alles tun, um sie zufriedenzustellen. Das Betriebsklima besteht aus Kriecherei, aus Schmeichelei und aus

Verdächtigung. So beschäftigt unsere Fabrik eine große Anzahl von Ingenieuren und Technikern, die die Büroangestellten, die Kontrolleure, die Vorarbeiter oder die Meister beaufsichtigen. Alle diejenigen, die keine körperliche Arbeit ausführen, erhalten weit bessere Nahrungsmittel als wir. Das geht so weit, daß man ihnen die Mahlzeiten in einem besonderen Saal serviert. Selbstverständlich sind ihre Mahlzeiten gehaltvoller und reichlicher als die unsrigen. Du wirst leicht verstehen, wenn ich dir sage, daß jeder Arbeiter mit all seinen Kräften und mit allen Mitteln arbeitet, um dieser privilegierten Elite anzugehören, die in Kategorien eingeteilt ist: mittlere, hohe und höchste.

— Aber die Läden, wo wir unsere Einkäufe machen können?

— Sie sind Staatseigentum, und dort verkauft man ohne Gutscheine, aber zu höheren Preisen. Glaube mir, lieber Bruder, kein Arbeiter kann sich erlauben, dort zu kaufen, ausgenommen in kritischen Ausnahmefällen, wenn er durch die Not gezwungen ist. In einer solchen Situation verkauft man auf dem Schwarzen Markt einen Teil der normal verteilten Produkte und verschafft sich dadurch etwas Geld! Wenn man daran denkt, daß diese Läden den Kampf gegen den illegalen Handel führen sollten! In Wirklichkeit verstärken sie die Spekulation und den Betrug.

Itzsche Schiff (rechts) Vorsitzender des Rates aller
Fach-Verbände in Zamosc. 1937 in Russland verhaftet,
umgekommen.

Jerachmiel Gurtenkraut (links), Führer der Gebildeten-
Partei in Zamosc. In Moskau während der Kirow-Provoka-
tionen 1934 verhaftet, 1935 umgekommen.

I. Grünbaum (rechts) Vorsitzender der Holz-Arbeiter-
Gewerkschaft in Zamosc. In Gorki verhaftet, umgekommen.

Jekel Mittelpunkt (links) Sekretär der Gewerkschaft für
Handelsangestellte in Zamosc. In Birobidschan 1937 verhaftet, umgekommen.

Josse'l Brandt
In Birobidschan 1937 verhaftet,
umgekommen.

Feiwel Berliner
Journalist und Arbeiterführer in Lodz. Von 1932
an wirkte er an der Jüdischen Zeitung in Kiew mit.
Wurde im Jahre 1937 verhaftet und hingerichtet.

Diese Begegnung mit meiner Schwester hatte mich verwirrt.
Dann besuchte ich meinen Onkel. In seinem Zimmer ging das
Fenster auf einen überfüllten, schmutzigen Hof hinaus. Vier
eiserne Betten standen im Zimmer. Es war von den übrigen
Räumen durch eine Wand aus einigen Brettern abgetrennt. Mein
Onkel, gealtert, mit gelber Haut und abgemagertem Gesicht,
war dabei, mit seinen zwei Buben eine Seite aus einem S i d o u r ,
einem Gebetbuch, zu lesen. Erstaunt fragte ich ihn:
— Onkel, bist du ein S i d o u r ?
Mein Onkel warf einen Blick voll schmerzlicher Würde auf mich;
dieser Blick tat mir weh.
— Moischele, sagte er zu mir, ich möchte, daß meine Kinder
ihre Herkunft kennen, denn die Kinder unserer Nachbarn lassen
es sich angelegen sein, sie daran zu erinnern, daß sie Juden
sind.
— Wäre es für sie nicht besser, begann ich schüchtern, sie in
eine jüdische Schule zu schicken, wo sie unsere Geschichte und
Literatur kennenlernen könnten?
— Vielleicht hast du recht, aber unsere G o i -J u d e n (zum
Christentum übergetretene Juden, die mehr Gois als Juden sind)
sind gegen die Schulen, von denen du sprichst, gegen eine jüdische Erziehung. Sie sagen, man brauche sie hier in Rußland
nicht.
— Wo ist die Tante? fragte ich verwirrt.
— Sie arbeitet als Mechanikerin in einer Konfektionsfabrik. Ich
bin Nachtwächter in einer Fabrik.

-- Aber warum hat euer Zimmer eine Bretterwand wie ein Hüh-
nerstall?

— Das ist eine alte Geschichte. Nach der Demobilisierung hatte man mir ein schönes Zimmer in einem Wohnviertel zugeteilt,
zu dem vorher niemals ein Jude Zugang hatte. Dort wohnte ich
einige Jahre. Dann kamen meine beiden Buben auf die Welt. Eines Tages erschien bei uns der für die Teilung von Wohnungen
Zuständige der Sektion, und er fand, daß ich zuviel Platz hätte.
Er ordnete an, daß ich die Hälfte des Zimmers an ein Paar ab-
treten müsse. Ich klopfte an die Türen verschiedener Instanzen
und verlangte eine Aufhebung dieser Anordnung. Die neuen Un-
termieter waren zu zweit, wir aber waren Vier, warum sollten
sie Recht auf die Hälfte haben? Schließlich erhielt ich zwei Drittel. Als vor zwei Jahren neue Fabriken gebaut wurden, brauchte man mehr Arbeiter, man ließ sie kommen und stopfte sie irgendwo hin. Auf diese Weise brachte man bei uns einen jungen
Mann unter, Kader (Führungskraft) in der Fabrik, die das Haus
gebaut hatte. Man trat ihm eine Ecke ab, die man durch dieses
Brett, das du dort siehst, abteilte. Dann brachte er eine junge
Frau mit. Die Betten, die du siehst, glaube nur nicht, daß ich
sie untervermiete. Meine Frau hat einen Bruder. Er war in einem Dorf und wollte an einer der Arbeiteruniversitäten in Moskau studieren. Wir haben ihn zu uns genommen, bis er einen
Platz in einer Kollektivwohnung findet. Tagsüber arbeitet, nachts
studiert er. Und dort ist das Bett deiner Schwester. Man konnte sie doch nicht auf der Straße schlafen lassen! Welche Selbst-
überwindung! dachte ich traurig; die beiden Buben betrachteten
mich ruhig.

Der Dichter Raisen sang: "Ein Nest voll acht und nur zwei Betten!" Ich schämte mich dieser Armut, mehr aber noch meiner

114

Naivität, wenn ich daran dachte, daß ich vor meiner Abfahrt überzeugt gewesen war, daß man für die Leute dieses Landes nichts mitzubringen brauche, weil das Volk dort im Wohlstand lebe. Und es war mir peinlich und ich war unglücklich, diesen Kindern nichts schenken zu können, ihnen aus dem schönen Paris nichts mitgebracht zu haben.

In einem riesigen Palast, der einer Adelsfamilie gehört hatte, befand sich die Wohnung für politische Emigranten. Es waren einige hundert, die dort vorläufig wohnten. Zu meiner Zeit waren die meisten politischen Emigranten Deutsche, Bulgaren, Jugoslawen mit ihren Familien und Polen, zumeist Juden. Nur die Emigranten mit Familien hatten das Recht, ihre Mahlzeiten auf ihren Zimmern zu erhalten. Wenn man ihr Lebensniveau mit dem der Sowjetbürger verglich, mußte man zugeben, daß es, besonders in punkto Ernährung, höher war. Aber diese Ausländer waren sich dessen nicht bewußt: Man hörte sie oft protestieren und murren. Im geheimen verriet man mir, es habe wegen Klagen bereits Verhaftungen unter den Deutschen gegeben. Bei meiner Ankunft empfand ich die drückende, von Angst und Schrecken geprägte Atmosphäre, die dort herrschte. Das Dienstpersonal sagte mir: "Wissen Sie, eines Tages werden Sie mit Bedauern von dieser Ernährung hier träumen. "

André Marty vertrat das französische Zentralkomitee. In der Vergangenheit hatte ich mehrere Male flüchtig diesen Helden der Marinerevolte am Schwarzen Meer gesehen, als die französische Flotte den Weißrussen Hilfe brachte. Ich hatte an der Demonstration in Paris teilgenommen, bei der er verhaftet wurde, ich hatte seine Befreiung aus dem Gefängnis erlebt, dann seine Wahl zum Deputierten im 13. Arrondissement. In Moskau sollte ich ihn wiedersehen. Für mich war es ein sehr großes

Erlebnis, von diesem berühmten Mann empfangen zu werden. Mit seiner Zustimmung hatte die NKWD (Geheimpolizei) mir eine Aufenthaltsgenehmigung in der UdSSR ausgestellt. Klopfenden Herzens wartete ich im Büro. Nachdem er meinen Lebenslauf gelesen hatte, ließ er mir von seiner Sekretärin sagen, daß er keine Zeit habe, mich zu empfangen.

Einige Tage später traf ich ganz zufällig den Sekretär der Pariser Roten Hilfe, Emile Bureau. Er war mit einer Arbeiterdelegation aus Frankreich gekommen. Ich bat ihn, Marthy zu fragen, ob ich hoffen könnte, an einem Anfängerkurs in einer Schule in der Nähe der Fabrik teilzunehmen, sonst wollte ich lieber arbeiten. Untätigkeit war mir unerträglich, verdarb mir die Stimmung. "Das trifft sich gut, sagte Emile zu mir, ich treffe mich mittags mit Marty, komm auch." Es war das erste Mal, daß ich Marty so nahe sah. Ich sah ein strenges, sogar böses Gesicht. Sein Blick war unsicher, vielleicht wegen eines leichten Schielens. Es gab in seinen Gesichtszügen nichts von der Freundlichkeit, der Gutmütigkeit des einfachen Franzosen. Außerdem hatte ich den undeutlichen Eindruck, ihn zu stören. Ich erhob mich unter dem Vorwand, mich sonst zum Mittagessen zu verspäten. Ich wollte mich zurückziehen, als Emile Bureau mich fragte: "Wo ißt du?"

— In dem Haus der politischen emigrierten Flüchtlinge.

Dabei sah ich Marty eine abfällige Geste machen:

— Dort ißt man nur Schweinereien, sagte er.

Ich wandte den Kopf ab, als Folge einer Übelkeit, die jede Entdeckung bei mir hervorruft: So also waren die großen Führer über die Wirtschaftslage im Lande im Bilde. Eine Erinnerung kam mir: Eine Begegnung in Paris mit Marty und Cachin, der von einem langen Aufenthalt in der UdSSR zurückgekommen war. Die warme Stimme von Cachin, der zur ruhmreichen Epoche von Jean Jaures, von Jules Guesde gehörte. Jedes seiner Worte hat sich in mein Gedächtnis eingegraben: "Bei uns hier ist Elend, aber dort, in der Sowjetunion lebt der Arbeiter im Wohlstand. Bei uns ist die Arbeit getarnte Sklaverei, dort ist Arbeit Freiheit!" Dies ereignete sich zur Zeit, als die ganze Welt sich darüber einig war, daß die Situation schlimmer war als sie heute ist. Eine Frage marterte mir den Kopf: Dieser Führer, dieser alte Kämpfer, der soviel Erfahrung hatte, ignorierte, verheimlichte er die Wahrheit, der ich einfacher Arbeiter nach einigen Schritten auf diesem Boden begegnet war: das allgemeine Elend? Mußte man vermuten, daß Cachin wissentlich log? Man konnte es noch bei Marty glauben; ist es nicht so, daß es gewissen Leuten wie ihm dank ihrer Fähigkeit, zu täuschen, gelingt, eine wichtige Position in der Direktion der Partei zu behalten? Man mußte sich jedoch fragen, ob es möglich war, vor Besuchern wie Cachin, Barbusse, Thorez und anderen eine Potemkinsche Fassade zur Verschleierung der Wirklichkeit zu errichten.

Von allen Seiten zugleich enthüllte sich mir auf diese Weise eine unerwartete Welt: Einer nach dem anderen, zerrissen die Schleier vor meinen Augen, um andere Mysterien, andere Täuschungen erscheinen zu lassen.

Am Tag nach dieser Begegnung wurde ich zum Zentralkomitee des M.O.P.R. bestellt. Zum ersten Mal sah ich die Generalsekretärin, Lila Stasova. Zu meiner großen Überraschung sah ich auch Marty im Büro sitzen. Man nahm mir meinen französischen Paß ab, und ich erhielt dafür ein an den Sowjet von Moskau gerichtetes Schreiben mit der Aufforderung, einen russischen Paß für mich auszustellen. Man fragte mich, unter welchem Namen mein neuer Paß ausgestellt werden solle.

Das scharfsinnige Gesicht, die intelligente Stirn von Lila Stasova erweckten in mir Sympathie und Vertrauen. Sie fragte mich, ob ich irgendeine Klage beim Genossen Bureau vorgebracht hätte.

— Nein, sagte ich mit Bestimmtheit, ich habe ihn nur gebeten, sich dafür einzusetzen, daß man mich möglichst in den jüdischen Sektor schickt, damit ich an der Westuniversität zugelassen werde. Wenn das nicht gehe, mir eine Beschäftigung zu beschaffen.

— Zunächst wird man dich in ein Erholungsheim schicken, dann werden wir sehen, antwortete mir die Genossin Stasova.

Marty sprach kein einziges Wort; selbst im Augenblick des Abschieds hob er nicht den Kopf, noch machte er die geringste freundschaftliche Geste.

Später erfuhr ich, daß man die Auslandspässe aller politischen Emigranten konfisziert hatte. Unter letzteren lief das Gerücht um, daß Aba le Brun den Paß eines Kameraden der polnischen Sektion der Komintern verwendet habe, um die Sowjetunion zu verlassen. Dafür gab es keinen Beweis, aber jeder glaubte es, denn dies erschien logisch im Hinblick auf die Tatsache, daß die Leitung der polnischen Partei zu den Minderheiten gehörte. Aba le Brun hatte an einer höheren Parteischule studiert, ebenso wie andere Kameraden: Sender, der Maler, und der zweite Aba, genannt le Blanc; hätte die Partei eine führende Kraft nach Polen zur Arbeit unter den Juden zurückschicken wollen, dann hätte sie einen von ihnen, nicht aber Aba le Brun, den Führer der Mehrheitspartei, gewählt. Als ehemaliger Verantwortlicher beim

"Com-Bund" und Präsident der Textilgewerkschaft in Warschau war er bei den jüdischen Arbeitern sehr beliebt. In Gegensatz zur Parteilinie, bildete er eine Fraktion, die sich "Abéisten" nannte. Die Partei schloß ihn aus und verbot sogar den Genossen, zu seinem Begräbnis zu gehen. Dennoch begleiteten mehrere tausend jüdische Arbeiter ihn zu seiner letzten Ruhestätte. Sender und Aba le Brun erlitten das Schicksal vieler anderer polnischer Kommunisten, die erschossen wurden oder in den russischen Konzentrationslagern umkamen.

Besonders wenn man sich in einem fremden Land befindet, fühlt man sich zu einem Landsmann hingezogen. In Moskau hatten deshalb die in Zamosc Geborenen das Bedürfnis, eine Gruppe zu bilden, in der sich alle aus unserer Stadt Gebürtigen trafen. Die Verwirklichung eines solchen Plans bildete jedoch eine wirkliche Gefahr. Trotzdem gründeten wir eine "Gesellschaft der Zamoscer", und wir fanden uns in kleinen Gruppen bald beim einen, bald beim anderen zusammen. Man half sich gegenseitig, sei es durch Austausch von Lebensmittelkarten, sei es durch eine Empfehlung eines von uns, der angesehen und besser gestellt war. Manche arbeiteten in den Fabriken, andere gelangten dank ihrer Ausbildung auf höhere Posten. Diese waren materiell viel besser gestellt und leisteten den weniger Glücklichen eine beträchtliche Hilfe. Aber bei allen war die Stimmung sehr gedrückt.

Die Oktoberrevolution traf den Genossen Schiff in Rußland an, wo er das Leben der russischen Revolutionäre der damaligen Zeit teilte. Seit seiner Rückkehr nach Polen spielte er eine wichtige Rolle bei der Bildung der polnischen kommunistischen Partei. Er brach mit seiner Familie, um der Sache besser dienen zu können. Im Alter von siebenundzwanzig Jahren , nachdem er das Schneiderhandwerk erlernt hatte, wurde er Sekretär der Gewerkschaftssektion der Konfektion, dann Präsident der Gewerkschaftsunion von Lublin, später wurde er in das Bundeskomitee der Partei berufen. Im Jahre 1927 schickte die Partei ihn zum Studium in die UdSSR, er machte dort seinen Abschluß an der Akademie der Wissenschaften. Statt ihm eine Stellung im Unterrichtswesen zu geben, die seinen Wünschen und seinen Fähigkeiten entsprochen hätte, schob man ihn ab; seit zwei Jahren arbeitete er in der politischen Leitung einer riesigen Traktorenstation.

Ich war glücklich, ihm in Moskau wieder zu begegnen. Bei unserem ersten Zusammentreffen sagte er mir:

— Es ist nicht schwer, im Ausland Kommunist zu sein. Aber hier bei uns leiden die Leute Hunger, und es ist schwierig, für den Kommunismus Propaganda zu machen.

— Ist diese Hungersnot das Ergebnis einer Wetterkatastrophe? fragte ich.

— Nein, schuld ist der bäuerliche Widerstand. Die Oktoberrevolution hatte nicht allzuviel Blut gekostet, man hatte einfach mit dem roten Terror auf die Konterrevolution reagiert, wie es uns Lenin gelehrt hat.

— Warum dann dieser blutige Kampf gegen das mittlere Bauerntum, nachdem die Sowjetregierung ihre Macht im politischen Bereich, ebenso wie im Wirtschaftsbereich, gesichert hatte?

— Man mußte das Besitzstreben bei den Bauern brechen, die 60% der Gesamtbevölkerung bildeten.

— Schon gut, entgegnete ich, und was ist mit den Kolchosen, den Staatsgütern, die bei der Revolution geschaffen wurden? Hätte angesichts der Millionen Hektar, die nach wissenschaftlichen Methoden und mit modernster Technik bewirtschaftet wurden,

das Ergebnis nicht ein überzeugender Faktor der Leistungsfä-
higkeit der Kollektivierung und der Mechanisierung der Arbeit
sein müssen?

— Die Partei konnte es sich nicht erlauben, die Ergebnisse
dieser Methode abzuwarten. Man mußte das Land in wenigen
Jahren industrialisieren, was unter dem kapitalistischen System allzu lange gedauert hätte. Wir sind vom Kapitalismus
eingekreist. Die N. E. P. (Neue Wirtschaftspolitik) hatte auf dem
Lande eine solide Basis; die wirtschaftlichen Einrichtungen, der
Arbeitseifer und die tiefe Verbundenheit des russischen Bauern
mit seinem Stückchen Land hatten einen Platz für die Kulaken
geschaffen. Nun wird jede wirtschaftliche Macht früher oder
später zu einer politischen Macht. Die Partei mobilisierte Tausende von entschlossenen, unbeugsamen Städtern, die, auf den
ganzen Staatsapparat gestützt, als Leitlinie erhielten: "Liquidation der Kulaken als Klasse. Totale Kollektivierung". Nur läßt
sich einmal kein Lebewesen freiwillig liquidieren. Daher die
unbeschreiblichen Tragödien und Dramen, die zahllosen Opfer.
Als Höhepunkt hatte man den Viehbestand liquidiert, den die
Mechanisierung nicht schnell genug ersetzen konnte. Daher
machten sich die wirtschaftlichen Folgen im ganzen Land bemerkbar.

Aus der Ferne ist es immer leicht, diese Millionen Opfer hin-
zunehmen, es ist aber schwierig, zu denen zu gehören, die die
eisernen Gesetze des Kommunismus durchführen, und gleichzeitig für ihn zu werben. Deshalb sage ich, daß es viel schwieriger ist, hier, in Sowjetrußland, Kommunist zu sein als im Ausland. Ich möchte damit sagen, nicht nur die Mitgliedskarte in
der Tasche zu haben, sondern ein hundertprozentiger Kommunist zu sein.

Seine Frau, Parteimitglied, unterbrach uns:

— Hier sind wir weder in Warschau noch in Paris. Hier haben die Mauern Ohren.

Genossin Schiff lebte mit ihrem Kind in Moskau, mehr als tausend Kilometer von dem Ort entfernt, wo ihr Mann lebte und arbeitete. Warum? Sie arbeitete in der Fabrik. Wer würde freiwillig Moskau gegen ein verlorenes Nest tauschen? Abgesehen davon, erklärte sie, hoffe ihr Mann, von seiner Stellung befreit zu werden und dann sicherlich nach Moskau zurückkehren zu können. Dafür mußte um jeden Preis das Zimmer behalten werden. Ich verließ meine Freunde schweren Herzens.

Ich denke an Schiff, wie er in Zamosc war. Glücklich, als Lehrer arbeiten zu können, junge Menschen zu erziehen, ihre Intelligenz zu fördern, ihnen den Sinn für soziale Gerechtigkeit und Menschenwürde einzupflanzen. Wer hätte sich vorstellen können, daß vier Jahre später auch er in den Kellern des NKWD ermordet werden würde? Er wurde 1937 verhaftet. Dann verhaftete man seine Frau, der man ihr Kind aus den Armen riß. Das NKWD zerstörte so bis auf die Wurzel diese vornehme und treue Familie Schiff.

David Fidler, genannt "der Alte", wuchs in einer sehr assimilierten Familie auf, deren polnischer Patriotismus sehr lebhaft war. Als Student trat er der P.P.S., der polnischen sozialistischen Partei, bei und war an der Revolution 1905 gegen den Zaren beteiligt. 1907 verhaftet, wurde er nach Sibirien verbannt. Nach Zamosc kehrte er 1918 zurück und gründete die linke Gruppe der P.P.S., dann beteiligte er sich an der roten Revolte. Nachdem diese niedergeschlagen war, wurde er verhaftet; wie durch ein Wunder gelang es ihm zu entkommen, aber er wurde 1920 wieder gefaßt. Während dieser Zeit emigrierte seine Frau nach Amerika. Sie hatte ihn niemals verstanden und ihn verlassen. 1923 wurde er entlassen. Er arbeitete in der Kooperativbewegung bei der P. P. S. Er half, die kommunistische Partei von Zamosc ins Leben zu rufen, was ihn der jüdischen Jugend näherbrachte. Er hielt uns Vorlesungen über Marxismus, Naturwissenschaft, Physik und über polnische Literatur. 1923 wurde er zum Gemeinderat gewählt. Er war Präsident der Roten Fraktion. Nachdem Pilsudski das Lager gewechselt hatte und zur Reaktion übergegangen war, war Fidler aufs neue in der Gefahr, verhaftet zu werden, und ging in den Untergrund, um im geheimen weiter aktiv zu sein. Man wählte ihn zum Mitglied des Zentralkomitees der Partei in der Westukraine. Mir gegenüber nahm er immer eine väterliche Haltung ein, und während meines jahrelangen Aufenthaltes in Warschau besuchte er mich und ging mit mir in ein gutes Restaurant zum Essen. Bei keiner Gelegenheit versäumte er, seine Freude darüber auszudrücken, daß ich noch in Freiheit war.

Er arbeitete auf dem bedrohtesten Sektor, da die ukrainische Partei ständig ein Opfer der heftigsten Unterdrückung war. Wir trafen uns in Moskau wieder, und er lud mich zu sich ein. Im Alter eines Großvaters wurde er erst Vater; seine Frau war während der langen Jahre seiner geheimen Tätigkeit seine Mitarbeiterin gewesen. Während einer gewissen Zeit war sie Präsidentin des Komitees der Kommunistischen Jugend, als sie im Planungsministerium arbeitete. Fidler seinerseits arbeitete in der Verwaltung des Marx-Engels-Lenin-Stalin-Instituts. Alle beide vertieften unaufhörlich ihre Ausbildung, um noch besser zur Errichtung des Sozialismus beizutragen, in den sie einen unerschütterlichen Glauben setzten. Ihre materielle Situation war vergleichsweise beneidenswert. Die Genossin Fidler sah die Zukunft strahlend, wie der Held des Romans von Zeromski: "Vor dem Frühling"; für alle Verletzungen der Prinzipien Lenins fand sie rasch eine Erklärung.

In dieser Gruppe von Juden aus Zamosc gab es Scripa, einen kommunistischen Abgeordneten, der auf der Liste der landwirtschaftlichen Arbeiter in Polen gewählt worden war; ich kannte ihn gut durch seine Diskussionsbeiträge bei Bauernversammlungen. Damals arbeitete er am Marx-Engels-Lenin-Stalin- Institut. Dort traf ich auch den Bruder der Genossin Fidler, J. Gortnkroit, einen schwächlichen Mann, einen Invaliden, aber von hoher Intelligenz; seine Eltern waren überzeugt, daß er ein großer Talmudist werden würde; dennoch wählte er im Jahre 1920 den Kommunismus. Damit er, ohne Verdacht zu erwecken, kämpfen könne, riet die Partei ihm, den Anschein eines praktizierenden Juden zu bewahren, aber er wurde trotzdem denunziert. Für mich war es eine Freude , ihn bei meiner Schwester wiederzusehen, ich fühlte aber, daß seine Gegenwart zunehmend Unbehagen erzeugte. In Sowjetrußland war er als Parteimitglied eingezogen worden und einem Regionalblatt in einer Provinz zugeteilt worden, die die Kollektivierung total durchgeführt hatte. Als er krank wurde, wurde er von dieser Aufgabe freigestellt und er erhielt die Erlaubnis, nach Moskau zurückzukehren. Aber statt sich eine andere Arbeit zu suchen, schickte er seine Mitgliedskarte an die Partei zurück, eine Handlung, die nicht nur ihn selbst, sondern gleicherweise seine Umgebung und vor allem seine eigene Familie gefährdete.

"Ein Mensch, der bei Sinnen ist, hat nur ein Wort für ein derartiges Verhalten: verrückt", erklärte meine Schwester.

-- "Er hält sich für Don Quichotte", überbot sie Fidler, unter Zustimmung von Scripa. "

Gortnkroit erhob sich ruhig und erklärte, auf seinen Stock gestützt:

— Ich habe meine Karte zurückgegeben, weil ich nicht die moralische Verantwortung für eine Kollektivierung, die durch Gewalt und Terror erreicht wird, übernehmen will; ich möchte weder auf Seiten der Unterdrücker noch auf Seiten der Privilegierten, sondern auf Seiten der Unterdrückten stehen.

Er hatte ruhig gesprochen und erhob sich, um wegzugehen, als sein Schwiegervater sich an ihn wandte, wie um ihn zurückzuhalten:

— Willst du gegen Windmühlen kämpfen? Du bist immer ein Talmudist gewesen und du wirst einer bleiben!

Ohne zu antworten, ging er weg.

Ich erfuhr später sein Schicksal, das klassische Schicksal aufrechter und starker Menschen: Zu allererst die Unmöglichkeit, Arbeit zu finden, also keine Brot- und Nahrungsmittelkarte. Dann, 1934, wurde er verhaftet. Im Chaos, das auf die Ermordung Kirows folgte, wurde er erschossen. 1936 kam Scripa an die Reihe: Er wurde unter der Anklage des ukrainischen Sozialismus verhaftet und kurz darauf erschossen. Anfang 1937 schloß man Fidler aus der Partei aus, indem man ihm die Arbeit verweigerte. Seine Frau trennte sich von ihm. War es, um ihr Kind zu retten? Oder war die Teilung des Zimmers zwischen zwei Familien die Ursache dieses Dramas? Man vermutete es. Eines Nachts im Jahre 1937 klopfte das NKWD an die Tür. Frau Fidler, sicher, daß es nicht ihr galt, denn sie war in der Partei gut angeschrieben und auf einen höheren Posten befördert worden, antwortete den Agenten des NKWD.

— Er wohnt im anderen Zimmer ...

— Dich suchen wir, sagte man ihr, er kommt noch dran, er wird sich nicht retten.

Und sie führten die Frau mit dem Kind ab. Zwei Monate später wurde Fidler festgenommen und erschossen.

Auf diese Weise wurden die Familien der besten Kämpfer liquidiert. Diese Ermordung wurde weder von der reaktionären Miliz Pilsudski noch von der blutigen Gestapo ausgeführt und fand nicht in einem feudalen, zurückgebliebenen, kapitalistischen oder faschistischen Land statt, sondern im Vaterland des Sozialismus, und zwar durch "Genossen", die gegen die wertvollsten Kommunisten losgelassen wurden. Mein Kamerad Bromberg aus Bulgarien erzählte mir später, daß Fidlers Frau in einem als "fürstlich" bekannten Lager, vergessen im fernen Sibirien, umgekommen war.

In der Wohnung des Genossen Roitman in Moskau versammelten sich die Zamoscer; sie konnten sich gegenseitig ihr Leid klagen. Draußen herrschte Gleichgültigkeit, Mißtrauen oder Kriecherei vor jedem Funktionär oder sonst Privilegierten. In diesem Hafen konnte man sein Herz frei ausschütten, und unsere Gedanken nahmen einen wehmutsvollen Weg; wir verlangten von der Vergangenheit, die heutige Traurigkeit und die Enttäuschung zu beschwören. Roitman war im reifen Alter in die Partei eingetreten. 1925 wurde er als Gemeinderat von der Roten Fraktion delegiert, auf Empfehlung von Fidler, der ihn nach Warschau kommen ließ und für ihn eine Wohnung im besten Wohnviertel fand. Dort wurde eine Geheimdruckerei eingerichtet. Roitmans hübsche Frau, Tochter einer kleinbürgerlichen Familie, spielte mit Leichtigkeit die Rolle einer großen Dame. Roitman lebte zurückgezogen, um nicht die Aufmerksamkeit der Nachbarn auf sich zu lenken. Von Zeit und Zeit kam er dorthin, wo er, wie er wußte, die Landsleute aus Zamosc treffen würde, wo er sich entspannen und mit wiedergefundenen Freunden frei sprechen konnte. Häufig half er denjenigen unter uns, die mittellos oder arbeitslos waren. Nach der Entdeckung dieser Druckerei schickte die Partei ihn nach Moskau und teilte ihn einer Druckerei der Komintern zu. Seine Versorgung mit Lebensmitteln entsprach der Norm für die Altbolschewisten. Deshalb konnte er sogar in Moskau einem Landsmann helfen. Ich traf bei ihm andere Genossen aus Zamosc, die in einer Fabrik arbeiteten und gläubig ihr Vertrauen auf den Kommunismus bewahrten und überzeugt waren, daß das Zentralkomitee sich schließlich über die begangegen Fehler klarwerden würde und daß alles sich ändern werde. Sie waren gewiß, daß auch Polen ein sozialistisches Land werden und die in Rußland begangenen Fehler vermeiden würde. 1937 verhaftet, kamen sie in sibirischen Lagern um.

Ich hatte auch die Ehre, an einer Kundgebung auf dem Roten Platz teilzunehmen. Eine Gruppe politischer Emigranten hatte sich einem Zug angeschlossen, der am Lenin-Mausoleum vorbeizog. Ich war unter ihnen. Auf diesem Platz defilierten gleichzeitig fünf bis sechs Züge. Im Vorbeimarsch warf ich einen Blick auf diejenigen, die auf der Tribüne waren, diejenigen, von denen das Leben von Millionen Menschen abhing. Sie hielten sich aufrecht, in militärischer Haltung, wie aus Holz geschnitzt, das Gesicht ernst, hart. Stalin, Kaganowitsch, Ordschonikidse, Idanov. Unter ihnen ein einziges entspanntes, gutmütiges Gesicht, das des alten Kalinin. Auf dem Roten Platz waren blumengeschmückte Buffets aufgestellt, beladen mit Getränken, Backwaren und Süßgkeiten, aber es waren "Schau-Buffets". Man mußte bezahlen, wenn man etwas kosten wollte, obwohl angekündigt worden war, daß alles umsonst sei. Alle diese guten Dinge waren damals in der UdSSR nirgends zu finden. Inmitten von Tänzen und Gesängen zogen ohne Unterbrechung Züge durch ein Meer von Bildern von Stalin und anderen Führern; riesige Spruchbänder drückten die Dankbarkeit gegenüber genialen Führern der Partei für die Siege des Sozialismus aus. Spruchbänder und Portraits zogen ununterbrochen vorüber; die Angehörigen des Ordnungsdienstes, überfordert und erdrückt von der Verantwortung, die auf ihnen lastete, liefen in alle Richtungen. Ein Befehl ertönte, von Mund zu Mund wiederholt: Kopf hoch zur Tribüne! Grüßt unsere Führer! Nicht stehenbleiben! Schritthalten! Das Getöse der Lautsprecher, die vervielfachten Slogans, die Militärfanfaren, die Gesangsgruppen, die Fahnen, die Wimpel, alles zeigte machtvoll das Bild eines begeisterten Volkes. Dennoch, wenn man alle diese Gesichter, die vorbeizogen, betrachtete, entdeckte man Traurigkeit und Erschöpfung. Und ich erinnerte mich an ein Fest in Paris, bei dem Thorez, Duclos und andere das Wort ergriffen hatten. Damals konnte man die ehrliche Freude, die innere Bewegung auf allen Gesichtern lesen. Dort fühlte ich die wahre Volksbegeisterung.

Mit anderen Emigranten beteiligte ich mich an einer Propagandatournee durch die Fabriken und Betriebe von Moskau. Ich hatte den Wunsch, ein Konfektionsatelier oder eine Schuhfabrik zu sehen, aber die Kleinindustrie war unerheblich und stand nicht auf dem Plan unseres Propagandafeldzuges. Wir grüßten die russischen Arbeiter und Genossen. Nachdem mehrere russische Arbeiter gesprochen hatten, kam die Reihe an uns. Wir sprachen in unserer Sprache, die übersetzt wurde, aber diejenigen unter uns, die Russisch verstanden, hörten mit Staunen Sätze wie: "Sie sagen uns, daß in den kapitalistischen Ländern, aus denen sie kommen, großes Elend und Sklaverei herrschen, und drücken ihre Dankbarkeit und ihr Glück aus, in unserem sozialistischen Land leben zu dürfen. "

Zusammen mit einigen Genossen aus den Vereinigten Staaten wurde ich für sechs Wochen in ein Erholungsheim geschickt. Damals mußte ein russischer Arbeiter sich im Zustand großer Erschöpfung befinden, um dorthin auch nur für zwei Wochen geschickt zu werden. Es war ein riesiges und prächtiges Haus inmitten eines Parkes. Man wurde dort gut ernährt. Es wurde eine große kulturelle Arbeit geleistet: In Vorträgen wurden die Siege des Sozialismus behandelt, die sowjetische Arbeiter und Bauern nicht nur im Vergleich zum zaristischen Rußland erreicht hatten, sondern auch im Vergleich zu den fortgeschrittensten kapitalistischen Ländern. Genügte dies, um einige hundert Arbeiter und Bauern, die mit uns zuhörten, zu überzeugen? Ich weiß es nicht, aber ich weiß bestimmt, daß diese Behauptungen plötzlich eine Mauer zwischen uns, den Emigranten, und diesen sowjetischen Arbeitern aufrichteten. Jedesmal, wenn wir eine Unterhaltung mit einem von ihnen anzufangen versuchten, benahm er sich wie ein Wortführer der Sowjetregierung, obwohl er nur bescheidener Verwaltungsangestellter oder einer von den Arbeitern war, die sich dadurch ausgezeichnet hatten, daß sie mehr als ihre Kameraden produzierten.

Ich kehrte vor Beendigung meiner Kur nach Moskau zurück, denn ich wollte möglichst bald wieder arbeiten. Wegen der Wohnungsknappheit konnte ich nicht in Moskau bleiben. Man schlug mir vor, in die neuen Industriebezirke zu gehen, aber mein Wunsch, mit Juden in Kontakt zu bleiben, ließ mich zögern. Sollte ich nach Birobidjan gehen? Die Frage war nicht mehr zeitgemäß. Während meines Aufenthaltes hatte ich Leute getroffen, die von dort zurückkamen, darunter einige, die aus Paris stammten, Stolar, Gold und Melman; letzterer war seinerzeit ein aktiver Kämpfer in der Holzgewerkschaft in Warschau gewesen. Der gute und anständige Kalinin war der einzige, der begriff, daß es die unmenschlichen Lebensbedingungen waren, die die Gutwilligsten von dort vertrieben. Denjenigen, die noch gültige Pässe besaßen, erlaubte man, in ihr Heimatland zurückzukehren. Diejenigen, deren Pässe nicht mehr gültig waren, brachte man in einer Wohngemeinschaft in Moskau unter. In Paris hätte ich diese Leute für Kleinbürger ohne Überzeugungen und für Gefangene ihres Komforts gehalten.

Diese Wohngemeinschaft entstand auf Betreiben eines Mitglieds des Obersten Sowjets, S. Dimensztein. Fast alle, die Birobidjan verließen, waren Emigranten aus Argentinien, die an schwere körperliche Arbeit gewöhnt waren. Sie waren voller Hoffnung gekommen, bereit, selbst das Beste zu leisten, um die erste Urbarmachung durchzuführen. Aber sie hatten sich nicht vorstellen können, daß ihnen ein Stück Schwarzbrot, ein bißchen Milch für die Kinder fehlen würde. Das Werkzeug, die für den Bau von Fabriken versprochenen Maschinen, die der "Joint", der "Gesert" und die I. C. A. , jüdische Vereinigungen der Vereinigten Staaten, zur Unterstützung von Juden anderer Länder aus dem Ausland abgeschickt hatten, kamen niemals am Bestimmungsort an. Ein Genosse erzählte mir später, im Lager, daß er während seines Aufenthaltes als Instrukteur in Iwano-Wosnosensk Fabriken gesehen hatte, die mit Baumaschinen errichtet worden waren, die Inschriften auf Jiddisch trugen: "Für die Juden von Birobidjan, Joint-I. C. A. "

Die Unterzeichnung des Dekrets, das Birobidjan in einen autonomen jüdischen Bezirk umwandelte, und die berühmte Rede

Kalinins ließen Freudentränen in die Augen der jüdischen Arbeiter der Welt treten (aber nicht der sowjetischen Juden, die nach ihrer Erfahrung die Unmöglichkeit kannten, dies Versprechen in den Steppen von Cherson und von Krimel zu verwirklichen). Der Glaube der jüdischen Arbeiter, ihre Hoffnung, in Birobidjan, wo sie, nach dem gegebenen Versprechen, ihre künftige Heimat in Sowjetrußland erblickten, wurden später in Moskau als Nationalismus und Chauvinismus behandelt.

Das Niederschmetterndste, vertraute mir einer dieser Juden aus Birobidjan an, war diese Verachtung, dies Gefühl, nicht in der Lage zu sein, sein eigenes Land zu bebauen, und auch der Eindruck, ein Rädchen einer Maschine zu sein, die uns beherrscht.

Die eiserne Faust ließ nicht lange auf sich warten: Kurze Zeit später schritt man zur Verhaftung aller führenden jüdischen Intellektuellen von Birobidjan, darunter Lieberman und Huberman, die für das jüdische kulturelle Leben in Kiew verantwortlich waren. Dann folgte das Jahr 1937: Es wurden alle Ausländer verhaftet.

Dank der Fürsprache des französischen Vertreters des Zentralkomitees der M. O. P. R. erhielt ich schließlich die Erlaubnis,
nach Kiew zu reisen. Mit dieser Empfehlung mußte ich Arbeit
und Wohnung erhalten. Als ich in Kiew ankam, ging ich sofort
zur Sektion des M. O. P. R. dieser Stadt. In den ersten Tagen
mußte ich wie in Moskau Propagandaumzüge in den Betrieben
der Leichtindustrie mitmachen. Ich beobachtete die jüdischen
Arbeiter und hörte ihnen zu, aber alle sprachen Russisch. Deshalb mußte ich mich mit einigen auswendig gelernten Grußwor-
ten begnügen; die Zunge juckte mir, zu ihnen in Jiddisch zu
sprechen. Die Fabriken waren das Ergebnis des ersten Fünfjahresplans, und die Arbeiter sprachen mit Stolz von ihnen:
Um ihre Fabrik zu errichten, hatten sie sogar während der Ru-
hetage länger als drei Stunden zusätzlich ohne Bezahlung gearbeitet, und dies während mehrerer Monate.

Mich beeindruckten die zwei riesigen Fabriken sehr, die mehrere tausend Arbeiter beschäftigten; die Trikotfabrik trug den Namen von Rosa Luxemburg, die andere, eine Kleiderfabrik, den
von Maxim Gorki. Die Werkstätten waren eine Reihe von geräu-
migen Sälen, sauber, mit großen Fenstern, die das volle Tageslicht hereinließen. Bei ihrem Anblick erinnerte ich mich
der engen, schmutzigen und dunklen Werkstätten in Polen und
in Frankreich, die ich kennengelernt hatte. Bei diesen Fabriken
hier gab es Kinderkrippen und Kindergärten für die Kleinen, deren Mütter arbeiteten. Auf jeder Etage war eine Sanitätsstation.
Der Speisesaal diente auch für Versammlungen und Sportveran-

staltungen. Mit einem Wort, eine Fabrik, wie man sie sich eines sozialistischen Landes würdig vorstellt. Dort wurde ich als Konfektionsarbeiter eingestellt.

Leider verblaßte dieser erste Augenschein Stück für Stück vor der wahren Situation der Arbeiter, je mehr ich sie entdeckte. Die Produktion war von schlechter Qualität. Die Arbeitsteilung nach dem Fließbandsystem erforderte keine großen Fertigkeiten. Außerdem waren die Arbeiter wenig qualifiziert. Im übrigen sah das System acht Lohngruppen vor, entsprechend der Produktionsweise und dem Gebiet, auf dem man arbeitete. Die Leichtindustrie hatte die niedrigsten Löhne, besonders die Schneiderei. Die Mehrzahl der Arbeiter wurde in der vierten und fünften Lohngruppe beschäftigt. Eine beschränkte Anzahl besser qualifizierter Arbeiter arbeitete in der sechsten Lohngruppe. Der Tageslohn für die hundertprozentig ausgeführte Norm betrug sechs Rubel. Die Kaufkraft dieser Summe entsprach sieben Kilo Schwarzbrot zum offiziellen Preis. Ohne Brotkarte konnte man hoffen, fünfhundert Gramm für diesen Betrag auf dem Schwarzen Markt zu erhalten. Die Brotkarte berechtigte zum Kauf von sechshundert g Brot täglich. Die Mahlzeit in der Fabrik bestand aus einer klaren Kohlsuppe und zwei Löffeln Brei aus Buchweizen. Außer der Brotkarte erhielt der Arbeiter monatlich eine Lebensmittelkarte, die ihm Recht auf eintausendzweihundert g Zucker, zwei kg Haferflocken, Teigwaren, Fisch und Öl gab. Jede Fabrik wurde durch einen Laden versorgt, meist aber unregelmäßig. Es war recht selten, daß ein Arbeiter alle offiziell zugeteilten Lebensmittel erhalten konnte.

Die Fabrik war vierundzwanzig Stunden ununterbrochen, in drei Schichten, in Betrieb. Der Ruhetag war nicht der gleiche für alle. Obwohl die Tagesleistung nicht hoch war wie in den amerikanischen Fabriken, beeilten sich die Arbeiter, nicht zurückzubleiben, sondern die anderen zu überholen, indem sie ohne Unterlaß schufteten. Eine sehr große Zahl Angestellter war nicht unmittelbar an der Produktion beteiligt; Abteilungsleiter, Schichtleiter, Vorarbeiter, Funktionäre der Partei, der Gewerkschaften oder des Staates, Lehrmeister, Organisationsleiter, Jugendsekretäre. Sie erhielten dennoch neben einem Monatslohn Produktionsprämien, wenn das Plansoll übererfüllt worden war. Im allgemeinen hing jede politische und gesellschaftliche Laufbahn von der Erfüllung und Übererfüllung der Produktionspläne ab. Diese Angestellten plagten die Arbeiter durch ständige Anfeuerungen: "Podawai! Podawai!" (Los! Los!). Und der Arbeiter bemühte sich bis zur Erschöpfung, immer schneller zu arbeiten.

Und im ganzen Land war es dasselbe; in jeder Branche wurde dies unter dem Namen L g o t a bekannte System angewandt, das den schnellsten Arbeiter besserstellte. Pech für den, der, weniger leistungsfähig, nicht seine Norm erfüllen konnte. Man spottete über ihn bei den Betriebsversammlungen, und er wurde auf den Wandzeitungen namentlich aufgeführt. Das Schicksal eines Arbeiters, der im Verdacht stand, arbeitsunwillig und interesselos zu sein, war tragisch; aber andererseits riefen die Arbeiter, die die Norm übererfüllten, Mißtrauen hervor: Man stellte Kontrolleure neben sie, die mit der Uhr in der Hand die Fabrikationszeit jedes Stückes überwachten. Der Monatslohn wurde in zwei Raten, aber selten am festgesetzten Tag, ausgezahlt. Die Steuern wurden von jedem Lohn abgezogen, sie waren nicht hoch, aber die freiwillige Abgabe - ein Monatslohn jährlich für die Verteidigung - stellte eine große Belastung für den Arbeiter

dar. Am Tag des Einzugs dieser Abgabe wurde ein ganzer Funk-
tionärsapparat aus Verwaltungsangestellten der Partei mobili-
siert, um ein Klima der Spannung und der strengen Disziplin
aufrechtzuerhalten. Es war ein Unglück für denjenigen, der bei
seiner Unterschriftleistung auch nur eine schüchterne Klage
vorbrachte oder versuchte, zwei Wochenlöhne anstatt eines Monatslohns anzubieten. Bei jeder Gelegenheit wurde er daran erinnert.

Als der Sekretär des M. O. P. R. von Kiew mich zur Arbeit in
die Fabrik schickte, ernannte er mich zum Verantwortlichen
der Sektion M. O. P. R. bei der Fabrik und informierte darüber
den Parteisekretär. Er teilte es auch in allen Gewerkschafts-
blättern mit, die zu drei Schichten gehörten. Mit deren Hilfe
konnte ich überall Versammlungen abhalten, wo ich die Arbeiter über das schreckliche Schicksal der politischen Gefangenen
in den kapitalistischen Ländern informierte. Unmittelbar danach
sah ich, wie sich alle Teilnehmer bei der Internationalen Roten
Hilfe einschrieben. Beim Weggehen aus einer dieser Versammlungen, in Begleitung eines alten jüdischen Arbeiters, drückte
ich ihm gegenüber meine Bewunderung für diese so solidarischen, politisch reifen Arbeiter aus, von denen viele gestern
noch in abgelegenen Dörfern gelebt hatten. Als wir uns von der
Fabrik entfernt hatten, sagte mir mein Begleiter mit sichtli-
cher Gleichgültigkeit:
— Nur kein Übereifer, junger Mann, lassen Sie sich das nicht
zu nahegehen, wir haben so viele Mitgliedskarten in der Tasche,
da kommt es nicht auf eine weitere an!

Als ich als einfacher Arbeiter zu meiner Schicht kam, bedauer-
ten mich viele meiner Arbeitskameraden, andere hielten mich
für "bekloppt" und zeigten auf ihre Stirn:

— Kommt aus Paris, um hier als Arbeiter in die Fabrik einzutreten!

Einige lachten ungezwungen. Einer sagte:

— N i t s c h e w o , er wird keine alten Knochen bei uns bekommen! Das ist ein Parteimitglied! ...

Das einzige, was mich von ihnen unterschied, waren meine armseligen Pariser Kleider. Bei jeder Gelegenheit betrachtete man meine Jacke, meine Hose, und man stieß neidische Seufzer aus: "Was für ein Gewebe! Was für eine Jacke!" Ich wollte mich möglichst schnell davon befreien, diese Fetzen wegwerfen und sie ersetzen. So würde ich wenigstens äußerlich den anderen gleichen und könnte in der Masse der sowjetischen Arbeiter untertauchen.

Ich erhielt vom Fabrikkomitee die Brotkarte und die Kantinengutscheine. Als ich das Mittagessen einnehmen wollte, stellte sich aber heraus, daß diese Gutscheine privilegiert waren: Ich hatte das Recht, in dem für die Direktion und die Verwaltung reservierten Eßsaal zu speisen - bei der A. T. R. , was Ingenieure und technisches Personal bedeutete. Als ich, ganz verwirrt, dieses Privileg ablehnte, hörte ich von allen Seiten: "Was für ein Dummkopf!"

Am nächsten Tag empfand ich bei Arbeitsbeginn diese klassische Angst, zu spät zu kommen, diese Angst, die alle empfanden. Die Fabrik lag weit vom Zentrum entfernt, in einem Vorort, und der größte Teil von uns wohnte in dem alten jüdischen Viertel, dem Podol. Die Gesetze, denen die Arbeiter unterworfen wurden, waren wahrhaft drakonisch: Für dreimal Zuspätkommen hatte die Verwaltung das Recht, jemanden vor das Geschworenengericht zu laden, was ein Jahr Straflager bedeuten

konnte. Aber das Erniedrigendste - von mir als wahrhaft ent—
würdigend empfunden - war die Durchsuchung, der jeder von
uns am Fabrikausgang, unter den Augen der bewaffneten Wache,
unterworfen war.

Eines Tages kam ein Wachtposten und holte mich; der Schichtleiter protestierte, weil er keinen Ersatz für mich hatte. Aber
der Wachtposten informierte ihn, daß ich von der Spez. , der
Sonderabteilung der Polizei, angefordert werde. Damals kannte
ich noch nicht die Furcht, die eine solche Vorladung auslöste.
In einem eleganten Büro, in Gegenwart des Parteisekretärs und
des Verantwortlichen für die Fabrik, ließ mich ein Abgesandter
des NKWD einen Brief des Komintern - französische Sektion -
lesen und teilte mir mit, daß nach der Prüfung meiner Partei-
zugehörigkeit in Polen, dann in Frankreich, meine Übernahme
in die sowjetische bolschewistische Partei entschieden worden
war. Wegen einer in Gang befindlichen "Säuberung" war die Übernahme nun erst verspätet gekommen. Dennoch hatte ich das
Recht, noch vor Empfang meines Ausweises, von jetzt ab an
den Parteiveranstaltungen teilzunehmen. Jedoch hatte ich weder
ein Stimmrecht, noch war ich wählbar. Nachdem ich unterschrieben hatte, daß ich von dieser Entscheidung Kenntnis genommen,
übergab der Beauftragte des NKWD diesen Brief dem Parteisekretär. Trotz aller schrecklichen Zweifel, die sich in mir fest-
gesetzt hatten, ging ich mit einer inneren Freude, ja stolz, zu
meiner ersten geschlossenen Parteiversammlung. Der bolschewistischen Partei anzugehören, der Partei, die die Oktoberrevolution gemacht hatte, war keine Kleinigkeit!

Danach schickte man mich in eine Fabrik für Maßkonfektion, namens Gorki, die im Zentrum der Stadt lag. Unsere Produktion
war für fünf Läden bestimmt. Das gesamte Personal, einschließ-

lich der Verwaltung, bestand aus fünfhundert Personen, deren Kleidung wir herstellen sollten. Es gab in der Stadt einige kleinere Werkstätten derselben Branche, aber sie erhielten keinen Stoff, und es gab keinen freien Markt, wo man ihn hätte kaufen können. Nur die Fabrik konnte ihn beziehen. Wenn man die Anzahl der Angestellten, der Chefs und der Mitglieder des Staatsapparates, die eingekleidet werden mußten, in Betracht zog, war es wie ein Wassertropfen in einem Meer für eine so große Stadt wie Kiew. Die Bekleidungsgutscheine wurden von der Handelssektion bei der Stadtverwaltung und von den Gewerkschaften ausgegeben. Es war klar, daß unsere Kundschaft sich zuerst aus der Direktion und ihrem Personal zusammensetzte. Der Parteisekretär dieser Fabrik warnte mich vor der Tatsache, daß die Mehrheit der Arbeiter in dieser Fabrik ein fremdes Element darstelle. Erstaunt fragte ich mich, wieso diese Arbeiter ein fremdes Element sein könnten. Alle führenden Kader gehörten der Partei an, wer also sollten diese fremden Elemente sein? Als ich ein wenig später Bekanntschaft mit diesen Arbeitern machte, wurde mir alles klar. Die meisten waren Leute, die das Handwerk beherrschten und die bis zur Liquidation der N. E. P. in ihren eigenen Unternehmen gearbeitet hatten: Die 32 Zuschneider waren früher Besitzer von Bekleidungshäusern, selbständige Handwerker und Heimarbeiter. Viele sehr qualifizierte Arbeiter kamen aus der Provinz. Ihre kleinen Geburtsorte verloren wirtschaftlich immer mehr an Bedeutung, ebenso wie das jüdische Leben in seiner Kultur und seinen jahrhundertealten Traditionen. 90% waren Juden. Wie vom Winde verwehte Blätter waren sie in dieser Stadt hängengeblieben. In unserem Sektor war Jiddisch die Umgangssprache, aber von der kleinsten bis zur größten Versammlung war Russisch die offizielle Sprache.

Bei meiner ersten Versammlung, in der die zwei Schichten neu eingeteilt wurden, wählten mich die Leute ins Fabrikkomitee, obwohl sie mich zum ersten Mal gesehen hatten. Als ich mich wunderte, antwortete man mir: "Alles verläuft immer entsprechend den von oben getroffenen Entscheidungen, es ist nutzlos, darüber nachzudenken: Die Führenden wissen es besser als wir."

Die Hierarchie war streng: Der Parteisekretär und seine Mitarbeiter waren von jeder technischen Arbeit befreit: sie stellten die staatliche Autorität dar. Anwesend waren ferner der Fabrikdirektor, der Präsident des Komitees und schließlich der Verantwortliche für Kultur und politische Erziehung, begleitet von den Vortragenden, die in den Versammlungen gelegentlich verschiedener politischer Aktionen das Wort ergriffen. Der für Kultur Verantwortliche kam manchmal in die Fabrik, las einen Artikel aus der Prawda vor und wandte sich dann an uns, um unsere Reaktionen auszukundschaften. Bekleidet mit einem langen Militärmantel, aber mit ziviler Mütze, tauchte er wie ein Schreckgespenst unter uns auf; er selbst brauchte keinerlei Kontrolle zu fürchten, nicht einmal seitens der Partei, aber er mußte dem NKWD gegenüber Rechenschaft ablegen, und dieser Verantwortliche war nicht der einzige Angehörige des polizeilichen Sicherheitsdienstes, dem die Arbeiter aus dem Wege zu gehen suchten.

Unsere Bibliothek zählte wenige Leser. Die Bibliothekarin redigierte auch die Wandzeitung. Kulturell war nicht viel los: Das war verständlich, weil unsere Fabrik die Jugend nicht anzog. Die Arbeit war dort schlecht bezahlt: Die Löhne waren sehr niedrig, und die Lebensmittelkarten berechtigten zu erheblich geringeren Rationen, als die Arbeiter in der Schwerindustrie und sogar die einfachsten Büroangestellten erhielten.

Um imstande zu sein, meine Aufgabe im Fabrikkomitee zu erfüllen, wurde ich einer Gruppe zugeteilt, die die ersten Kleideranproben bei Privatpersonen vornahm. Die meisten unter uns waren hochqualifizierte Fachkräfte. Trotz ihrer Fähigkeiten konnten einige mit dem Rhythmus der Kollektivarbeit aus Altersgründen oder infolge von Krankheit nicht schritthalten. Sie gehörten zu der höheren Kategorie, die mit zehn Rubeln, vierzig Groschen dann bezahlt wurde, wenn die Produktionsnorm erfüllt war.

Unser Gewerkschaftskomitee erstickte in Aufgaben: vordringliche Verwaltungsarbeit, sanitäre Kontrolle, Führung von Kindergärten, Krippen und Erholungsheimen, verschiedene finanzielle Leistungen, Überprüfung von Krankenlisten, Überwachung der Kantinenküche, Annahme der Nahrungsmittellieferungen. Außerdem half das Komitee den Arbeitern, Wohnungen zu finden, verteilte Gratis-Eintrittskarten für das Theater, Mahlzeiten an Schüler, Windeln für Neugeborene, Bezugscheine für Wäsche, Schuhe, Holz und Kohle und errichtete Unterstützungskassen. Aber die Hauptaufgabe einer Gewerkschaft - die darin besteht, für den Arbeiter einen gerechten Lohn zu fordern, ohne Festlegung auf eine Norm, kurz, die Interessen des Arbeiters zu vertreten - diese Rolle wurde weder von unserem Gewerkschaftskomitee noch von irgendeinem anderen in diesem Lande wahrgenommen. Im übrigen waren die gewerkschaftlich Verantwortlichen nicht in der Lage, diese ganze Arbeit ohne Rücksprache mit dieser oder jener Instanz zu erledigen. Der Erfolg der Gesuche hing von der Instanz ab, also von ihrem guten oder schlechten Willen, und von der Art und Weise, wie der Fall klargelegt wurde. Häufig bedurfte es des Geschicks und der Verschlagenheit, um einem Ministerium oder einer Stadtverwaltung ein Zugeständnis zu entreißen. Wenn es sich beispielsweise darum handelte, eine gewisse Anzahl Plätze in einem Erholungsheim zu bekommen, richtete sich die Zuteilung nicht nach der Anzahl der Kranken, sondern nach der Zahl der Beschäftigten in der Fabrik; die Produktionsergebnisse - Erfüllung oder Nichterfüllung der festgesetzten Normen - wurden in Betracht gezogen; schließlich die Sympathie oder Antipathie, die der ersuchte Funktionär gegenüber den Leitern des Kollektivs empfand. Man mußte wählen: Wem sollten die Vorteile zukommen? Den Schichtleitern, den Vorarbeitern? Denjenigen, die sich dadurch auszeichneten, daß sie mehr als ihre Kameraden produzierten? Oder einfach den Mitgliedern des NKWD?

Die Fabrikkomitees waren nicht für die Mitglieder ihres Kollektivs verantwortlich. Es kam vor allem darauf an, den Chefs der höheren Instanzen und den eigenen Direktoren zu gefallen, wodurch die Fabrikkomitees zum Räderwerk des Verwaltungsapparats wurden. Ihre Aufgabe bestand darin, die Massen zu mobilisieren und über die Erfüllung der Arbeitspläne zu wachen. In einer Kleiderfabrik in Paris, wo die Tagesproduktion vielfältiger und von besserer Qualität war, produzierte man zehnmal mehr als bei uns und nur mit einem Zehntel unseres Verwaltungsapparates. Ich war niedergeschmettert, als ich die Löhne unserer Fabrik "Gorki" mit denen der am meisten ausgebeuteten Emigranten in Frankreich verglich. Die sieben mageren Kühe fraßen die sieben fetten auf. Es war erschütternd, festzustellen, daß ich nicht mehr meine kommunistischen Überzeugungen zu äußern wagte.

Eines Morgens verbreitete sich wie ein Donnerschlag die Nachricht in den acht langen Arbeitssälen: Der Direktor kommt! Unsere kleinen Chefs fingen an, aufgeregt umherzulaufen; sie gingen von einer Gruppe zur anderen, drängten, kontrollierten. Das Fieber ergriff die ganze Fabrik, die Mitteilung verbreitete sich wie ein Stromstoß. Unsere Chefs wachten darüber, daß jeder ein Arbeitsstück hatte, daß niemand die Arme müßig hängen ließ. Gott bewahre! Die Vorarbeiter ließen uns nicht aus ihren prüfenden Augen. Sie zogen die schönsten Stücke hervor und legten sie gut sichtbar aus. Die mittelmäßigen Stücke wurden nach unten versteckt. Die Maschinennäher drückten noch mehr auf die Pedale. Die Bügler bügelten mit allem Druck, und sogar unsere "Prinzen" - die Elektriker - die immer Abstand hielten (weil ihre Arbeit zur Schwerindustrie gehörte) machten sich daran, unsere Maschinen und Motoren und auch die Bügeleisen zu prüfen. Die Arbeiter zogen ihre Köpfe noch tiefer in ihre Schultern ein, und die ganze Fabrik murrte.

Die Zurschaustellung war vollkommen, als der Befehl "Achtung!" die Luft elektrisch auflud. Wir senkten die Köpfe, die Augen auf unsere Hände gerichtet, die nur so flogen. Der Direktor trat ein, umgeben von der ganzen Armee von Chefs, entsprechend der hierarchischen Ordnung. Aus ihrer Haltung gegenüber dieser hohen Persönlichkeit ließ sich leicht ihre eigene Stellung und die Rolle erraten, die sie in der Fabrik einnahmen. Der Direktor besichtigte jede Brigade, berührte und befühlte ein Stück, ein Gewebe, und an dieser Geste konnte man erkennen, daß er vom Handwerk war oder vielleicht der Sohn eines Schneiders. Glücklich der Chef einer Gruppe, glücklich die Gruppe, der er zuzulächeln geruhte, ein freundliches Wort sagte, ein Kompliment machte, was ein Stich ins Herz der anderen war, die diese Chance nicht hatten. Dies ist eine charakteristische Verhaltensweise des Armen gegenüber dem Reichen, des Ausgebeuteten gegenüber dem Privilegierten, besonders gegenüber dem Emporkömmling. Diese aus Neid erzeugte Feindschaft drückt sich offen aus, wenn der in Ungnade gefallene Emporkömmling aus seiner Stellung entfernt wird. Dann bricht die tiefe Genugtuung einer Revanche aus. Man spricht davon und man lacht im Chor. Als ich in einem solchen Fall fragte: "Warum soll man sich freuen? Sind sie nicht vielmehr zu beklagen? Und wenn sie verhaftet werden, was wird aus ihren Kindern?" antwortete man: "Der Teufel wird sie nicht holen. Sie haben genug Fett angesetzt!"

Der Gegensatz war ergreifend: Auf der einen Seite hohe Gehälter für die Mitglieder der Direktion, wegen der Planerfüllung bereitgestellte Mittel und Prämien, eine bessere Ernährung, ein Monatsurlaub; während der Arbeiter nur zwölf Tage Urlaub hatte, Kuraufenthalte für sie und ihre Familie, selbst wenn niemand richtig krank war; auf der anderen Seite das ständige Anheben der Produktionsnormen, aber die Weigerung, die Löhne zu erhöhen. Diese ganze Ungerechtigkeit erzeugte Haß. Um die Produktionskosten zu verringern, wurden alle Mittel angewendet: Propagandareden, trügerische Versprechungen, mit denen man alle Konflikte zu lösen und die Unzufriedenheit zu ersticken suchte.

Der Wunsch, mehr zu verdienen und höher zu klettern, zwang die Arbeiter, sich immer mehr zu verausgaben, um die offizielle Norm zu übertreffen. Die Aktivsten, die Intelligentesten, die Robustesten, die Spezialisten wurden besser gestellt: Mit Respekt wandte man sich an sie, weil sie mehr verdienten, bessere Mahlzeiten und mehr Nahrungsmittelgutscheine erhielten. Sie wurden zuerst zum Vorsitz bei allen Fabrikversammlungen eingeladen. Ihre Bilder prangten an den Werkstattwänden und sogar in den öffentlichen Parks. Sie wurden als die besten Patrioten hingestellt. Man ließ sie Fortbildungskurse besuchen und machte aus ihnen Schichtleiter oder Vorarbeiter. Ebenso wie die neue amerikanische Bourgeoisie die Legende vom kleinen Verkäufer, der zu einem Ford oder Rockefeller wurde, verbreitete, schuf man hier solche legendären Helden wie Osiatof, Demchenko, Stachanow. Ein einfacher Landwirtschafts- oder Industriearbeiter sah sich an die Spitze der sowjetischen Gesellschaft gehoben. Mit solchen Vorbildern löste man eine machtvolle und innerhalb wie außerhalb der Grenzen wirksame Kampagne aus.

Im wirklichen Leben war dies der Grund für jeden Arbeiter, sich anzustrengen, um die Norm zu übertreffen. Vielen gelang es. Natürlich überprüfte die Direktion dann sofort den Plan und hob die Norm an. Immerhin hatte sie einen bestimmten Lohnfonds, den sie nicht überschreiten konnte. Die Fabrik stand unter einer strengen Kontrolle. Wenn sie mehr Angestellte in der Verwaltung hatte als vorgesehen, wurden diese zu Lasten der Arbeiter bezahlt. Die Arbeitskameraden meiner Gruppe erzählten mir, daß vor meiner Ankunft die Norm sich aus zwei Meßzahlen zusammengesetzt hatte, für die zehn Rubel vierzig Groschen bezahlt wurden. Einigen gelang es, auf zweieinhalb Meßzahlen zu kommen, ein einziger erreichte drei. Aus ihm wurde ein Nationalheld gemacht. Bei meiner Ankunft wurde die Norm auf drei Meßzahlen festgelegt. Im Jahre 1937, vor meiner Abreise aus Kiew, stieg sie auf fünf, und immer für dieselben zehn Rubel vierzig Groschen. Einigen gelang es, sechs Normen zu erreichen, aber was für eine Arbeitsqualität!

Ein früherer Bäcker erzählte mir dazu eine Anekdote: "Um hundertundvierzig Kilo Brot guter Qualität zu erhalten, braucht man hundert Kilo gutes Mehl. Wenn man aber hundertfünfzig Kilo Brot erhalten will und das Mehl von schlechter Qualität ist, was macht man dann? Man gießt noch Wasser hinzu und erhält die hundertfünfzig Kilo Brot! Dies Brot aber läßt sich nicht mehr auf dem Brett verarbeiten; man legt es ganz breiig in die Formen; es kommt schwer und klebrig heraus. Dann scherzt man bei uns und sagt: "Weißt du, warum es an Mehl fehlt? Weil man es dem Wasser zusetzen muß, um Brot daraus zu machen!"

Die Direktoren, Parteisekretäre, Abteilungsleiter waren ergeben, schmeichlerisch, wenn sie vor einer höher gestellten Persönlichkeit standen. Auch sie lebten in einer ständigen Furcht, ihre privilegierte Stellung zu verlieren. Um sie zu behalten, wären sie über Leichen gegangen. Abgesehen von einer Provokation, die das ehrlichste, das häufigste Mittel war, spionierte man und bespitzelte in der Hoffnung zu gefallen, um weiter auf seinem Platz zu bleiben.

Für die Planerfüllung war es auch notwendig, die Gewebe und die Ersatzteile für die Maschinen zu beschaffen. Obwohl eine Kommission die Pläne vorbereitete, in denen selbstverständlich alles vorausgesehen und kalkuliert war, bedurfte es noch der Zustimmung des Ministeriums, um die Stoffe und Ersatzteile zu bekommen. Dies erforderte alle Arten von Anträgen und Formalitäten: Es bedurfte viel guten Willens, um die Pläne zu erfüllen. Mehr als einmal wurde eine Schicht bei der Arbeit aufgehalten, weil Futter oder Stoff fehlte, und diese verlorene Zeit konnte nie mehr eingeholt werden. In solchen Fällen schickte man Angestellte zu Direktoren, mit dem Auftrag, die fehlenden Stücke zu erbetteln. Aber zu einem Direktor vorzudringen, war nicht einfach; er mußte einen empfangen wollen, seine Sekretärinnen mußten einem den Zugang zu seinem Büro ermöglichen; und es mußte zu einer katastrophalen Lage der Fabrik führen, wenn man das Fehlende nicht lieferte. Vor der Gefahr, daß die

Fabrik in Rückstand kommen und den Plan nicht erfüllen könnte, was bedeutete, daß alle Prämien verloren gehen würden, öffneten sich alle Türen, und alles setzte sich in Gang. Und diese Angst, die Vorteile im Falle des Zurückbleibens zu verlieren, rettete die Planwirtschaft.

Eines Abends entdeckten die bewaffneten Wachen bei der täglichen Durchsuchung am Arbeitsausgang bei einer Arbeiterin acht Knöpfe. Sie wurde festgehalten. Man setzte ein Protokoll auf und schrieb ihr so viele andere Diebstähle zu, daß einem sich die Haare sträubten. Der Bericht wurde vom Kommandanten der Wache und vom Parteidelegierten unseres Sektors unterschrieben. Von mir verlangte man, auch im Namen unserer Sektion zu unterschreiben, aber ich fügte hinzu, daß ich nur von den acht Knöpfen und nicht mehr sprechen könnte. Für meine Kühnheit warf mir der Kommandant einen durchbohrenden Blick zu. Wir gingen mit der Frau nach Hause. Sie wohnte in einem Vorort. In dem armseligen Zimmer wurde alles umgekehrt, jedes Eckchen untersucht, aber man fand nichts. Die Frau schluchzte, sie versuchte zu erklären, daß sie diese Knöpfe bei der Nachbarin gegen ein bißchen Milch für eins ihrer beiden kranken Kinder haben tauschen wollen. Die Miliz wurde beauftragt, bei der Nachbarin, die illegal Milch verkaufte, nachzuforschen. Aber letztere schwor, daß sie keine Milch habe, daß ihre Ziege kaum genug gäbe, um das warme Wasser für das Frühstück ihrer eigenen Kinder weiß zu machen. Zufällig war der Mann dieser Nachbarin ein Stachanow-Arbeiter in der Schwerindustrie, dessen Foto an allen öffentlichen Plätzen prangte; dies führte dazu, daß man sich damit zufriedengab, in seiner Erklärung nur seine Eigenschaft als Eigentümer einer Ziege zu erwähnen.

Am nächsten Tag verspäteten sich in unserer Fabrik vor lauter Aufregung alle Versammlungen. Man hörte nur diese Worte: "Man stiehlt". In einer Brigade fehlte das Rückenteil eines Mantels, in einer anderen waren die Ärmel eines Kostüms abhanden gekommen. Was mich betraf, so fühlte ich mich mehr erniedrigt und verletzt als bei der ersten Durchsuchung am Fabrikausgang. Aber ich hatte selbst meine Taschen vorm Verlassen der Arbeit durchsucht. Wenn nun jemand eine Garnspule hineingesteckt hätte? Einen Knopf? Oder sonstwas? Ich war ängstlich, nervös wie jemand, der eine verriegelte Tür zu öffnen versucht. Bei jedem Fabrikausgang hörte ich mein Herz klopfen, ganz so wie bei einer Durchsuchung durch die polnische Sicherheitspolizei. Wenige Tage später fand in der Kantine ein richtiger Prozeß statt. Anwesend waren: der Staatsanwalt, ein Schreiber, zwei Zeugen, zwei Beisitzer. Von unserer Fabrik: zwei Stachanow-Arbeiter, ich als aus dem Ausland gekommener Kommunist und mehrere Arbeiter. Wir sollten uns zu Wort melden. Auf Jiddisch sagte ich: "Man muß die alte Moralauffassung in Betracht ziehen, in der die Frau erzogen wurde, die hier verurteilt werden soll. Ihre Eltern ... " Kaum hatte ich diese wenigen Worte gesprochen, als die Angeklagte in Tränen ausbrach und aus der Tiefe ihrer Verzweiflung schrie: "Erschießt mich, aber verurteilt mich nicht als Diebin! Schon beim Gedanken an meinen Vater werde ich vor Scham sterben ... " Sie konnte nicht zu Ende sprechen. Viele Anwesende hatten Tränen in den Augen; ich selbst fühlte, wie sich mir die Kehle zuschnürte; ich war sicher, daß sie dazu verurteilt würde, während einer gewissen Zeit 25% ihres Lohnes zu zahlen. Das ist doch eine alleinstehende Frau, und sie hat zwei Kinder, sagte ich mir! Wie groß war meine Bestürzung, als der Staatsanwalt, nachdem er alle dieser Frau zugeschriebenen Diebstähle angeführt hatte, ohne daß sie bewiesen worden wären, für sie fünf Jahre Straflager forderte. Der Präsident ermäßigte diese Forderung auf vier Jahre. So trennte man eine Mutter von ihren Kindern: Sie wurde für vier Jahre ins Zuchthaus geschickt, und dies für acht Knöpfe ...

Die Nacht, die auf das Urteil folgte, war für mich eine Nacht des Schreckens. Das Schicksal der Kinder, das unsinnige Urteil: vier Jahre für acht Knöpfe, das ging gegen meinen Verstand. Um mich vor Verzweiflung, vor Abscheu zu retten, versuchte ich, einen Schatten der Rechtfertigung zu finden. Fehlte es mir vielleicht an Charakterstärke? An Einsicht? Denken wir an die alte These ... Die Revolution kann nicht mit Glacéhandschuhen gemacht werden ... Man bringt den Leuten nicht mit Nachsicht und Milde bei, das Wohl aller als eine heilige Sache anzusehen... Aber eine andere Stimme, die meines Gewissens, empörte sich und schrie aus der Tiefe meiner Seele. Nein, es kann nicht richtig sein, jemanden für ein Ja oder für ein Nein einzusperren, Familien auseinanderzureißen, nein!

Damals wohnte ich noch in einem Kollektivzimmer im Fabrikgebäude. Unter Genossen, die dieselben Ideen teilen, entsteht eine familiäre Verbundenheit. Hier aber konnte keine Rede von Verbundenheit, noch von Freundschaft sein. Die Mitbewohner bildeten eine Gruppe von Leuten von sehr verschiedener Herkunft. Als sie erfuhren, daß ich Parteimitglied war, tat sich sozusagen eine Kluft zwischen uns auf, eine Mauer des Mißtrauens und der Feindschaft. Der Wohnungsinhaber, dem ich vorschlug, die "Lenin-Ecke" einzurichten, daraus eine Art Klub zu machen, wo man ein Schachspiel, eine Zeitung finden konnte und wo man nicht rauchte, warf mir einen geringschätzigen Blick zu. Gleich sah er in mir einen Konkurrenten. Während des Bürgerkriegs war er Partisan gewesen. Er genierte sich nicht, mir seine Antipathie offen zu zeigen, besonders wenn er sich im Zustand der Trunkenheit befand, was oft vorkam. Dann schrie er: "Da kommt einer, weiß der Teufel woher, und will hier kommandieren!" Seine Rolle bestand unter anderem darin, darüber zu wachen, daß kein Besucher, insbesondere keine Frau, über Nacht blieb. Damit er so tun konnte, als ob er nichts sähe, verbarg man sich hinter einem zwischen zwei Betten angebrachten Tuch. Die Mehrzahl der Besucherinnen waren gekommen, um ihre Ehemänner zu besuchen. Es gab auch einige Verlobte, die auf eine Wohnung warteten, um heiraten zu können. Alle diese Pärchen träumten davon, eines Tages ein Zimmer zu finden, um wie alle Pärchen auf der Welt einen gemeinsamen Herd zu gründen. Ließ sich aber, während man auf die Verwirklichung des Traumes wartete, die Liebe, die Sehnsucht verdrängen? Nur die Nachbarn, die keine Frau oder eine in einer anderen Stadt hatten, machten gelegentlich ihrem Neid durch unanständige, sogar gemeine Vorschläge Luft, besonders wenn sie zornig waren.

Meine Freizeit verbrachte ich damit, in dem Büro für Wohnungszuteilung zu warten, aber diese Menge Leute, die unterschriebene Zuweisungen besaßen, die ihnen ein Vorrecht auf ein Zimmer einräumten, entmutigten mich. Ich begann zu bezweifeln, ob ich jemals eine eigene Ecke erhalten würde. Sechzehn Jahre nach der Revolution gab es keine anderen leeren Wohnungen als die der Verstorbenen oder Verhafteten oder auch der aus Kiew Ausgewiesenen. Übrigens verringerte sich die Wohnfläche im Verhältnis zur Einwohnerzahl, die nicht aufhörte zu wachsen.

Eine ganze Armee von Inspekteuren kontrollierte, ob ein Haus die gesetzliche Anzahl von Leuten beherbergte, ob es nicht ein leeres Plätzchen für irgendeinen neuen Mieter gab. Aber hier wie anderswo bildete der Schwarze Markt das wirksamste Mittel. Ich hätte die Chance gehabt, auf die Liste derjenigen zu kommen, die Recht auf eine Wohnung hatten, wenn ich nur ein Leerzimmer hätte nachweisen können. Das Parteikomitee und das der Fabrik übernahmen es, mir zu helfen. Sie waren alle Mitglieder des Komitees eines großen Hauses, das sie bewohnten. Eine Genossin konnte die Verantwortliche für dieses Haus dazu bewegen, ein eben freigewordenes Zimmer anzubieten. Nach mehreren Vorsprachen drangen wir bis zum Direktor des Zuteilungsbüros vor, um ihm das Zimmer zu melden und ihn zu veranlassen, mich den Mietvertrag unterschreiben zu lassen. Er schickte die Frau nach Hause und ließ mich bis zu später Stunde warten. Dann kam der mit meinem Fall beauftragte Inspekteur, um mit mir zusammen das Zimmer zu besichtigen. Als wir dorthin kamen, stellte ich fest, daß es nicht der Beschreibung entsprach, die mir die Frau davon gegeben hatte. Ich konnte nicht die Tatsache hinnehmen, daß man mich hinters Licht geführt hatte. Am nächsten Tag stellte sich heraus, daß ich schlichtweg getäuscht worden war. Die Frau war ganz erschüttert, denn in dem Zimmer, das sie mir angekündigt hatte, war mitten in der Nacht eine Familie untergebracht worden. Durch Vermittlung des Sekretärs der Partei und der M. O. P. R. gelang es, den Präsidenten des Stadtrats der Stadt Kiew zu erreichen, der dem Direktor des Zuteilungsbüros befahl, mich zu empfangen, um mir diesen "Irrtum" zu erklären. Beim Betreten seines Büros fragte mich der Direktor:

— Bist du Kommunist?

— Ja.

— Nun denn! Der Mann, der dein Zimmer bekommen hat, ist

ein Armeekommandant. Vor kurzem hat er an der Schlacht in der Mandschurei teilgenommen. Krank, hat man ihn nach Kiew geschickt. Er hat eine Frau und drei Kinder. Deine Frau ist noch in Paris. Wenn sie herkommt, wird man für dich ein besseres Zimmer finden.

Diese Rechtfertigung schien mir nicht stichhaltig, aber ich konnte mir nicht vorstellen, daß die Geschichte erfunden sei. Alle Genossen spotteten über mich; in ihren Augen war ich ein vollendeter Trottel. Hatten sie vielleicht recht?

Das Versprechen, mir ein anderes Zimmer zu geben, wurde ebenso vergessen wie viele andere trügerische Versprechen, sogar als meine Frau angekommen war. Später bekamen wir einen Sohn, und wir lebten immer noch in diesem kleinen, düsteren Zimmer, das nur ein Teil einer Dreizimmerwohnung war, die bereits zwei Familien mit vier Kindern zugeteilt war und nur eine einzige Küche für alle hatte. Unser Zimmer hatte früher als Abstellkammer gedient, dann als Schlafzimmer für das Dienstmädchen. Der Ofen, der die drei Zimmer heizen sollte, stand in unserem Zimmer. Um in unseren Raum zu gelangen, mußte man den der Nachbarn durchqueren. Unter solchen Bedingungen lebten in Rußland im Jahre 1957, dem Jahr meiner Abreise aus Rußland, noch Millionen Arbeiter.

Die Schiebungen, die Diebstähle verschlimmerten nur noch diesen Zustand. Seit meiner Ankunft in der UdSSR, seit dem Grenzübertritt war ich Dutzende von Malen betrogen, bestohlen worden; während ich mich vor den Porträts der berühmten Führer begeisterte, erleichterte der Kommandant des NKWD, dem ich das Empfehlungsschreiben der Partei überreicht hatte, das Gewicht meines Koffers um einen Teil. Gott weiß, daß er ohnehin

nicht schwer war! ... Während der Reise nach Moskau zer-
brach ich das Glas meiner Taschenuhr, ich war so an ihr Tick-
Tack gewöhnt, daß sie mir wie ein Lebewesen fehlte. Um ein
Glas zu finden, war ich durch ganz Moskau gelaufen, aber in
allen Uhrmacherkooperativen war die Antwort gleich: "Solche
Gläser? Die gibt es schon lange nicht mehr!" Ich klagte einem
polnischen Emigranten mein Leid. Er wohnte seit zwei Jahren
in Moskau und klärte mich auf:

— Dein Glas wirst du nur bei einem privaten Uhrmacher finden!
Da er einen kannte, bat ich ihn, mich zu begleiten.

— Aber nein! rief er aus, wenn wir zu zweit kommen, bekommt
er Angst! Wenn ich aber allein bin, wird er beruhigt sein.

Und auf diese Weise kam ich dazu, diese "Sünde" zu begehen:
Den privaten Handel, also das "Kapital", zu unterstützen. Ich
vertraute meine Uhr dem Genossen an. Einige Tage später wurde er in eine andere Stadt versetzt. Er verschwand und mit ihm
meine Uhr! Bei einer anderen Gelegenheit entwendete man mir
meinen Füllhalter mit Goldfeder. Von nun an, schwor ich mir,
würde ich mich nicht mehr reinlegen lassen.

In der Fabrik teilte man mich einem Komitee zu, das sich um
soziale und andere Probleme bei unseren Arbeitern kümmerte.
Das Elend und die Leiden, die ich entdeckte, erschütterten mich.
Bei jedem meiner Besuche wurde ich von all diesen feuchten
und düsteren Höhlen, wo Hunderte Familien mit Kindern lebten,
niedergeschmettert. Oft schien mir mein Zimmer im Vergleich dazu ein Palast zu sein. Wir trösteten diese Bewohner,
indem wir versuchten, unsere Hoffnung auf sie zu übertragen.
Bei unseren energischen Vorsprachen, unseren Berichten an
den Gemeinderat der Stadt unterstrichen wir die Dringlichkeit,
diese unmenschlichen Zustände zu ändern und alle diese Leute

auf die Vorranglisten zu setzen. Wurden diese armen Menschen mit ihren Kindern jemals auf diese Liste gesetzt? Hat man unserm Alarmruf Rechnung getragen? Ich habe es niemals erfahren.

Die Zahl der Kranken, die in solchen Höhlen wohnten, war riesig, sie lebten unter der Drohung der Tuberkulose, und ihre Anzahl nahm immer mehr zu. Die Ärztin der Krankenstation der Fabrik, verheiratet mit einem polnischen Revolutionsdichter, Wandurski (in Sowjetrußland erschossen), setzte sich für die Linderung dieses Elends ein, aber sie war machtlos. Alle ihre Bemühungen liefen darauf hinaus, abgekochtes Wasser an die Kranken zu verteilen. Sie konnte für sie keinen halben Liter Milch täglich erhalten. Die wenigen Plätze in dem Erholungsheim, die der Fabrik zugeteilt waren, gingen an die Chefs, die Kommandanten und an die Mitglieder ihrer Familien. Erst wenn ein Platz in einem Tuberkulosesanatorium freiwurde, konnte man ihn einem Kranken anbieten, denn die Chefs vermieden diese aus Angst vor Ansteckung.

In unserem Kollektiv gab es einige hundert Kinder im Schulalter. Es gelang der Sekretärin des Fabrikkomitees und der Frau eines Kommandanten, eine seltene Sache, ein Drittel der Gutscheine für Gratisessen für diese Kinder abzuzweigen. Es war ein unlösbares Problem, wie man diese wenigen Gutscheine unter eine so große Anzahl Kinder verteilen sollte. Unter diesen Verhältnissen nahm ich an einer Versammlung des Sowjets des Leninsektors - zu dem unsere Fabrik gehörte - teil, eine Versammlung, die die Frage der Schulspeisung prüfen sollte. Dort meldete ich mich zu Wort und sagte: "Wenn wir, die Erwachsenen, infolge des Aufbaus des Sozialismus Entbehrungen und Schwierigkeiten ertragen müssen, ist das ganz normal, denn

154

wir arbeiten für die Zukunft, aber unsere Kinder dürfen darunter nicht leiden: Das Kind eines Chefs und das Kind eines einfachen Arbeiters müssen auf gleiche Weise ernährt werden. "
Kaum hatte ich geendet, griff man mich von allen Seiten an. Man rief, ich sei nicht bei Trost, ich mache opportunistische Politik und überhaupt laufe mein Vorschlag auf Trotzkismus hinaus. Angesichts dieser letzten Behauptung bekamen die Genossen Angst um mich: Trotzkismus war die schwerste Anklage. Aber der Parteisekretär unserer Fabrik und derjenige der Stadt Kiew, der die höchste Autorität darstellte, verteidigten mich. Der Erstere versicherte, ich sei falsch verstanden worden, denn das Jiddisch, dessen ich mich bedient hatte, sei schlecht übersetzt worden.

Empört und mutlos verließ ich diese Versammlung. Um meine Bitternis zu betäuben, ging ich meinen Kameraden aus Zamosc, Gurfinkel, besuchen. Er lebte seit 1926 in Rußland, hatte dort eine Parteischule absolviert und die Stellung des Sekretärs in der Handelsdirektion der Region von Kiew erhalten. Dies war eine der sichersten Stellungen. Er hatte sich den sowjetischen Lebensbedingungen sehr gut angepaßt, als er den Grundsatz des "Nimm und teile", anders gesagt "Leben und leben lassen", übernommen hatte. Von Zeit zu Zeit machte auch er mir ein Geschenk. Das kostbarste Geschenk war, als er mir in meinem ersten Winter einen kleinen Wagen voll alter Kisten gab, womit ich Holz zum Heizen hatte. Damals war dies Holz Gold wert. Gurfinkel merkte gleich, daß ich etwas Unangenehmes erlebt hatte. Als ich ihm die Anklagen wiederholte, die man gegen mich erhoben hatte, beruhigte er mich.

— Mach dir nichts draus. Ich kenne den Vertreter des Unterrichtsministeriums gut. Mehr als einmal habe ich ihm einen

Gutschein für dieses oder jenes Kaufhaus gegeben, wo er sich nach Herzenslust bedient hat. Quäle dich nicht, ich werde ihn besuchen, und wir werden diese ganze Geschichte begraben.

Damit die Fabriksküchen etwas mehr Kartoffeln, Kohl und andere Gemüse erhielten, wurde jeder Fabrik ein kleiner Gutshof mit einem Gemüsegarten angegliedert, "Haushaltshilfe" genannt, den sie selbst bestellen und abernten mußte. Unsere Fabrik besaß ein Stück Land mit einigen Gebäuden. Um auch selbst einen Beitrag zu den Bemühungen des Kollektivs zu leisten, bot ich an, zusammen mit einigen anderen Arbeitern auf diese "Haushaltshilfe" zu fahren, um dort mitzuarbeiten. Unser Grundstück befand sich auf einem Gut, wie man es auch in Westeuropa findet. Es war unter dem Namen "Stolopinsk" bekannt, und seine Aufgabe bestand darin, auf dem Lande eine Klasse wohlhabender Bauern zu schaffen, diejenigen, die später als "Kulaken" bekannt wurden. Alle diese "Haushaltshilfen" lagen fernab von der Stadt und waren von der Macht nur schwer zu überwachen. Die Kulaken waren das letzte Bollwerk des Widerstandes gegen das Kolchosensystem zur Zeit der massiven Kollektivierung. In den Jahren 1929 bis 32 wurden alle Kulaken, die nicht verhaftet worden waren, vertrieben und umgesiedelt. Viele Scheunen, Ställe und Lagerhallen, die der Lagerung von Korn und Saatgut dienten, wurden damals zerstört.

Das zu unserer Fabrik gehörende Stück Land bestand aus kleinen Gärten und einigen Feldern und war der benachbarten Kolchose zugeteilt. Trotz hellem Sonnenschein blieb die Landschaft düster. An den elenden Hütten mit Strohdächern, mit rauchgeschwärzten Fenstern ohne schattengebende Vorhänge hatten die Unwetter die Spuren ihres Vorüberziehens hinterlassen. Diese einst zweifellos weißen Bauernhäuser waren gegenwärtig von

Schmutz und Mist verdreckt. Selten stand ein Baum am Eingang. Keine Spur einer Pflanze auf einem Fensterbrett oder vor einer Tür. Man sah draußen weder eine Kanne noch zum Trocknen aufgehängte Wäsche, noch Gefäße oder Werkzeuge. Man hörte nicht einmal das Bellen eines Hundes, das Miauen einer Katze, das Krähen eines Hahnes. Nur die Schule und das Haus des Gemeinderats zeichneten sich durch einige weißgekalkte Bäume aus. Nur wenige Menschen lebten in diesem Dorf. Vielleicht hundert. Die beiden letzten Winter, 1932 und 33, hatten diesem Dorf große Trauer gebracht. Viele Einwohner waren gefallen, als sie der Kollektivierung entschlossen Widerstand leisteten. Die Männer, die nicht getötet worden waren, wurden verhaftet und deportiert; deshalb sah man dort vor allem Frauen die härtesten Arbeiten ausführen; sie unterwarfen sich diesen drakonischen Gesetzen, denn sie wollten ihre Kinder verschonen. Die jungen, frischen und lachenden Bäuerinnen der Sowjetfilme waren nicht zu sehen. Die Frauen hier hatten abgemagerte Gesichter, die von der Sonne, dem Wind und dem Frost gebräunt und zerfurcht waren. Ihre abgemagerten, gekrümmten Körper zeugten davon, welch harte Arbeit sie leisteten. Im Vergleich zur Armut dieses Dorfes erschien mir die der Stadt geringfügig.

Ich verwandte die zehn Tage meines Aufenthalts auf unserm Dorf dazu, meine Aufgabe gewissenhaft zu erfüllen. Ich machte alle Arbeiten, ohne zu begreifen, warum alle meine Gedanken fern von hier nach Paris zu meiner geliebten Frau wanderten. In die Vorfreude, sie bald wiederzusehen, mischten sich Befürchtungen, die mich krankmachten. Wie sollte ich ihr das Schicksal der Frauen hier klarmachen? Was sollte ich tun? Sie würde nicht einmal verstehen, wie ich unter solchen Bedingungen leben konnte. Gewiß, in meinen Briefen hatte ich ihr von meinen

Schwierigkeiten erzählt, sie aber hatte daraus geschlossen, ich sei anspruchsvoll geworden und denke nun wie ein Kleinbürger. Sollte ich ihr schreiben, abzuwarten, in Paris zu bleiben? Mein Blut gefror bei diesem Gedanken. Ich konnte die Vorstellung nicht ertragen, mein Leben einsam fortzusetzen. Als der Sekretär der Zelle in Paris, der meine Frau angehörte, seine Hochzeitsreise in die UdSSR machte und mit seiner Frau nach Kiew kam, um mich zu besuchen, traf ich Anstalten, ihnen aus dem Weg zu gehen. Um nichts auf der Welt wollte ich, daß sie meinen Verschlag sähen, noch denjenigen meines Nachbarn, durch den man hindurch mußte ... Würde ein Franzose das verstehen? Und wie sollte ich einen Kämpfer rücksichtslos mit einer solchen Realität konfrontieren? Ich hatte Angst, sie im Hotel I n t o u r i - r i s t zu sehen, denn dieses Haus wurde von den Agenten des NKWD in Zivil bewacht. Meine französischen Kameraden waren vor allem Ausländer, und hinter jedem Ausländer konnte sich ein potentieller Spion verbergen. Die Sowjetbürger wandten den Kopf ab, wenn sie an diesem Hotel vorübergingen. Aber die Freunde suchten mich, und ich mußte mich dazu entschließen, sie zu sehen. Deshalb faßte ich Mut, die Sekretärin unseres Parteikomitees zu bitten, mich dorthin zu begleiten. Sogar diese Genossin, deren feste Grundsätze und Ruf unantastbar waren, versicherte sich der Erlaubnis der zuständigen Stellen. Würde ein Ausländer das begreifen?

Man sprach darüber, daß es in den Jahren 1924-27 einen gewissen Wohlstand gegeben hatte. Die Produktion der Güter war größer gewesen als heute, obwohl man damals keine Maschinen hatte. Alle waren sich einig, daß die Arbeiterlöhne in allen Sektoren in letzter Zeit gesunken waren. Es blieb uns nichts übrig, als anzuerkennen, daß die Theorie von Bucharin (1888-1938 langjähriger führender Wirtschaftstheoretiker der Kommunistischen Partei, Mitglied des Politbüros, 1934 Chefredakteur der Iswestia, Übs.) richtig war, daß ein wohlhabendes Bauerntum mit ausreichendem Grundbesitz das Land reich machen würde. Aber das Leben rächt sich gewaltsam gegen irrige oder falsch angewandte Theorien! Dort, wo alles kollektiviert ist, sind die Menschen wilde Individualisten geblieben. Das schöne Wort "Genosse" vertuscht das Mißtrauen. Die gesellschaftlichen Klassen sind abgeschafft, aber welche Ungleichheit, nicht weniger als in den kapitalistischen Ländern! Während meiner Schlaflosigkeit wendete ich auf meinem Lager alle diese Probleme hin und her. Dennoch hatte ich meinen Entschluß gefaßt: Nach meiner Rückkehr nach Kiew würde ich dem Zentralkomitee des M. O. P. R. , dem Vertreter der französischen Immigranten, das Gesuch vorlegen, für meine Frau eine Einwanderungserlaubnis auszustellen, verbunden mit dem Recht, Waren in den für ausländische Besucher reservierten Läden zu kaufen. Tatsächlich hatte eine bestimmte Anzahl Immigranten aus den reichsten kapitalistischen Ländern, wie den Vereinigten Staaten, England, Deutschland und Frankreich, das Recht, bestimmte Produkte in diesen Läden zu kaufen. Ich persönlich hatte bisher niemals diese Vergünstigung genutzt, aber ich mußte es für meine Frau tun.

In der Fabrik fand eine große Versammlung statt. Alle Mauern waren mit roten Fahnen sowie Anschlägen zu Ehren der Ankunft des neuen von unseren ukrainischen Kadern gewählten Parteisekretärs geschmückt. Die Anschläge verkündeten die Titel des neuen Sekretärs und freudige Willkommensgrüße. Auch zählten sie die Siege des Sozialismus auf, die der Politik des genialen Stalin zu verdanken waren. Auf den Gesichtern der alten Arbeiter, meiner Nachbarn, konnte ich ablesen, daß diese Begrüßungen ihren Patriotismus erregten. Dieser neue Sekretär war Ukrainer, und dies Fest war das ihre. Bei seiner Ankunft war er von einer Gruppe Vorgesetzter umgeben, angeführt vom Fabrikdirektor, der dem Personal der großen Fabrik "Gorki" den neuen Sekretär selbst vorstellen wollte. Alle Redner lobten die Eigenschaften des neuen Sekretärs. Man lobte auch die Weisheit und die nationale Politik von Josef Wissarionowitsch Stalin, dem Vielgeliebten. Und wie bei einer Wahlversammlung überbot einer den anderen. Mein internationalistisches Gewissen war stärker als mein Wille und ließ mich folgende Frage stellen: "Warum diese Begeisterung vor der Tatsache, daß unser neuer Parteisekretär eine ukrainische Führungskraft ist? Die Hunderttausende Russen, Tataren und Juden, die das ukrainische Land bevölkern, die mit den Ukrainern gegen die Banditen des Petljura (1879-1926, ukrainischer Ataman, Anm. d. Übs.) und die Weißpolen gekämpft hatten, sind sie nicht die Unsrigen? Und ihr alle hier, meistens Juden, die ihr hier die sozialistische Industrie aufbaut, wozu gehört ihr? Gehört ihr nicht zu uns? Die Tatsache, daß unser ukrainischer Kader unterstrichen wird, sieht stark nach Chauvinismus aus. Das hat weder mit dem leninschen Internationalismus noch mit den Grundsätzen der bolschewistischen Partei zu tun". Was genau die Wirkung auf meine Worte war, weiß ich nicht, aber ich begriff schnell, daß ich eine Waffe gegen mich geliefert hatte: Alle, die nach mir das Wort ergriffen, sagten, ich sei ein Neuling im Land, ich müsse noch viel lernen, um eine nationale Politik zu verstehen. Der Direktor hielt in bitterem Ton dem Verantwortlichen für die politische Erziehung eine strenge Predigt: Wie konnte er mir gestatten, in jiddischer Sprache Vorlesungen über die Geschichte der bolschewistischen Partei zu halten? Am nächsten Tage wurde ich von dieser Aufgabe freigestellt. Ein anderer übernahm sie, und der Lehrgang wurde von nun an auf Russisch gehalten. Da ich meine Mitgliedskarte noch nicht erhalten hatte, war ich nicht Parteimitglied, aber ich war durch meine Zugehörigkeit zur französischen und polnischen Partei geschützt, die sich großen Ansehens erfreuten. Danach schwor ich mir, nirgendwo jemals wieder das Wort zu ergreifen. Aber ich hielt das Versprechen wie ein Trunkenbold, der schwört, nicht mehr zu trinken ...

Eines Tages stellten eine Unterbrechung der Anlieferung von Geweben und der Ausfall der Stromversorgung die Erfüllung des Planes ernsthaft in Frage. Am Ende des Vierteljahres wurde fieberhaft versucht, die verlorene Zeit aufzuholen. Es wurde entschieden, keinen Ruhetag einzuhalten und sogar sonntags zu arbeiten. Trotz der Versicherung des Betriebsleiters, daß es uns unmöglich sein werde, die vom Plan vorgeschriebene Norm zu erfüllen, stellte sich heraus, daß wir ihn nicht nur erfüllten, sondern übererfüllten. Wie immer in solchen Fällen, steckte der Direktor die Prämien ein.

Als Mitglied des Fabrikkomitees konnte ich feststellen, wie dieses Wunder sich hatte ereignen können; ich erfuhr, daß der Plan im Hinblick auf die Menge nicht erfüllt worden war, jedoch finanziell umsatzmäßig als Folge der Tatsache, daß die Produktion teurer verkauft werden konnte; auf Mäntel von mittlerer Qualität hatte man Pelzkragen aufgenäht. Ein Arbeiter erklärte mir:

— Diese Kragen passen auf diese Mäntel wie das Rabbinerkäppi auf einen Schweinekopf. Außerdem werden die Pelze beim nächsten Auftrag für Wintermäntel fehlen. Weißt du, was man dann tun wird? Zunächst wird man einen Schuldigen finden, der zur Verantwortung gezogen wird, dann wird man unbezahlte Überstunden anordnen, in denen die Kragen an den nichtverkauften Mänteln abgetrennt und danach auf die Mäntel genäht werden, für die sie bestimmt waren!

Ich hatte mehrmals Gelegenheit, den blinden Gehorsam der Parteimitglieder festzustellen, und dennoch konnte ich mich nicht damit abfinden, wenn es sich um politische Fragen oder um Produktionsprobleme innerhalb unserer Fabrik handelte. Gelegentlich der Versammlung, die auf das "Kragen-Wunder" folgte, erklärte ich, daß das, was getan worden sei, einigermaßen einem Betrug gleiche, und ich rief damit einen schrecklichen Zorn hervor, denn allein die höheren Instanzen besaßen das Recht zur Kritik. Der Direktor behauptete, daß meine Bemerkungen die Entscheidung der Partei in Mißkredit gebracht hätten. So blieb nichts, als abzuwarten. Am folgenden Tag entfernte man mich aus der Gruppe, in der ich eine selbständige Arbeit und eine bestimmte Bewegungsfreiheit gehabt hatte. Man teilte mich einer Brigade von Hilfsbüglern zu, die einer niederen Arbeitskategorie angehörten und die täglich drei Rubel weniger verdienten.

Unser großer satirischer Schriftsteller Scholem Aleichem vermittelt durch seine schöne Feder die Leutseligkeit und Heiterkeit der großen jüdischen Arbeiterfamilie. Was hätte er über unsere Fabrik geschrieben, in der der Gesang und die Späße über den Lärm von fünfzig elektrischen Maschinen triumphierten? Trotz des so harten Lebens sang man dort auf Russisch, auf Ukrainisch und auf Jiddisch. Häufig löste sich eine Stimme vom allgemeinen Gesang ab und stimmte einen liturgischen Gesang an, den der Fabriklärm verschluckte, dessen wehmütige Stimmung sich aber jedem Herzen mitteilte, bis er durch ein fröhlicheres Lied ersetzt wurde.

Im Aufenthaltsraum, wo sich die verschiedenen Brigaden zum Rauchen und Schwätzen trafen, murmelte man sich eine Scherzfrage oder einen geistreichen Witz zu, der ein schallendes Gelächter hervorrief. Manchmal auch irgendeine üble Nachrede oder schlechte Witze auf Kosten eines Genossen. Eines Tages bemerkte ich mit Erstaunen, daß in der Fabrik ein ungewohntes Schweigen herrschte: Was ging vor? Die Arbeit der ersten Schicht näherte sich ihrem Ende, jeder atmete auf, endlich heimzukommen, man brach auf ... als die Wachen den Ausgang versperrten. Mit der Ankunft der zweiten Schicht war die Fabrik vollgestopft, und man wartete. Bald erschien die vollständige Verwaltung. Ein Offizier des NKWD begleitete den Parteisekretär. Der für die Propaganda Verantwortliche berichtete mit wohltönender Stimme, daß ein Bergarbeiter, Assotof, ein wahres Wunder damit vollbracht habe, daß er allein soviel Kohle gefördert habe wie Hunderte von Bergleuten zusammen. In allen Betrieben, Fabriken und Bergwerken rief man gewohnheitsmäßig eine Bewegung der Begeisterung und Nachahmung mit dem Ziel ins Leben, "Assotofs" zu finden. Selbstverständlich konnte unsere Fabrik keine Ausnahme machen. Einer nach dem anderen trug sich in die Liste ein. Ein Arbeiter fragte unauffällig einen anderen:

- Hast du dich schon in die "Idiotofs-Bewegung " eingetragen?

Der andere lächelte. Sie wurden beobachtet und belauscht, und die Empörung stieg auf den Siedepunkt: Wie konnte man eine so erhabene Bewegung "Idiotof" nennen? Es war ein Mitglied des Kommunistischen Jugendverbandes, das die Bemerkung hörte und sofort dem Zuständigen berichtete.

Gleich wurde eine Versammlung anberaumt. Alle mußten anwesend sein, und dies wegen eines unglücklichen Witzes! Stimmen donnerten; eine von ihnen übertönte den Lärm:

— Man muß mit der Wurzel die verbrecherische Hand ausreißen, die es wagt, sich gegen die Helden der siegreichen sozialistischen Industrie zu erheben!

Daß diese Anklage nur eine fadenscheinige Provokation war,
darüber war sich jeder klar; hätte der Arbeiter nicht nur einen
einfachen Witz machen wollen, so hätte er niemals in dieser
Weise in Gegenwart eines Angehörigen des Komsomols geredet.
Daraufhin erhielt ich eine Nachricht vom Parteisekretär, der
mich aufforderte, einzugreifen. Ich konnte diesen Befehl nicht
ablehnen, und dennoch war ich schrecklich unentschlossen: Ich
mußte gehorchen, aber so, daß der Wolf gesättigt und das Schaf
gerettet wurde. Für die Chefs ist nichts schwierig, sie klagen
an, verurteilen und kehren an ihren Posten zurück. Aber ich?
Als einfacher Arbeiter würde ich am nächsten Tag zu diesen
Arbeitern zurückkehren, deren Leben ich Tag für Tag teilte;
ich verdiente mein Brot mit meiner Hände Arbeit, genauso wie
dieser Arbeiter, den ich belasten sollte! Ich kannte weder Tricks
noch Schmeicheleien, und vor allem wollte ich nicht, sei es auch
nur indirekt, in diese Provokation hineingezogen werden. Und
diese Sache ereignete sich in einem Augenblick, als meine Lage sich verbessert hatte. Nach mancherlei Schwierigkeiten war
meine Frau angekommen, und dadurch war für mich eine Freu-
denzeit angebrochen. Jetzt aber trübten neue Sorgen mein
Glück: Ich mußte auf Befehl meiner Partei intervenieren.

Es gibt ein russisches Sprichwort: "Deine Zunge ist dein Feind".
Schon zweimal hat die meine mich verraten. Ich befand mich in
Anwesenheit von Angehörigen der höchsten Instanz, vor denen
jeder panische Angst hatte. Sie bezeichneten sich selbst mit einem Namen, der Entsetzen auslöste: "Die Tschekisten". Mein
armes Gehirn arbeitete rasch. Wie konnte ich mich aus diesem
Wespennest befreien? Mir kam ein Gedanke: Ich würde zu unserem alten Scholem Aleichem, der in der UdSSR sehr angesehen
war, Zuflucht nehmen. Seine Typen jüdischer Schneider, die

durch die Aufführungen des Stückes "Das große Los" in den großen Theatern volkstümlich geworden waren, würden mir zu Hilfe kommen. Ich nahm mein Herz in beide Hände und begann, die alten Schneider von ehemals in Erinnerung zu rufen, das tragische und düstere Leben, die von Legenden und religiösen Dogmen genährten Träume. Unsere Aussichten, nämlich die der sowjetischen Schneider, sind klar und rosig. Unsere Zukunft ist auf den festen Grundlagen unseres sozialistischen Staates gegründet usw. ... Dennoch haben wir einige gemeinsame Züge mit den Menschen der Vergangenheit, die es liebten, zu singen, singen zu hören, eine Anekdote zu erzählen, ein Sprichwort in Erinnerung zu rufen, auch wir lachen gerne von Zeit zu Zeit und vergnügen uns aus jedem nur möglichen Anlaß, und unser Kamerad hat wahrscheinlich ohne jeden Hintergedanken eine Bemerkung gemacht, um uns zum Lachen zu bringen. Man muß ein wenig seine Persönlichkeit betrachten: Wir wissen, daß er ein hochqualifizierter Arbeiter ist, der die Neigung zur Übertreibung hat, wenn er seine Kenntnisse mit denen eines Künstlers vergleicht. Er hat uns oft gesagt, daß man mit unserer Arbeit den Körper eines Sowjetbürgers verbessern müsse, daß er sich schäme, wenn er ein schlecht gemachtes Stück sähe, daß wir mit allen Kräften unsere Arbeit verbessern sollten, damit sie eines sowjetischen Bürgers würdig sei. Wie sollte er auf den Gedanken kommen, den Erfolg eines Sowjetarbeiters in Frage zu stellen? Ich bemühte mich sehr, endete aber mit der Bitte, doch nicht aus einer Mücke einen Elefanten zu machen und alle unsere Anstrengungen darauf zu richten, den Plan zu erfüllen, von dem der Sieg des Sozialismus abhinge, ganz wie dieser junge Bergarbeiter, Held der Arbeit. Vergeblich. Die zwei beschuldigten Arbeiter erschienen nicht mehr in der Fabrik, und ihre Namen wurden niemals mehr erwähnt.

Wieviele Synagogen gab es 1934 noch in Kiew? Ich hatte keinen Grund, mich mit dieser Frage besonders zu beschäftigen. Die religiösen Gefühle der Arbeiter waren tief verborgen; sie verrieten sich niemals. Trotzdem bewunderte ich mehr als einmal ihr fabelhaftes Gedächtnis, das alle die Daten des jüdischen Kalenders, der in Sowjetrußland unauffindbar war, bewahrte. Eines Tages schämte ich mich vor einer Putzfrau der Fabrik, die mich auf Ukrainisch fragte:

— Was! Du weißt nicht, daß heute der Tag des Kippur ist?

— Woher weißt du das? fragte ich erstaunt.

— Schau ins Rauchzimmer, betrachte die Aschenbecher.

Sie hatte recht: In den Aschenbechern waren keine Zigarettenstummel. In der Kantine, wo man sich gewöhnlich drängte, um einen Platz zu bekommen, gab es heute nur wenige Arbeiter. Die Mehrzahl war bei ihrer Arbeit geblieben. An diesem Tag wurde nicht zu Mittag gegessen. Die alten Arbeiter wurden am meisten gefeiert, denn sie verteilten ihren Schnupftabak. Mich überkam plötzlich ein Gefühl des Respekts vor diesen Arbeitern, die der Maranen würdig waren, der Juden Spaniens, die die Inquisition unter Androhung der Todesstrafe gezwungen hatte, zum Katholizismus überzutreten, die aber im geheimen dem Judaismus treublieben.

Ich stellte das noch an dem Tage fest, an dem man Unterschriften für die Schließung der einzigen Synagoge von Kiew, namens Brodsky, sammelte. Die Form dieser Petition war an sich schon eine Provokation. Die Überschrift bildete für sich allein schon eine schwere Bedrohung für jeden, der es wagen würde, seine Unterschrift zu verweigern. Man mußte auch den Familiennamen, die Anschrift, das Geburtsdatum angeben. Jeder mußte handschriftlich unterzeichnen. Abzulehnen war gefährlich.

Nun stellte sich heraus, daß in unserer Fabrik eine Unterschrift fehlte. Diese Tatsache erregte den Zorn in der ganzen "Gemeinde": Man hätte glauben können, daß das ganze Russische Reich in Gefahr geraten wäre, weil diese Unterschrift fehlte. Mitten in der Arbeit wurde der Rebell mit seinem Brigadechef zum Parteisekretär vorgeladen.

— "Wie konntest du eine solche Tat begehen?" schrie der für die Propaganda Verantwortliche. "Dein Sohn verdankt es der Sowjetmacht, daß er Erster Dirigent des Opernorchesters von Moskau ist; hätte man dafür früher einen Juden zugelassen?"
— "Man hat uns kein Geschenk gemacht", antwortete der Jude ruhig. "Man schuldet uns die Gleichberechtigung. Wir haben genug von unserem Blut vergossen, um hundertprozentig als Sowjetbürger anerkannt zu werden. Dank der Sowjetmacht unterrichtet mein anderer Sohn an der Schule, die neben der Zuckerfabrik des jüdischen Ex-Fabrikanten Brodsky liegt. Onkel Kalinin ist auf ihn stolz. Onkel Kalinin weiß sicher nicht, was Sie da fantasiert haben."

Das Versprechen, in dieser geschlossenen Schule einen jüdischen Klub zu eröffnen, stellte sich als ebenso falsch heraus wie so viele andere Versprechen. Offengesagt bestand auch gar keine Notwendigkeit dafür, denn der Klub, der in einer der schönen Straßen von Kiew, K r e c h t s c h a t i k , lag, hatte keine Besucher. Es stimmt, daß er nicht geheizt war und daß keine kulturelle oder gesellschaftliche Aktivität dort stattfand. Immerhin, als man ankündigte, das Klubbüffet biete Maiskuchen mit Marmelade an, strömte eine Menge Menschen dorthin, und in wenigen Minuten war alles aufgegessen. Nichts anderes interessierte: Wenn der Leib Hunger hatte, war der Geist nicht neugierig ...

Das Heimweh nach unseren Heimatdörfern zehrte an uns und brachte uns ständig die Erinnerung an unsere Jugend, an unseren Wissensdurst, an unsere kämpferische Aktivität zurück. Diese Epoche unserer Hoffnung, unserer Opfer und unseres Glaubens hatte nur von 1920 bis 1929 gedauert. Davon war nur eine Fassade übriggeblieben: die vielen Offiziellen, die dafür bezahlt wurden, daß sie für die jüdische Kultur "arbeiteten". In Kiew übertraf ihre Anzahl diejenige der Rabbiner aus allen jüdischen Gemeinden der Ukraine. Hinter der Fassade: die Leere. Die kleinen ukrainischen Dörfer waren ebenso wie diejenigen Weißrußlands, die mehrheitlich von Juden bevölkert waren, wirtschaftlich ruiniert und verfielen. Die wenigen in höheren Rängen zugelassenen Juden freuten sich darüber: Innerlich wünschten sie, daß die jüdische Kultur verschwinde, ebenso wie sie sich darüber freuten, daß der Versuch, jüdische landwirtschaftliche Kommunen auf dem Boden von Kherson und der Krim anzulegen, an den sich auftürmenden Schwierigkeiten gescheitert war. Jede Spur jüdischen Lebens wurde nach und nach unwiderruflich ausgelöscht. Der Mythos von Birobidjan erregte die Begeisterung der Juden ... im Ausland, aber nicht hier; die einfachen Juden der Ukraine waren nur mißtrauisch. Nur die Offiziellen begeisterten sich und gedachten, so das Schiff vor dem Untergang zu retten.

Zu dieser Zeit hielten sich zwei Schriftsteller, Kalman Marmor und Alexander Pomeranz, amerikanische Juden, in Kiew an der Universität und an der ukrainischen Akademie auf. Mit dem Ziel, bestimmte wissenschaftliche Forschungen durchzuführen, arbeiteten sie dort einige Jahre lang. Ihre amerikanischen Pässe hoben sie wie eine Kostbarkeit auf. Nach Veröffentlichung ihrer Werke, denen sie jahrelange Arbeit geopfert hatten, sollten sie nach Amerika zurückkehren und dort ihre Aufgaben als Kämpfer für die Partei aufnehmen. Sie wohnten nahe dem Institut, in jenen schönen Villen, die für die hohen Funktionäre der Partei und des Staates bestimmt waren. Sie erfreuten sich guter Lebensbedingungen, sogar im Vergleich zu anderen Professoren und Direktoren des Instituts. Ich sprach mit ihnen häufig und freimütig über die tatsächliche Situation des Sowjetarbeiters. Ich vertraute ihnen, besonders Marmor. Er hatte aus Amerika drei Kisten Dokumente über die Geschichte der revolutionären Dichtung in jiddischer Sprache mitgebracht. Die schönsten Jahre seines Lebens hatte er dafür geopfert, sie zusammenzubringen. Seine Hoffnung war, sie in der UdSSR veröffentlichen zu können. Wie groß aber war seine Enttäuschung, als er begriff, daß er dies niemals schaffen würde und daß er diese publikationsreifen Werke auch nicht wieder mitnehmen könnte!

Marmor und Pomeranz sahen sehr wohl, daß die jüdische Kultur in Gefahr war zu verschwinden. Sie verlangten, nach Amerika zurückzukehren, und Pomeranz reiste sofort ab, aber Marmor erlebte noch das "Pogrom" und die Schließung des jüdischen Instituts durch den NKWD. Alle Mitarbeiter des Instituts und auch Marmor wurden verhaftet. Nur um freigelassen zu werden, kehrte er nach Amerika zurück ... Ich war überzeugt, sie würden nach ihrer Rückkehr ihre ganze Autorität dafür einsetzen, die Führer der Partei dort drüben auf die Gefahr aufmerksam zu machen, die der jüdischen Kultur in der Sowjetunion drohte, ebenso wie allen, die mit ihr verbunden blieben. Vergeblich durchstöberte ich die Zeitungen nach einem alarmschlagenden Artikel. Für uns war eins klar: Diese Wahrheiten bekannt werden zu lassen, hätte uns jahrelange Gefängnisstrafe wegen Nationalismus einbringen können.

Die Zeitung in jiddischer Sprache war abhängig von der ukrainischen Partei und ihrem Wohlwollen. Vom Parteiapparat hingen
ebensosehr die Zeitung wie alle ihre Mitarbeiter ab. Dieselbe
Situation herrschte in allen jüdischen Einrichtungen, die auf die
Leitung der kulturellen Arbeit Anspruch erhoben. So erzählte
mir der Leiter eines jüdischen Chores der Ukraine, daß er eines Tages sein bereits einstudiertes Gesangsprogramm zur Genehmigung vorlegte. Da der in der Partei Verantwortliche, an
den er sich wandte, nicht jiddisch verstand, strich er alle jiddischen Lieder aus der Liste und schrieb dem Chor russische
und ukrainische Titel vor. In Kiew existierte auch eine jüdische
Bibliothek mit dem Namen des alten Revolutionsdichters Maurice Wintchewski. Selten kamen Leser: einige alte Leute oder Ge-
lehrte, die an Forschungen auf dem Gebiet der Geschichte und
der Literatur arbeiteten. Die Kataloge wurden ständig neu ange-
legt: Die Zahl der zugelassenen Bücher verringerte sich. Die
Leute hatten Angst, sich ein Buch auszuleihen. Wer konnte dafür garantieren, daß dies Buch nicht morgen verboten würde?
Und dann bezeugte ein Dokument, daß jemand dies illegal gewor-
dene Buch gelesen hatte!

Während des Jahres 1935 wurde die Karte für Brot und bestimmte Lebensmittel abgeschafft, aber deren Preis stieg. Wenn es
auch leichter wurde, alle Arten Lebensmittel zu finden, verringerte sich der Reallohn des Arbeiters. Trotzdem wurde für
uns Arbeiter der Leichtindustrie, die niemals die mit den Karten zugeteilten Mengen erhielten, das Ernährungsproblem weniger schwierig. Daneben gab es auch eine Reihe von konkreten
Vorschlägen, wie die Produktivität erhöht und die Herstellko-
sten teilweise verringert werden konnten. Ich hatte einen auf
den Elektrizitätsverbrauch bezüglichen Beitrag in der Fabrik-

zeitung geschrieben. Dieser Beitrag fand vor den Augen der Direktion Gnade, und ich wurde, mit anderen, dazu ausgewählt, Vorträge zu halten. Ich bezweifle stark, daß diese Vorträge den Industriebetrieben irgend etwas eingebracht haben, aber unsere Delegierten bekamen während dieser Begegnungen reichhaltigere, viel besser mit Getränken ausgestattete Mahlzeiten, als sie jemals zu sehen bekommen hatten. Ich hätte mir nie träumen lassen, daß in diesem hungergeplagten Lande ein derartiger Nahrungsüberfluß existierte.

Ich bekam auch die Chance, eine Prämie für einen einmonatigen Aufenthalt in einem Lungensanatorium zu erhalten. Auch kletterte ich in der Hierarchie nach oben: Man versetzte mich von der Gruppe, wo ich arbeitete, um mir die Gebietsleitung der Fertigungskontrollen anzuvertrauen. Hier kam ich in Verbindung mit den Zuschneidern und den Kunden. Mein Monatsgehalt verdoppelte sich, und dennoch war es für uns schwierig, bis zum Monatsende auszukommen, obwohl meine Frau und ich sehr sparsam waren. Ich mußte gelegentlich zu Fuß zur Arbeit gehen, um die paar Kopeken, die die Straßenbahn kostete, einzusparen.

Wie sehr schämte ich mich, an unseren in den kapitalistischen Ländern geführten Kampf um die Abschaffung der Nachtarbeit in den Bäckereien zu denken! Im Namen des sozialistischen Ideals wurden hier die Frauen gezwungen, nachts zu arbeiten; nur die schwangeren Frauen und diejenigen, die stillten, waren davon befreit. Da es keinen festen Ruhetag gab, arbeitete die Fabrik durchgehend vierundzwanzig Stunden; die Tatsache, daß Eheleute nicht denselben Ruhetag hatten, verhinderte ein schönes Familienleben. Logischerweise hätte der freie Verkauf der dringlichsten Gebrauchsgüter den Handel gedeihen lassen müssen, aber die Waren reichten nicht aus, um den Bedarf der Bevölkerung zu decken, besonders in den Großstädten. Dies schaffte günstige Voraussetzungen dafür, daß sich im Staatshandel Fälschungen und andere Mißbräuche zum Schaden des Verbrauchers einschlichen. Weder die vielfältigen Kontrollen noch die Gefängnisstrafen für Gesetzesübertretungen konnten diesen Stand der Dinge ändern. Für ein kleines Geschäft mit zwei oder drei Verkäufern war ein Direktor notwendig! Die Handelszentren, zu denen diese Läden gehörten, hingen vom Finanzsektor ab, der seinerseits von der Miliz und den Sonderkommandos kontrolliert wurde, die ihrerseits von einer "Behörde zum Kampf gegen die Spekulation" abhingen.

Ich vergeudete viel Zeit und Energie, um für meine Frau Arbeit zu finden. Seit ihrer frühen Jugend arbeitete meine Frau in der Konfektion und bei Trikotwaren. Sie versuchte, in der Trikotabteilung der Fabrik "Rosa Luxemburg" zu arbeiten. Diese Fabrik lief ebenfalls in drei Schichten. Ich suchte aber für sie eine Beschäftigung im Handel. Weder meine Frau noch ich hatten die geringste Vorstellung davon, wieviel Verschlagenheit, List und Kühnheit notwendig war, um im Sowjethandel arbeiten zu können. Als mehrere große Geschäfte in der Stadt eröffnet wurden, gelang es mir dank eines Parteigenossen, der in der Handelsdirektion beschäftigt war, meine Frau als Verkäuferin unterzubringen. Als die Arbeiter in der Fabrik erfuhren, wo meine Frau arbeitete, kamen sie zu mir, um mich zu beglückwünschen.
— Jetzt ist sie es, die dich ernähren wird!
— Wieso das? fragte ich gequält, ihr Gehalt ist kaum halb so hoch wie meines!
Darauf zeichnete sich auf den Gesichtern ein feines Lächeln ab:
— Gehalt, Gehalt, wer spricht davon? Es ist nicht das Gehalt, auf das es ankommt.

Meine Frau verließ diese so begehrte Stellung, weil sie ein solches System nicht hinnehmen konnte. Sie ging in eine Schuhfabrik arbeiten.

Als die Produktion unserer Fabrik den freien Verkauf überstieg, drängten sich Tausende von Menschen zu den Handelszentren, die Bestellungen annahmen. Die Zahl der Glücklichen, die die Möglichkeit hatten, sich einen Anzug zu leisten, war jedoch äußerst gering, weil die Fabrik dieselbe Menge Stoff wie vorher erhalten hatte. Die Direktoren, die die Ware in Empfang nahmen, dachten zunächst an sich, dann an ihre Familien und an diejenigen, an die man zum Schwarzmarktpreis verkaufen konnte. Auf diese Weise war der größte Teil dieser Stoffe, besonders derjenigen guter Qualität, bereits im voraus bestellt. Die Leute, die tage- und nächtelang Schlange standen, um eine Bestellung aufzugeben, erhielten dieselbe Antwort: "Es fehlt an Stoff."

Zur selben Zeit löste der Kampf gegen Tricks, Schiebung und Spekulation Empörung aus. Nur berührte dieser Kampf nicht die Angehörigen des Staatsapparates; er wurde gegen die Schieber des Schwarzen Marktes geführt, die aus dem Volk kamen und nur eine winzige Minderheit darstellten. Es war klar, daß dieser Kampf solange vergeblich war, wie der Mangel anhielt, solange das System beibehalten wurde.

MEINE ERSTE VERHAFTUNG

Als sich mein Traum, an einer Parteischule im jüdischen Sektor zugelassen zu werden, als undurchführbar herausstellte, dachte ich, daß ich vielleicht auf normalem Wege, wie jeder andere Sowjetbürger, an einer bekannten Schule zugelassen werden könnte. Dies war jedoch nicht so einfach, denn ich hatte die Altersgrenze überschritten. Der Verantwortliche der jüdischen Sektion in der Region Kiew, Huberman, im Jahre 1937 bei Birobidjan erschossen, empfahl mir einen Vorbereitungskurs im jüdischen Institut. Zu Beginn des neuen Schuljahres 1934 wurde das jüdische Institut mit dem von Odessa vereinigt, aber nur die Studenten im vierten Jahr hatten das Recht, in der Stadt zu wohnen. Den übrigen, die wie ich in Kiew wohnten, blieb nur die Hoffnung auf einen freien Platz in der ukrainischen oder der russischen Abteilung.

Da mir nichts anderes übrigblieb, schrieb ich mich für die Abendkurse einer technischen Schule für Maschinenbau ein, die das einzige Institut in jiddischer Sprache in Kiew war. Die meisten Schüler waren jung und arbeiteten in der Metallindustrie. Es gab noch zwei Nachzügler wie mich; sie waren älter, und dies brachte uns einander näher. Unsere Sympathie füreinander dehnte sich auf unsere Familien aus, und wir wurden Freunde. Der Älteste, Jankel, war Sproß einer kinderreichen Familie von drei Brüdern und zwei Schwestern; im Jahre 1925 verließen sie ihr Dorf in der Ukraine und gingen in die landwirtschaftlichen Kolonien von Kherson. Dort arbeiteten sie sehr hart und führten ein schweres Leben, ohne Erfahrung in der Bodenbearbeitung. Dennoch gelang es ihnen, etwas Getreide zu ernten. Ihre russischen Nachbarn machten sich über ihre mageren Halme und armseligen Ähren lustig. Die Mehrzahl der jüdischen Kolonisten überwinterten im ersten Jahr in Hütten, die sie mit dem errichteten, was sie vorfanden; sie litten dort Kälte und Hunger. Aber die jüdische Hartnäckigkeit und Ausdauer triumphierten. Der "Ikor" und der "Joint" halfen aus Amerika beim Kauf landwirtschaftlicher Maschinen. Im Zeitraum von fünf Jahren wurde ihre Kolonie zur wohlhabendsten der Region; die Familien ließen ihre Eltern kommen. Wenn eine bekannte Persönlichkeit in die jüdischen Ansiedlungen auf Besuch kam, dann zeigte man diejenige meiner Freunde als Beispiel. Sie hatten soviel Geflügel, daß sie die genaue Anzahl nicht wußten. In den Jahren 1929-1930, als die Kollektivierung anfing, waren viele jüdische Kolonien erfolgreich. Von einem Tag zum anderen wurden nun diese Kolonisten zu Kulaken, und die Hungerjahre begannen von neuem.

Im Zeitpunkt unseres Zusammentreffens wohnten meine Freunde in Kiew. Zwei Familien in einem Raum, der nicht besser war als ein düsterer und feuchter Keller. Jankel arbeitete, nachdem er Ausbilder im Weinbau gewesen war, gegenwärtig als Metallarbeiter in einer Fabrik, und die Weiten der russischen Ebene waren vom Lärm und Staub der Fabrik abgelöst worden. Getreu der Tradition, verbrachte sein alter Vater den ganzen Tag über den Talmud gebeugt; seine kleine, schmächtige alte Mutter betätigte sich in der rauchigen Küche. Nach der Arbeit kam man häufig zusammen, um spät am Abend zu singen. Im Laufe dieser abendlichen Feierstunden erzählte Jankel seine Geschichte, die der Vater mit einem Seufzer ergänzte:
— "Das war ein schöner Traum, unser Hof, unsere Kuh, unser

Geflügel! Heute? Überhaupt nichts mehr!"
Und aus seinen Greisenaugen rollten zwei Tränen auf das ver-
gilbte Pergament.

Mein zweiter Freund, Srul, aus demselben Dorf wie Jankel,
groß, ein wenig gebeugt, war ein junger Kommunist, ein lei-
denschaftlicher, ganz seinem Ideal hingegebener Kämpfer. Er
hatte gegen die Banditen gekämpft, und alle "pogromierten"
Dörfer besucht, um dort die Kinder der ermordeten Eltern zu
sammeln. Er gründete ein Waisenhaus, das er während seines
Studiums am Pädagogischen Institut leitete. Während der stür-
mischen Diskussionen im Innern der Partei nach dem Tode Lenins stimmte er für Trotzkis Resolution; er wurde im Jahre
1926 verhaftet und mit anderen Trotzkisten deportiert. Er befand sich in Gesellschaft hoher Persönlichkeiten. Eines Tages
gestand ihnen Bucharin, der Verfasser des Programms für den
Komintern zu sein, das Stalin als sein eigenes vorgelegt hatte.
Srul wurde im Jahre 1930 mit anderen freigelassen. Manuilski,
(ein Chef des Komintern) empfing sie und erklärte ihnen, daß
sie begnadigt wären und als freie Bürger angesehen würden, jedoch sei ihnen jede intellektuelle Tätigkeit von nun an untersagt.
Er mußte die ihm vorgeschlagene Stellung eines Kohlenträgers
annehmen. Srul wohnte in einer Waschküche. Weil seine Schwester ihre Familie zu kompromittieren fürchtete, wollte sie ihn
nicht bei sich aufnehmen. Sein Vater, ehemaliger Lehrer, erlitt
einen Nervenschock und verlor die Sprache. Seine Mutter erlitt
eine Lähmung. Der Sohn nahm sie zu sich in die Waschküche.
Srul war ein junger Mann mit weichem Herzen, grundgütig, mit
träumerischer Seele. Im Jahre 1934 wurde er nach der Ermordung Kirows erneut verhaftet. Man holte ihn mitten in der Nacht,
und seitdem hat man nichts mehr von ihm gehört. Srul war 29
Jahre alt.

Eines Abends, bevor ich zum Abendkurs kam, wurde ich zum ersten Mal verhaftet.

Um von der Fabrik zum technischen Kurs zu kommen, mußte man die Straße überqueren, wo einige Gebäude standen, in denen hohe Instanzen untergebracht waren. Während der fünfundzwanzig Minuten, die mir nach der Arbeit bis zum Beginn des Kurses zur Verfügung standen, durfte ich keine Sekunde verlieren. Ich wußte überhaupt nicht, wer in diesem oder jenem Gebäude untergebracht war. Eines Abends hielt mich ein Zivilist an. Er verweigerte mir die Auskunft, wer er sei. NKWD? Und er führte mich in eines dieser Häuser. Er fertigte vor mir einen Bericht an, konfiszierte alle meine persönlichen Dokumente und führte mich dann in einen Warteraum. Auf alle meine Fragen sagte er, man würde mir gleich eine Erklärung dafür geben.

Was hatte ich getan? Ich ging zu meinem Lehrgang und ich kam von meiner Arbeit.

Er verließ den Raum, ohne mir zu antworten. Ich war allein, mit niemandem konnte ich sprechen. Stunden vergingen. Mein Körper glühte. Plötzlich fühlte ich von den Haarwurzeln bis zu den Fingerspitzen eine Art Nesselsucht, die mich juckte und brannte. Mein Blut pulsierte ... Dann kamen Leute. Bald vierzig, mit bleichen Gesichtern, mit angstverzerrten Blicken. In meinem Leben habe ich mehr als eine Verhaftung in den kapitalistischen Ländern erlebt, und das war normal, aber für welches Vergehen wurde ich hier, in der UdSSR, festgenommen?

Mein Kopf tat zum Zerplatzen weh. Erst um vier Uhr dreißig in der Nacht holte man mich zum Verhör. Der Fragesteller öffnete vor mir ein Aktenstück, und mein Herz verkrampfte sich angesichts des riesigen Haufens Blätter. Das Verhör begann: Datum und Ort der Geburt, Name und Konfession des Vaters, der Mutter, des Großvaters, der Großmutter, ihre Berufe, Ankunftsdatum in der UdSSR, Reiseweg und Motiv der Immigration ... nachdem er mit mir fertig war, dieselben Fragebogen für meine Frau. Wie sollte ich den Mädchennamen ihrer Mutter kennen?

— Du lebst mit einer Frau, ohne zu wissen, wo sie herkommt?

Dann blätterte er in den Akten und sah, daß ich Parteimitglied war und aus Frankreich gekommen war. Ich sah, wie seine Züge sich entspannten. Er fand das Blatt des Zentralkomitees des M. O. P. R., das man mir mit meinen anderen Papieren weggenommen hatte. Er fand meinen kurzen Lebenslauf, der vom Komitee der französischen Partei ausgestellt worden war. Er verweilte bei dem Bericht des Agenten, der mich vor dem Gebäude des NKWD verhaftet hatte. Das war eine schwere Beschuldigung: Ich war gesehen worden, als ich das Gebäude beobachtete. Ich wies nach, daß ich fünf Minuten vor meiner Festnahme noch bei meiner Arbeit gewesen war. Es konnte sein, daß ich im Vorbeigehen, ohne es selbst zu merken, einen Blick dorthin geworfen hatte, denn ich wußte überhaupt nicht, wen dieses Haus beherbergte, da ich nur die eine Sorge hatte, zu meinem Kurs nicht zu spät zu kommen. Ich sah, wie er meine Erklärungen aufschrieb, wie er mich zu unterschreiben aufforderte. Er reichte mir auch ein anderes Blatt, wo geschrieben stand, daß ich mich verpflichte, niemals irgend jemandem gegenüber, sogar nicht meiner eigenen Frau, von dieser Festnahme zu erzählen. Falls ich diese Verpflichtung nicht einhielte, würde ich für drei Jahre meine Freiheit verlieren. Erschöpft kam ich nach Hause, wo meine Frau in Angst und Aufregung mich erwartete. Sie war erst seit kurzem in Rußland; natürlich erzählte ich ihr alles. Was hätte ich erfinden können, um ihr meine Abwesenheit zu erklären? Sie hatte Mühe, mir zu glauben. War dies vorstellbar?

Die Säuberungen nahmen ihr Ende. Das Volk hoffte, daß die Atmosphäre sich klären und wieder Ruhe einkehren würde. Wie alle Welt, ersehnte auch ich diese Beruhigung, denn von ihr hing meine vollständige Aufnahme in die Partei und die Aushändigung meiner Mitgliedskarte ab. Dann würde meine ganze Situation sich zum Besseren wenden. Professor Max Erik, dessen Bekanntschaft ich durch Marmor gemacht hatte, versprach mir, für mich eine technische Arbeit an der jüdischen Akademie zu finden. Von dort aus würde es für mich einfach sein, in einen Lehrgang für Bibliothekare zu kommen. Diese Aussicht gefiel mir. Der Direktor des Instituts, Gorochow, unterstützte meine Anwartschaft. Aber dies alles hing von einer Bedingung ab: daß ich im Besitz einer Mitgliedskarte der Partei war. In der Vollversammlung des Zentralkomitees, die damals stattfand, erklärte Stalin aber, daß unter den aus dem kapitalistischen Ausland gekommenen Kommunisten der Trotzkismus noch nicht ausgerottet sei. Und eine neue Säuberung setzte ein, die "Überprüfung der Mitgliedskarten der Partei" genannt wurde. Unter allen ausländischen Kommunisten herrschte große Besorgnis.

Ich möchte einen bezeichnenden Fall erzählen:

Während meines ersten Winters in Kiew begegnete ich auf der Straße einem Offizier der sowjetischen Armee. Er musterte mich mit scharfem Blick, und ich hatte den Eindruck, ihn zu kennen, war mir aber dessen nicht sicher und ging weiter, als ich begriff, daß auch er mich erkannte, denn er blieb stehen. Woher aber könnte ein Offizier der Roten Armee mich kennen? Er drehte sich jedoch um und ging auf mich zu:

— Du bist Mosche aus Zamosc?

Plötzlich erkannte ich ihn; es war Salomon aus Warschau, ein Zellengenosse. Sein schönes Äußere muß sehr viel zu seinem Aufstieg beigetragen haben. In Paris hatte ich erfahren, daß er einen hohen Funktionär der polnischen Partei entlarvt hatte, der ein Provokateur war. Und danach schickte man ihn nach Sowjetrußland, wo er in einer Offiziersschule ausgebildet wurde. Wir freuten uns aufrichtig über unsere Begegnung. Ein solches Ereignis mußte begossen werden. Wir traten in eine Kneipe ein, und er bezahlte zweihundert Gramm Wodka. Ich glaubte, wir würden danach etwas essen gehen, aber er bestellte nur weiterhin Wodka in Teegläsern. Ich protestierte:

— Spinnst du?

— Hör mal, sagte er zu mir, ein sowjetischer Offizier muß ein Glas leeren können.

— Haben wir deshalb die Revolution gemacht? fragte ich im Spaß.

— Die Offiziere des Zaren verstanden auch, sich zu betrinken!

Als wir uns trennten, gab er mir seine persönliche Adresse. Ich hatte damals keine und sagte ihm die Adresse meiner Fabrik.

Du kannst dich auf mich berufen, sagte er, die Großen kennen mich hier, schade, daß ich abreisen muß, denn ich weiß, an welche Tür man klopfen muß, um eine Wohnung zu bekommen.

Zwei Jahre später, als ich aus der Fabrik kam, sah ich Salomon auf mich zukommen.

— Was gibt es Neues?

Er erzählte mir, daß er die ganze Zeit nicht in Kiew gewesen war. Er hatte es ebenso eilig wie beim ersten Mal:

— Es ist sehr wichtig, sagte er zu mir, daß du die Adresse, die ich dir gegeben habe, vernichtest.

Er wollte auch wissen, ob ich nicht mich inzwischen auf ihn berufen hätte. Ich versicherte ihm, daß ich niemanden gebraucht hätte. Ich war mit der Empfehlung der französischen Partei gekommen, deren Leitung hatte sich nicht geändert, Thorez war immer noch Thorez.

— Also du kennst mich nicht und ich kenne dich nicht, fügte er verlegen hinzu.

— Natürlich, woher sollte ich auch einen Offizier der Roten Armee kennen? In Warschau war ich noch nicht einmal Korporal, du ein einfacher Soldat. Heute bist du Offizier, und ich bin noch nicht einmal ein einfacher Soldat! ...

Er blickte mich an, und ich sah ihm weder Freude noch Zuversicht an. Er trug dieselbe schöne Uniform mit glänzenden Knöpfen und hatte seine schöne Haltung bewahrt, aber er erschien mir weniger stolz.

— Glaube mir, Mosche, sagte er mit leiser Stimme, in der es einen Klang tiefer Traurigkeit gab, glaube mir, Mosche, "so" hatten wir uns das nicht vorgestellt.

Er warf mir einen bekümmerten Blick zu und entfernte sich eilig.

Eines Tages schloß man das Polnische Theater und einen Klub in Kiew. Zahlreiche Polen wurden verhaftet, darunter der Sekretär der Polnischen Partei und der Direktor des Klubs (alle beide, alte Kommunisten, gehörten zu den Angeklagten im ersten Prozeß gegen die Kommunisten in Polen nach dem Scheitern einer Tagung in Lwow). Nach der Verhaftung der polnischen Genossen folgte die der Journalisten in Moskau. Der polnische Dichter Gontar Wandurski aus Lodz und der Führer der "Freidenker" in Lodz, Marek Ginsburg, wurden in Moskau verhaftet. Letzterer war in Frankreich eine der Stützen der Direktion des polnischen Sektors gewesen. Alle diejenigen, die ihn kannten, bewahrten von ihm das Bild eines wertvollen und vertrauenswürdigen Menschen. Man legte ihm eine Reihe von Verbrechen zur Last, vor allem, ein Provokateur zu sein. Er machte Geständnisse und bekannte, mit dem Konsul des kapitalistischen Polens in Moskau zusammengearbeitet zu haben. Erst während des Prozesses erfuhr seine Frau, wie diese Provokation organisiert worden war: Man hatte ihn von seinem Büro direkt zum NKWD gebracht; dort hatte man ihm gesagt:

— Wir wissen, daß du ein treuer und intelligenter Kommunist bist. Wir brauchen deine Hilfe, um ein kompromittierendes Dokument gegen einen Spion, den polnischen Konsul, zu haben. Unterschreibe, daß du mit ihm kollaboriert hast, und du kommst wieder nach Hause, und ihn kann man ausweisen.

Er unterschrieb und wurde ins Gefängnis gebracht. Er erhielt eine leichte Strafe: fünf Jahre. Seine Frau behielt ihre Stellung im Ministerium, aber im Jahre 1937, während der Verhaftung aller polnischen Genossen, nahm man auch sie fest, nachdem man ihr ihr Kind weggenommen hatte.

Die Parteisekretärin der Fabrik teilte mir mit, daß man mich nicht zu den geschlossenen Sitzungen zulassen könne. Als ich ihr bewies, daß ich seit zehn Jahren der Partei angehörte, zuckte sie nur mit den Schultern:

— Es ist nicht möglich, sagte sie, du hast keine Mitgliedskarte.

Diese Karte, ursprünglich einfaches Zeichen der Zugehörigkeit zu einer ideologischen Bewegung, hatte hier den Wert eines echten "Sesam, öffne dich".

Die Gründung von Internationalen Brigaden für Spanien rief bei den politischen Emigranten eine neue Hoffnung hervor. Sie meldeten sich zahlreich, um an der Seite der spanischen Republikaner zu kämpfen, und richteten deswegen Gesuche an den Komintern. Insgeheim dachten sie: Lieber im Kampf fallen, als ständig in der Furcht zu leben, durch eine "brüderliche" Hand verhaftet und getötet zu werden. Andere sagten sich: Wenn man auch nur die Minderwertigkeitskomplexe loswird und die Anschuldigungen widerlegt, man sei gekommen, um aus einer von anderen durchgeführten Revolution Nutzen zu ziehen. Auch ich meldete mich als Freiwilliger nach Spanien. Mitelpunkt, einer meiner Freunde aus Zamosc in Moskau, Metallarbeiter, stellte auch ein Gesuch, in die Internationale Brigade aufgenommen zu werden. Nachdem man ihn die Formulare hatte ausfüllen lassen, sagte man ihm, er solle warten. Er wartete, bis man ihn verhaftete. Er verschwand in einem sibirischen Zuchthaus. Seine Frau wurde ebenfalls acht Jahre lang interniert.

Inzwischen vergrößerte sich meine Familie, ein Sohn kam zur Welt. Neben der Freude darüber erhöhten sich meine Existenzsorgen. Die Babynahrung, Milch und Gries, verschlang etwa ein Drittel meines Monatslohns. Die Preise am Schwarzen Markt, die Schwierigkeiten bei der Lebensmittelversorgung waren für mich eine schwere Last. Obwohl mein Lohn doppelt so hoch war wie der eines einfachen Arbeiters, wurde es für mich immer schwieriger, bis zum Monatsende auszukommen. Für niemanden war es ein Geheimnis, daß man nach der Tagesarbeit in der Fabrik zu Hause für einen Privatkunden, oder bei diesem, arbeitete, was vier oder fünf Arbeitsstunden bedeutete. Es stimmt, daß dies nicht den Gesetzen entsprach, und wenn man bei der Übertretung erwischt wurde, erhielt man bis zu fünf Jahren Gefängnis. Dennoch war der Hunger stärker als die Gesetze. Es gelang den Staatsbetrieben nicht, die Bedürfnisse des Volkes zu befriedigen. Der riesige Staatsapparat und der enorme Gewinn, den dieser aus seinen Unternehmen zog, gestatteten es dem Handwerker, sein Konkurrent zu werden, denn sogar wenn er keinen niedrigeren Preis anbot, lieferte er wenigstens eine Arbeit von besserer Qualität und zum versprochenen Datum.

Mir selbst war es nicht möglich, von diesem Mittel Gebrauch zu machen. Zunächst war in meinem kleinen, schlecht beleuchteten Zimmer kaum Platz für ein Kinderbett. Außerdem besaß ich keine Nähmaschine. Endlich hatte ich mich mehrfach in Versammlungen gegen Heimarbeit ausgesprochen, denn sie verringerte die Produktivität in der Fabrik. Im übrigen war ich als Parteimitglied bekannt, was dazu führte, daß niemand gewagt hätte, mich zu bitten, für ihn illegal zu arbeiten. Aber diese Sorgen zählten wenig angesichts der großen Ereignisse, die sich täglich im Lande abspielten.

Man verhaftete zwei Führer der polnischen kommunistischen Partei, Sochaki und Landsucki. Letzterer war ein ehemaliger Senator. Beide waren der Spionage und der Zugehörigkeit zur Partei mit dem Ziel, sie zu verraten, angeklagt worden. Schrecken ergriff die politischen Emigranten.

In der Komintern-Zeitung erschien ein Beitrag gegen den jüdischen Abgeordneten Polens, Rosenberg. Man bezeichnete ihn als einen polnischen Doriot. Wir, die wir die Lage in Polen und auch den Wert dieser führenden Persönlichkeit kannten, wußten, daß es sich dabei um eine frei erfundene Verleumdung handelte, denn wenn das reaktionäre Polen einen Doriot gebraucht hätte, würde es keinen Juden ausgesucht haben. Außerdem hatte sich Rosenberg durch die im Gefängnis verbrachten Jahre als Kommunist bewährt, als mutiger Kämpfer von großer Charakterstärke. Er leitete die Partei in Lodz, wenn er nicht im Gefängnis war. Ich fühlte instinktiv, daß die Verleumdung ein verhüllter Angriff gegen die Generation heldenhafter Kämpfer der jüdischen Arbeiterklasse war.

Nach den Massenverhaftungen und der machiavellistischen Inszenierung der Prozesse blieb das ganze Land aufgerüttelt, wie nach dem Durchzug einer blutrünstigen Horde. Das Schlimmste war die Unmöglichkeit zu verstehen, gegen wen dieser Kampf geführt wurde, wer "der Feind" des russischen Volkes und wer sein Freund war. In Kiew verhaftete man die ganze Regierung, an der Spitze den Premierminister. Innerhalb von zwei Monaten wechselte man zweimal den ganzen Führungsapparat des Staates und der Partei aus, und jedesmal verhaftete man diejenigen, die gerade erst ernannt worden waren. Man verhaftete auch den Sekretär der ukrainischen Partei, Pawel Postichcw, einen Mann des Volkes, einen der wenigen, die ihre Privilegien nicht ausgenutzt hatten. Im Rahmen seiner Macht kümmerte er sich um die Interessen der Bevölkerung seiner Stadt Kiew. Mehr als ein Verantwortlicher zitterte vor einem unangemeldeten Besuch Postichews. Auf seine Anregung hin wurde bei jedem Unternehmen ein Klub gegründet. Er ordnete an, in jedem Haus einen Kinderklub einzurichten. Man erzählte, Postichew habe einmal unseren Fabrikdirektor und auch den Direktor des Handels um zwei Uhr morgens zu sich kommen lassen, um ersteren zu fra-

gen, warum er nicht versuche, ein Geschäft für Kinderbeklei-
dung zu eröffnen und den zweiten, warum er nicht auf dem Hügel von Michailowski ein Café eingerichtet hätte, das unsere
Stadt verschönern würde; die Leute würden gern ein Glas Tee
trinken und sich dabei an dem herrlichen Panorama des Dnjepr
erfreuen.

Daß auch er verhaftet wurde, rief Bestürzung hervor und bewirkte bald eine solche Panik, daß die Leute Angst hatten, sich
im Familienkreis zu treffen. Auch ging der Briefwechsel im
Lande zurück. Ich hörte auf, an meine Nächsten, meine Schwester in Moskau, meine Mutter, die in Polen lebte, und sogar
an die Familie in Frankreich zu schreiben. Bei den täglichen
Fabrikversammlungen hörte man nur folgende Bekanntmachung:
— Sei wachsam, der Feind hört mit. Du mußt ihn demaskieren
und denunzieren, sonst trägst du die Verantwortung für seine
Wühlarbeit.

Leute, die seit Jahren nebeneinander arbeiteten, vermieden es,
sich anzusehen. Man wiederholte diese Drohungen so oft, daß
die Leute sich ängstlich fragten:
— Und wenn es doch wahr ist? Und wenn der Nachbar wirklich
ein Feind ist?

In unserer Fabrik arbeitete ein aus Deutschland gekommener
Zuschneider, der in Rußland geboren war. Er blieb sein ganzes Leben lang Angestellter und hatte nie ein eigenes Geschäft.
Er und ein ehemaliger Kämpfer für das sowjetische Rußland,
geboren in Wien, wurden als erste verhaftet. Sie wußten, daß
ich aus Frankreich kam. Obwohl ich mich bemühte, ihnen aus
dem Weg zu gehen, traf ich sie gelegentlich. Dann sprachen wir
über unser Handwerk und seine Lage in Paris. Aber ich war vor-

sichtig: Ich erinnerte mich an die Lektion, die ich im Hause der politischen Immigranten in Moskau gelernt hatte.

Im Juni wurden die berühmten politischen Führer Gamarnik, Tuchatschewski, Jakir und andere erschossen. Man verhaftete meinen Freund Berliner, "Batchkin". Seine Familie war mit der meiner Frau, damals noch in Lodz, verbunden. Berliner arbeitete in einer Strumpffabrik in Lodz. Er hatte in seiner Jugend bei der Zeitschrift "Die Zukunft" gearbeitet. Später wurde er ein wichtiger Kämpfer der Kommunistischen Partei. Er leitete die Organisation und die Zeitschrift der "Freidenker", verbüßte mehrere Jahre im Gefängnis, wonach er nach Sowjetrußland geschickt wurde. Nach Beendigung der Parteischule in Kiew wurde er an die jüdische Zeitung versetzt. Man verhaftete ihn an dem Tage, als seine Frau vom Krankenhaus zurückkam, wo sie ihr zweites Kind zur Welt gebracht hatte. Die Freunde hatten Angst, diese alleinstehende Frau mit zwei Kindern zu besuchen. Meine Frau und ich besuchten die Unglückliche. Sie begriff das Risiko, das wir eingingen, und flehte uns an, wegzugehen und nicht wiederzukommen. Aber schon am Abend unseres Besuches erwartete sie mich am Fabrikausgang, sie hielt es nicht mehr aus. Sie mußte ihr ungeheures Leid einem mitfühlenden Menschen mitteilen. Sie erzählte mir, daß sie die Nächte damit verbringe, Briefe an Stalin, an Dimitrow und andere Führer zu schreiben, niemals aber irgendeine Antwort erhalten habe. Von ihrem Mann hatte sie keine Nachricht mehr erhalten, ohne Zweifel hatte man ihn nach dem Verhör erschossen. Später führte man auch sie zum Verhör ab, aber sie wurde in Freiheit gelassen.

Man verhaftete auch meine Freunde Zonenberg und den alten Prestman, einen der ersten, die im Jahre 1920 in die UdSSR als Korrespondent der Auslandspresse gekommen waren, einen bescheidenen Menschen mit hoher politischer Bildung. Er lebte armselig und beantwortete mit Späßen alle auf seine materiellen Verhältnisse gemünzten Bemerkungen: "Ich bin nicht Bontche Schweig", sagte er und spielte dabei auf den Helden eines Gedichtes von Peretz an, der, einmal im Paradies, als Belohnung nur um ein Butterbrot bettelte, von dem er sein Leben lang geträumt hatte. Wenn Prestman Marmelade auf sein Brot streichen konnte, dann empfand er dies als ein Fest. Anfänglich war er Mitglied des Bunds, aber seitdem die Kommunistische Partei gegründet war, gehörte er dort zur Gruppe von Alexander Minc. Am Vorabend seiner Verhaftung, 1939, besuchte ihn sein Sohn, ein Stachanovist im Bauwesen. Man nutzte die Gelegenheit, um auch ihn zugleich mit seinem Vater zu verhaften. Alle beide kamen in dem fernen Lager von Kolyma um.

Ein Genosse aus Zamosc, J. Gurfinkel, folgte dem Rat eines Freundes und beantragte, von seiner Stellung als Verantwortlicher befreit zu werden, um wieder einfacher Arbeiter zu sein. Den ersten Teil seines Wunsches erfüllte man ihm, aber wegen des zweiten Teils konfiszierte das Sektionskomitee seine Mitgliedskarte. Freunde trösteten ihn:

— Wenn der Sturm vorüber ist, wirst du aufs neue das alte Vertrauen und die Anerkennung finden.

Gurfinkel wußte, daß man als Anwärter für die Schwarze Liste galt, wenn einem die Parteikarte weggenommen worden war. Beim geringsten Geräusch in der Nacht erwachte er, bei jedem Schritt stockte sein Herzschlag. Er konnte sich zwar sagen, wie jeder unschuldige Mensch: Schließlich habe ich nichts verbrochen, nichts Schlechtes getan. Warum also derart zittern? Aber er fand nirgends Frieden. Er fürchtete sich vor je-

der Begegnung, ging seinen Freunden aus dem Wege. Ich war
der einzige, mit dem er freimütig sprach. Wir fragten uns: Was
tut der Komintern? Ist er nicht auf dem Laufenden, was vorgeht?
Und Dimitroff? Dieser Held des Reichstags-Prozesses, dieser
tapfere, große Kommunist, warum schweigt er? Mein Freund
beneidete mich:

— Du, Mosche, hast Glück, du bist ein Arbeiter gewesen und
bist es auch heute noch, du bist aus einer legalen Partei gekommen. Anders ist es für diejenigen, die aus einer illegalen Partei
kommen. Obwohl wir keine Verbindung mehr zur polnischen Partei haben, tragen wir die Verantwortung für die von ihren Führern
begangenen Fehler. Man müßte nur diese Fehler kennen!

In diesen Tagen der Massenverhaftungen von Kommunisten bestellte man mich zum Parteikomitee der Stadt Kiew, gemeinsam
mit dem Sektionssekretär der Fabrik. Bleich vor Angst betrat
ich das Büro des Chefs und fand dort, unter anderen, einen Vertreter der G. P. U. (sowjetische Geheimpolizei, Übs.) vor. Mir
wurde schlecht vor Herzklopfen, aber der Empfang war beruhi-
gend, sogar freundlich: Man gab mir einen Brief der französischen Sektion beim Komintern zu lesen, der darüber unterrichtete, daß das Verfahren der offiziellen Aufnahme in die Partei
eingeleitet worden sei und das Zentralkomitee meiner Kandida-
tur zustimme. Ich wurde also im Juli 1937 Mitglied der russischen Partei.

Für mich wurde dies zu einem Hoffnungsschimmer. Ich würde
verschont, und das Unglück würde mich nicht treffen. Aber die
täglichen Verhaftungen hängten aufs neue das Damoklesschwert
über meinen Kopf. Es kam zur Schließung des "Gesert" in Moskau, der Hilfsorganisation für die Erschließung des Birobidjan.
Alle Büros des Gesert im Lande wurden geschlossen, die Direk-

toren und die Angestellten verhaftet. In Kiew war ich Mitglied des Gesert-Komitees, in dem ich unsere Fabrik vertrat. Seit Monaten korrespondierte ich mit niemanden. Eines Tages erhielt ich einen Brief, dessen Absender und Handschrift mir unbekannt waren. Beim Lesen wurde ich von Furcht ergriffen: Ich begriff, daß man aus Klugheit Namen und Adresse gefälscht hatte. Es war mein Kamerad Guterman, der mir schrieb, um mir mitzuteilen, daß ein anderer Genosse aus Zamosc, Juninngstein, der in Moskau in derselben Fabrik arbeitete wie meine Schwester, in einer Versammlung ihres Sektors folgende Erklärung gehört hatte:"Seht, wie hinterhältig und raffiniert die polnischen Spione sind, sie arbeiten sozusagen ehrlich und beweisen damit scheinbar ihre Hingabe; das sind aktive Kämpfer, aber dies alles dient nur dazu, ihre Verbrechen zu tarnen. "

Mein Herz zog sich zusammen; als Mitglied des Komsomol (Kommunistischer Jugendverband, Übs.) und des Komitees hatte meine Schwester ihre ganze Jugend dem kommunistischen Ideal geopfert. Durch jahrelange Haft in polnischen Kerkern war sie gesundheitlich heruntergekommen. Sie war eine noch junge Frau, aber körperlich durch den von ihr durchgeführten Hungerstreik sehr geschwächt. Man hatte sie nach Rußland geschickt, damit sie dort wieder zu Kräften käme und sich nützlich machen könnte. Nach Jahren harter Arbeit und einem Leben ohne Tadel der schlimmsten Verbrechen angeklagt zu werden! Darüber konnte man den Verstand verlieren.

Dieser junge Juninngstein, ein treuer Kämpfer des Jugendverbandes, der die jungen Gymnasiasten organisiert hatte und mit ihnen der Partei beigetreten war, wurde verhaftet, deportiert und kam in einem der Sklavenlager um.

194

In diesem Brief erzählte mein Freund auch von sich selbst: Er arbeitete in einer Fallschirmfabrik, wo er für eine Gruppe von fünfzig Arbeiterinnen verantwortlich war. Er war stolz, dem proletarisch-sozialistischen Vaterland im Dienst aller Völker, auch des unsrigen, zu helfen. Er erfreute sich großer Achtung. Dennoch wurde er eines Tages zu seinem Chef, einem General finnischer Abstammung, bestellt, der ihm befahl, ein Entlassungsgesuch zu schreiben. Mein Freund fragte ihn nach dem Grund: "So lautet der Befehl des Ministeriums", antwortete der andere und erklärte: "Kein Ausländer darf mehr in der Kriegsindustrie arbeiten. Man rät diesen Leuten, ein Schriftstück aufzusetzen, in dem sie erklären, daß sie ihre Stellung freiwillig aufgeben, wodurch es ihnen ermöglicht wird, leicht eine andere zu erhalten. "

Guterman aber verlangte, seine Stellung zu behalten, denn wenn er sie aufgebe, müsse er auch sein Zimmer aufgeben, wo er mit seiner Frau und seinem einen Monat alten Kind lebte. Wohin sollten sie gehen? Am nächsten Tage wurde in der Fabrik eine Mitteilung angeschlagen, wonach Guterman aus seinem Posten entlassen wurde, den ein anderer einnehmen werde. Die fünfzig Mädchen, die unter der Leitung meines Freundes arbeiteten, taten sich zusammen und verfaßten eine Kollektivbitte, daß man ihnen ihren Chef lassen solle. Dieser Brief erregte einen schrecklichen Zorn bei der Direktion. Zwei bewaffnete Wachen wurden beordert, Guterman in das Parteibüro zu bringen. Dort wurde er mit einer Flut von Drohungen empfangen:

— Weißt du, was ein Kollektivgesuch bedeutet? Das heißt: eine organisierte Aktion. Das sind junge Bäuerinnen , die nicht Bescheid wissen, aber du weißt sehr wohl, was das bedeutet! schrie der Parteisekretär. Ein solcher Akt, fuhr er fort, ist gleichbedeutend mit der Organisation eines Streiks. In einer Kriegsfabrik hat das die Todesstrafe zur Folge.

Die Mädchen wurden im Büro des Direktors zusammengerufen und einer strengen Untersuchung unterworfen. Man suchte die Schuld Gutermans festzustellen, aber vergeblich.

Er war drei Monate arbeitslos. Ständig hatte er einen Beutel Zwieback bei sich und lauerte nachts auf alle Geräusche, die von der Straße kamen, in der Erwartung, jeden Augenblick verhaftet zu werden. Jede Woche traf er L. Domb, den späteren Helden im geheimen Kampf gegen die Nazis in Frankreich, genannt Trepper, um mit ihm einige Nachrichten auszutauschen, während sie sich beide der einstweiligen Freiheit erfreuten. Domb hatte das West-Institut in Moskau absolviert und arbeitete bei der P r a w d a. Das Institut wurde geschlossen, und alle Studenten wurden ebenso verhaftet wie die Angehörigen der Direktion, darunter Frumkin. Guterman beschrieb mir auch sein Entsetzen, als er eine kurze Mitteilung in der Zeitung des Sektors Tuchina, eines Vororts von Moskau, las. Diese Mitteilung besagte, daß das Revolutionstribunal soeben den Direktor der Fallschirmfabrik und deren Parteisekretär verurteilt hatte, die gleichen Leute, die drei Monate früher Guterman mit der Todesstrafe gedroht hatten. Sie hatten ihre konterrevolutionäre Arbeit "gestanden" und waren zum Tode verurteilt worden. Welch Wunder, daß er, Guterman, dort nicht mehr arbeitete! Und mein Freund vertraute mir schließlich an, daß er angefangen habe, an Wunder zu glauben. Dann folgten die Verhaftungen in der Schauspielschule beim jüdischen Theater unter der Leitung von Michaels. Unter denjenigen, die verhaftet wurden, befand sich der talentierte M. Szumacher, Ex-Star des Schauspielstudios von Warschau, "Promien".

Im August 1937 wurde ich zu militärischen Übungen eingezogen. Ich war glücklich, aus Kiew wegzukommen, wo der Terror wütete wie in allen Städten des Landes. Gemäß meinem Gestellungsbefehl sollte ich mich beim politischen Kommissar des Infanterieregiments der Region Kiew melden, aber dieser schickte mich zum Mobilisationszentrum zurück. Dort erfuhr ich, daß Hunderte anderer ebenso von dem Ort, wo sie sich stellen sollten, zurückgeschickt wurden. Statt uns Übungen machen zu lassen, benutzte man uns für alle Arten von lästigen Arbeiten. Ich mußte Gestellungsbefehle verteilen. Andere mußten für die Familien der Offiziere Holz schneiden, wieder andere taten das für die militärischen Einrichtungen. Ich versuchte, die Höhe der Vergeudung abzuschätzen, denn während der Dauer der Übungen erhielten wir von dem Unternehmen, das uns beschäftigte, den Lohn. Später konnte ich im Gefängnis den blutigen Tribut abschätzen, der von den militärischen Kadern gezahlt wurde. Die Regimenter waren in diesem Jahr 1937 schlichtweg desorganisiert, ihrer militärischen Führung beraubt, nicht in der Lage, neue Rekruten aufzunehmen.

Nach soviel Jahren wurde mir die Größe dieser Verluste, dieser unsinnigen Verbrechen klar, die nicht nur gegen die Völker der Sowjetrepublik begangen wurden, sondern auch gegen die halbe Welt. Die ersten Hitler-Siege bestätigten es: Die Urkaine an den Grenzen des sich ausdehnenden Nazismus war in Wirklichkeit gänzlich unbewaffnet. Es hätte genügt, Juri Jakir zurückzurufen, dessen strategische Qualitäten unbestreitbar waren, aber er wurde 1937 vom NKWD ermordet und durch Wlassow ersetzt, der bei erster Gelegenheit Verrat beging und sich mit seiner Armee unter den Befehl Hitlers stellte. Im Jahre 1937 war also Wlassow zum Wortführer der Armee befördert worden,

während die Generäle Gamarnik, Sapochnikow und Jakir abge-
setzt oder liquidiert waren.

MEINE ZWEITE VERHAFTUNG

In der Nacht des 25. August höre ich schwere Schritte auf der
Treppe. Ich stehe auf: Jetzt bin ich dran. Die Treppe knirscht
unter genagelten Stiefeln. Sie steigen herauf: Das gilt mir ....
Jetzt sind sie im vierten Stock. Heftiges Klingeln. Die Ruhe
wird von ungewohnten Geräuschen gestört. Die Stimme des
Hauswarts wird übertönt von autoritären Stimmen, die Befehle
erteilen. Ich wecke meine Frau:
— Ich glaube, man verhaftet mich, sage mir Lebewohl.

Wir umarmen uns wortlos. Plötzlich ein heftiger Schlag gegen
die Tür des Nachbarn ... Wir hören unsere Herzen schlagen.
Die Schritte entfernen sich wieder. Allmählich kehrt die Stille
zurück, und erst dann können wir wieder ruhig atmen. Mir
kommt ein Gedicht von Izy Charik ins Gedächtnis, das ich nach
seiner Verhaftung verbrannte:

> "Wer kommt? Wer marschiert und stört die Nacht?
> Wer versperrt Türen und Fenster?
> Wer wagt den Frieden von gestern zu stören?
> Die G. P. U. ... Die G. P. U. "

In der folgenden Nacht wird meine Tür nicht vergessen. Vier bewaffnete Agenten des NKWD dringen in unser Zimmer ein. Während zwei
ihre Revolver auf mich richten, nehmen die beiden anderen eine
Durchsuchung vor. Alles wird durchwühlt. Alle Bücher werden
durchgeblättert, in Säcke geworfen, darunter die Werke von Lenin
und Stalin in der Übersetzung ins Jiddische von Frumkin. Das
einzige Lebewesen, das weinend protestiert, als man mich abführt,

ist mein acht Monate alter Sohn. Das Kind zittert vor Angst vor den Eindringlingen. Meine Frau krümmt sich in einem nervösen Anfall.

Im riesigen Zimmer des NKWD stehen bereits vierzig Personen aufrecht, mit dem Gesicht zur Wand. Dies ist die Ernte dieser Nacht. Während man uns durchsucht und mir den Gürtel meiner Hose und die Schnürsenkel meiner Schuhe wegnimmt, wohne ich einer schrecklichen Szene bei: Ich sehe eine junge Frau im Handgemenge mit Agenten des NKWD, die ihr das Kind, das sie in den Armen hält, entreißen. Auf ihre herzzerreißenden Schreie:

— Geben Sie es mir zurück! Ich stille es noch! Ohne mich wird es sterben! Es wird sterben!

antwortet man ihr brutal:

— Schweig, Hure, dein Verräter von Mann ist bereits erschossen, und du wirst zu den weißen Bären geschickt! ...

Ich schließe die Augen. Nichts sehen, nichts hören.

Wir werden in geschlossenen Wagen, sogenannten "schwarzen Raben", transportiert. Bald sind wir auf verschiedene Gefängnisse verteilt. Ich lande in einem schon zur Zarenzeit berühmten Gefängnis namens "Lubianowka".

In dem langen Gefängnisflur wiederholt sich die Prozedur: In zwei Reihen bleiben die Gefangenen stehen, das Gesicht gegen die Wand. Mit ihren Händen halten sie ihre Hosen, die rutschen. Für die geringste Bewegung gibt es strengen Arrest. Mit hartem Gesichtsausdruck beobachten uns die Roboter in schwarzen Uniformen. Sie dürfen nicht die Bewegung, mit der die Hose hochgezogen wird, bemerken, denn die Arme der Gefangenen müssen erhoben sein. In der Grabesstille knirscht von Zeit zu

Zeit eine schwere Tür, die geschlossen wird, während man grobe Beschimpfungen und Seufzer hört, die erstickt werden.

Wieviel Stunden bin ich so geblieben? Zwölf? Dreizehn? Eine Ewigkeit. Ich höre noch das Weinen meines Kindes, und ich bete, daß es mich begleiten, mich nicht mehr verlassen möge. Vielleicht finde ich hier den Mut, um mein Leben zu kämpfen! Was wird aus meiner Frau und aus unserem Kind werden? Sie besitzen nur vierzehn Rubel. Um meine Frau nicht eines Stückchens Brot zu berauben, wollte ich zunächst nichts mitnehmen; aber die Gefängnisse hatten mich gelehrt, daß ich mein Handwerkszeug mitnehmen mußte, und ich habe ein Stück Brot mitgenommen, um darin eine Nadel und einen Fingerhut zu verstecken. Das Stückchen Brot haben sie entzweigeschnitten, aber meine "Werkzeuge" nicht gefunden. Ich habe letzthin erfahren, daß die Frauen der Häftlinge kein Recht auf Arbeit mehr hätten. Wenn man meine Frau doch in Freiheit ließe! Damit ich die Hoffnung bewahren könnte, daß unser Kind nicht in der Welt allein bliebe. Vielleicht wird es überleben und bleibt für seine Mutter die einzige Erinnerung an unsere Liebe und unsere wenigen Ehejahre.

Mit zerrissener Seele denke ich an die Meinen in meiner höchsten Not. Plötzlich ein Geräusch am Ende des Flurs, es ist ein Häftling, der zu protestieren versucht, weil man ihm den Kopf rasiert. Eine obszöne Beleidigung ist die Antwort, dann brüllt eine rauhe Stimme:

— "Die verhört werden, sind in Freiheit! Hier gibt es nur Verdammte!"

Mit steifen Beinen flehe ich mit letzter Kraft: Sollen sie mir doch den Kopf abschlagen, aber ich muß mich fünf Minuten setzen!

Endlich fassen mich zwei stählerne Hände wie ein Schraubstock, drehen mich um und werfen mich auf einen Stuhl. Andere Hände halten eine Schere, mit der man mir die Haare abzuschneiden beginnt. Diese Arbeit wird von gemeinen Strafgefangenen ausgeführt: Dieben, Banditen und anderen Kreaturen der Unterwelt. Sie sind es, die in den Lagern und in den Gefängnissen "die Erziehung der Aristokraten" ausüben. In ihren Gesten und in ihren Gesichtern zeigt sich Ergötzen: Endlich können sie sich an anderen Opfern rächen. Ich riskiere einen Blick auf das Ende des Ganges: Häftlinge, aufrecht, das Gesicht gegen die Mauer, mit erhobenen Armen. Nach den Uniformen zu urteilen, sind viele von ihnen Soldaten.

Einmal geschoren, im Namen der Sauberkeit, aber in Wirklichkeit mit dem Ziel, die Häftlinge zu demütigen und ihren inneren Halt zu brechen, stößt man uns in eine Zelle. Dort glaube ich, allein zu sein, so dunkel ist es, als aber meine Augen anfangen, sich an die Dunkelheit zu gewöhnen, sehe ich mich in einem großen Raum, angefüllt mit Leuten, die auf dem Boden sitzen. Die zuerst Eingetretenen befinden sich nahe der Wand. Die Glücklichen, sie können ihre Rücken stützen. Noch vor wenigen Stunden hat man sie aus ihren warmen Betten gerissen. Sie sind hier wie Taubstumme: Man versucht nicht einmal, seinem Nachbarn etwas zuzuflüstern, nur ein Seufzen läßt die Luft von Zeit zu Zeit erzittern und erstirbt allmählich. Man versucht zu glauben, daß man sich hier aus Irrtum befindet, daß sich jeden Augenblick dir Tür öffnen werde und man wieder in Freiheit wäre.

Die Tür geht auf. Ein Befehl läßt die Schatten erzittern: "Aufstehen! Achtung!" Die Gestalt eines Vorgesetzten, gefolgt von zwei Wächtern, zeichnet sich im Licht der offenen Tür ab. Sie beginnen uns zu zählen. Sei es wegen der Dunkelheit oder der großen Anzahl der Häftlinge oder auch wegen ihrer geringen Rechenkünste, immer wieder geht die Rechnung nicht auf. Die Prozedur beginnt von neuem, und die Zahlen stimmen immer noch nicht. Schließlich macht der Vorgesetzte der Sache ein Ende und gibt uns Verhaltensmaßregeln. Er teilt uns mit, daß unser Gefängnis nur provisorisch sei. Wir werden in Zellen gebracht, deshalb haben wir hier keinen Anspruch auf Bänke. Die Tür schließt sich wieder: Wir Häftlinge sind wieder unter uns; hier verschwindet der Unterschied zwischen Tag und Nacht. Hier gibt es nichts außer dem schauerlichen Rasseln der Schlüssel und der Türen, die man schließt, und den Aufrufen der Gefangenen zum nächtlichen Verhör. Bei ihrer Rückkehr spüre ich das Zittern ihrer zerschundenen Leiber, spüre den Schrecken nahe dem Wahnsinn. Jeder Appell wird von einem gebrüllten Befehl begleitet: "Achtung! Aufstehen!" Und jedesmal fragt man sich: Wohin bringt man sie? In eine andere Zelle? Zum Verhör? Alle unsere Sinne sind hellwach; damit wir unseren Namen gut verstehen, damit wir ihn nicht verpassen. Wenn man uns nur irgendwohin brächte, damit wir aus diesem schwarzen Grab herauskämen.

Wenn der Aufgerufene hinausgeführt ist, gibt es ein bißchen freigewordenen Platz, ein wenig Raum, um den steifen Arm zu recken. In der Dunkelheit stellt man oft den Fuß auf den des Nachbarn. Man erzittert bei seinem Stöhnen, die Nerven bis zum äußersten angespannt. Nur der Zorn auf den Nachbarn entspannt etwas. Hier verschwindet jede Spur von Zivilisation, jede Rücksicht, jedes Mitempfinden. Man drängelt und beleidigt sich gegenseitig; Flüche, vulgäre Streitereien, Raufereien in der Dunkelheit. Noch vor nur zwei Tagen gehörten alle diese Leute zur Elite der neuen Sowjetgesellschaft: hohe Funktionäre, industrielle

Führer, hohe Militärs, von denen die Mehrzahl eine höhere Allgemeinbildung besaß. Plötzlich ist aber jedes menschliche Gefühl ausgelöscht. Der Schwächste ist das bevorzugte Opfer.

Ich bin eingeschlafen, als eine Masse auf mich fällt. Ich glaube zu ersticken. Ich wecke den Nachbarn auf, der mich fast erdrückt. Ist das ein Koloß! Es gelingt mir nicht, mich von ihm zu befreien. Seinem Schlummer entrissen, stößt er einen Fluch aus, fragt mich dann beim Wegrücken:

— Bist du kein Russe?

— Nein, ich bin Jude.

— Was? Man verhaftet auch die Juden?

Sein geheucheltes Erstaunen läßt mich begreifen, mit wem ich es zu tun habe. Hier hält niemand einen Platz für einen anderen frei. Manchmal muß man auf den Kübel gehen, aber es ist unmöglich, danach seinen Platz wiederzufinden. Keine Luft zum Atmen, die Ausdünstungen schnüren die Kehle zu. Man besitzt nicht den kleinsten Fetzen Papier, das ist verboten, nimmt also nach dem Taschentuch ein Stück vom Hemd oder von der Unterhose. Die Unglücklichsten sind diejenigen, die Durchfall haben. Sie verlassen nicht die Nähe des Kübels, um sich nicht ständig einen Weg bahnen zu müssen.

Man ruft mich auf. Ich finde mich wieder im Gang mit vierzig anderen Häftlingen. Ein grauenhafter Anblick: dreckig, mit starren Augen, schwankende Körper, die sich kaum aufrechthalten können. Die Wächter umgeben uns und dirigieren uns zum Gefängnishof. Plötzlich werde ich von der Sonne geblendet. Meine ans Licht nicht mehr gewöhnten Augen flimmern, stechen. Instinktiv schütze ich sie mit der Hand. Das ist ein schweres Vergehen, denn man muß die Arme auf dem Rücken gekreuzt halten. Die Wachen werfen sich wie wilde Tiere auf uns. Schläge hageln auf unsere Köpfe, auf unsere Rücken. Sie schlagen mit dem drauf los, was sie in der Hand haben, Gewehrkolben, Revolvern, Gummiknüppeln und großen Schlüsseln, es gibt auch Fußtritte.

In meiner Nähe fällt ein Häftling hin, der Wächter hebt ihn auf wie ein Strohbündel und sagt zynisch lachend:

— Kadaver! Steh auf! Sohn einer Hündin! ...

Angezogen von den Schmerzensschreien und dem Gebrüll der Wächter, kommen die Vorgesetzten angelaufen, aber anstatt die von den Wachen entfesselte Bestialität zu beruhigen, fangen sie an zu schreien:

— Vorwärts, Konterrevolutionäre, Spione, Verräter! Hier ist nicht Polen und nicht Deutschland. Dies ist ein sowjetisches Gefängnis!

Es sind nicht die Schläge, die einen krank machen, trotz des Blutes, das aus der Nase läuft. Es ist der Ton jeder dieser Beleidigungen, der das Herz zusammenzieht, zerbricht, niederdrückt, wie der Anblick der sowjetischen Abzeichen, die auf der Brust der Folterer leuchten. Vor kurzem noch sah ich in ihnen die Befreier der Welt, war bereit, mich vor ihnen zu verbeugen.

Man führt uns zum Bad, und dort beginnt die wahre Inquisition, die sich "Gesundheits-Inspektion" nennt. Mit einem kleinen Gerät für Haare rasieren sie ohne Seife und sagen dabei ganz laut:

— Das geschieht aus Ergebenheit für euch, aus Vorsicht, denn wenn wir uns eines Rasiermessers bedienen würden, könntet ihr es uns entreißen, um euch die Gurgel durchzuschneiden , wer weiß?

Die ganze Arbeit wird also von gemeinen Verbrechern ausgeführt, deren sadistisches Vergnügen sich mit jeder ihrer Gesten verrät: Sie reißen Hautfetzen aus dem Gesicht und den Ach-
selhöhlen. Wenn sie an die Geschlechtsteile kommen, machen
sie dies mit Wollust. Die Opfer stoßen Schmerzensschreie aus,
deren Echo sich im zynischen Lachen und den obszönen Vorschlägen verliert, die die drei speziell für dies Geschäft ausge-
suchten Kolosse machen. Zwei von ihnen stützen das Opfer,
während der dritte sich über seine Beute hermacht. Nun bin ich
dran. Ich beiße die Zähne zusammen, ich werde nicht schreien.
Mein Körper versteift sich bei jeder Verletzung der Haut. Da
ich nicht schreie, habe ich den Vorzug, bewunderndes Pfeifen
zu hören:
— O! Er ist noch jung. Er ist stark, aber es ist ihm noch nicht
gelungen, die Völker zu befreien.

Dann kommt der Satz, der sie entzückt.
— Warte nur, Du wirst zwar am Leben bleiben, aber niemals
mehr Verlangen nach einer Frau haben.

Bis man uns unsere Kleider bringt, riskiere ich einen Blick
um mich herum. Es gelingt uns, einige Worte miteinander zu
wechseln. Die Mehrheit unter uns besteht aus politischen Emigranten oder aus Russen, die unmittelbar oder mittelbar mit
dem Ausland zu tun haben. Einige haben im Intourist-Hotel gearbeitet. Andere waren Funktionäre, Zöllner oder Grenzbeamte,
andere Soldaten. Einer von ihnen, der die Methoden des NKWD
gut kennt, sieht voraus, daß wir angesichts der Grausamkeit
der Behandlung, der wir unterzogen werden, alle der Spionage
beschuldigt werden. Tatsächlich sind die Aufmerksamkeiten uns
gegenüber für diejenigen reserviert, die man als Spione verhaftet. Er hat recht. Man versammelt uns aufs neue, um uns auf

einen Gang zu führen, von wo wir in verschiedene Zellen aufge-
teilt werden. Ich lande in einer großen. An zwei Seiten sechs
schmale Betten. Zwei kleine mit Gittern verschlossene Fenster.
Nur durch die oberen Rechtecke kommt ein wenig Tageslicht in
die Zelle. Obwohl dies im dritten Stockwerk ist, hat man den
Eindruck, sich in einer Höhle zu befinden. Diese Zelle kann
zwölf Personen aufnehmen, trotzdem bin ich der vierundzwan-
zigste Bewohner. Ich habe das Glück, die Hälfte eines Bettes
zu bekommen: Die nach uns kommen, haben selbst dieses Glück
nicht. Im Vergleich mit unserer ersten Zelle ist dies ein Paradies.

Ich finde einen alten Bekannten wieder, und ich stelle fest, daß
ich mich noch freuen kann. Es ist der Ehemann einer Genossin
aus meiner Fabrik. Ich habe das Vergnügen, ihm ermutigende
Nachrichten von seiner Frau zu bringen. Ich begegne auch einem Kameraden - Srul - einem politischen Emigranten aus
Hroubieszow, den ich seit langem nicht gesehen habe. Er wurde
vor zwei Monaten festgenommen. Mehrere Verhöre hat er überstanden. Seine Erfahrung ist für mich eine wertvolle Lektion
über die Weise, wie man sich bei Verhören verhalten muß: Alle Emigranten werden der Spionage nach Artikel 58, Absatz 6,
beschuldigt, der weder eine Denunzierung noch einen handfesten
Beweis voraussetzt. Sie benötigen weder das eine noch das andere, denn wir werden von Moskau en bloc bezeichnet. Während
des Verhörs hört man stets denselben Refrain: "Wer hat dich
angeworben? Wen hast du unter welchen Umständen geworben?"
Unglücklich sind Leute, die direkt von zu Hause zum Verhör gebracht werden: Sie machen mit ihnen, was sie wollen, indem
sie ihre Naivität, ihr Vertrauen auf Stalin und den NKWD aus-
nützen, der als "die beste bewaffnete Institution der Partei" be-

trachtet wird. Als wahre Jesuiten verwirren sie den Beschuldigten durch teuflische Fragen, indem sie ihn in ein Lügennetz verstricken, in das er sich verwickelt: gebrochen, stumpfsinnig unterzeichnet er sein Todesurteil. Auf diese Weise werden gebildete Leute liquidiert, Veteranen der Revolution, wertvolle Menschen, während die übrigen, die einfachen, für lange Jahre in die Sklavenlager wandern.

Je mehr "Konterrevolutionäre" der NKWD entdeckt, um so größer sein Ansehen. Mit diesen Methoden rettet man die Sowjetmacht. Die Agenten des NKWD werden als gute Patrioten hingestellt und erhalten Prämien ebenso wie eine Gehaltserhöhung und eine bessere Wohnung. Es liegt auf der Hand, daß sie dazu motiviert sind, möglichst viele "Konterrevolutionäre" zu entdecken.

Wir sind zahlreich, und es ist unmöglich, uns vor dem Verhör zu isolieren, was die Aufgabe derjenigen vereinfachen würde, die sich bemühen, uns zu "demaskieren". Es wird folgendermaßen vorgegangen: Die Dauer des Verhörs hängt von der Bedeutung des Häftlings ab; je mehr Verantwortung er gehabt hat, desto länger dauert sein Verhör; alle Mittel sind recht, um ihm die Unterschrift unter seine Anklage zu entreißen und möglichst viele neue Namen mit seiner Angelegenheit in Verbindung zu bringen. Nach jedem Erfolg erhält der Verhörende die den Stachanowisten vorbehaltenen Glückwünsche. Trotzdem sind es nicht immer die Agenten des NKWD, noch nicht einmal ihre Vorgesetzten, die die Haftbefehle ausstellen: Sie verfügen weder über diese Berechtigung noch über die, jemanden freizulassen. Tatsächlich haben sie den Befehl, niemals mildernde Umstände für einen unschuldigen Angeklagten zu entdecken; ihr trauriges Geschäft besteht darin, Akten anzulegen und Geständnisse zu erpressen; zur Anklage der Spionage fügen sie die der Agitation und der Anstiftung zum Verrat, Absatz 10 und 11, hinzu. Die Mitglieder der polnischen Gruppe sehen sich darüber hinaus der "Geheimbeziehungen zu Militärcorps" beschuldigt. Man muß übermenschliche Kräfte und ein stählernes Gehirn haben, um nicht zu unterliegen, einen klaren Kopf zu behalten, nach seinem Gewissen zu handeln und damit seine Menschenwürde zu bewahren, mit einem Wort, seine Unterschrift zu verweigern.

Ich lebte einen Monat lang mit meinem Kameraden aus Hroubieszow in einer Zelle zusammen. Eines Nachts führte man ihn fort, und ich habe ihn niemals wiedergesehen. In dieser Zelle hatte ich mich mit dem Genossen Reat zusammengefunden, einem alten Bolschewiken, Präsident des Verbandes der Altbolschewiken in der Ukraine. Er war Präsident der ersten bolschewistischen Regierung der Ukraine im Jahre 1918; mit Prechowski war er Vertreter der Ukraine im Obersten Sowjet. 1930 übergab man ihm die Stellung eines Präsidenten des Roten Kreuzes. Auch war er Mitglied des Zentralkomitees der Partei in der Ukraine. Er war mit einer Jüdin verheiratet, die er im Jahre 1907, während seiner Deportation kennengelernt hatte und die in derselben Fabrik arbeitete wie ich. Einige Tage vor meiner Festnahme, gelegentlich einer Vollversammlung, verlangte man von ihr, ihren Mann zu verleugnen und ihn als Konterrevolutionär anzuprangern. Nicht wenige Frauen unterwarfen sich einer solchen verbrecherischen Forderung, mit der man die Moral ehrlicher Menschen zu zerstören suchte. Um ihr eigenes Leben und das ihrer Kinder zu retten, verleugneten sie ihren Mann. Reats Frau antwortete zunächst mit der Rückgabe ihrer Parteimitgliedskarte, dann erhob sie sich und erklärte mit klarer Stimme:
— Ich kenne Reat besser als jene, die ihn als Konterrevolutio-

när denunzieren. Ich war mit Reat in den zaristischen Zuchthäusern. Er war und wird der reinste Kommunist bleiben trotz
der heftigen Anstrengungen aller derjenigen, die ihn zu verleum-
den suchen.

Alle Anwesenden senkten den Kopf vor dem Mut dieser Frau
und auch, weil alle begriffen hatten, daß sie eben von der Freiheit Abschied genommen hatte: Sie wurde sofort verhaftet. Als
ich Reat erzählte, wie seine Frau Zeugnis abgelegt hatte, sah
ich, wie sein Gesicht von zärtlichem Stolz leuchtete und große
Männertränen über seine durchfurchten Wangen liefen. Dann
fühlte ich plötzlich seine beiden Arme um meinen Hals geschlun-
gen:
— Nur wir, die alten Bolschewiken, und die jungen politischen
Emigranten aus Polen empfinden den Schmerz über alle diese
Irrtümer, die offenkundig Verbrechen sind, sagte er zu mir.
Der proletarische Staat verwandelt sich in einem Polizeistaat.
Sieh, man hat die ganze Leitung der ukrainischen Partei verhaftet. Die bolschewistische Partei hat daraus keine Folgerung
gezogen, ebensowenig ihr Zentralkomitee. Seit Dutzenden von
Jahren kampferprobte Leute, die an allen Fronten des Bürgerkriegs gekämpft haben, jahrelang im Untergrund, diese Männer,
die sich der Revolution geweiht haben, wie könnten sie von einem Tag auf den nächsten zu Konterrevolutionären und Verrätern werden?

Er erzählte mir, daß am 25. Juni 1937, vor seiner Verhaftung,
Kaganowitsch nach Kiew gekommen war, um die Führung der
Partei zu reorganisieren. Er berief ein Plenum aus all denjenigen ein, die noch in Freiheit waren. In seiner Ansprache, in der
er den Bürgerkrieg in Erinnerung rief, erklärte er, auf Reat
zeigend: "Hier der Genosse Reat kann uns sagen, wie die Bol-

schewiken in der Ukraine kämpften. " Und wenige Stunden später wurde Reat verhaftet. Selbst für Kaganowitsch, der den höchsten Instanzen angehörte, war diese Verhaftung eine Überraschung.

"Wochenlang", erzählte mir Reat, "hat man mich Nacht für Nacht aus meinem ersten Schlaf gerissen. Stundenlang aufrechtstehend, mußte ich Spötteleien über 'meine Revolution', über 'meinen' Bürgerkrieg und eine Flut der gemeinsten Beleidigungen anhören. Einmal brüllte mein Folterer mir ins Gesicht: 'Wie schade, daß die zaristische Ochrana dich nicht geholt hat. Wir von dem NKWD hätten dann weniger Arbeit gehabt'. "
In der Nacht, als Reat abgeführt wurde, gelang es ihm, mich zu wecken, um von mir Abschied zu nehmen. Wir umarmten uns, ohne ein Wort zu sagen.

KAMERADEN IM GEFÄNGNIS

Einen Monat nach meiner Verhaftung waren wir mehr als fünf-
zig Häftlinge in der Zelle, aber es waren nicht mehr dieselben.
Die Zelleninsassen wechselten regelmäßig. Auch ihre soziale
Zusammensetzung änderte sich. Zuerst bemerkte man eine
Mehrheit von gebildeten Leuten; zur Zeit waren es vor allem
Angestellte, Arbeiter und Bauern. Für sie war das Verhör leichter. Ihr "Verbrechen" bezog sich auf Artikel 58, das heißt "Agitation". Im Gefängnis wurde dies Vergehen "Geschwätz" genannt:
Man vergißt sich gelegentlich und sagt ein Wort zuviel. Das
kommt besonders dann vor, wenn man betrunken ist, oder es ist
die Folge einer persönlichen Rache: Um jemanden loszuwerden,
schickt man dann einen anonymen Brief an die richtige Stelle und
das genügt.

Es gab Denunziationen, die von Frauen ausgingen, die sich an
ihrem Mann rächen wollten; ohne sich über die Schwere ihrer
Handlungsweise klar zu sein, schrieben sie. Das genügte, damit der Mann verhaftet und für Jahre verurteilt wurde. Einige
Bürger hatten sich beklagt, als sie ihre Jahresabgabe für die
Staatsverteidigung vermerkten: Sie wurden deshalb auf die Liste
der Staatsfeinde gesetzt und ohne weiteres zu acht Jahren Verbannung verurteilt.

Die Gefängnisvorschriften waren unerbittlich hart: kein Recht,
eine Zeitung, ein Buch, Spielkarten, ein Schachspiel oder anderes zu besitzen. Dreißig Minuten täglich schweigsamer Rundgang im Gefängnishof; bei der geringsten Beschwerde oder Kla-

ge über die Gefängnisordnung gab es Einzelhaft, verbunden mit dem Verbot für die ganze Zelle, im Gefängnisladen einzukaufen. Diese vierzehntäglich genehmigten Einkäufe umfaßten ein wenig Tabak, ein Pfund Zucker oder zwei Kilo Brot. Es waren vor allem die Raucher, die im Fall einer Bestrafung zu leiden hatten. Unsere Zelle trat einmal vier Tage lang in Hungerstreik wegen eines solchen Verbots. Aber diese anstrengende Art zu protestieren hatte ein recht armseliges Ergebnis. "Ihr könnt wie die Hunde verrecken, niemand wird sich um Euch kümmern", sagte der Staatsanwalt, der uns besuchte. Dennoch gestattete er den Rauchern, Tabak zu kaufen.

Die Tagesration bestand aus 500 g klebrigem Schwarzbrot, hergestellt aus Mehlabfällen und Wasser, und ein wenig klarer Suppe, die "Balanda" genannt wurde, d. h. "Wassersuppe". Wer darin ein Stückchen Kartoffel oder ein Kohlblatt fand, wurde beneidet. Wir waren soweit, uns zu wünschen, möglichst bald in ein Lager geschickt zu werden, wo wir frei atmen könnten und vielleicht ein bißchen mehr Essen bekämen: Damals kannten wir die "Annehmlichkeiten" der Häftlingsordnung noch nicht. Das heikelste Problem betraf unsere natürlichsten Bedürfnisse. In der Zelle gab es eine Kloschüssel, aber der Zugang zu ihr war höchst schwierig. Es gab keinen Wassertropfen, um sich waschen oder ein wenig erfrischen zu können. Das Gebäude umfaßte sechzehn Zellen mit je ungefähr fünfzig Häftlingen. Man ließ uns ab sechs Uhr morgens heraus, weil jeder Zelle eine halbe Stunde zustand; wenn die letzte Zelle dran war, war es gegen vier Uhr nachmittags. So lange zu warten war eine Tortur. Auch wurde eine größere Anzahl von Häftlingen darmkrank. Ein Stück Papier aufzutreiben, war oft ein unlösbares Problem. Die politischen Emigranten, die bereits Gefängnisse in verschiedenen

Ländern kennengelernt hatten, meinten, daß das sowjetische Gefängnis einen einzigen Vorzug vor anderen hätte: Hier war das sexuelle Problem vollkommen gelöst, obwohl wir alle in den besten Jahren waren.

Um die Zeit totzuschlagen, erzählte man sich von Büchern, die man gelesen hatte, oder von interessanten Erlebnissen. Unter uns befand sich ein Arzt namens Abramowitsch, ein lebendes Nachschlagewerk und außerdem ein großartiger Erzähler. Er hatte viele französische Bücher gelesen, und seine Zusammenfassungen begeisterten uns. Er war Privatarzt des Präsidenten des Sowjets der Ukraine, Laibtschenko, gewesen. Abramowitsch war des Versuchs beschuldigt worden, seinen Präsidenten zu vergiften. Einen Monat nach der Verhaftung des Arztes wurde Laibtschenko festgenommen und erschossen, aber die verleumderische Anklage gegen den Arzt wurde weiter aufrechterhalten.

Unser Zellenältester, ein bulgarischer politischer Emigrant, ehemals Mitglied des Zentralkomitees der bulgarischen Partei und einst Mitarbeiter von Dimitrow, erzählte uns von Bulgarien. Sein Mut stand im Gegensatz zu der Schwäche derjenigen, die in Angst verfielen, sobald sie erfuhren, daß sie zum Verhör gerufen wurden. Unerschüttert trat er häufig in den Hungerstreik als Zeichen seines Protestes und verlangte, den Staatsanwalt zu sehen. Er war seit sechs Monaten im Gefängnis.

Ein anderer politischer Emigrant aus Litauen hatte geholfen, im Jahre 1917 die Rote Garde zu organisieren. Nach dem Zusammenbruch der Revolution in Litauen wurde er nach Leningrad versetzt und wurde Schüler an der Offiziersschule, wo alle Schüler Parteimitglieder waren. Sie wurden eingezogen, um an der Unterdrückung der Revolte von Kronstadt teilzunehmen. Trotzki befehligte sie und leitete persönlich die Operationen. Der Emigrant hatte während der letzten Jahre als Direktor der Wärmekraftwerke der Stadt Kiew gearbeitet. Seine Frau, Parteisekretärin an der größten Schokoladenfabrik von Kiew, war eine Heldin der Revolution und hatte die Militärgruppen von Litauen in Petersburg befehligt.

Nach einer Woche Verhör brachte man ihn in die Zelle zurück. Er war nicht wiederzuerkennen. Sein ganzes Gesicht war nur eine offene Wunde, der Körper nur eine aufgedunsene Masse. Aus seiner Kehle kamen Seufzer, die manchmal in unmenschlichen Schreien endeten. Wir machten ihm kalte Umschläge und gaben ihm unsere Rationen zu essen. Wir umsorgten ihn, ohne ihn einen Augenblick allein zu lassen. Zwei Tage vergingen, bis er sprechen konnte, und er beruhigte sich erst, als er uns erzählen konnte, was mit ihm geschehen war. Während der ganzen Zeit, die das Verhör andauerte, war es ihm gelungen, Bewußtsein und Würde zu bewahren, aber schließlich führte die Bestialität seiner Folterer zu seinem physischen Zusammenbruch und er verlor wiederholt das Bewußtsein. Wieder zu sich gekommen, wurde er aufs neue gefoltert. Er gab immer noch nicht auf, dann aber öffnete man vor ihm eine Tür zum benachbarten Raum, woher schreckliche Schreie ertönten. Er erkannte die Stimme seiner Frau und sah sie, ganz nackt ausgestreckt, von Schlägen völlig erschöpft. Seine eigenen Folterer schrien ihn an: "Da, sieh dir an, was wir mit deiner Hure von Weib machen!" Er fühlte sich dem Wahnsinn nahe und wußte nicht mehr, was dann mit ihm geschah. Nach einigen Tagen, so hofften wir, würde er sich beruhigen, würden seine vernarbten Wunden ihn weniger leiden lassen, aber eines Nachts weckte er uns auf, weil er einen Nervenzusammenbruch hatte. Auf seine Schreie kamen die Wachen herbei und führten ihn auf den Flur. Einige Augenblicke lang hörten wir seinen Widerstand, dann trat lastendes Schweigen ein.

Noch etwas: In unserer Zelle gab es einen früheren Matrosen, einen degenerierten Mörder, der Privatchauffeur des NKWD von Kiew bis zum Jahre 1929 gewesen war. Eines Tages rühmte er sich vor uns: "Zu unserer Zeit vergeudete man seine Zeit nicht mit Verhören und Knüppeln und damit, die verhafteten Leute im Gefängnis zu behalten. Man klebte sie an die Wand, und aus, ab in die andere Welt!" Wir fragten ihn:
— Was wirst du sagen, wenn man dich erschießt?
— So ist das Leben, früher war ich es, der erschoß. Heute bin ich an der Reihe, erschossen zu werden!

Mit dieser Einstellung stand er nicht allein. Ein anderer rühmte sich, Leute denunziert und sie dadurch in den Tod geschickt zu haben. Das bekräftigte ein Schüler des Luftfahrtinstituts: "Man verhaftete mich eines Nachts, und ich wurde zum Verhör geführt, wo ich den Sekretär des Komsomol unseres Instituts traf. Er hatte ausgesagt, ich hätte mich über die politischen Vorlesungen lustiggemacht, und verschiedene andere Lügen über mich erzählt. Ich wurde ins Gefängnis gebracht. Da habe ich mir gesagt: 'Was? Ich soll hier versauern, während alle Professoren und Schüler sich weiterhin ihres Lebens erfreuen? So geht's nicht!' Und ich habe sie alle denunziert! Ich habe alles erzählt, was ich nur erfinden konnte. Der Staatsanwalt ergötzte sich, der Mann, der mich verhörte, ließ mir ein gutes Essen bringen, und man hat mich hierher geschickt. "

Ein Arbeiter der Wasserwerke billigte diese Taktik: "Man muß die Leute derart kompromittieren, daß sie den Kopf verlieren und Wahrheit nicht mehr von Lüge unterscheiden können!" Und er erzählte uns seine Geschichte: "Sie wollten, daß ich ihnen angebe, wo sich meine Waffenlager befänden. Ich hatte keine, aber ich mußte sie auf jeden Fall angeben. Gut. Und zum vierten Mal führten sie mich fort, um die Erde umzugraben. Sehr gut, sagte ich mir. Auf diese Weise kann ich ein bißchen frische Luft atmen. Als sie nichts fanden und wütend wurden, sagte ich: 'Ich habe Ihnen doch ständig gesagt, daß ich keins habe und niemals eins gehabt habe!' Sie wollten mir nicht glauben. Macht nichts! Ich werde es ihnen solange erzählen, bis sie sich von ihrer Dummheit selbst überzeugen!"

Eines Tages brachte man in unsere Zelle einen Arbeiter aus der Fabrik, in der ich gearbeitet hatte. Wie jeder Neuling im Gefängnis war er verängstigt. Er wagte nicht, ein Wort herauszubringen, denn er glaubte, daß wir alle Volksfeinde seien und daß er sich hier irrtümlich befände. Als ich mich ihm näherte, war er zunächst entsetzt, aber als er mich erkannte, freute er sich. Er erzählte mir, daß ich in der Fabrik für erschossen galt, denn in der Woche meiner Verhaftung hatte eine Versammlung stattgefunden, auf der man mitgeteilt hatte, ich hätte gestanden, zugunsten Polens und Frankreichs spioniert zu haben. Darüber hinaus hatte die Vorsitzende des Komitees sich offiziell der Unklugheit und des schweren Versäumnisses bezichtigt, denn sie habe es nicht verstanden, in mir den Volksfeind zu entdecken und habe in all meinen Vorschlägen und Initiativen nicht das Wirken eines Verräters erkannt, der das Vertrauen der Arbeiter in die Verwaltung untergraben habe. Zum Glück hätten der hervorragende Direktor und der Parteisekretär der Fabrik mich rechtzeitig verhaften lassen! Dies war natürlich nur eine Lüge, aber aus Furcht, meinetwegen selbst kompromitiert zu werden, mußte sie dieses öffentliche Bekenntnis abgeben und alle diese Verleumdungen verbreiten.

Nach zwei Monaten Haft weckte man mich eines Nachts und führte mich auf den Gefängnishof. Dort erwartete mich bereits der "Schwarze Rabe", in den ich mit zwei Frauen gestoßen wurde. Mein Nachbar murmelte mir ins Ohr: "Die eine ist die Mutter von Botwin, die andere ist seine Schwester". Botwin war 1925 in Polen wegen seiner kommunistischen Aktivität gehenkt worden. Der Wagen rollte durch die nächtliche Stille der Straßen von Kiew. Im Stadtzentrum sah ich Anschläge und Parolen entlang der Straßen. Die Stadt bereitete sich darauf vor, den Jahrestag der Oktoberrevolution zu feiern, und es war mir, als ob der Gefängniswagen mich zu meinen Erinnerungen zurückbringe: Der neunte und zehnte Jahrestag hatte mich in den Gefängnissen der kapitalistischen Länder angetroffen, der zwanzigste fand mich entweder im Büro meines Anklägers oder mit gebrochenen Knochen in einem sowjetischen Gefängnis vor.

Im Zentralhof des NKWD schloß man uns getrennt in "Hundehütten" ein; so bezeichnete man eine Reihe kleiner Zellen, wo es schwierig war, sich aufrechtzuhalten, selbst wenn man eine sitzende Stellung einnahm. Von allen Seiten kamen Schreie und Seufzer. War es der menschliche Schmerz oder die Tiefe der Verzweiflung? Das Knarren der Türen, die man unaufhörlich auf- und zumachte, brachte die Nerven zum Zerreißen. Rechts und links wurden Namen aufgerufen. Jedes Geräusch eines Sturzes unterrichtete mich, daß jemand vom Verhör gekommen war. Dieser Lärm war von kurzen erstickten Seufzern begleitet, vom Knarren des Schlosses und irgendeiner dreckigen Beleidigung. Einmal konnte ich verstehen: "Wenn du nicht schweigst, werde ich die Arbeit deines Anklägers beenden!" Es folgte ein Schweigen.

Mir kam das Werk des sowjetischen Schriftstellers Z. Lew, "Polen - das Schlachthaus" in Erinnerung. Er beschrieb darin das polnische Gefängnis. Aber das stimmte nicht! Ich war fünfmal verhaftet worden, in Warschau und in der Provinz verhört, nein, man konnte das nicht mit dem sowjetischen Gefängnis vergleichen. Die Schlächterei war hier! Aber Lew hatte sie nicht beschreiben können. Nachdem er vor sechs Monaten verhaftet worden war, hatte man ihm dazu nicht die Möglichkeit gelassen, sondern war ihm zuvorgekommen, indem man ihn ins Jenseits beförderte. Ich wollte nichts mehr denken, nichts mehr hören, nichts mehr wahrnehmen, nichts mehr empfinden. Ich sagte mir, wenn du dich zusammenbückst und zu schlafen suchst, zusammengerollt wie ein Hund, wirst du dann vielleicht ein wenig innere Ruhe finden? Aber die Echos der unmenschlichen Leiden durchdrangen die erstickende Luft meines Loches und prägten in mein Gehirn das düstere Bild unserer Gegenwart ein. Ich hob die Augen zur Mauer und war überrascht, daß die Wachen noch nicht die Inschriften dort entfernt hatten: "Nieder mit dem Roten Terror!" schrie eine von ihnen, "Schande über euch, die Frauen foltern!" forderte eine andere Inschrift auf Russisch, auf Deutsch und auf Polnisch. Aus dem Versteck holte ich meinen Bleistiftstummel und übersetzte diese Worte ins Jiddische, danach vernichtete ich meinen Schatz, damit die Wachen ihn nicht bei mir fanden. So verbrachte ich Stunden. War das Knarren der Türen, die man öffnete, um die vom Verhör zurückgekommenen Gefangenen abzuliefern, ein Zeichen für die Rückkehr ins Gefängnis? Dafür, daß die Nachtwache zu Ende war? Ich beneidete die Glücklichen, die die Prüfung bereits überstanden

hatten und nach Hause, in ihre Zelle, zurückkehrten. Ich mußte immer noch warten.

Schließlich kam ich an die Reihe. Man führte mich in das Büro
zum Verhör in der fünften Etage. Ein großer Raum; ein schwarzes Tuch verdeckte die Fenster. Die Tür war gepolstert, mit
einem Wachstuch bedeckt; kein Schrei konnte von dort nach draußen dringen. Alles war vorgesehen. Mein Verhörer war jung,
elegant, seine Brust war geschmückt mit Orden und goldenen
Bändern. Er musterte mich mit einem zynischen und forschenden Blick und befahl mir, aufrecht zu stehen, die Hände an der
Hosennaht. Telefonisch bestellte er sich eine Mahlzeit.

Ein schönes Mädchen brachte eine garnierte Platte, deren Duft
sich im ganzen Raum verbreitete. Ich versuchte, meinen Spei-
chel herunterzuschlucken und nur die Nasenlöcher zu öffnen. Es
war Jahre her, daß ich solches Brot, solche Würste gesehen
hatte. Ich versuchte, das tierische Hungergefühl, das mir Krämp-
fe bereitete, zu unterdrücken. Während dieser Zeit aß der andere langsam, sorgfältig, ohne Gier. Er hatte genug Zeit, die Es-
senszeit wurde ja als Arbeitszeit angerechnet. Er wachte nur
darüber, daß ich mich nicht bewegte. Nach dem Essen fragte er
mich mit beißender Ironie, ob er auch für mich ein Essen ser-
vieren lassen solle. Er behielt seine Ungezwungenheit angesichts
meines Elends und meiner Verzweiflung bei. Sicherlich glaubte
er, bei mir sehr schnell zum Ergebnis zu kommen und den Fall
rasch beenden zu können: Ihm würde genügend Zeit für seine
Muße bleiben, und nicht zu vergessen die Sondervergütungen von
seinen Chefs. Er begann.

Die Stunden der Verhöre sind überall die am schwersten zu er-
tragenden Augenblicke. Eine würdige, unerschütterliche Haltung

kann über das eigene Schicksal entscheiden, wenn die Anschul-
digung nicht auf wirklichen Tatsachen begründet ist. Nachdem
ich aber die Erzählungen von einem Dutzend Häftlingen bei der
Rückkehr von ihren Verhören gehört hatte, nachdem ich die Mehrheit von ihnen derart erschöpft gesehen hatte, daß sie auf einer
Tragbahre fortgebracht werden mußten, wußte ich, daß hier niemand sich sein Schicksal vorstellen konnte.

Wenn die Häftlinge sich aufs Spiel des Verhörers einlassen, beschmutzen sie sich und stürzen ihre bekannten und unbekannten
Leidensgefährten ins Verderben. Ihr Verhörer wird eine Lüge
an die andere reihen und sie miteinander verbinden, er wird ein
schweres Aktenstück anlegen, das zum Revolutionstribunal geht.
Man wird ihn dafür beglückwünschen, daß er sich als Diener der
Gerechtigkeit, als Patriot erwiesen habe, während der Häftling,
in die Irre geführt und betrogen, das von vornherein feststehen-
de Schicksal erleiden wird: Tod oder Lager. Falls jemals sein
Gewissen, sein Wille stärker sind als sein Körper und er sich
weigert, dem hinterhältigen Plan dessen zu folgen, der ihn verhört, dann unterzeichnet er nicht, und er wird sein Urteil entweder aus dem Mund eines der Führer der Sowjetrepubliken
oder aus dem eines Angehörigen des NKWD erfahren. Aber er
wird diejenigen gerettet haben, die zu kompromittieren man ihn
veranlassen wollte. Und letzten Endes, was er auch sagt, was
er auch tut, ob er Widerstand leistet oder unterliegt, sein
Schicksal wird dasselbe sein.

Die Untersuchung geht bis zum Urgroßvater zurück. Ich sprach
Namen aus, erfundene Namen. Woher hätte ich die Namen aller
meiner Vorfahren kennen sollen? Ganz zu schweigen von denen
meiner Frau. Ich nannte die Mitglieder meiner Familie und ihre
Adressen in Polen. Dies füllte bereits zehn Seiten. Er schwitzte,

atmete schwer, ungeduldig zu hören, daß ich wenigstens den Namen eines einzigen, wenn auch entfernten Verwandten angeben würde, der in Sowjetrußland lebte. Aber da war nichts zu machen. Zum hundertsten Mal: Ich habe niemanden in diesem Land, keinen Einzigen, nein und nochmals nein!

So ging ein ganzer Tag herum. Der Verhörer ging fort und ein anderer löste ihn ab. Von neuem acht Stunden Arbeit. Dann kam der erste zurück, der mich immer noch am selben Platz stehend vorfand! Ausgeruht, entspannt macht er sich wütend an seine Arbeit: Er sah meine Erschöpfung und zählte darauf, sie auszubeuten. Er reichte mir seinen Bericht, befahl mir zu unterschreiben und fügte hinzu:

— Du kommst dann gleich in deine Zelle.

Ohne mich zu bewegen, versuchte ich ihm zu erklären, daß ich diese Art Verhör schon mitgemacht hatte und daß ich das Vorgehen kannte: Ich würde nicht unterschreiben. Er merkte, daß es mit mir lange dauern würde. Ich war ein Fabrikarbeiter, bewährter Kämpfer, der die kapitalistischen Gefängnisse kennengelernt hatte, zu viele Erinnerungen kochten in mir.

Dann änderte er die Taktik. Mit mildem Ton begann er mich über Paris auszufragen. Paris als Hauptstadt eines Landes, das in der Geschichte eine große Rolle spielt. Paris als Schauplatz der politischen Kämpfe, als kulturelles Zentrum interessierte ihn nicht. Was er brennend gern wissen wollte, waren die nächtlichen Freuden, die schönen Frauen, die Folies-Bergères, die Freudenhäuser. Ich begriff schnell: Nach seinem guten Essen ergötzte er sich an meinen erfundenen Geschichten über das sexuelle Leben der Pariser, über die leichten Frauen, sobald er aber glaubte, jemand nähere sich der Tür, änderte sich seine Stimme, wurde brutal und beleidigend: Man durfte ihn nicht dabei überraschen, wie er mit einem Gefangenen menschlich sprach.

Die Stunden waren bleischwer und wollten nicht enden. Es gelang mir, ein Stück Zucker, das ich versteckt bei mir trug, in meinen Mund zu stecken. Nun hielt ich mich schon vierundzwanzig Stunden aufrecht, ohne zu essen noch zu trinken. Wie lange würde ich noch durchhalten? Ein Dritter kam und nahm am Tisch Platz; ein ganz junger Mann, der nicht aus Kiew stammte. Seine erste Frage: Wie groß ist die Fläche deiner Wohnung? Wohin gehen die Fenster? Ich begriff, daß dies ihn lebhaft interessierte. Sicherlich hatte er keine Wohnung und hoffte, sich der meinen zu bemächtigen, falls dies die Mühe lohnte. Ich habe oft von solchen Fällen sprechen hören. Wenn meine Wohnung ihm zusagte, würde er meine Frau verhaften lassen. Daher entmutigte ich ihn nach besten Kräften. Er wendete alle Methoden an, um mich unterzeichnen zu lassen. Aber vergeblich.

Ich wußte, daß sie während der ersten vierundzwanzig Stunden keine Folter anwendeten, denn sie suchten zunächst die gänzliche Erschöpfung herbeizuführen und die Unterschrift zu erzwingen. Aber das bißchen Zucker, das ich bei mir hatte, ermöglichte es mir, noch durchzuhalten. Dann kam mein erster Verhörer zurück: frisch, bereit, lächelnd. Ich stand aber immer noch aufrecht, mit herabhängenden Armen. Während sie sich ablösten, schluckte ich ein Stück Zucker. Hier stand ich, verhungert, verdurstet, während sie vor meinen Augen fürstliche Mahlzeiten kommen ließen und dabei meine Haltung beobachteten. Sie essen zu sehen ist eine psychologische Folter: Man zwingt den verhungerten Häftling, an sich eine ausgesuchte Mahlzeit vorübergehen zu sehen, und während das Opfer am Rande der Erschöpfung schwankt, reicht man ihm ein Stück Papier und mur-

melt mit sanfter Stimme: "Unterzeichne, unterzeichne, und man bringt dir was zu essen. " Zum hundertsten Mal machte er den Vorschlag. Ich nahm alle Kräfte zusammen:
"Ich habe keine Lust zu essen. "

Ein Vorgesetzter kam mit der Anklageakte. Er betrachtete mich mit Verachtung und wendete sich an den Verhörer:
— Na, was hältst du von diesem Lumpen?
— Ein komisches Phänomen, ein Vegetarier, ein Tolstoianer! Man muß ihn zu den weißen Bären schicken!
Ich hielt mich immer noch aufrecht, und in der Qual meiner Leiden suchte ich meinen klaren Kopf zu behalten: Was will er mit "ein komisches Phänomen" sagen? Plötzlich sah ich neben mir einen Koloß. Er beugte sich und gab mir einen Faustschlag auf die Nase.
— Was? Diese Laus will uns beibringen, wie man eine Anklageschrift aufsetzt! Und Ihr "Tschekisten" kommt mit ihm nicht zurecht? Man muß ihn zerbrechen. Ihm die Eingeweide herauspressen, die Geständnisse über seine Spionage und diejenige seiner Komplizen! Nachdem er mit seinem Gebrüll aufgehört hatte, wendete er sich mir zu:
— Der NKWD weiß alles über dich. Alles! Alles!
— Da Sie alles wissen, warum verlieren Sie Ihre Zeit? Erschießen Sie mich und Sie sind mich los.
— "Ja", sagte er, und zeigte mir seine Hand, die so groß war wie eine Keule, "siehst du, das ist die Hand eines Arbeiters, eines Bauern. "Und die enorme Ohrfeige krümmte mich, verbrannte mich. Ich fiel gegen die Mauer. Ein zweiter Schlag gegen den Kopf, und ein Blutstrom spritzte zur Erde. Ich fiel der Länge nach hin. Ich war noch bei Bewußtsein, aber vor meinen Augen tanzten Funken. Mein Verhörer machte sich daran, mich

mit Füßen zu treten, damit er vor seinem Chef nicht untätig
blieb. Beleidigungen begleiteten die Fußtritte. Ich sah nur noch
schwarze Schmetterlinge. Dennoch war ich noch bei Bewußtsein.
Ich hörte obszöne Worte, die mit einem Brüllen endeten: "Steh
auf, du Hund! Steh auf vor deinem sowjetischen Ankläger!"

Das folgende entging mir. Als ich wieder die Augen öffnete, lag
ich in einer Blutlache. Die Nasenlöcher mit Watte verstopft, den
Kopf verbunden. Man zog mich aus dem Zimmer. Man wusch
mich. Dabei merkte ich, daß ich nichts gebrochen hatte. Man
führte mich wieder ins Büro und an dieselbe Stelle. Der Fußboden war bereits von meinem Blut gesäubert, aber meine Kleider waren noch davon getränkt und klebten an mir. Ich sah meinen Verhörer wie durch einen Nebel, aber ich verstand ihn deut-
lich:
— Nach diesem Bad wirst du anders singen. Mit einem Gummiknüppel vor meinen Augen fuchtelnd, wiederholte er diesen
Satz. Ich hörte mich schreien:
— Ihr seid nur eine Bande von Faschisten! Ihr würdet ebenso
dem Zaren wie Hitler dienen! Aus der Tiefe meines Hasses und
meiner ohnmächtigen Verachtung schrie ich noch:
— Ihr seid Helden vor einem unbewaffneten und der Ohnmacht
nahen Menschen, was ihr aber auch tun werdet, ihr werdet kein
einziges Wort mehr von mir hören!

Seine Sätze, seine Fragen kamen wie von weither. Jede von einem
dunklen Schmerz an meinen Waden begleitet. Mein ganzer Körper brannte, als ob man ihn ins Feuer geworfen hätte. Ich wußte, daß ich kein einziges Wort gesagt hatte. Dies drang in meinen Geist, und ich versank ins Schwarze.

Der sowjetische Ankläger hatte seinen Arbeitstag beendet. Nach
zweiunddreißig Stunden Verhör war ich erneut klar bei Verstand

und ich konnte sehen, wie er meine Akte einem anderen übergab und hinzufügte:

— Der hier ist völlig zerstört!

— Nur mein Körper, sagte ich, meine Zähne mühsam auseinanderschiebend, mein Bewußtsein und mein Wille sind stärker als ihr.

Noch weitere acht Stunden Verhör. Sinnlose Fragen, die von Schlägen begleitet wurden. Und aufs neue eine Ablösung. Der Dritte, der Jüngste, war zurückgekehrt. Er nahm mit triumphierender Geste meinen Fotoapparat hervor, ein Geschenk meiner Frau aus Paris. Er unterrichtete mich, daß er mein Zimmer besichtigt und meinen Nachbarn zum Sprechen gebracht habe. Ich begriff, daß mein Zimmer ihm nicht gefallen hatte. Das meines Nachbarn würde er vorziehen, und deshalb suchte er ihn zu kompromittieren. Sein Verhalten ließ mich wachsam werden: Er war allzu freundlich, zu heiter. Er gestattete mir, mich zu setzen, um die Verlesung der angeblichen Erklärungen meines Nachbarn anzuhören, die für mich belastend waren. Mein Verhörer endete mit den Worten: "Du wirst ihn sicher schonen wollen, er hat aber keinerlei Mitleid mit dir!"
Als diese hinterhältige List wirkungslos blieb, änderte er die Taktik. Plötzlich wütete und brüllte er, er überschüttete mich mit einer Flut von Beleidigungen, begleitet von Schlägen mit dem Gummiknüppel gegen meine Beine. Ich fiel. Er stellte mich wieder auf die Füße und zog mich in eine Ecke des Raumes. Derart gegen die Wand gestützt, von der einen Hand gehalten und von der anderen geschlagen, gerädert, verlor ich das Bewußtsein. Wieder zu mir gekommen, sah ich einen neuen Folterer; dieselben Fragen, dieselben verleugnerischen Behauptungen, dieselbe Bestialität.

Ich kam zu dem Schluß, daß ich meinem Leben möglichst schnell ein Ende machen sollte. Ich hörte nichts mehr, fühlte nichts mehr und verstand nichts mehr. Ein einziger Gedanke beherrschte mein Gehirn: Wie kann ich meinem Leben ein Ende setzen? Ich verlangte, zum WC geführt zu werden, in der Hoffnung, daß ich mich dabei dem Treppenhaus nähern und von dort hinabstürzen könnte. Fünf Stockwerke würden genügen, um meinen Qualen ein Ende zu setzen. Als ich aber versuchte, dorthin zu kommen, um mich zu setzen, schwankte ich. Mein Körper, der nur noch eine brennende Wunde war, gehorchte mir nicht, meine Beine versagten mir den Dienst. Wie einen Leichnam brachte man mich in das Büro des Folterers zurück. Erneut stellte man mich aufrecht in die Ecke, mit dem Gesicht zur Wand. Der feste Entschluß, mir den Tod zu geben, beherrschte mein ganzes Bewußtsein. Das durfte nicht länger dauern, ich konnte meine Selbstbeherrschung verlieren, und diese Jesuiten würden schließlich aus meinem Unbewußten einen Namen, eine Tat reißen. Durch die verhängten Fenster drang kein Tageslicht. Ich berechnete die Zeit nach jeder Ablösung meiner Schinder. Obwohl jeder Abschnitt von acht Stunden eine Ewigkeit dauerte, gelang es mir, von einer Ablösung bis zur nächsten durchzuhalten.

Dann kam mein zweiter Folterer zurück. Aufs neue Brüllen, dann Beleidigungen, neue Schläge. Kaum bei Bewußtsein, auf dem Boden liegend, bat ich wieder darum, mich zum WC zu führen. Anstatt mich dort hinzusetzen, befeuchtete ich mein geschwollenes Gesicht und meine gedunsenen Lippen, und es gelang mir noch einmal, ein Stück Zucker zu schlucken. Plötzlich wurde mir klar, daß mein Selbstmord ein Beweis moralischer Schwäche wäre und bestätigen würde, daß ich ein Spion sei, daß ich Angst hätte, mich zu verraten, und daß ich irgend etwas verberge. Was würde mein Sohn dazu sagen? Nein, ich durfte dieser

Versuchung nicht unterliegen. Eher wollte ich unter der Folter sterben!

Ich fand wieder etwas Kraft, und ein wenig entschlossener und entschiedener kehrte ich in den Raum zurück und entdeckte dort einen neuen Inquisitor, der mich nunmehr auf Jiddisch anredete:
— Warum weigerst du dich? Du siehst doch, mit wem du es zu tun hast. Wie bist du zugerichtet! Gib auf, bevor es zu spät ist, und du wirst in Freiheit gesetzt! Unterschreib, bevor sie dich im Laufe eines letzten Verhörs fertigmachen. Bestenfalls wirst du in einem Lager sterben. Unterschreib also. Hier in den Mauern des NKWD nützt keine Verschlagenheit, man kann nicht gewinnen. Sogar die stärksten Männer, die militärischen Führer haben sich schließlich, mit gebrochenen Knochen, dem Willen des NKWD unterworfen.

Ich begriff, daß dieser als letzter Spitzel geschickt worden war, um meinen Widerstand doch noch zu brechen. Aber der gefaßte Entschluß, eher unter einer Folterung zu sterben als schimpflich nachzugeben, gab mir neue Kraft.

— Ich will lieber sterben, als meine Vergangenheit als Kommunist zu beschmutzen, sagte ich zu ihm.
Er antwortete nicht, und ich hörte mich auf Jiddisch fortfahren:
— Die Unglücklichen, die alle diese Verleumdungen gegen sich selbst und andere unterschrieben haben, haben ihr Leben in einem Sessel verbracht und hofften, ihn wiederzubekommen. Sie sind aus den Reihen der Revolutionäre desertiert, die gestützt und gestärkt durch ihr Ideal aufs Schafott gestiegen sind. Ich bin aus dem gleichen Holz geschnitzt wie die Juden in Spanien und in Portugal, die es vorzogen, lebend verbrannt zu werden, als das Kreuz zu küssen.

Der erste Verhörer kam zurück, die Kränkungen, die Beleidigungen pfiffen unaufhörlich durch die Luft. Ein Schlag gegen mein Kinn ließ mich Blut spucken, aber ich blieb bei Bewußtsein. Ich hörte noch, wie er wütend brüllte:

— Ich weiß nicht mehr, wohin ich ihn schlagen soll.

Er ließ mich in Ruhe. Ein anderer kam zur Ablösung, und Stunden vergingen. Der Chef kam zurück:

— Er ist noch am Leben? Aber er sieht aus wie ein verfaulter Leichnam ein Jahr nach seiner Beerdigung. Hör mal, wenn du in einer Stunde nicht unterschrieben hast, erschieße ich dich!

In der Zelle hatte ich von solchen Drohungen gehört. Ich wußte, daß mir ihr letzter Versuch bevorstand. Wenige Augenblicke später stürmten drei bewaffnete NKWD-Leute in den Raum. Sie zogen mich auf den Flur und befahlen mir, mich auszuziehen. Ganz nackt wurde ich in eine dunkle Höhle geworfen. Von fern kam ein Schimmer wie von einem Nachtlicht. Sie stießen mich in nebelhafte Tiefen. Mein gefrorenes Herz hörte auf zu schlagen, als ich vor mir meinen ersten Verhörer wiedererkannte. Ein Revolver funkelte in der Dunkelheit:

— Du wirst unterschreiben. Du wirst deine Komplizen denunzieren!

Aber meine Zunge war gelähmt. Ich hörte aufs neue mein Herz schlagen: Angesichts des Todes möchte man so gerne leben. Ich fühlte, wie man mich aus der Höhle herausholte, um mich in den Arbeitsraum zurückzuführen. Mein Befrager schäumte vor Wut, er brüllte, dann machte er sich daran, wild auf mich einzuschlagen. Ermüdet von diesem Wahnsinn, hörte er auf. Ich war nicht mehr fähig zu überlegen noch zu fühlen. Mein Gehirn war verwirrt und mein Körper gebrochen.

Als ich wieder zu mir kam, sah ich ihn neben mir stehen, und mit einer fast flehenden Stimme sagte er zu mir:

— Um Gotteswillen, machen wir mit diesen Verhören ein Ende! Unterschreib! Unterschreib! Und du wirst in deine Zelle zurückkommen, und ich kann mich schlafenlegen.

Einige Stunden vergingen noch mit Flehen, Drohungen und Versprechungen. Der Kampf nahm dennoch ein Ende. Sie brachten mich in die Hundehütte zurück.

Ohne irgendeine Akte unterschrieben zu haben, ohne ein einziges Wort gesagt zu haben, einen einzigen Namen genannt zu haben, wurde ich also nach siebzig Stunden Verhör zum Wagen zurückgeführt. Einen Augenblick lang hatte ich den Eindruck, nicht ins Gefängnis zurückgebracht zu werden, sondern zu mir nach Hause. Man brachte mich nicht zu der Zelle zurück, aus der ich herausgeholt worden war. Ich dachte dann, daß die Verwaltung die Befehle des Verhörers befolgte und daß diese sicherlich nicht zu meinen Gunsten waren. Dennoch hatte ich ein Gefühl der Befriedigung über die Tatsache, daß die Leute meiner Zelle mich nicht in diesem schrecklichen Zustand sehen würden. Ich wollte nicht Gegenstand von Verdächtigungen für diejenigen sein, die weniger schreckliche Verhöre als das meine überstanden hatten, denn jedesmal, wenn man einen gefolterten Menschen zurückbrachte, fragten die andern sich: "Vielleicht gehört er doch zu einer Gruppe von Spionen, wenn nicht, warum hat man uns nicht wie ihn behandelt?" Deshalb zog ich es vor, mit neuen Menschen, die mir unbekannt waren, zusammenzusein.

Mehrere Tage lang blieb ich erschöpft. Bei jedem Türknarren bekam ich einen Schrecken. Kamen sie, mich abzuführen? Mein gefolterter Körper heilte nicht; meine Beine blieben gedunsen und steif, brennendes Fieber schüttelte mich. Auf Bitten meiner Nachbarn, mich ins Gefängnis-Hospital zu bringen, antwortete der Vorgesetzte der Wachen:

— Es wird nicht mehr lange mit ihm dauern, was liegt daran, ob früher oder später?

Allmählich kehrten meine Kräfte zurück. Mein Kopf wurde weniger schwer, und ich gewann wieder völlige Klarheit. Die Angst verminderte sich und hörte dann ganz auf. In der Zelle wunderten sich alle: Er kommt aus der anderen Welt zurück, aber für wie lange? Sie wollten wissen, ob ich zum Tode verurteilt worden war, denn sie waren es auch, warteten aber seit Monaten darauf, von Kalinin begnadigt zu werden. Und ich dachte: Zwei Menschen, Sacco und Vanzetti, waren zum Tode verurteilt worden, und die ganze Welt hatte sich dagegen erhoben. Hier wurden Tag für Tag Hunderte Menschen, niemand kann die Zahl nennen, verurteilt, ohne daß man auch nur ihre Namen erfuhr. Man kennt nur die Namen der Würdenträger, aber die anderen, die Namenlosen, verwesten in Erwartung des Todes, vergessen von der Welt. Jedes Gefängnis hier hatte seine Zelle für die zum Tode Verurteilten. Die Welt bewahrte Schweigen darüber. Aber vielleicht wußte sie es nicht?

Die Mehrheit meiner Zellennachbarn waren frühere Führungskräfte der Wirtschaft. Vorher wären ihre Verbrechen "Trotzkismus" und "Konterrevolution" gewesen, die ihnen der Fünfjahresplan eingebracht hatte. Heute galt eine andere Einstufung. Einer Gruppe von Verantwortlichen für die Landwirtschaft der Ukraine wurde ein öffentlicher Prozeß im Hause der Roten Armee in Kiew gemacht. Ihre Ankläger hatten ihnen versichert, daß ihre Güter konfisziert und ihre Familien aus Kiew ausgewiesen werden würden, falls sie keine öffentlichen Geständnisse machten. Falls sie unterschrieben und alles das geständen, was die Anklage von ihnen verlangte, dann würden sie durch eine Tür eintreten und durch eine andere hinauskommen. Sie könnten sich in Städten niederlassen, wo man sie nicht kenne und wo sie frei leben könnten. Zwei Wochen vor dem Prozeß erlaubte man ihnen, ihre Familien zu sehen. Das Verhalten der Wächter war nun anders: Die Gefangenen wurden wie freie Menschen behandelt. Sie waren überzeugt, daß man ihnen früher oder später die Freiheit wiedergeben würde. Sie hatten zugeben müssen, daß die öffentlichen Prozesse in Gegenwart von Vertretern der großen Fabriken für die Partei und den Staat notwendig waren, um das Volk zu erziehen und zu beruhigen. Sie glaubten es. Gegenwärtig zum Tode verurteilt, erwarteten sie ihre Begnadigung.

Nach meiner Ankunft in der Zelle näherte sich mir ein alter Jude, um mich zu trösten und mich durch die Erzählung seines eigenen Unglücks abzulenken. Vielleicht tat das ihm selbst wohl. Seine Geschichte war sehr ungewöhnlich. Er war Hutmacher in einem kleinen Dorf nahe Kiew gewesen. Zur Zeit der N. E. P. (Neue ökonomische Politik, Übs.) fertigte er Mützen zum Verkauf auf den Märkten an. Im Jahre 1924 befand er sich auf einem Markt nahe der polnischen Grenze; ein kleiner jüdischer Junge von acht Jahren irrte allein umher und weinte. Alle Bauern baten den alten Hutmacher, das Kind zu sich zu nehmen. "Ihr habt kein Kind, eure Frau wird es zufrieden sein." Sie hatten recht. Seine Frau und er adoptierten den Kleinen und taten alles, damit er sich bei ihnen wohlfühlte. Aber das Kind war unglücklich: Es wollte nach Hause zurück. Es stellte sich heraus, daß es aus einem polnischen Grenzdorf stammte und daß es eine Dummheit gemacht hatte. Aus Angst vor Strafe war es weggelaufen. Vergeblich suchte man ihm zu erklären, daß man über die Grenze nicht zurückgehen konnte, es weinte und wollte nach Hause zurück. Eines Tages war der Kleine verschwunden. Eine Woche später verhaftete man den Hutmacher. Sechs Monate lang wurde er verhört. Er wurde beschuldigt, das Kind ausgenützt zu haben, um in Polen Nachrichten zu verbreiten. Das ganze Dorf kannte die Geschichte, und zahlreiche Einwohner kamen, um zu seinen Gunsten auszusagen. Schließlich wurde er freigelassen. Später, im Jahre 1937 kam die Angelegenheit erneut vor die Staatsanwaltschaft. Man verhaftete den Hutmacher wieder als Spion und folterte ihn. Er hatte nicht mehr die Kraft zu kämpfen und unterschrieb halb bewußtlos, was er dreizehn Jahre vorher geleugnet hatte. Er hoffte, die Angelegenheit im Laufe des Prozesses klären zu können: Wie könnte sich ein alter Jude, der nicht lesen und schreiben konnte, mit Spionage beschäftigen? Der Prozeß dauerte fünf Minuten. Einige Routinefragen: Datum und Ort der Geburt, Name usw. ... und das Urteil wurde gesprochen. Todesstrafe mit dem Recht, ein Gnadengesuch an den Obersten Sowjet zu richten. Er wartete drei Monate und hoffte, daß Gott ihm zu Hilfe kommen würde, ebenso wie dreizehn Jahre vorher.

Einige Zeit später führte man mich eines Novemberabends erneut zum Verhör. Während der dreißig Tage, die seit meiner Rückkehr in die Zelle nach dem letzten Verhör verflossen waren, war ich nicht ein einziges Mal zum halbstündigen Rundgang hinausgegangen, daher setzte mir der erste kalte Luftzug zu. Die gefrorene Feuchtigkeit des Schnees durchdrang meinen gemarterten Körper, und meine Zähne begannen zu klappern. War es aus Angst vor neuen Folterungen oder wegen der Kälte? Meine immer noch geschwollenen Beine wollten nicht den Wagen hochsteigen. Ein Wächter hob mich am Kragen und beförderte mich ins Innere des "Schwarzen Raben".

Wir überquerten die Straßen, die ich kannte; jetzt waren wir beim Judenmarkt; nach hundert Schritten kam die Tolstoistraße. Hier mußten meine Frau und mein Kind sein! Waren sie in Freiheit? Jetzt waren wir am Boulevard Chefschenko, genannt nach dem ukrainischen Dichter, der die Freiheit und den Kampf gegen die moskowitischen Bedrücker besungen hatte. Dann die Krechtschalikstraße. Wenn man den Arm herausstreckte, konnte man die Mauer der Fabrik berühren, wo ich vier Jahre lang gearbeitet hatte. Vier Jahre eines arbeitsamen, ehrlichen Lebens, mit Hunderten von freiwilligen Überstunden, mit den Abenden, die ich der Arbeit in den Organisationen geopfert hatte. Abends lösten sich die Schichten ab. Wie beneidete ich in diesem Augenblick diese Menschen, die, obwohl nach dem Arbeitstag erschöpft, nun nach Hause eilten. Wahrscheinlich würden sie ein elendes Zimmer und eine magere Mahlzeit vorfinden, aber sie wußten gar nicht, wie gut es ihnen ging. Ein Seufzer der Empörung, ein Schrei drang aus der Tiefe meines Seins: Warum? Aber warum nur? Ich hätte es am liebsten in die Welt hinausgeschrien. Warum trifft mich dies alles? Was habe ich denn getan?

Im oberen Stockwerk angekommen, dort wo man die großen Verbrecher wegen Spionage und Verrat verurteilte, stieß man mich in eine "Hundehütte". Und aufs neue erreichte mich das erschreckende Echo der menschlichen Leiden, der durchdringenden Schreie, gefolgt von Beleidigungen, die durch die Räume hallten, wo verhört wurde. Im Gang, wo einige Dutzend "Hundehütten" aneinandergereiht waren, hörte man Lärm und ein Kommen und Gehen wie in einer Werkstatt. Man führte Angeklagte hinaus, und sie kehrten seufzend zurück. Die Wachen fügten ihren Drohungen Beleidigungen hinzu. Einmal hörte ich ein schreckliches Rö-

cheln, und einige Augenblicke später wußte ich, daß man eine
Leiche fortbrachte. Einige Worte aus dem donnernden Wort-
schwall des Chefs ließen uns begreifen, daß das Opfer sich den
Tod gegeben hatte, indem es sich einen Löffel in die Kehle steckte. Die Wachen witzelten: "Schade um den Löffel". Er wäre auf
jeden Fall verreckt, das Schwein. "

Ich hörte, wie man einen Neuen brachte. Aus seinen Klagen
merkte ich, woher er kam. Das waren nicht Äußerungen des
Schmerzes nach einem Verhör, sondern es war vielmehr eine
unsagbare Traurigkeit, eine mit Hoffnungslosigkeit gemischte
Angst. Je länger ich diese Stimme hörte, desto bekannter schien
sie mir zu sein. Dann fühlte ich intuitiv, daß es die von Gurfinkel, meinem Kameraden aus Zamosc, war. Nachdem die Nagel-
stiefel der Wächter sich entfernt hatten, rief ich meinen Freund
mit seinem Pseudonym von Zamosc. Mein Vorgefühl hatte mich
nicht getäuscht, es war tatsächlich Israel Gurfinkel. Er war
hier zu seinem ersten Verhör. Ich sprach schnell, warnte ihn:
— Sei nicht naiv, glaube nicht, Genossen gegenüberzustehen,
das ist eine Bande von Faschisten, du hast es mit Mördern zu
tun. Laß dich nicht drankriegen, glaube nichts, willige nicht
ein zu unterzeichnen. Es ist besser zu sterben, als sich zu beschmutzen und dabei andere zugrunde zu richten im Glauben,
sich selbst damit zu retten. Habe Mut, sei stark!

Kaum hatte ich geendet, öffnete sich die Tür meiner Hundehütte.
Zwei Wächter zogen mich an den Füßen den ganzen Gang entlang.
Einer von ihnen versicherte mir:
— Du hast Glück, daß man dich zum Verhör bringen muß, sonst
bliebe von dir nur eine Wasserlache übrig.

Nach der Mahlzeit, die man meinem Verhörer servierte, folgerte ich, daß es schon Morgen war; man hatte mich aus dem Gefängnis vor der Abendsuppe herausgeholt, etwa gegen vier oder fünf Uhr, infolgedessen hatte ich in der Hundehütte etwa sechzehn Stunden zusammengekrümmt gelegen. Immerhin ein Glück, daß ich mager und eher klein war. Für große und starke Menschen mußte diese Hundehütte eine Folter sein! Der Verhörer aß, trank, genoß mit einem offenkundigen Vergnügen vor den Augen des hungrigen Elenden. Welch sadistische Raffinesse. Diesmal wechselten Drohungen und Fallen einander ab: Das Schicksal, das mich erwartete, war dasselbe, das meiner ganzen Zelle bevorstand: der Tod. Aber ich brauchte nur die Namen aller derjenigen anzugeben, die mich zu Hause besucht hatten, um freizukommen. Ich schwieg, dann zeigte er mir ein Verhörprotokoll mit der Unterschrift meiner Frau. Zwei Touristen aus Paris hatten uns besucht, Gans und Katz, und das genügte, damit drei Folterknechte mich vierundzwanzig Stunden lang quälten. Ich wurde ohnmächtig, und man besprengte mich mit Wasser. Als ich wieder zu mir kam, fingen sie von neuem an. Immer noch schwieg ich. Aufs neue Bewußtlosigkeit, aufs neue Erwachen, aufs neue Provokationen. Wie konnte ich zwei loyale und ehrliche Kommunisten verraten, die versucht hatten, eine Besuchserlaubnis für die UdSSR zu erhalten? Ich war erleichtert festzustellen, daß meine Frau nicht die Adressen der Familien angegeben hatte, die sie in Moskau beherbergt hatten. Gans hatte einen Bildhauer zum Onkel, Direktor des Instituts der Schönen Künste, sehr einflußreich, Katz, ein junger Schriftsteller, hatte sich an den sowjetischen Dichter Hochstein gewandt. Mein Folterer drohte mir, meine Frau und mein Kind verhaften zu lassen, wenn ich nicht die Personen denunzierte, die die beiden Touristen besucht hatten.

Man führte mich in die Zelle zurück, ohne daß ich ein einziges Wort gesagt hatte. Als ich die Augen öffnete, sah ich mich in der Zelle, und ich hatte ein Gefühl der Freude, als ob ich wieder zu Hause sei. Tatsächlich hatten meine Gefährten mich umsorgt, indem sie mir unermüdlich Kompressen machten. Als sie sahen, daß von den Schlägen mein Magen krank geworden war, schenkten diese Menschen mir ihren Tee und ihre Früchte und retteten mich dadurch. Ein russischer Ingenieur, der in einer Zuckerfabrik gearbeitet hatte, trat mir seine Betthälfte ab, er selbst schlief auf dem zementierten Fußboden. Nur zwischen politischen Häftlingen, den "Feinden des Volkes", gibt es solche Gesten der Menschlichkeit. Während meiner Abwesenheit waren Häftlinge abgeführt worden, andere an ihre Stelle getreten. Der Platz und die Luft waren noch knapper geworden, das Gedränge war unerträglich. Tagsüber gab es wenigstens noch etwas Wärme infolge des Gedränges, aber nachts fror man jämmerlich. Keine Nadel hätte mehr Platz gehabt. Blasenleidende hatten alle Mühe, die Kloschüssel zu erreichen. Ich litt Höllenqualen, denn meine Beine waren mir abgestorben.

Die Mehrheit der Gefangenen unserer Zelle waren damals Griechen, Leute aus dem Volk, die trotz ihrer Niederlassung seit Generationen in Rußland ihre nationalen Eigenheiten bewahrt hatten. Einige unter ihnen waren sogar griechische Bürger geblieben. Sie arbeiteten in der Industrie, einige in Hotels. Jetzt kamen sie an die Reihe, liquidiert zu werden. Unter den neuen Häftlingen gab es junge Juden, die eine höhere Bildung erhalten hatten. Der erste, ein Student der Naturwissenschaften, war angeklagt worden, er habe versucht, in eine Familie hoher Würdenträger der Partei einzudringen, mit dem Ziel der Spionage.

Er erzählte seine Geschichte. Vor einem Jahr hatte er sich in eine junge Studentin verliebt. Sie hatten beschlossen, sich "eintragen zu lassen"; was soviel hieß wie heiraten. Das junge Mädchen lud ihn zu sich ein und verschaffte ihm einen Passierschein, denn ihr Haus wurde vom NKWD bewacht. Sie strahlte vor Glück, denn ihr Vater billigte ihre Wahl. Der Vater, ein Russe, war Präsident der Kontrollkommission der Partei beim ukrainischen Zentralkomitee. Die Eltern des jungen Mannes rieten ihm von dieser Verbindung ab. Sein Vater, ein Seiler, machte ihn auf die Gefahr aufmerksam. Seiner Meinung nach hieß das, zu hoch hinauf zu wollen. Die Mutter flehte ihn an und weinte im Stillen. Seine Eltern begannen für ihn zu fürchten. Während eines Besuches bei den Eltern des jungen Mädchens war die Atmosphäre gespannt, verlegen, dann lud der Vater des Mädchens den jungen Mann in sein Büro ein und befragte ihn über seine Herkunft. Der junge Mann antwortete freimütig, daß sein Vater und seine Brüder einfache Seiler seien, daß sie aus einem ukrainischen Dorf stammten, daß sein Vater bis 1928 Hilfsarbeiter gewesen sei und erst 1929 das Wohnrecht für Kiew erhalten hatte. Während er sprach, verfinsterte sich das Gesicht seines zukünftigen Schwiegervaters. In der Nacht des folgenden Tages wurde er verhaftet ...

Der zweite junge Mann war von Politik besessen, besonders einer Politik "hinter den Kulissen", die sich in der Sowjetunion mit Eisenwänden schützt. Kein Ausländer hat dort Zutritt. Ich erfuhr von ihm, daß Stalin während der Wahlen zum 17. Kongreß, die mit geheimer Stimmabgabe erfolgten, weniger Stimmen der Mitglieder des Zentralkomitees als Kirow erhalten hatte. Dieser junge Mann hatte die Universität beendet und war Sekretär des Komsomol von Dnjepropetrowsk geworden. Aus welchem Motiv

befand er sich dort? Wegen der Ehe seiner Schwester! Seine
Geschichte verdient, erzählt zu werden: Nachdem die früheren
Sekretäre, Postichew und Krassow, erschossen worden waren,
wurde der Schwager des jungen Mannes, Chatschejewitsch, nach
Kiew versetzt und an ihrer Stelle ernannt, jedoch nur vorläufig.
Chatschejewitsch, ein einfacher und rechtschaffener Mann,
vertraute seiner Familie seine Befürchtung angesichts dieses
blitzartigen Aufstieges in so turbulenter Zeit an. Alle politischen
Kämpfer handelten mit großer Umsicht. Er selbst, in Armut
aufgewachsen, war während des Bürgerkrieges in der Ukraine
zu den Partisanen gegangen. Dort verlor er den rechten Arm.
Nach dem Kriege wurde er Parteisekretär einer kleinen Stadt.
In den Jahren 1926 und 1927, während des Kampfes gegen Trotzki vertraute Kaganowitsch, der damals Sekretär in der Ukraine
war, ihm einen wichtigen Posten an. Als er jetzt einige Macht
hatte, erwachte in ihm die althergebrachte jüdische Manie, nach
Gerechtigkeit zu streben. Im Dezember 1937, am Vorabend einer erweiterten Sitzung des Politbüros, mit den Ersten Sekre-
tären aller Sowjetrepubliken, vertraute er seiner Frau seine
Absicht an, in Moskau gegen die vergiftete Atmosphäre, die im
Lande herrschte, einzutreten. Sie flehte ihn an, nichts derartiges zu tun, denn er würde seinen Kopf riskieren, aber ihr Mann
informierte sie, daß Woroschilow und Kaganowitsch bereits von
seinem Bericht Kenntnis genommen und ihn ihrer Unterstützung
versichert hatten.

— Glaube das nur nicht, sagte sie zu ihm, sie werden sich wohl
hüten. Wenn deine Kritik jemals Stalin mißfallen sollte, werden
sie sich wie Ratten verkriechen.

Und so war es denn auch. Als Chatschejewitsch das Wort ergriff
und sagte, die Partei sei zu einer militärpolizeilichen Kaserne

geworden, unterbrach ihn Stalin laut:

— Das sind Verleumdungen über die Partei Lenins!

Die Sitzung wurde unterbrochen, und man verhaftete Chatschejewitsch. Es geht das Gerücht, er habe während des Verhörs
eine Herzkrise erlitten; aber aller Wahrscheinlichkeit nach ist
er erschossen worden.

Seine Familie und die seiner Frau wurden verhaftet und die
Kinder ihnen weggenommen. Auf diese Weise war mein Kamerad hierher gekommen unter der Anklage, "Schwager zu sein".

Israel Gurfinkel
Sekretär der Gewerkschaft für Hausan-
gestellte in Zamosc. Wurde 1937 in Kiew
verhaftet, umgekommen.

AUF DER GEFANGENEN-TOUR IN DIE FERNE

Fast einen Monat nach meinem letzten Verhör hatte ich immer noch nicht unterschrieben. Man weckte mich nachts mit dem Befehl, alle meine Habseligkeiten mitzunehmen. Wohin würden sie mich bringen? Nicht zum Verhör, auch nicht zur Gerichtsverhandlung, denn dafür brauchte man nicht alle Habseligkeiten mitzunehmen. Eine verrückte Hoffnung, vielleicht die Freiheit? Im Flur reihte ich mich in eine Schlange ohne Ende ein. Andere Gefangene warteten hinter mir. Vielleicht ging es zur Hinrichtung.

Im dritten Stock teilte man uns in Viererreihen ein und rief uns dem Alphabet nach ins Büro. Die Letzten mußten stundenlang warten. Ich war vom Armehochhalten derart erschöpft, daß ich bereit gewesen wäre, mich erschießen zu lassen, wenn ich nur meine Haltung hätte ändern dürfen. Endlich rief man mich ins Büro. Vor einem von Akten bedeckten Tisch wurde mir die Entscheidung mitgeteilt, die eine Spezialkommission des NKWD von Moskau über mich gefällt hatte. Ich wurde der Spionage verdächtigt und zu zehn Jahren Lagerhaft verurteilt.

Der Funktionär des NKWD saß vor mir:
— Ohne Zweifel habe ich dem Feind die Anzahl der in unserer Fabrik hergestellten Hosen mitgeteilt!
— Halt den Mund! brüllt er, Moskau weiß es besser als du! Wenn du noch ein Wort sagst, kriegst du noch ein paar Jahre dazu.

Im Warteraum pferchte man uns mit gewöhnlichen Verbrechern zusammen. Wir waren dreihundert Leute. Die Verbrecher benahmen sich hier wie die Herren. Die Politischen waren alle körperlich und moralisch gebrochene Menschen. Es war unmöglich, sich zu einer Opposition gegen einen entfesselten Gegner zusammenzufinden. Bei meinem Eintritt riß ein Koloß mit einem pockennarbigen Gesicht mir die Mütze vom Kopf und sagte spottend:

— Nun zeig mal alle deine Verstecke, Abracha! Er filzte mich; ich warf mich auf ihn und versuchte mich zu verteidigen, aber mit einem Schlag brachte er mich zu Boden. Ich schrie auf:

— Ich habe mehr Gefängnisse gesehen als du!

— Aber wer bist du? Und glaubst du, ich sei ein Muttersöhnchen?

Eine Menge von Neuankömmlingen rettete mich im Augenblick vor dem gemeinen Faustrecht. In der Nacht wurden wir gegen ein riesiges Fahrzeug gedrückt und wie Tiere ins Innere verladen. Wir mußten uns dicht zusammenhocken, damit man mehr Leute hineinzwängen konnte. Aber es war nutzlos, uns ins Innere zu stoßen, die Wirklichkeit war stärker als die Vorschriften des Planes. Dann befahl der Kommandant zwei Verbrechern, sich der Sache anzunehmen. Diese warfen uns wie Mehlsäcke hinaus; sie beluden den Lastwagen erneut und stopften alle Leute hinein. Der Wagen wurde mit einer wasserundurchlässigen Decke so abgedeckt, daß man durch keinen Blick von außen die besondere Art der Ladung erraten konnte, die zu einem entfernten Bahnhof gebracht wurde. Dort warteten schon zwei andere Häftlingsgruppen in geschlossenen Waggons. Agenten des NKWD, bewaffnet mit Maschinengewehren, wurden auf allen Dächern in der Umgebung postiert. Scheinwerfer beleuchteten ständig die Konvois. Wir blieben auf dem gefrorenen Boden sitzen und warteten darauf, daß die Prozedur der Kontrolle begann.

Im Waggon gab es zwei Bänke, einen kleinen Ofen und ein Loch anstelle eines Kübels. Auf den Bänken war kaum Platz für fünfundzwanzig Personen: man hatte dort vierzig untergebracht. Zufällig war ich unter den zuerst Eingetretenen, und ich setzte mich nach oben, nahe an ein kleines Fenster. Ich mußte darum kämpfen, diesen Platz zu behalten. Dort war es wärmer, und es atmete sich dort leichter. Sobald der Waggon geschlossen war, füllte er sich mit Schweißgeruch, und die Unannehmlichkeiten des Gedränges machten sich bemerkbar. Man konnte durch das kleine Fenster ein Stück Himmel und den Weg sehen, der sich durch die unendliche Ebene schlängelte. Vor der Abfahrt ließen uns Kinderstimmen, die nach ihren Eltern riefen, erzittern. Für uns war die äußere Welt seit dem Tag unserer Verhaftung verschlossen. Tausende von Menschen belagerten die Waggons, unter ihnen viele Kinder. Die Polizei und das NKWD stießen die Herandrängenden zurück und beleidigten sie dabei: "Platz da, Parasiten! Platz machen!"

Es war das einzige Mal, daß ich in Rußland eine solche Volksdemonstration erlebte. Dies waren sicherlich die Familien der Terroropfer. Hier war es augenscheinlich, daß diejenigen, die uns als Feinde des Volkes bezeichneten, selbst nicht daran glaubten. Unter dem Drängen und der Entschlossenheit der Masse ließen die Kommandanten schließlich die mitgebrachten Pakete passieren.

Ich suchte meine Frau und mein Kind in dieser Menge. Ich hätte sie so gern durch das kleine Fensterchen gesehen! Aber nur von fern, denn für nichts in der Welt hätte ich von ihnen gesehen werden mögen. Sie sollten nicht erfahren, was aus mir körperlich geworden war, nicht einen Augenblick lang mein von Schlägen und Schwellungen entstelltes Gesicht sehen, dem die Vorderzähne fehlten. Ich suchte in dieser Menge, die aus Frauen und Kindern bestand, ein befreundetes Gesicht. Plötzlich bemerkte ich die Frau meines Kameraden Gerson. Sie erkannte mich und erbat Neuigkeiten von ihrem Mann: Was konnte ich ihr sagen? Sie vertraute mir die Pakete an, die für ihn bestimmt waren. Es gelang ihr, mir zu erzählen, daß meine Frau ihre Tage vor dem Gefängnis und in den Bahnhöfen verbrachte. Die Tatsache, daß sie nicht hier war, konnte nur ein Zufall, vielleicht wegen des Kindes, sein. Diese traurigen Neuigkeiten minderten dennoch meine Leiden, sie beruhigten ein wenig meine Angst um ihre Gesundheit und ihr Schicksal.

In unserem Waggon gab es nur einen einzigen Menschen, der so glücklich war, seine Frau und seine Tochter zu sehen. Da gab es mehr Schluchzen und verzweifelte Ausrufe, als ein Mensch ertragen konnte. Ein junges Mädchen zog seine Wollstrümpfe aus und hielt sie einem Wachsoldaten hin mit der Bitte, sie ihrem Vater zu geben, und blieb mit nackten Beinen auf dem harten Schnee stehen.

Unter uns erzählte ein aus Simferopol gebürtiger Jude seine Geschichte. Sein Verbrechen? Er war Kriegsgefangener in Ungarn von 1914 bis 1918, ein schöner Mann, der bei Frauen Erfolg hatte. Von dieser Zeit hat er viel erzählt, vielleicht zuviel? Vielleicht hat er sich dessen gerühmt? Immerhin fiel sein Fall unter Artikel 58, Absatz 10: Propaganda zugunsten des kapitalistischen Systems. Man verurteilte ihn wegen dieses Verbrechens zu acht Jahren Internierung. Fast alle Insassen unseres Waggons waren nach Artikel 58 verurteilt worden. Je nach der Funktion, die sie gehabt hatten, hatte man ihnen weitere Strafgründe angelastet. Alle militärischen Kommandanten hatten Anspruch auf Absatz 1 und 2: Vaterlandsverrat. Diejenigen, die Stellungen in der Wirtschaft gehabt hatten, vom Direktorposten bis zu dem des Vorarbeiters bei fünfzehn Arbeitern, sahen Absatz 8 angeführt: Sabotage. Für Leute, die im Ausland gelebt hatten - oder die indirekt mit dem Ausland zu tun hatten - wurde Absatz 6 angewandt: Spionage. Die kürzlich proletarisierten Arbeiter, die Bauern, gehörten zu Absatz 10: Agitation gegen den Sowjetstaat.

Kein Häftling unseres Waggons war vor einem Gericht erschienen: Alle waren ohne Gerichtsverfahren abgeurteilt worden, sei es direkt durch Moskau, sei es durch die Regionalsektion des NKWD. Man hatte uns alle konterrevolutionärer Aktivitäten beschuldigt, und es gab in der Akte eines jeden einen kleinen Zusatz, der im zukünftigen Verhalten der Lagerverwaltung eine große Rolle spielen sollte.

Die Schwere der Verurteilungen, wie die Verhaftung selbst, machten jede Hoffnung zunichte: Alle Anstrengungen, vernünftig nachzudenken, sich selbst zu überreden: "Es ist unmöglich, die Welt ist keine Wüste, alles wird sich aufklären, und wir werden wieder freikommen", blieben vergeblich. Die am Regime geübte Kritik mündete in einen allgemeinen Pessimismus: "Alles ist nichts als Lüge". Und jeder wünschte eine Apokalypse herbei, die die Welt vernichten würde.

Eine halbe Reisestunde nach der Abfahrt von Kiew, wo jeder von uns Frau, Kinder, Eltern zurückgelassen hatte, hielt der Zug an, um eine Durchsuchung zu ermöglichen. Bei einem fand man einen Löffel, bei einem anderen eine Konservendose, dann eine Zeitung: Alles verbotene Dinge. Nach dieser Durchsuchung unterrichtete uns der Inspekteur des NKWD der Lager, Chef der III. Division, daß unsere Strafen leicht seien im Vergleich zu dem, was uns im Lager für Disziplinlosigkeit blühen würde. Für die geringste Beschädigung am Waggon oder für den Versuch, den Kopf herauszustrecken, sobald die Tür zur Essensverteilung geöffnet wurde, würde man uns ohne Anruf erschießen. Unsere Wächter verfügten nach Gutdünken über unser Leben: Alle diese auf dem Weg in die Gefangenschaft befindlichen Leute mußten, tot oder lebendig, in den Lagern ankommen. Jede antisowjetische Äußerung, jede Regelwidrigkeit bedeutete eine Revision des Urteils und die Vermehrung der Jahre der Verbannung.

Dieser Chef wurde von einem Agenten des NKWD, der für die II. Division verantwortlich war, abgelöst. Er erklärte uns, seine Aufgabe sei unsere Umerziehung:

— Die Sowjetmacht hat euch bestraft, sagte er uns, aber ihr fahrt zur Arbeit. Die Arbeit ist bei uns ehrenvoll, positiv und eine Wiedergutmachung: Ihr werdet als gute Bürger zurückkommen. Es ist möglich, daß sich unter euch zu Unrecht Verurteilte befinden, deshalb wird jeder von euch ein Blatt Papier erhalten, auf dem ihr ein Gesuch an den Obersten Sowjet oder an unseren verehrten Vater Joseph Stalin schreiben könnt. Auch könnt ihr an eure Familien schreiben, die zweite Division wird eure Post befördern.

Ich schrieb nicht an den Obersten Sowjet, sondern an meine Frau. Ich unterrichtete sie von meiner schweren Verurteilung zu zehn Jahren und gestand ihr, daß ich nicht an das Wunder glaubte, eine so lange Haft zu überstehen. Sie solle infolgedessen versuchen, ihr Leben mit einem anderen, ohne Gewissensbisse, fortzuführen. Diese Verurteilung zu jahrelangem Zuchthaus war nicht vorgenommen mit dem Ziel, uns am Leben zu halten, sondern um uns durch Erschöpfung unserer Kräfte zu vernichten. Nach unserem Tod würden wir durch neue Opfer ersetzt, ebenso wie wir die Millionen jetzt ersetzten, die dort unten vor uns umgekommen waren. Ich warf diesen Brief durch die Waggonluke in der Hoffnung, daß eine mitleidige Seele ihn an die angegebene Adresse schicken würde. Der größte Teil meiner Gefährten machte es ebenso. Später stellte sich heraus, daß zahlreiche Familien solche Botschaften erhielten. Trotz des Terrors, der herrschte, bewies das Volk Mitleid, wenn nicht Barmherzigkeit gegenüber den Opfern.

Unser Waggon war stellenweise von Eis bedeckt. Die langen und häufigen Aufenthalte schienen unendlich zu sein. Der Zug hielt in verlorenen Gegenden, fern der Bahnhöfe, auf Abstellgleisen, wo beschädigte oder mit Abfällen beladene Waggons standen. Der Zugdienst wurde von Delinquenten versehen, in der Mehrzahl Dieben und Fälschern. Sie genossen volles Vertrauen, waren sie nicht unschuldige Schafe im Vergleich zu uns? Bei ihnen mußten wir um ein wenig Kohle für den Ofen betteln, für alles mußte mit unseren elenden Gefangenenersparnissen bezahlt werden, dem erstatteten Geld für das, was man uns bei unserer Verhaftung weggenommen hatte. Unsere armseligen Groschen schwanden mit dem Kauf von Lebensmitteln dahin. Für einen Eimer Wasser mußte bezahlt werden. Die Diebe erwiesen uns die Gnade, uns zum Höchstpreis die von ihnen gestohlene Kohle zu verkaufen. Dieser ganze Handel vollzog sich offen mit Billigung der Wachen, die ihren Teil vom Gewinn einsteckten.

Am siebenten Reisetag kamen wir an einer Station nahe Moskau an. Im Laufe der Reise erkrankten einige von uns und hatten starkes Fieber. Der Waggon-Älteste, früherer Hauptmann bei den Grenzwachen, bestand darauf, daß die Kranken ins Gefängniskrankenhaus gebracht würden: Er traf auf taube Ohren. Nachdem einer von ihnen gestorben war, wurden zwei Kranke, die mehr als 40° Fieber hatten , in einen Sanitätswagen umgeladen.

Jeder von uns erwartete, das gleiche Schicksal zu erleiden. Niemand wußte, wer gestorben war. Ein Nachbar sagte, er sei Professor der russischen Literatur gewesen, antisowjetischer Agitation durch seine Studenten angeklagt. In seiner Vorlesung hatte er tatsächlich zwei Erzählungen von Anton Tschechow behandelt: "Der Mensch im Futteral" und "Der Hund des Gouverneurs", aber er hatte nicht genügend unterstrichen, daß diese Erzählungen die Zarenherrschaft wiederspiegeln. Unter uns gab es noch zwei Professoren. Der erste war beschuldigt worden, die Dichtung von Sergei Essenin mit derjenigen von Lermontow verglichen zu haben. Der andere, auch Ukrainer, Professor der Literatur, hatte das Werk von Mikitenko gelobt, das bereits zensiert und als von einem Volksfeind geschrieben verboten war.

Wir erhielten täglich 500 g Brot. Nach der Vorschrift hatten wir täglich Anspruch auf eine warme Mahlzeit, sahen sie aber selten. Häufig setzte sich der Zug wieder in Bewegung, bevor die Diebe die Suppe in alle Waggons gebracht hatten. Zum Glück waren die Kommandanten damit einverstanden, daß die Wächter mit dem Geld der Gefangenen Essen kauften.

Nach drei Wochen einer solchen Reise kamen wir in Swerdlowsk an. Hier hielten wir nicht an einem verlassenen Ort, sondern an einer Wohnsiedlung. Man erlaubte uns, den Waggon zu verlassen. Aber gleich donnerte man den Befehl: "Hinlegen". Man trug die Kranken aus dem Waggon. Es war stechend kalt. Die Mehrzahl der Häftlinge war nur mit der leichten Bekleidung versehen, die vor unserer Abfahrt verteilt worden war. Über uns verband eine Brücke zwei Straßen. Leute versuchten, auf der Brücke stehenzubleiben, um uns zu sehen. Es ist anzunehmen, daß unser Anblick sie erschreckte, denn sie liefen

fort. Schüler, über das Brückengeländer gebeugt, schrien uns
zu: "Volksfeinde!"

Man brachte uns zu einer Badeanstalt, die von der Eisenbahn-
direktion eingerichtet worden war. Unsere armseligen Fetzen
wurden zur Desinfektion gegeben. Die gesundheitlichen Maßnah-
men, zu denen die Rasur der Köpfe und der behaarten Stellen
gehörte, wurden hier nicht von der sadistischen Brutalität begleitet, die wir im Gefängnis erlebt hatten. Dennoch war dies
für jeden von uns eine tiefe Demütigung, weil diese "Toilette"
von einer Gruppe Frauen ausgeführt wurde. Bei unserer Rückkehr war der Waggon gefroren und desinfiziert. Die drei ehemaligen Militärkommandanten vermuteten, daß der Typhus unseren Konvoi befallen haben mußte, und unsere Wachen befürchteten, Leichen statt frischer Arbeitskräfte abzuliefern;
deshalb hatten sie diese Reinigung vorgenommen.

In unserem Waggon starben neun Leute in zwei Wochen. Wir waren nur noch einunddreißig von vierzig. Wieviele aus diesem
Konvoi, der zweitausend Menschen umfaßte, würden das Ende
der Reise erreichen? Einer der Kommandanten, der in Fernost gelebt hatte, versicherte uns, daß alles, was wir erlebten,
nur der Vorgeschmack wäre, die Hauptsache würde erst da unten in Fernost kommen, wo es Zehntausende von Lagern gäbe.
Die einzigen lebenden Seelen, denen man in diesen riesigen
schneebedeckten Weiten begegnete, seien die Millionen Opfer.
Man würde dort auch freie Verbannte sehen, die nach der Li-
quidierung der "Kulaken" gekommen seien. Diese widerstands-
fähigen Menschen, an ein rauhes Leben gewöhnt und gute Arbeiter, hätten dennoch eine erschreckende Sterblichkeit.

Wir begegneten auf unserem endlosen Weg anderen Konvois, die

sich mühselig dahinschleppten. Züge mit Dutzenden von vollgestopften Waggons verfrachteten ein ganzes Volk, eine wahre
Völkerwanderung. Am Ende der sechsten Reisewoche verließen
wir die Waggons, und vor unseren Augen, soweit das Auge
reichte, dehnte sich ein Meer von Schnee aus. Die Lagerwachen,
die Waffen auf uns gerichtet, kreisten uns sofort ein. Eine Meu-
te von Wolfshunden versuchte, sich von ihren Leinen loszurei-
ßen, und sie fletschten ihre Zähne, bereit, uns zu zerfetzen.
Zum ersten Mal hörte ich diese Warnung:
— Ein Schritt aus der Reihe, und es gibt eine Kugel in den Kopf!

Im Zentrum teilte man uns in Gruppen ein und wies uns verschiedenen Arbeitsabteilungen zu. Der Ort hatte den Namen Karabas.
Das war ein riesiges Gelände, eingekreist von drei Reihen Stacheldraht. In allen Ecken befanden sich Wachtürme mit Maschinengewehren und Scheinwerfern, die ständig auf den ganzen Abschnitt gerichtet waren. Der erste Stacheldrahtzaun war höher
als ein Mensch. Dann kamen eine verbotene Zone von zwei Metern, eine sehr hohe Mauer und aufs neue zwei Meter Verbotszo-
ne. An der dritten Mauer befand sich das Eingangstor, überragt
von einer riesigen Inschrift: Die Arbeit ist in Sowjetrußland Ehre und Heldentun. Das war die Devise von Stalin.

Wir erfuhren, daß wir zur Verfügung der Lager von Karagansk,
Republik Kasachstan, standen. Die Stadt Karagansk, die etwas
mehr als zweihunderttausend Einwohner zählte, war ein neuer
Punkt auf der Karte Rußlands. Man hatte dort Kohle entdeckt,
und um die Kohlengruben herum wurde die Stadt errichtet. Hierhin leitete man gegenwärtig die wichtigsten Häftlingszüge, die
verbannten freien Bauern, ebenso wie diejenigen, die ihre Strafe abgesessen hatten und nicht das Recht hatten, die Gegend zu
verlassen. Dieses Kohlenrevier allein beschäftigte 90% der

Häftlinge, die sich alle vor dem Einsatz dort fürchteten. Denn die Arbeit in den Kohlengruben war mit der Todesstrafe gleichzusetzen. Diese Gegend war in Wahrheit ein riesiger Sklavenmarkt, mit dem Unterschied, daß diese Arbeitssklaven keinen Lohn erhielten. Tagtäglich kamen hier Züge an, die anschließend zu anderen Lagern weiterfuhren. Hierhin wendeten sich die Verantwortlichen der Lager, um Arbeitskräfte zu erhalten. Die Lagerchefs aus der Nähe kamen, sich persönlich die Männer für die Arbeit auszusuchen. Die innere Verwaltung wurde von den Bevorzugten geleitet, den gewöhnlichen Verbrechern und den bewaffneten Wächtern. Die Verbrecher wurden nach Verbüßung ihrer Haftjahre nicht in die Arbeitslager geschickt.

Jeder Fetzen, jeder Lappen, so wenig er auch wert war, wurden einem mit Gewalt entrissen oder gestohlen, um außerhalb der Zone verkauft zu werden. Häufig wurden die Häftlinge während der Verteilung der Brot- oder Suppenrationen von kleinen Dieben angefallen. Ein Mann, der erwürgt oder massakriert am Boden lag, war ein häufiger Anblick. Wir waren Verräter, Volksfeinde. Das Klima war durch das NKWD geschaffen worden, mit dem Ziel, unseren Instinkt der Selbstverteidigung zu vernichten. Schon zur Zeit des Zaren wurden die Verbrecher gegen die Politischen eingesetzt. Nur heutzutage waren die Politischen organisiert und ideologisch gewappnet. In diesem Jahr 1937 waren wir zwar zahlreich, aber wir waren vor allem Menschen, die grausam enttäuscht und körperlich gebrochen waren. Wir, Parteigänger des Kommunismus, der für uns Gerechtigkeit bedeutete, konnten diese Realität nicht hinnehmen, die uns in die Verzweiflung stürzte, aber eine Revolte war nicht möglich.

Die nationalen Minderheiten litten auch heftig: diejenigen, die als "Menschewiki" bezeichnet wurden, die Usbeken, Kosaken,

Georgier, Tataren und andere. Die Mehrheit dieser kleinen Völker verstand kein Russisch. Sie mißtrauten übrigens den Russen. Sie fanden sich immer nach ihrer nationalen Zugehörigkeit zusammen. Die Diebe bezeichneten sie als Z w i e r i , Tiere. Die Juden, die A b r a c h a , wie man uns nannte, gingen in dieser riesigen Menge unter.

Als der dritte Tag unserer Quarantäne zu Ende ging, wurden wir sogleich in Arbeitsbrigaden eingeteilt. Bei der ärztlichen Kontrolle untersuchte man weder das Herz noch die Lungen. Der Arzt befahl uns, die Hose herunterzulassen, und prüfte die Wirbelsäule, um festzustellen, ob an der Stelle des Steißbeins das Fleisch nicht blau war, ein Krankheitssymptom, das bei den Deportierten häufig war, genannt P i l a g r i , die Pellagra, eine Folge von Unterernährung. Unmittelbar nach dieser Kontrolle wurde ich in eine Etappenbaracke geführt, was soviel wie Arbeiterkolonie bedeutete. Auf diese Weise verlor ich die Gefährten aus Kiew aus den Augen, mit denen ich gekommen war. Von vierzig waren nur siebenundzwanzig übriggeblieben, die die sechs Wochen gemeinsamer Leiden einander nähergebracht hatten. Aufs neue fand ich mich allein in einem Ozean der Feindseligkeit und des Hasses.

Die riesige Baracke war halb in den Boden eingegraben, so daß sich die Dachluken in Bodenhöhe befanden. Drei Reihen von Lagerstätten - ebene Bretter - waren aus dreckigen Brettern gemacht, entlang den Mauern. Eine andere Reihe dieser Bretter befand sich in der Mitte der Baracke und teilte sie in zwei Teile. Jeder von uns lief, um ein Stückchen freien Platz auf der letzten Reihe oben zu erlangen. Man hoffte, dort ein bißchen Wärme und einen besseren Platz nahe der Mauer zu finden. Die mittlere Reihe war am unangenehmsten: Dort mußte man immer

auf der Lauer liegen, denn von allen Seiten konnte Gefahr kommen. Ich setzte die Tasche ab, die meine wenigen Fetzen enthielt, darunter mein teuerstes Andenken, das kleine Kissen meines Sohnes. Diese Tasche, die meine ganze Habe enthielt, versuchte mein Nachbar an sich zu bringen: Ich erwischte den Dieb,
und mit allem, was mir an Zähnen verblieben war, biß ich ihn
ins Ohr. Er schrie, aber ich hielt ihn fest.

— Ah, das ist dir? Nimm's zurück, aber laß mich los.

Ich kam mir vor wie ein wildes Tier, war aber recht zufrieden
mit diesem ersten Sieg: Unter Wölfen muß man wie ein Wolf leben. In den Augen meiner Nachbarn sah ich Anerkennung. Erst
als ich später darüber nachdachte, fühlte ich mich unbehaglich;
mit welcher Geschwindigkeit verwandelt sich der Mensch in ein
Raubtier! Man muß zugeben, daß unter unmenschlichen Bedingungen die Auffassung vom "Menschen, geschaffen nach dem
Bild Gottes" sich als Schimäre herausstellt. Einst hatte Gorki
die begeisterten Erbauer einer kommunistischen Gesellschaft
besungen. Nach der Auffassung Gorkis erweckt das Wort
"Mensch" Hochmut und Stolz. Heute schreibt man ihm den Satz
zu: "Wenn der Feind sich nicht ergibt, muß man ihn umbringen".
Aber wer ist der Feind? Die Altbolschewiken, die emigrierten
Kommunisten, die politischen Flüchtlinge, diese Millionen Arbeiter, Bauern, Intellektuelle, die in alle diese Lager geworfen
wurden? Diese Revolte, diese Empörung, sie mußten in Schach
gehalten, eingedämmt und zurückgehalten werden. Wenn ich es
nicht tun würde, käme ich wie ein Hund um.

Ich ging ins Arbeitsbüro, wo man die verschiedenen Berufe zählte. Ein Aufruf besagte, daß alle Schneider sich im Zentrum von
Dolinka, 30 Kilometer von Karabas entfernt, einschreiben sollten. Dort befand sich eine Fabrik, wo Uniformen hergestellt

wurden, meine Spezialität. Die Tatsache, daß ich Schichtleiter in der Fabrik "Gorki" gewesen war, zog die Aufmerksamkeit auf meine Akte, nachdem man aber von den Beschuldigungen gegen mich Kenntnis genommen hatte, wurde die Akte nicht mehr beachtet.

Ich begegnete einem jüdischen Bäcker, der zu fünf Jahren verurteilt war. Sein körperlicher und moralischer Zustand war erschreckend, obwohl er erst seit zwei Jahren dort war. Er vertraute mir an: "Es ist mein Unglück, daß ich wegen Diebstahls verurteilt wurde, ohne ein Dieb zu sein. Beim Verlassen nach Arbeitsschluß nahm ich aus der Backabteilung ein Brot nach Hause mit. Das ist alles."

Man sammelte hundert bis hundertzwanzig Leute, um zu einer entfernten Kolonie zu marschieren. Die Kälte stach und zwickte; der kristallartige Schnee säte Diamanten in der Sonne. Die Wachen verkündeten:

— Alle zehn Kilometer zehn Minuten Ruhe. Ein Schritt aus der Reihe, ein Aufenthalt während des Marsches bedeutet Tod.

— Verstanden? bekräftigte der Kommandant.

Da niemand antwortete, verpaßten uns die Wachen einige Kolbenhiebe und ließen die Hunde, die ihre Zähne fletschten, los:

— Verstanden? wiederholten sie.

— Verstanden, riefen einige Stimmen.

— Wenn man zu euch freundlich spricht, versteht ihr nichts! brüllte der Kommandant.

Das war unsere erste Lektion. Wir marschierten, und die Kälte begleitete uns, sie war aber nicht stark genug, um uns erfrieren zu lassen. Je mehr wir vorankamen, desto schwieriger wurde der Marsch. Nach langen Monaten im Gefängnis hatten die

Beine, eingerostet und geschunden, die Bewegungen verlernt und gehorchten nicht. Hie und da durchschnitt ein Schrei die Luft, ein herzzerreißender Hilferuf eines Häftlings, der einen Kolbenschlag bekommen hatte, weil er die Beine nachzog. Nachdem wir einige Stunden marschiert waren, begann der Wind zu blasen. Einmal entblößte der Wind den Boden, das andere Mal begrub er ihn unter dem Schnee. Einige Wagen, die von Kamelen gezogen waren, begleiteten uns. Bei jedem Windstoß schrieen die Kamele schmerzhaft. Die beiden Hunde bellten in langen, klagenden Tönen. Und plötzlich war es gänzlich dunkel. Unsere Wachen schossen in die Luft und schrien: "Hinlegen!"

Ein Zyklon war gekommen. Selbst unter Kolbenschlägen waren wir unfähig, die Füße zu heben. Die Schwächsten wurden wie Strohbündel auf die Wagen geladen, da sie aber unbeweglich blieben, riskierten sie, vor Kälte zu sterben. Wir kamen mit einem Tag Verspätung, mit erfrorenen Gliedmaßen an. Bei einigen hatten auch die Geschlechtsteile sehr gelitten. Man ließ uns in ein Bad eintreten, um uns aufzutauen. Am Abend wurden die kräftigsten Männer unserer Gruppe zu den Baracken geführt; meine Gruppe erreichte eine halb eingegrabene Baracke. Auf dem Dach warnte uns ein bewaffneter Wächter, er würde auf uns schießen, wenn wir näherkämen. Der Kommandant, der uns begleitete, ein Dieb wie die anderen Kommandanten, versuchte ihm zu erklären, daß er nur einen Befehl ausführe, da legte der Wächter den Finger an den Abzugshebel ... Endlich begriff er.

In einer Baracke, in tiefes Dunkel getaucht, verbreitete eine elende Leuchte, die aus vorhandenen Mitteln zusammengebastelt war, ihren schwachen Schimmer. Wir drängelten uns und stolperten wie immer, jeder wollte ein Stückchen Platz auf der Bank ergattern. Ein riesiges Eisengestell thronte in der Mitte. Es

diente als Ofen und Kleidertrockner. Eine feuchte, unerträgliche Luft erfüllte die Baracke. Obwohl wir von Läusen und Flöhen verzehrt wurden, entkleidete sich hier niemand. Mein Gott! In welche Hölle bin ich geraten? Welchen Fehler habe ich begangen? Unter meinen Erinnerungsbildern tauchten Städtenamen, Menschen und miterlebte Ereignisse auf. Ich war wieder in Paris, nahe der Metrostation "Belleville" im Arbeiterviertel Couronnes. Die Leute kamen von der Arbeit zurück, andere hatten eine Verabredung ... und dann zärtliche Umarmungen, leuchtende Blicke, Lachen ... Welch ein Fest an diesem gewöhnlichen Wochentag! Die ruhige Hochstimmung, ich hatte niemals genügend freie Zeit, um sie auszukosten. Ja, damals hatte ich geglaubt, hatte ich geträumt, wir würden die Welt verändern, der Kommunismus würde das menschliche Leben zu einem ständigen Fest machen. Ich erinnere mich an den Tag, an dem ich mit dem Genossen Szrager in einer Delegation zum Zentralkomitee der Partei in Paris ging. Wir waren beauftragt, eine führende Persönlichkeit einzuladen: Thorez, Duclos oder Sémard, zu einem Fest der jüdischen Sektion zu Ehren des zehnten Jahrestages des Bestehens unserer kulturellen Liga. Doriot kam gerade aus Moskau zurück; alle freuten sich, ihn zu sehen. Er, der Jüngere, hatte eine lange politische Laufbahn hinter sich, er war damals Abgeordneter von Saint-Denis. Seine Beredsamkeit elektrisierte die Massen. Alle umringten ihn; er beantwortete verschiedene Fragen über Moskau und fügte am Ende hinzu:
— Welche Liebedienerei im Kreml!

Mich schmerzte diese Lästerung. Szrager war glücklich. Thorez hatte versprochen, zum jüdischen Arbeiterfest zu kommen. Bei seiner Rückkehr sagte Szrager:

— Siehst du, Mosche, das ist unser Anteil an der jüdischen Geschichte in Frankreich.

Genossen Thorez, Szrager, kommt hierher und seht euch ein wenig die hunderttausend Baracken an, wo Millionen Unschuldige liegen! Das ist die wahre Geschichte unseres Kommunismus! schrie die Verzweiflung in meinem Inneren.

Plötzlich hörte ich, wie jemand eine jüdische Melodie summte. Nein, ich träumte nicht, es waren die Melodie und die jiddischen Sätze aus dem Stück "Das große Los", das im Michaels-Theater in Moskau gespielt wurde. Eine Woge der Wärme überschwemmte mein Herz, es gab also noch mehr Juden hier, ich war nicht mehr allein. Diese Gewißheit tröstete mich, gab mir Kraft und ließ mich einschlafen. Ich spürte nicht mehr die Wanzen noch den übelriechenden Gestank. Kaum hatte ich Zeit, mich auf dem harten Brett meiner Bank umzudrehen, als schon der Befehl donnerte:"Aufstehen!" Vor allem lief ich an die Stelle, von wo in der Nacht der jiddische Refrain gekommen war. Es stellte sich heraus, daß wir ein Dutzend Juden in der Baracke waren. Alle in derselben Brigade und auf denselben Bänken. Am Morgen war es nicht möglich, sich näher kennenzulernen: Man durfte nicht das bißchen Suppe und die Brotration verpassen, nach deren Verteilung man aus der Baracke gejagt wurde, um zur Arbeit zu gehen. Die Juden rückten ein wenig zusammen, um für mich bei sich Platz zu machen. Einer wagte, zu meinen Gunsten einzutreten und erreichte, daß ich mich ihrer Brigade anschließen durfte. Nun war ich mit ihnen zusammen auf dem Weg zur Arbeit.

Unser Lager, offiziell Landwirtschaftliche Industriezentrale genannt, gehörte zu der von Karaganda. Man versuchte, diese riesigen jungfräulichen Steppen, die noch niemals von einer Hacke berührt waren, urbar zu machen, dort zu säen, sie fruchtbar zu machen. Dorthin wurden die Invaliden, die Kranken und die Frauen geschickt. Man hielt es für einen Glücksfall für einen Häftling, im Agrarzentrum zu arbeiten, das von einem großen Dorf gebildet wurde und mit Stacheldraht umzäunt war. Es gab dort Hunderte von Baracken; unsere gehörte den "geheimen" Gefangenen.

Meine Arbeitsbrigade war beauftragt, den Mist eines riesigen Haufens umzusetzen, denn sonst würde er verderben. Die oberen Lagen waren gefroren. Man mußte mit der Axt und mit der Hacke arbeiten. Als man endlich die Lage erreicht hatte, wo man eine Mistgabel verwenden konnte, wurde es dunkel, und während der Nacht verhärtete der Frost aufs neue diese Lage. Die zweite Brigade wendete die Erde mit einem Spaten. Die Norm war täglich vier Kubikmeter. Dafür erhielt man siebenhundert Gramm Brot täglich. Wenn man nur 50 % der Norm erreichte, bekam man eine Strafration: dreihundert g Brot und Suppe. Es kam selten vor, daß es jemandem gelang, die ganze Norm zu erfüllen. Die Brigadechefs (eine Brigade umfaßte zwanzig Leute) und die Wachen plagten uns unaufhörlich, ohne uns eine Atempause zu gönnen. Sie brüllten, drohten mit Strafrationen. Es kam vor, daß ein Mann nach einem Arbeitstag in eine Strafzelle, genannt "Isolator", eingeschlossen wurde. Nach wiederholter Bestrafung für Verspätung sah der Unglückliche seine Strafe um zwei oder drei Jahre verlängert.

Das Brot wurde aus minderwertigem Gemisch und soviel Wasser hergestellt, daß es kaum noch Nährwert hatte. Diese "Ernährung" verminderte die Kräfte und beförderte den Häftling rasch ins Jenseits. Das Schicksal des Häftlings ruhte in den Händen des Brigadechefs: Von ihm hing sein Leben ab, obwohl dieser selbst ein Deportierter war. Der Brigadechef konnte vermerken, daß man 80 % der Norm erreicht hatte, selbst wenn es nicht der Fall war. Es war genau so bei den Eintragungen der insgesamt ausgeführten Arbeiten, die niemals stimmten. Wenn man alle die Kubikmeter Schnee zusammenrechnete, die die Brigadechefs in ihre Berichte eingetragen hatten, wäre die Anzahl verblüffend gewesen! Aber die Herren der Internierten, die von ihren Untergeordneten betrogen wurden, betrogen ihrerseits ihre Vorgesetzten! Überall herrschte das System der falschen Berichte über die ausgeführte Arbeit. Dies System diente den Brigadechefs und deren Chefs, die sich einer eisernen Gesundheit erfreuten. Die Häftlinge, die produktiv arbeiteten, die den Reichtum des Landes schufen, erhielten eine Ernährung, die sie, neben den unmenschlichen Bedingungen, einem langsamen, aber sicheren Tode näherbrachte. Die anderen Brigaden gruben in den gefrorenen Boden riesige Löcher, um dort den Mist aufzuheben. Die Füllung dieser Löcher wurde von einer Frauenbrigade ausgeführt. Der Anblick dieser Frauen, größtenteils noch jung, gekrümmt unter der widerlichen Last, zerriß einem das Herz. Um diese Arbeiten auszuführen, besaßen wir, die Zuchthäusler, untaugliche Werkzeuge, wie es bei Sklaven die Regel ist, die nichts kosten.

Nach zwölf Stunden harter Arbeit erschien uns die Rückkehr in die widerliche Baracke schön; man breitete die getränkten Lappen, mit denen man die Füße umwickelt hatte, zum Trocknen aus. In diesem Elend wurde ich durch die Freundschaft meiner neuen jüdischen Lagerkameraden aufrechterhalten. Der Jüngste kannte die jüdische Literatur. Ehemals Lehrer am Institut von Wilna, brachte er uns aufs Laufende über die neuesten Entwicklungen der jüdischen Kultur in der ganzen Welt. Ein anderer, Lazarek Ran, heute als Schriftsteller in den Vereinigten Staaten lebend, wurde von seiner Partei von Wilna in die UdSSR geschickt, aber bei seiner Ankunft an der Grenze, ebenso wie seine junge Frau, festgenommen. Zufällig ereignete sich dies vor der Terrorwelle von 1937, so daß er im Vergleich zu uns eine viel geringere Strafe hatte. Er war ein beherzter Mann, voller Optimismus, der uns allen so sehr fehlte. Wir beteten insgeheim, daß das Schicksal wenigstens Lazarek verschonen möge, daß er am Leben bliebe. Vielleicht könnte er eines Tages der Welt von unseren Leiden erzählen. Er hatte die Hoffnung, vor uns freigelassen zu werden, eines Tages aus dieser Hölle herauszukommen. Ich hatte das Glück, bei der Arbeit mit ihm zusammen zu sein. Wir aßen Seite an Seite unsere kümmerliche Suppe aus demselben Napf, und immer, unter allen Umständen, unterhielten wir uns. Er sagte:

— Könnte sich jemals ein Schriftsteller vorstellen, daß hungrige, dreckige, elende Juden beim Umsetzen von Mist über ihre Werke diskutieren?

Diese Periode war die beste aller meiner Haftjahre. Die beiden Lazare, Ran und Frydman, schliefen auf der Schlafbank einer neben dem anderen. Alle beide waren im Lubiankagefängnis in Moskau eingekerkert worden. Lazare Frydman, mit seinem wahren Namen Alter Naier, hatte in der Konfektion den politischen Kampf geführt; verantwortlich für die Gewerkschaftsbibliothek, war er ein sehr begabter Mensch und besonders zuständig für technische Fragen. Da er seine Studien in Polen nicht fortführen konnte, schickte die Partei ihn nach Rußland, wo er ein metallurgisches Institut absolvierte. Noch unlängst hatte er in einer Moskauer Fabrik als Schichtleiter gearbeitet.

Der zweite Lazare hatte ebenfalls einen Lehrgang mit dem Ziel, seine politische Ausbildung als Führungskraft zu vervollkommnen, mitgemacht. Als der Lehrgang beendet war, erwartete ihn eine Stellung in der Parteileitung in Galizien. Eine Zeitlang hatte er die jüdische Sektion in der Ostukraine geleitet. Nach Rußland zum zweiten Mal zurückgekommen, absolvierte er das Institut für Politikwissenschaft und erhielt das Diplom als Professor. Da er außerdem noch die englische Sprache beherrschte, arbeitete er in der Zentrale des "Gesert". Eine Zeitlang leitete Lazare die Kommission der Partei für höhere Bildung. Er leitete außerdem den politischen Unterricht im künstlerischen Milieu und auch an der Bolschoi-Oper. Leidenschaftlich liebte er die Musik, und er schrieb zwei Werke über die beiden Musikschulen von Moskau und Leningrad. Er übersetzte die Biographie von Paganini. Während seiner Zusammenarbeit mit der Kommission für politische Bildung im Zentralkomitee war Chruschtschow Parteisekretär. Es war Lazare, der die Tagungen Chruschtschows vorbereitete. Im Lubiankagefängnis begegnete Lazare wieder Dimensztein, dem ehemaligen Kommissar für jüdische Fragen, der mit Stalin im Kommissariat für nationale Fragen zusammenarbeitete. Dimensztein wurde angeklagt, einen Plan vorbereitet zu haben, Stalin im Augenblick beim Verlassen des Kremls zu erschießen. Dimensztein, augenkrank, sah nur zwanzig Zentimeter weit. Soll man glauben, daß das NKWD unfähig war, einen besseren Schützen zu finden?

Grinberg wurde der Spionage angeklagt - ein Verbrechen, das allen politischen Emigranten vorgeworfen wurde - und auch des jüdischen Nationalismus. Tatsächlich warf der Staatsanwalt ihm vor, bei jeder Versammlung des Führungsapparates in Moskau sich mit seinen jüdischen Kameraden getroffen zu haben, um

jiddische Lieder gemeinsam zu singen. Grinberg, der in Sowjetrußland in guten Verhältnissen lebte, wie die ganze Füh-
rungsbürokratie des Apparates, war vom Volk isoliert und kannte nicht die Trostlosigkeit des Alltagslebens, so daß er sogar
im Lager seinen Glauben an den Kommunismus und seine Treue
zu Stalin bewahrte. Wir diskutierten ohne Unterlaß, und mit fast
religiösem Pathos erklärte er:
— Eines Tages, vielleicht schon bald, werde ich euch noch in
einen jüdischen Klub in Moskau führen, und bis spät in der Nacht,
in Gesellschaft von Hunderten von jungen Leuten und Mädchen,
werden wir jüdische Lieder singen und uns gemeinsam vergnügen. Ihr werdet dann mit mir über eure schwarzen Gedanken,
euren heutigen Pessimismus lachen. Aber dann werde ich mehr
lachen als ihr! Ich wette, daß unsere Entlassung vor der Tür
steht. Packen wir unsere Siebensachen und kehren ins Leben
zurück!

Ich erfuhr später, 1959 in Polen, daß dieser begabte Mann, dieser schöne Träumer, nach zwei Jahren Leiden in einem der Lager von Dolinka gestorben war.

Das dritte "Paar" Kameraden, die aus derselben Schüssel aßen,
waren Wilk und Poltawer (genannt nach seiner Geburtsstadt Pol-
tawa in der Ukraine); von Beruf Fotograf, ähnelte er seinem
Landsmann Zerubawel, Führer der linken Zionisten. Wie hatte
dieser ruhige Mann, der politischen Kämpfen und sogar sozialen
Problemen gleichgültig gegenüberstand, der Konterrevolution
angeklagt und zu acht Jahren verurteilt werden können? Das
bleibt für mich ein Rätsel. Wilk, politischer Emigrant, einst
Kämpfer der Ledergewerkschaft in Wilna, wurde von der Partei
in die Sowjetunion geschickt. Er lebte in Minsk. Von Zeit zu Zeit
schickte man ihn in den Westen Weißrußlands, d. h. nach Polen,

mit Rücksicht auf seine gewerkschaftlichen Verantwortungen.
Bei seiner letzten Mission war die kommunistische Partei Polens soeben von der Komintern aufgelöst worden. Wilk hatte keinen Kontakt mit der verbotenen Partei; seine Kontakte bestanden nicht mehr, die Leute waren entweder verhaftet worden
oder auf der Flucht. Er kehrte dann auf demselben Weg nach
Rußland zurück und wurde alsbald verhaftet. Nachdem er im
Gefängnis von Minsk gefoltert worden war, wurde er für zehn
Jahre nach Sibirien geschickt. Im Gefängnis war er dem Bruder
des Dichters L. Charik, der schrecklich gefoltert worden war,
begegnet und auch dem Gewerkschaftssekretär der Konfektion
von Bialystok. Letzterer hatte acht Jahre in Polen wegen seiner kommunistischen Aktivitäten abgesessen. Während des großen Textilarbeiterstreiks im Jahre 1937 wurde er erneut verhaftet, obwohl man bei ihm kein kompromittierendes Dokument fand; man führte ihn trotzdem vor den Chef der polnischen
Sicherheitspartei, der ihm erklärte:
— Du hast polnisches Brot gegessen, jetzt schickt man dich zu
deinen bolschewistischen Genossen.

Er wurde an die russische Grenze gebracht. Strahlend ging er
auf die russischen Wachen zu, aber diese empfingen ihn mit
Schlägen; von dort wurde er ins Gefängnis von Minsk gebracht.

Mit der Zeit wurde das Regime immer härter. Die Politischen,
mit besonderen "Punkten", wurden in einer isolierten Zone vereinigt, ohne Bewegungsfreiheit zwischen den Baracken der riesigen Zone. Man mußte auf nackten Brettern schlafen, nur mit
Unterwäsche bekleidet. Für die Notdurft mußte man nachts in
eine Kälte zwischen 35° und 40° hinausgehen, ohne sich anzu-
ziehen. Für die Blasenkranken waren die Leiden unerträglich:
Viele kamen nicht rechtzeitig hinaus und erleichterten sich in

die Näpfe, aus denen sie aßen. Am Morgen wuschen sie sie mit Schnee aus.

Später versetzte man mich in eine Arbeitsgruppe mit einem Teil meiner jüdischen Kameraden. Wenn der Begriff "Glück" überhaupt eine Bedeutung hat, würde ich sagen, daß mit ihnen zu sein, eines war. Man schickte uns fünf oder sechs Kilometer weiter in ein neues im Bau befindliches Lager. Wir sollten es mit Stacheldraht umzäunen und dort einen I s o l a t o r , eine Zelle für diejenigen, die künftig bestraft würden, errichten. Wir hoben auch einen Kanal aus, der die Felder des neuen Zentrums bewässern sollte. Die Erde war nicht nur gefroren, sondern sie bestand nur aus Sand und Steinen. Die Schaufeln waren unbrauchbar, man mußte den Boden mit Pickeln und Äxten umwenden; die Norm war für einen Mann vier Kubikmeter täglich. Nachdem diese Erde gewendet worden war, mußte sie woanders hingebracht werden. Eine Brigade Tischler hatte Schubkarren für diesen Erdtransport hergestellt, aber diejenigen, die seit langer Zeit dort arbeiteten, erzählten, daß man seit drei Monaten versprach, die kleinen Räder zur Bewegung der Schubkarren kommen zu lassen; inzwischen beförderten wir diese Erde mit Hilfe eines Zaumzeuges.

Ich arbeitete mit Ran. Der Schweiß floß in Strömen trotz der großen Kälte. Mit und ohne Brotration durften wir nicht weniger als unsere nichtjüdischen Nachbarn leisten, damit wir nicht das Murmeln hörten: "Die Juden verstehen nicht zu arbeiten": — Selbst unter den härtesten Bedingungen, sagte uns Ran, müssen wir uns bemühen, unsere jüdische Ehre zu bewahren, sonst erklären sie, daß die Juden alle unfähig sind.

Trotz aller Kniffe des Brigadechefs, die höhere Normen eintrugen, gelang es keinem einzigen Häftling unserer Baracke, die 500 g Brot zu erhalten. Die Flüche, die Drohungen, alle würden wegen Vortäuschung einer Krankheit verurteilt werden, hatten keinerlei Ergebnis. Die Menschen verkümmerten von Tag zu Tag mehr. Glücklich waren die Häftlinge, die in ihr erstes Zentrum zurückgeschickt wurden. Man ersetzte sie durch neue.

Nach einiger Zeit übernahm unsere Brigade Bauarbeiten, und unser Brigadechef rieb sich die Hände:
— Jetzt, Leute, wird man die Brotration bekommen!

Wir errichteten Vorratsläger, um dort die künftige Ernte einzulagern, Zimmer für unsere Bewacher und für die Agenten des NKWD, unsere Herren. Unsere Gruppe stellte Ziegel her. Alle diese Arbeiten wurden mit ebenso primitiven Mitteln ausgeführt wie bei den jüdischen Sklaven in Ägypten unter dem Pharao Ramses. Die Ziegel aus Lehm wurden mit Stroh verstärkt, geformt, dann in Sonne und Wind getrocknet. Diejenigen unter uns, die es verstanden, Fenster und Türen anzubringen, was sehr anerkannt wurde, erhielten das Maximum, das ein Häftling erhalten konnte: 700 g Brot und 200 g Soja. Tagsüber erwärmte die Sonne den Schnee, der taute. Die Brigaden häuften dann die Erde mit Schaufeln zusammen. Wir gruben Kanäle aus, die das Wasser des Zentralkanals herbeiführen sollten. Obwohl die Erde bearbeitet war, was unsere Arbeit weniger hart machte, wurde die vorgeschriebene Norm grausam erhöht: 40 Meter Länge, 80 cm Tiefe und 40 cm Breite je Mann. Selbst den Kasachstanen und den Usbeken gelang es trotz ihrer Gewöhnung an schwere Arbeiten nicht, mehr als die Hälfte der Norm zu schaffen.

Nun hatten wir zwei Monate lang keinen einzigen Ruhetag gehabt. Dies war die Strafe dafür, daß wir den für unseren Bezirk vorgesehenen Plan nicht erfüllt hatten. Mit großer Ungeduld erwarteten wir den 1. Mai, der in der ganzen Sowjetunion gefeiert wurde. Aber am 30. April wurde unsere Wache verdoppelt. Nach der Arbeit wurden wir zwei Stunden lang zurückgehalten, um gründlich durchsucht zu werden. Mitten in der Nacht weckte man uns und führte uns aus der Baracke heraus. Neue Durchsuchung, dann stellte man uns in der Mitte des Geländes auf, um uns zu zählen. Endlos lange zählte man ab, zählte erneut, und niemals stimmten die Ergebnisse überein. Endlich, selbst ermüdet, gaben sie es auf. Bevor man uns dann entließ, informierte man uns, daß eine Gruppe, die sich geweigert hatte, zur Arbeit zu gehen, vom Lagergericht verurteilt werden würde. Am Morgen des 1. Mai jagte man uns aus unseren Baracken, und wir mußten wie jeden Tag zur Arbeit gehen. So wurde der 1. Mai gefeiert.

Seit der Nacht meiner Verhaftung waren zehn Monate vergangen, als ich endlich den ersten Brief von meiner Frau bekam. Sie schrieb mir, daß sie seit zwei Monaten in einer Trikot-Kooperative arbeitete. Ich entnahm daraus, daß sie acht Monate lang keine Arbeit gehabt hatte: Man mißtraut einer Frau, deren Mann ein "Volksfeind" ist, und man stellt sie nicht so leicht ein. Dieser Brief machte mir dennoch Freude, meine Frau war in Freiheit.

Vom Morgengrauen bis zur Nacht arbeitete unsere Brigade an der Bewässerung der Felder. Morgens und abends war es gefroren, aber tagsüber erwärmte die Sonne wohltätig die riesigen Steppen. Nicht der mindeste Lufthauch im weiten Umkreis; auf den frisch umgegrabenen Böden kein Stückchen Schatten. Diese leichtere und erträglichere Arbeit nahm mich ganz in Anspruch; der Körper lieferte seine Leistung, und das Gehirn hörte auf zu funktionieren. Es war eine Wohltat, nicht mehr zu denken. Früh-

morgens mußten wir, halb bekleidet, ins gefrorene Wasser gehen. Die Zentralpumpe des Hauptkanals trieb das Wasser an,
das sich machtvoll über die Felder ergoß. Wir hatten den Auftrag, seinen Lauf mit unseren Schaufeln zu dirigieren. Sobald
der Durchgang geöffnet wurde, glich das Feld in einer Minute
einem Strom. Man mußte dann die Öffnung mit Erde schließen.
Aber das Wasser war schneller als unsere Schaufeln, und wir
hatten eine riesige und rasche Anstrengung zu leisten, um gegen
diesen mächtigen Strom anzukämpfen. Hier und dort spritzte
das Wasser hoch, brach durch und floß dann ins Ödland. Das
Wasser mußte eingedämmt werden, wobei wir als einzige Waffe
eine Schaufel und die geringe Kraft hatten, die ein jeder von uns
noch besaß. Wiederholt fielen Leute erschöpft zu Boden und wurden ohnmächtig. Manchmal war der Unglückliche verschieden,
bevor man es bemerkte.

So starb Lazare Frydman. Wir kamen rechtzeitig, um ihn aufzuheben und von ihm zu hören, daß sein Bein schmerzte. Wir
brachten ihn in die Baracke. Der Krankenwärter, ein Häftling,
war ein braver Kerl, verstand aber nicht viel von der Medizin.
Er war Direktor in der Eisenbahngesellschaft gewesen. Sohn
assimilierter Juden, erwachte in ihm erst im Lager, in Berührung mit Juden, ein Gefühl der tiefen Solidarität mit seinen
Glaubensgenossen. Sobald es ihm möglich war, befreite er diejenigen unter uns, die am meisten litten, von der Arbeit. Für
Lazare mußte er den Lagerkommandanten um Genehmigung bitten, den Verletzten in das acht Kilometer entfernte Krankenhaus
zu bringen. Wir legten den Kranken auf einen Wagen, sein Bein
war schrecklich geschwollen. Ein Wächter und ein Krankenwärter begleiteten ihn, aber bevor die beiden Zugtiere im Krankenhaus ankamen, war der Kranke verschieden.

Die täglichen Leiden hatten einen Schleier des Vergessens über die Schrecken der Verhöre im Gefängnis ausgebreitet. Aber als wir eines Tages in einem der Wasserlöcher standen, um die Flachspflanzen zu wässern, erschien ein Vorgesetzter des NKWD, der unsere Gruppe Juden nach Dolinka abführte, vor den hohen Kommandanten der III. Division. Von neuem isolierte Zelle, von neuem nächtliches Verhör. In dieser Zelle saßen einige Banditen eine Strafe wegen verschiedener Delikte und Verbrechen ab, die sie im Lager begangen hatten, etwa Arbeitsverweigerung. Zwei unter ihnen waren bei dem Brotschneider eingedrungen, um ihm gewaltsam ein Brot wegzunehmen. Ein anderer hatte einen Häftling sogar in der Baracke ermordet.

Ich war keine "Feldmaus", d. h. kein Häftling, der in der Lagerverwaltung arbeitet, das sah man an meinen Lumpen und an meinem schmutzigen und elenden Aussehen. Dennoch befühlten sie mich und prüften den geringsten Abnäher meiner Kleider in der Hoffnung, bei mir etwas Geld zu finden. Nachts wurde ich, wie üblich, zum Verhör geführt.   Man beschuldigte uns, eine Gruppe von Nationalisten zu bilden. Zum Glück zeigte mein Verhörer, ein Armenier, ein menschliches Verhalten:
— Dies ist keineswegs eine Gruppe, sagte ich ihm, ist es nicht normal, einen Nächsten zu suchen, wenn man sich im Ausland befindet? Wenn ein neuer Konvoi ankommt, läuft jeder dorthin, um einen Landsmann zu suchen. Die Georgier suchen die ihren, ebenso wie die Ukrainer und alle anderen. Bei uns ist es dasselbe. Man kann sich gegenseitig nicht viel helfen, aber seine Muttersprache zu hören, tut wohl. Es ist, als ob man "Mama" schreit, wenn's einem schlecht geht, obwohl man weiß, daß sie nie kommen wird, weil sie gestorben ist.

Mein Armenier wollte Grynberg alle unsere Vergehen anlasten.

— Du, sagte er, bist ein Arbeiter gewesen, aber er ist ein Intellektueller, warum legt er soviel Wert darauf, mit euch zusammen zu sein?

— Aber er ist ein Häftling wie wir, antwortete ich, schicken Sie ihn doch in ein Büro!"

Man sprach uns von dieser Anklage frei, aber wir wurden durch verschiedene Zuteilungen getrennt. Ohne meine Kameraden fühlte ich mich verwaist. In meinem neuen Lager gab es vor allem Traktorfahrer und Mechaniker, die meisten von ihnen waren des Diebstahls nach Absatz 7/8, Sabotage und Diebstahl sozialistischen Eigentums, beschuldigt. Andere waren dort wegen Fernbleibens von der Arbeit. Es waren keine rückfälligen Delinquenten, sondern Landarbeiter, die erwischt worden waren, als sie Eigentum des Staates an sich nahmen, der seinerseits täglich das Volk bestahl.

Ich war zur Arbeit in einer Nachtschicht zugeteilt. Der Pflug, von einem Traktor gezogen, pflügte und wendete den Boden mit seinen acht Pflugscharen. Obwohl die Erde zum zweiten Mal bearbeitet wurde, war die Arbeit schwer, weil der Boden voller Wurzeln und Steine war. Bei jedem Anprall der Pflugschar gegen einen Stein sprangen mir rote Funkengarben ins Gesicht. Ich hielt mich mit aller Kraft fest, um nicht vom Traktor geworfen zu werden. Ich stand zwischen den gegensätzlichen Befehlen des Brigadechefs und des Agronomen. Alle beide Häftlinge wie ich. Unablässig bedrohten sie mich: Wenn ich nicht in die Tiefe arbeitete, würde der Agronom mich vom Lagergericht verurteilen lassen, aber beim Arbeiten in der Tiefe konnte der Traktor nicht schnell vorankommen, und der Brigadechef drohte mir:

— Ich schlag dich tot, wenn du ihn zurückhälst!

Als die Maschine sich verklemmte, wollte er sich auf mich werfen. Er erleichterte seinen Zorn durch eine Flut von Beleidigungen, die er gegen mich und die Maschine ausstieß.

Eines Nachts blieb der Traktor gänzlich stehen, der Fahrer machte sich daran, auf seinen Motor mit dem Gewehrkolben einzuschlagen, dann wollte er auf mich losgehen. Ich sprang nach unten, und er folgte mir. Zufällig blendete ihn der Scheinwerfer. Die dichte Nacht rettete mich. Nachdem er sich beruhigt hatte, rief er mich:
— Mischa! Mischa! Mischa!

Vorsichtig näherte ich mich; er hatte sich hingesetzt, und trotz der Dunkelheit sah ich, wie er weinte.
— Welche Scheiße! beklagte er sich. Da unten habe ich meine Frau und drei kleine Kinder, und hier bin ich mitten in der Nacht, um diese verfluchte Erde umzuwerfen.

Er schluchzte. Ich setzte mich neben ihn, und bald vertrauten wir uns unsere Leiden und Kümmernisse an. In dieser undurchdringlichen Nacht brachte uns unser unerbittliches Schicksal einander näher: Er, Sohn der Don-Steppen, und ich, Sohn polnischer Juden, sprachen miteinander wie Brüder.

Nachdem wir die Felder für die Aussaat vorbereitet hatten, gehörte ich zu den fünf Häftlingen, die sich bei der Landarbeit ausgezeichnet hatten. Der Chef-Agronom und der Kommandant dachten daran, uns nach Dolinka zu einem Lehrgang für Traktorenführer zu schicken. Aber die III. Division des NKWD, die sich nicht um Einhaltung der Pläne im Interesse der Wirtschaft kümmerte, strich zwei Namen von der Liste: den eines ehemaligen Lehrers und den meinen. Zurück im Lager, blieben wir im Bad hocken, wo die Tropfen erkalteten Dampfes auf unsere Köpfe fielen. Am nächsten Tag machten wir uns auf den Weg zu unserer Arbeitsstätte. Wir trafen auf dem Weg, der sich in die Unendlichkeit hinzuziehen schien, Gruppen auf dem Marsch. Man mußte immer weiter vorrücken. Unsere in Lappen eingewickelten Füße schleppten sich mühselig über den frischen Schnee und weigerten sich zeitweise, uns zu tragen. Der Wachmann schrie dann:

— Ihr da, Volksfeinde! Weitergehen, Nachzügler! Wollt ihr, daß ich mit euch erfriere?

Und als dies keinen Erfolg hatte, drohte er:
— Ich werde euch wie Hunde niederschlagen.

Auf die Bemerkung von einem von uns, er habe dazu kein Recht, es gäbe doch Gesetze, schrie er in einem Wutanfall:
— Gesetze, Rechte sind für die Dummköpfe gemacht!

Wir wußten, daß er rechthatte, daß er der Herr über unser Leben war, und unter unmenschlichen Anstrengungen erreichten wir unser Ziel. Nachdem wir unsere Dokumente abgegeben hatten, die den Häftlingen überallhin folgten, nach der persönlichen Durchsuchung erlaubte man uns, in den Lagerdistrikt von Karabas einzutreten; wir waren am Ende unserer Kräfte und hungrig.

Es schneite ununterbrochen weiter; wir erwarteten unsere Zuweisung zu einer Brigade und die Zuteilung eines Platzes in einer Baracke. Zu unserem Unglück hatte jeder von uns außer dem Namen auch eine Häftlingsnummer, und man mußte warten, bis alle eingetragen und überprüft waren, bevor sie eingeteilt wurden. Keine Rede davon, vorher unsere Brotration oder ein wenig Platz auf einer Bank in einer Baracke zu bekommen. Wir mußten hilflos warten, bis alles geregelt war. Am Abend unserer Ankunft war die Verwaltung damit beschäftigt, die Anforderungen aufzustellen, damit die Häftlinge ihre Brotration am nächsten Tag bekämen. Schließlich ertönte der Gong und übermittelte uns den Befehl:"Es ist verboten, in der Zone umherzugehen!"

Die zugeteilte Baracke war vollgepfercht. Alle, die nicht in diese Baracke gehörten, wurden hinausgeworfen: Man hatte Angst vor Dieben und vor ansteckend Kranken. Erst gegen Mitternacht gelang es uns, in eine Baracke hineinzukommen. Drei Greise, die nahe der Tür schliefen, traten uns ein wenig von ihrem Platz auf der Bank ab. Ihr Verbrechen? Sie waren aus Tembow. Man hatte in ihrer Stadt die einzige Kirche geschlossen; sie richteten darauf eine Beschwerde an den Obersten Sowjet ihrer Region und wurden vom Präsidenten des Exekutivkomitees selbst empfangen. Er hörte sie höflich an und versprach ihnen, ihr Problem auf der nächsten Sitzung vorzutragen. Er telefonierte an das NKWD, und noch im Büro des Präsidenten wurden die drei Greise verhaftet. Diese alten Internierten waren dem Gefängnisregime unterwürfig. Sie erhielten die Brotration und ein wenig Suppe und bemühten sich, solange wie möglich im Lager zu bleiben, weil sie es vorzogen, auf die zusätzlichen 200 g Brot zu verzichten, anstatt zu arbeiten. Nur den gewöhnlichen Verbrechern gelang es, die Höchstrationen zu bekommen, ohne die Arbeiten der Zuchthäusler ausführen zu müssen.

Die innere Lagerverwaltung hatte mehr Personal als die der Arbeitszentren. Alle Angestellten der Verwaltung stahlen den Häftlingen angesichts und mit Wissen aller Welt alles das, was letztere noch besitzen konnten, wenn sie aus dem Gefängnis kamen. Das Schlimmste, woran man hier am meisten litt, war die Gegenwart von Kindern von zehn bis zwölf Jahren, Waisen von verhafteten, deportierten oder verschwundenen Eltern, die kein

Zuhause mehr hatten. Beim Abholen der Suppe von der Küche genügte eine ganze Brigade nicht, um seine Ration gegen den Andrang der Kinder zu schützen, die sich ihrer bemächtigen wollten, selbst wenn die Suppe dabei verschüttet wurde und sie sich auf den Boden warfen, um sie wie Hunde aufzulecken. Im Lager gab es unter den Häftlingen ein ungeschriebenes Gesetz: "Für Diebstahl der Brotration den Tod." Mehr als eins dieser unglücklichen Kinder fand den Tod, wenn es einem Zuchthäusler ein Stück Brot entreißen wollte.

Die Neuankömmlinge aus den Gefängnissen hofften in ihrer Einfalt, daß die Arbeit in diesen Brigaden ihnen ein wenig mehr Brot einbringen würde. Viele waren überzeugt, daß man sie in ihrem Beruf arbeiten lassen würde. Manche schenkten den verbreiteten Gerüchten Glauben, wonach Einsatz und Eifer bei der Arbeit und ein musterhaftes Verhalten eine Strafermäßigung und eine vorzeitige Entlassung mit sich bringen würden. In dieser Zone bemerkte ich unter den Häftlingen kein einziges bekanntes Gesicht, aber in der kleinen Gruppe der Frauen, die von uns durch eine hohe Stacheldrahtumzäunung getrennt waren, erkannte ich die Frau eines Freundes aus Zamosc, Fichel Gelernter. Als ich sie anrief, zitterte sie erschreckt. Sie erkannte mich zunächst nicht und weigerte sich, näherzukommen. Aber nach einer Minute hatte sie mich erkannt und kam nahe an die Umzäunung. Von ihr erhielt ich die Nachricht über meine Schwester, die sie zufällig in derselben Gefängniszelle getroffen hatte. Ich erfuhr, daß meine Schwester nach dem Verhör eine Nervenkrise gehabt hatte. Sie weigerte sich, Nahrung aufzunehmen. Sie hörte niemandem zu, ausgenommen einer neu Verhafteten, einer Ärztin, einer heldenhaften Kämpferin, die in Leczyce in Polen mit meiner Schwester zusammen im Gefängnis gewesen war und sie liebte. Sie allein hatte einen wohltätigen Einfluß auf sie.

Diese Frau erzählte mir auch, daß ihr Mann in Chabarowsk
verhaftet worden war, sie selbst war in Moskau festgenommen
worden. Ihr Kind war ihnen weggenommen worden. Welche
Worte der Tröstung konnte ich finden? Das zweijährige Kind
hatte gegen die Agenten des NKWD gekämpft, indem es sich
weigerte, den mütterlichen Hals, den es mit seinen Ärmchen
mit aller Kraft umklammerte, loszulassen. Sie mußten es los-
reißen. Sie war angeklagt nach Artikel 57/17, weil sie weiterhin mit ihrem Mann, einem Spion, zusammengelebt hatte, anstatt ihn zu denunzieren. Aufgrund meiner Erfahrung versicherte ich ihr, daß ihr Urteil nicht schwer sei und daß man sie
als Krankenschwester hier beschäftigen würde, denn es gab immer mehr Kranke. So bemühte ich mich, ihre Moral möglichst
zu stärken. Ich versicherte ihr, daß sie mit Willensstärke das
Ende ihrer auf acht Jahre festgesetzten Haft erreichen würde;
ich ermahnte sie zu kämpfen, um ihr Kind zu retten.

Man teilte mich einer Arbeitsgruppe zu. Im Güterwagen zusam-
mengepfercht, waren wir in der Gesellschaft von Dieben, die
der Oberste der Wachen s t a r o s t a (früher: Ältester einer
Bauerngemeinde, d. Übs.) nannte, was "Verantwortliche" bedeutete. Unter uns war auch ein Mörder. Sobald sich der Zug
in Bewegung setzte, verbreitete sich Schrecken. Zunächst waren es obszöne Späße, dann Beleidigungen; schließlich beraub-
ten sie mit Gewalt alle die Häftlinge, die noch ein brauchbares
Kleidungsstück besaßen, um es unterwegs wieder teurer zu verkaufen. Das Schwierigste war, seine Brot- und Suppenration zu
behalten und zu essen, denn sie bemächtigten sich auch dieser.
Je schwächer und kränker ein Häftling war, desto grausamer
und wilder verhielt man sich ihm gegenüber. Man lag in einem

276

widerlichen Gedränge. Die beiden Lokomotiven, die den Zug zogen, verbreiteten Wolken von Rauch und Ruß; der kleine Ofen in der Mitte des Waggons rauchte. Kein Stückchen Klopapier. Die Politischen machten sich einer nach dem anderen auf die Suche nach Brot oder einem Eimer voll Schnee, mit dem man sich ein bißchen waschen konnte. Es war natürlich, daß unter solchen Bedingungen in den Waggons Krankheiten auftraten. Bei der Kontrolle blieben wir hocken, und die Wachen zählten uns nach der Anzahl Füße. Man isolierte die Kranken nicht, und ihnen wurde keine medizinische Sorge zuteil: Die Diebe, unsere "Verantwortlichen", verzehrten die Rationen der Kranken. Wenn es einen Toten gab, meldeten sie ihn nicht dem Lager, um seine Essensration weiter zu erhalten.

Fischel Gelernter
Während vieler Jahre Sekretär der Textil-
Arbeiter in Zamosc.
Wurde 1937 in Chabrowsk verhaftet, umgekommen.

Schlomo Gerson
Verantwortlich für Rote Hilfe in den Bezirken
von Zamosc und Harubieschow von 1922 bis zu
seiner Ausreise in die UdSSR.
Wurde 1937 in Kiew verhaftet, umgekommen.

IM URWALD IN DEN WEITEN DES NORDENS

Nach zwei Wochen dieser schrecklichen Reise hielt der Zug in
Atapic. Die Leute, die uns das Brot brachten, erzählten uns,
daß wir uns an dem Fluß Balachach, in der Region der größten
Kupfervorräte der Welt, befänden. Durch die vergitterten Fenster sahen wir die Lagerkommandanten herbeieilen, alles starke und wohlgebaute Männer, deren dicke Backen von einer reich-
lichen Ernährung und einer eisernen Gesundheit zeugten. Jeder
Tag brachte uns neue Einzelheiten über die "Wunder" des Lebens in diesen Lagern von Balachach: Hier erhielt ein Häftling
tausend Gramm Brot und trug bei der Arbeit Lederschuhe; jeder besaß eine Matratze und eine Bettdecke; wenn dreißig Tage
lang die Normen erfüllt wurden, zählte dies für achtunddreißig
Tage; die Stachanowisten erhielten noch mehr.

Wir erwarteten die Gesundheitskommission des Gulag, denn
die Lagerverwaltung von Balachach wollte uns aus Angst vor
Typhus nicht vor der Gesundheitskontrolle aufnehmen. Während
dieser Zeit hielt man uns, abgemagert, geschwächt, von Läusen
geplagt, in den Waggons; warum verweigerte man uns das Bad
und die Desinfektion der Kleider und der Waggons?

Nach acht Tagen Wartezeit jagte man uns aus den Waggons unter Beleidigungen, als ob es unser Fehler wäre, daß die Wachen sich länger als vorgesehen aufgehalten hatten. Man stopfte
uns in desinfizierte und gefrorene Waggons, und wir verließen
das Land des Cocagne von Balachach, des Kupferkombinats. Eine Station weiter wurde haltgemacht, um endlich unseren Zug

einer ärztlichen Kontrolle zu unterziehen. Drei Ärzte in Uniformen des NKWD empfingen uns, in einem kleinen Zimmer des Bahnhofs sitzend. Bevor wir hereinkamen, mußten wir uns draußen in der eisigen Kälte ausziehen. Auch hier befahl uns der Arzt, lediglich die Hosen herabzulassen, um festzustellen, ob das Fleisch am Steißbein nicht blau war, denn dies war das Symptom für Pellagra, eine Krankheit, die sich durch blutigen Durchfall anzeigte und den Kranken in kurzer Zeit zu Tode brachte.

Nachdem wir so einige Wochen zugebracht hatten, kamen wir in das Lager von Tabasink. Einige Hundert von uns wurden in eine Waldkolonie geschickt und sollten dort Bäume fällen. Man legte uns dort eine Quarantäne von acht Tagen auf, während der es uns untersagt war, die Baracke zu verlassen. Schließlich wurde jeder einer Arbeit zugeteilt. Ich landete in der Kategorie, die mit dem Buchstaben T bezeichnet war, was Schwerarbeit bedeutete. Andere, glücklicher als ich, erhielten den Buchstaben L. T. , leichte Arbeiten; es muß gesagt werden, daß diese Leute nur noch lebende Leichname, hundertprozentige Invaliden waren. Es waren die Verurteilung und die Anzahl der Haftjahre, die über unser Schicksal entschieden, und nicht unser körperlicher Zustand.

Es war noch Nacht, als man uns aus unseren Baracken jagte, damit wir zur Arbeit gingen. Jede Gruppe von vierundzwanzig Leuten bildete eine Brigade unter dem Befehl eines Chefs. Jede Brigade war von zwei Scharfschützen und zwei Hunden begleitet; sie war ausgerüstet mit Äxten, Hacken, Spitzhacken, Sägen, Seilen und Schaufeln. Wie üblich stießen die Wachen beim Abmarsch Drohungen aus:

— Ein Schritt aus der Reihe, und es wird geschossen! Hier muß man arbeiten.

Der Wald, in dem wir arbeiten sollten, befand sich weit von unserm Lager entfernt; als wir dort ankamen, zeichnete sich die Morgenröte ab, und alsbald begann der Tag. Andere Brigaden waren schon bei der Arbeit. Der Brigadechef befahl uns, unsere sechs Gefährten selbst auszuwählen, um eine Gruppe zu bilden, denn jede Brigade arbeitete in Gruppen zu sechs Leuten. Die verlangte Norm für den Anspruch auf die Brotration von neunhundert Gramm war sechs Kubikmeter pro Mann. Zunächst mußte der Schnee um den Baum herum weggeräumt werden, bevor das Sägen begann, und es wurde ein Stamm von dreißig Zentimetern im Boden gelassen. Die Zweige mußten abgehauen werden, dann wurde der Stamm in sechs Stücke geteilt, deren jedes sechseinhalb oder viereinhalb Meter lang sein mußte. Die Zweige mußten verbrannt und die Baumstämme Seite an Seite aufgeschichtet werden, damit der Traktor sie zu den Waggons ziehen konnte, wo sie aufgeladen wurden. Wegen des Kollektivcharakters dieser Arbeit wählte jeder seine Mitarbeiter unter den Stärksten und Robustesten; man wollte sich nicht mit Schwachen zusammentun aus Furcht, daß sie nicht die geforderte Leistung erbringen könnten.

Ich suchte nach einer Gruppe, der ich mich anschließen könnte, aber alle waren bereits vollständig, und ich blieb allein, ein unnützer Mensch in der wilden Taiga. Als der Brigadechef mich müßig herumstehen sah, beleidigte er mich in der klassischen Ausdrucksweise:

— Du Scheißkerl, woher soll ich das Brot für dich nehmen? Du bringst mir den ganzen Plan für die Brigade durcheinander! Wenn ich dich nicht im Laufe des Tages umbringe, kommst du in den "Isolator" , wenn wir ins Lager zurückkommen.

Als die Scharfschützen mich allein und unbeschäftigt sahen, überschütteten sie mich mit Flüchen, dann befahl mir einer von ihnen, in einen Wagen zu steigen und dort die Ankunft des Kommandanten abzuwarten: Das kam einem Todesurteil gleich; in der Tat, wenn man bei der stechenden Kälte, die das Atmen erschwerte, nicht ständig in Bewegung war, riskierte man zu erfrieren. Plötzlich kam der Arbeits-Kontrolleur irgendeiner Brigade. Wie alle seine Kollegen, kam er aus dem Hintergrund. Ich erklärte ihm, daß es nicht meine Schuld war, wenn keine Gruppe mich aufnehmen wollte. Er hörte mich an und sagte dann zum Brigadechef:

— Wenn ein Jude arbeiten will, muß man ihm Arbeit geben.

Er bestimmte eine Norm für mich: vierzig junge Bäume, die zehn Zentimeter dick waren, mit der Axt umzuschlagen.

Wenn sie einer neben dem andern gewachsen wären, dann hätte die Norm erfüllt werden können, aber ich mußte sie mir suchen gehen. Ich sank bis zum Bauch in den Schnee ein. Um an den Fuß des Baumes zu kommen, mußte man auch noch den Schnee wegfegen. Ich warf mich auf diese Arbeit mit aller Energie, die mir geblieben war, mit stummem und ohnmächtigem Zorn; ich rächte mich an den Bäumen, nicht ohne einen Beigeschmack von unendlicher Trauer. Ich mußte mein Leben und meine Würde als Jude und Mensch zugleich verteidigen. Als ich gegen Ende des Tages meine Norm erfüllt hatte, arbeiteten die andern noch eine Stunde lang, um ihre Norm zu erfüllen. Ich war in meinem eigenen Schweiß getränkt und atmete mit Mühe. Aber am nächsten Tag fehlte es nicht an Liebhabern für meine beiden Arme.

Bäume zu sägen ist ein schwieriges Handwerk. Es erfordert Erfahrung, Körperkraft, eine kräftige und ausreichende Ernährung, normale Bedingungen, kurz alles, was für Zuchthäusler nicht in Frage kommt. Daher fielen die Menschen wie die Fliegen, sei es infolge der Unterernährung, oder sie starben wegen der Kälte, oder auch aus Verzweiflung oder wegen schlechter Behandlung. Jeder Baum neigt sich zu einer bestimmten Seite; ohne Erfahrung kann man ihn nicht fällen. Man muß ihn so sägen, daß er in die beabsichtigte Richtung fällt. Es kommt vor, daß der Baum nicht in die vorgesehene, sondern in die entgegengesetzte Richtung fällt und den Holzfäller oder diejenigen erschlägt, die in seiner Nähe arbeiten. Sobald die Bäume gefällt sind, erfordert es viel Zeit, um die Stämme anzubinden und sie auf den Hügel zu ziehen, wo der Traktor wartet. Es gab zahlreiche Tote, denn die Wächter hinderten die Häftlinge, sich voneinander zu entfernen, weil es so für die Wächter einfacher war, sie zu zählen, sie zu kontrollieren und sie zu überwachen. Wenn sich ein Häftling ein wenig entfernte, fand man ihn tot auf, von einer Kugel getroffen, die einer unserer Wächter abgeschossen hatte.

Um den Arbeitsplatz zu erreichen, mußte man fünf bis sechs Kilometer, mit der Last unserer Werkzeuge auf dem Rücken, marschieren, so daß man bei der Ankunft keine Kraft mehr hatte, um die Tagesarbeit anzufangen. Der Rückweg war noch härter. Die Traktoren, die die gefällten Bäume fortschafften, verwandelten den Schnee in Matsch, der an den Füßen klebte und das Gehen noch schwieriger machte. Wir waren mit Umhängen bekleidet und mit Hosen, die bis aufs Gewebe abgetragen waren. Die besten Arbeiter erhielten Schuhe, die aus dem Gummi alter Reifen herausgeschnitten waren. Während dieser Periode erlaubten die Kommandanten, die sicher waren, daß kein Sklave einen Fluchtversuch machen würde, den Wachen, wegzugehen, sobald es dunkel wurde. Wir hatten dann die Möglichkeit, uns allein, ohne Wachen bis zum Platz unserer Baracken zu schleppen. Es kam vor, daß Leute, zu Tode erfroren, am Wege liegenblieben.

In diesem Zustand fand ich eines Tages einen Kameraden, der zum selben Konvoi gehörte wie ich, einen Lehrer aus Tschemarnik. Verlassen im Schnee, lag er am Boden und flehte mich an, ihm zu helfen, aber wir fielen alle beide wie zwei Betrunkene hin. Mit all unseren Kräften versuchten wir, uns aufrechtzuhalten, dann weiterzugehen, indem wir uns gegenseitig stützten. Nach den Baumwipfeln konnte ich den Weg abschätzen, der uns vom Lager trennte; wir waren nahe am Ziel, aber mein Kamerad fiel vor Erschöpfung und zog mich hinunter. Dann entschloß ich mich, Hilfe zu holen. Ich weiß nicht, wie ich ins Lager gelangte, aber als ich die Wache informierte, daß ein Häftling am Wegrande Hilfe erwartete, erhielt ich die übliche Antwort; "Was macht's, zum Teufel!" Am Morgen lud man den erfrorenen Kadaver auf.

Wenn man zu spät zurückkam, gab es weder Suppe noch Brot, und wenn man krank war oder sogar am Sterben, gab es keine Möglichkeit mehr, den Krankenwärter zu sehen. Hungrig, durchnäßt legte man sich auf das harte Brett der Bank. Bevor man Zeit gehabt hatte, sich aufzuwärmen, wurde man aus dem Schlaf gerissen, und man mußte möglichst schnell laufen, um seine Brotration und ein bißchen Suppe zu erhalten; dann ging's aufs neue auf den Weg zur Arbeit. Die Tage zogen sich endlos dahin. Es war uns gleichgültig, den Tag oder den Monat zu kennen, würden wir denn jemals aufhören? Unser Wunsch, unsere Zwangsvorstellung: Nur einen Tag Ruhe! Immerhin versprach man ihn uns : wenn unsere Schicht den Plan erfüllen würde. Aus Verzweiflung verstümmelten sich die Menschen, indem sie sich einen Finger abschlugen, um vom Wärter einen Ruhetag zu erhalten, aber sie starben an einer Infektion, ohne irgend etwas davon zu haben.

Bald erschöpfte mich dieses Leben als Zuchthäusler inmitten von Wäldern völlig. Ich verlor jede Vorstellung von der Vergangenheit; ich versuchte, mir hin und wieder die früheren Ereignisse in Erinnerung zu bringen, das Bild der geliebten Gesichter wiederzufinden. Wenn es mir gelang, dämmerte ich in einer Glückseligkeit voller Süße; und, in die Wirklichkeit zurückgeführt, schöpfte ich aus diesen Bildern neue Kräfte, aber bald war mein Holzfällergehirn aufs neue willenlos. Nur der Selbsterhaltungstrieb, hier der Wille zum Überleben, blieb wach.

Ausgehöhlt von Gleichgültigkeit und resigniert, irgendeines Tages zu sterben, was hatte das alles für einen Sinn? Je schwächer wir wurden, um so geringer wurde die Leistung, um so weniger Brot gab es. Einer meiner Gefährten hatte versucht, seine Brotration zu verteidigen, von der der Brigadier einen Teil stehlen wollte. Unsere Gruppe wurde denunziert mit dem Vermerk "Behindert die Planerfüllung der ganzen Brigade". Der Kommandant verurteilte uns zu sechs Tagen Isolator, begleitet von der Drohung, im Fall der Wiederholung vor das Lagertribunal gebracht zu werden. Nach der Mühsal der Tagesarbeit wurden wir dann, hungrig, in dieses Grab geworfen, das den Isolator darstellte. Der Chef der Brigade triumphierte:
— Die Drecksjuden und die Tataren werden nichts zu fressen kriegen.

Als Gefährten hatte ich vier Russen und einen Tataren, alles

Arbeiter. Die Russen waren ehemals Angehörige einer Kolchose, gewohnt an harte Arbeiten und ein rohes Leben, und dennoch erlagen sie der Last; der Tatar erhielt vom Brigadechef einen Hieb mit der Axt, der seine Leiden verkürzte, indem er sein Leben verkürzte. Der Brigadechef hielt sein Versprechen. Dreißig Tage lang erhielt ich täglich nur eine Brotration von 300 Gramm und nur einen einzigen Teller Suppe anstelle von zweien.

Solche Entbehrungen vergifteten die Atmosphäre unter den Häftlingen, trieben sie zu den schlimmsten Gewalttätigkeiten. Allmählich verschwand die Schranke zwischen Dieben und Politischen. Die Kluft bestand von nun an zwischen Starken und Schwachen, ohne daß sich jemals Mitleid erhob; die Schwachen fielen erschöpft um, ihre Nase lief, ihre Gliedmaßen schwollen an; man verweigerte ihnen Zugang zum Lagerfeuer im Wald. Wer einen Schlag erhielt, gab ihn an einen weiter, der auf seinen Beinen schwankte. Der Krankenwärter gab sich nur mit Starken ab, und die Würmer verzehrten den Schwachen. Einmal im Monat ging man zum Bad, eine Brigade nach der anderen, und selbst noch im Bad entriß der Starke dem Schwachen den Wassereimer. In diesem Bad, wie auch sonstwo, mußte man schnell machen: Da die folgende Brigade wartete, jagte man die Leute nackt aus dem Bad. Bis die Kleider aus der Desinfektion zurückgebracht wurden, lief man in der Kälte herum. Der Stärkste riß als erster seine Sachen an sich, während der Schwache, zehnmal zurückgestoßen, vor Kälte zitterte. Alle waren bis zum Äußersten gespannt, bereit, sich gegenseitig umzubringen. Einmal wohnte ich einer schrecklichen Szene bei: Die Hose eines schwächlichen Gefangenen hatte plötzlich Feuer gefangen. Keiner der fünfzig Anwesenden machte die geringsten Anstalten, nach Schnee zu greifen, um das Feuer auf dem Unglücklichen zu ersticken. Man beobachtete im Gegenteil den Fortschritt des Feuers, sein Knistern ohne Flammen in dem Wattierten, und man amüsierte sich heimlich.

Dennoch sah ich einmal in dieser Hölle, im Abgrund der Schatten, ein menschliches Verhalten. In einer Art Kantine, angrenzend zur Küche, hatte eine der Frauen, die uns bediente, bemerken müssen, daß ich ihr jeden Tag einen Gutschein für eine Strafration hinhielt. Nachdem sie alle Gutscheine von dem langen Tisch eingesammelt hatte, fragte sie mit klarer Stimme, so daß sie von meinen nächsten Nachbarn gehört werden konnte: Du hast mir doch einen Gutschein eines Stachanovisten gegeben, nicht wahr?

Sie, die ganz genau wußte, welchen Gutschein ich ihr gegeben hatte, ging meinetwegen ein großes Risiko ein. Die zwei Kellen voll Sojabohnen und Kohlsuppe, die Buchweizenbrühe konnten nicht meinen ständigen Hunger stillen, aber dieser Beweis der Menschlichkeit, der von einer Unbekannten kam, ernährte mich lange und kräftigte mein Herz.

Dieser Zuschlag konnte nicht das fehlende Brot ersetzen, ohne das es schwerer war zu arbeiten, und dennoch, geärgert von den Gefährten, von der Kälte und vom Brigadechef, mußten wir immer weiter arbeiten. Wenn der andere die Säge zieht, muß man sie sofort danach zurückziehen. Die Arme gehorchen noch, aber die Beine weigern sich. Um einen dicken Baumstamm zu überqueren, mußte ich mich darauf setzen, und mit Hilfe der Hände ein Bein nach dem andern hinüberziehen.

Ich war damals überzeugt, meine letzten Tage zu erleben. Mein Schneiderhandwerk rettete mich noch einmal. Eines Tages fragte mich der Kommandant:

— Jude, bist du Schneider?

— Ja, sagte ich zuversichtlich.

Er brachte mir ein Pelzstück und befahl mir, daraus einen Kragen für seinen Mantel zu machen; er wollte außerdem dazu eine Kapuze haben. Er wollte wie ein richtiger Chefkommandant aussehen. Ich richtete mich für zwei Tage in der Nähe eines guten Lagerfeuers ein! Da ihm meine Arbeit gefiel, rief er dem Brigadechef zu:

— Du wirst ihm einen Monat lang die Zuteilung eines Stachanovisten geben.

Er vertraute mir ein weiteres Kleidungsstück zum Wenden an. Auf diese Weise blieb ich bei einem guten Feuer, das ich mit gut trockenem Holz unterhielt. Ich wärmte meine Knochen und schüttelte meine Fetzen über dem Feuer aus, um das Ungeziefer zur Hölle zu schicken. Jeden Tag sah ich meinen Namen voll ausgeschrieben auf der Liste der Stachanovisten stehen, was mir eine zusätzliche Brotration bescherte.

Je mehr die Propaganda die Fortschritte und die Erfolge der sowjetischen Wissenschaft und Technik glorifizierte, desto mehr
wuchs die Achtung des Volkes vor allem, was aus dem Ausland
kam. Ich selbst, ein einfacher Schneider, zog daraus Vorteil.
Das Gerücht, daß ich ein Schneider aus Warschau und Paris sei,
kam dem Werkstattleiter der Seilerei zu Ohren.

Nicht mehr gezwungen zu sein, sich am eisigen Morgen aufzu-
machen, um mit den anderen Häftlingen Bäume zu fällen, und
den Tag im Warmen verbringen zu können, erschien mir wie
ein Wunder. Hier hatte ich eine bessere Ernährung, reichlicher,
zubereitet für die Chefs und die Verantwortlichen der Dienste.
Der Verwaltungsapparat war aufgebläht und errichtete eine wach-
same Wand um die Häftlinge, um die geringste Übertretung der
sowjetischen Gesetze zu ahnden. Aber sonst duldete er diese
Übertretungen, legte sie nahe, wenn er sie nicht sogar anordne-
te, sobald sie ihm nützlich sein konnten.

Alle körperlichen Kräfte des Internierten gehörten dem Staat,
dieser allein hatte das Recht, sie bis zu ihrer völligen Erschöpfung auszunützen. Aber andererseits wurde der Staat selbst ausgenutzt: Anstatt den internierten Arbeiter als Spezialisten einzu-
tragen und ihn als solchen einzusetzen, ihm einen Gutschein für
bessere Ernährung auszuhändigen, ihn normal zu entlohnen, war
es für den Chef, der diesen Arbeiter beschäftigte, viel "beque-
mer", ihm ein Kilo Brot und Soja zu geben, die er den Vorräten
entnahm und die ihn nichts kosteten. Davon hatte auch der inter-

nierte Arbeiter einen Vorteil. Dank der Komplizenschaft dieser
"Gesetzeswächter" arbeitete man gleichfalls für den Schwarzen
Markt.

Ach, diese Sonne wärmte mich nicht lange. Eine Kommission
der zentralen Lagerverwaltung traf eines Tages überraschend
ein; alle diejenigen, die in den Diensten und Werkstätten arbeiteten - an die Hundert - wurden aufgereiht, um einer Selektion
unterworfen zu werden. Glücklich die Invaliden, denen ein Bein,
ein Arm oder eine Hand fehlte. Nach dieser Kontrolle wurde ich
zur Arbeit im Walde zurückgeschickt.

Es herrschte Winter, aber schon standen die Bäume wieder im
vollen Saft. Der Frühling war nicht mehr fern. In der Luft roch
es nach Harz, und von Zeit zu Zeit streifte uns eine wohlige
Wärme. Aber das Handhaben der Säge war schwieriger geworden: Wenn auch die wenigen Arbeitswochen in der Konfektion mir
einige Kraft zurückgegeben hatten, untergrub die Aussicht, dies
Leben als Zuchthäusler aufs neue mitzumachen, meine Moral,
und ich mußte gegen Verzweiflung ankämpfen. Aber siehe da, zu
meiner großen Überraschung stellte ich fest, daß ich eine gewisse Autorität erworben hatte; darüber hinaus entdeckte ich in der
Baracke, wo man Werkzeuge verteilte, eine vorher unbekannte
Solidarität. Ich war nicht mehr der "Dreckskerl": Ich war der
"Schneider" geworden ... "Der Schneider braucht eine scharfe
Säge, eine Säge, die wie ein Geigenbogen läuft!" Man steckte
mir im geheimen eine Feile zu, damit ich die Zähne meiner Säge schärfen konnte. Der Brigadechef selbst wagte nicht mehr,
mir etwas von meiner Brotration abzuziehen. Am Ende einer
gewissen Zeit konnte ich nicht mehr an einem Baum vorübergehen, ohne den Kopf zu heben und die Anzahl Kubikmeter abzuschätzen, die er hergeben würde. Je mehr sich der Baum in den

Himmel erhob, um so leichter war es, damit seine Brotnorm zu erreichen: Ich sah eine unmittelbare Beziehung zwischen der Höhe eines Baumes und der Brotration.

In meiner neuen Arbeitsgruppe traf ich einen jungen Juden. Diese Begegnung zweier Menschen, die tags zuvor einander noch nicht gekannt hatten, glich derjenigen zweier Brüder, die sich auf feindlichem Boden wiederbegegneten. Damit wir zusammen sein konnten , schloß er sich meiner Gruppe als Sechster an, trotz des Widerstandes meiner Arbeitskameraden, die ihn für schmächtig hielten. Er war zum zweiten Mal interniert. Im Alter von neunzehn Jahren hatte er Polen verlassen und die russische Grenze überquert, in der Hoffnung, Arbeit zu finden und im Vaterland des Sozialismus glücklich zu leben. Das freie und glückliche Leben begann jedoch mit drei Jahren Lagerhaft wegen illegalen Überschreitens der Grenze! Mit dieser Verurteilung, die in Rußland als milde angesehen wurde, erhielt er das Recht, in seinem Handwerk als Elektriker zu arbeiten. Nach seiner Entlassung wurde er automatisch Sowjetbürger. Aber der Lagerstempel in seinem Paß verbot ihm, Sibirien zu verlassen. Er fand einen Posten als Chefelektriker im Stadttheater von Bisc. Er war ein wohlgebauter junger Mann, mit dichtem blonden Haar. Wegen seines guten Aussehens wurde er sehr umschwärmt, und bald verliebte sich eine junge Pianistin vom Theater in ihn. Wenn aber die Jugend keine Grenze zwischen Nationen, Klassen, Rassen kennt, so leistete die Familie des Mädchens einen wilden Widerstand gegen diese Verbindung mit einem Juden. Die Mutter des Mädchens war Literaturprofessorin, der Vater, Schuldirektor, ein einflußreiches Parteimitglied; außerdem gab es einen Bruder und einen Schwager, die beide Offiziere in der Roten Armee waren. Die Mutter kam aufgeregt, um den jungen

Juden zu bitten, zur Tochter zu kommen, die dahinsiechte. Dem jungen Mann begegnete dort nur Mißtrauen und Feindseligkeit, als ob er ihre Tochter entführt habe. Schließlich ließ sich das junge Paar beim Standesamt eintragen und entfloh, um zusammen zu leben. Während des ersten Jahres hielt die Familie einen gewissen Abstand, aber nach der Geburt des ersten Kindes schmolz das Herz der Großmutter, und der Mutterinstinkt siegte über alle Vorteile. Sie kam ständig, ihren Enkel zu verhätscheln. Allmählich wurde der kleine Knabe mit seinen leuchtenden Locken zum Idol der ganzen Familie. Man hatte mit Recht gehofft, daß die feindselige Haltung gegen den Kindesvater verschwinden würde und daß herzliche Beziehungen, wie in jeder einigen Familie, entstehen würden. Im Jahre 1937 war das Kind drei Jahre alt, als man den jungen Vater verhaftete. Bei seinem Verhör unterrichtete man ihn, daß seine Frau ihn aufgegeben habe, daß seine Schwiegerfamilie ihn ablehnte. Er weigerte sich zu glauben, daß diese Menschen einer solchen Gemeinheit fähig seien und besonders, daß seine Frau ihn verraten hätte. Aber in dem ersten Brief, dem das offizielle Scheidungsurteil beilag, schrieb seine Frau ihm, blind vor Tränen, daß sie zu schwach sei, um Widerstand zu leisten, und daß die Zeiten der romantischen Heldinnen, die ihren Geliebten nach Sibirien begleiteten, vorüber seien. Das war seine Geschichte.

Der letzte Tag unserer Zusammenarbeit war besonders hart. Ohne Unterbrechung fiel Eisregen; ein infernalischer Regen, der mit Sturmböen einherging, peitschte uns und warf uns um. Unsere Pantoffeln waren durchnäßt. Plötzlich , wie aus dem Boden gestampft, erschien eine Kontrollkommission, die sich aus Inspektoren mit pelzbesetzten Stulpenstiefeln zusammensetzte, die lange wasserdichte Umhänge mit Kapuzen trugen. Einer von ihnen redete uns an:

— Heda! Ihr Greise, bewegt euch!

Mein Kamerad Wolodja konnte sich nicht verkneifen zu antworten:

— Diese Greise sind erst 35 Jahre alt!

Für diese Kühnheit begannen sie, mit uns Streit anzufangen. Der
Brigadechef wollte seinen Eifer bezeugen, beleidigte uns und
versetzte uns Schläge mit seinem Knüppel. Plötzlich entdeckten sie, daß wir eine Zeder gefällt hatten, obwohl es mit Früh-
lingsanfang verboten war, diese Bäume anzurühren. Ich versuchte, uns zu verteidigen, und sagte, daß es schwierig sei, sie von
anderen Nadelbäumen zu unterscheiden. Das nützte nichts:
"Dummköpfe! Vandalen! Volksfeinde!" Von allen Seiten regnete
es Beleidigungen auf uns. Gegebenenfalls konnten wir leicht eine zusätzliche Bestrafung ernten. Aber bei unserem Anblick
mußten sie sich sagen, daß wir nicht mehr lange leben würden,
und ließen davon ab. Der Chef der Gruppe fragte uns:

—"Wo habt ihr gelebt, daß ihr so blöd seid, eine Zeder nicht
von einer Fichte unterscheiden zu können?"

Ich antwortete ehrerbietig, daß ich in meinem Beruf als Schneider Militärkleidung hergestellt hätte; mein Kamerad sei Elektrotechniker, er habe als solcher im Theater von Bisc gearbeitet.
Diese Rechtfertigungen beruhigten ihren Zorn, und wir kamen
mit einem Tag strengem Arrest davon. Anstatt uns ein wenig
warme Suppe zu geben und unserem Körper eine elende Ruhe auf
der Bank zu gestatten, führte man uns in den düsteren "Isolator".
Wir drückten uns eng aneinander, damit unsere steifgefrorenen
Körper sich gegenseitig wärmten. Die Erschöpfung und Hoffnungslosigkeit warfen uns schließlich in einen angstvollen
Schlummer.

Plötzlich weckte mich Wolodja: "Ich fühle, daß ich sterbe", murmelte er mit erstickter Stimme, die meinem Herzen einen Stich gab. Ich legte meine Hand auf seine Stirn: Sie war glühend heiß. Er atmete nur mit Mühe ... Am Morgen zog man uns aus dem Arrest zur Fronarbeit, aber mein Kamerad schwankte, als er sich aufrichten wollte. Der Krankenwärter befreite ihn für diesen Tag von der Arbeit. Zwei Tage später ruhte mein Kamerad Wolodja in einem Loch, das neben anderen namenlosen Gräbern ausgehoben wurde. Ich sehe noch vor meinen Augen das Bild seiner leuchtend blauen Augen, seines blondes Kopfes, und im Innern höre ich noch den Klang seiner Stimme, das Echo seiner letzten Worte. Ich höre auch seine Stimme, als er von seiner Jugend in einer armen, frommen jüdischen Familie erzählte. Sein Heimweh war das meine, wenn er von den Sabbatabenden sprach, als der Tisch mit einem weißen Tuch gedeckt war, als die von der Mutter angezündeten Kerzen die Ruhe ankündigten und alles eine festliche Stimmung um den Vater verbreitete, der die Segenssprüche aussprach. Nach dem Gebet wünschte er jedem Kind einen gut chabess - einen glücklichen Schabbes.

Die Arbeit begann wieder, und mit ihr gab es verschiedene Unglücke. Eines Tages betäubte mich eine Explosion. Als ich das Bewußtsein wieder erlangte und die Augen öffnete, sah ich mich in einem Wagen zusammen mit anderen Verwundeten liegen. Ich war nicht verwundet, aber ich konnte mich nicht setzen. Dieser Unfall rührte von einem Baum her, der in die entgegengesetzte Richtung, wie vorgesehen, gefallen war: Der plötzliche Fall des riesigen Baumes rief eine schreckliche Erschütterung mit einem Luftdruck hervor, der uns zehn Meter weit warf. Ich hatte nur Zerrungen an der Schulter und im Rücken, aber keine offene Wunde, noch Temperatur. Nachdem ich zwei Tage in der Barakke verbracht hatte, schickte man mich erneut zur Arbeit. Als ich gebückt herumging, teilte man mir eine angeblich weniger harte Arbeit zu, aber ich wußte aus Erfahrung, was eine "leichte" Arbeit im Lager bedeutete. Zusammen mit anderen Invaliden erhielten wir die Aufgabe, ein kleines Stück Land urbar zu machen. Zunächst mußte man Späne zusammenkehren, die jungen Sträucher ausreißen und anschließend alles verbrennen. Zusammen waren es Tausende Kilo Brennstoff, der die armen Internierten, die vor Kälte starben, hätte wärmen können. Die anderen Brigaden um uns herum arbeiteten beim Bäumefällen. Man mußte ständig darauf achten, rechtzeitig auszuweichen, häufig zur Seite zu springen, während wir sonst nur mühselig die Füße herumschleppten. Es war niemals vorauszusehen, auf welche Seite der Baum fallen würde. Der Brigadechef und der Wächter, die uns beaufsichtigten, ließen uns nicht aus den Augen. Unmöglich, einen Augenblick auszuschnaufen. Aller Wahrscheinlichkeit nach hatten sie uns eine Aufgabe zugeteilt, die unser Ende beschleunigen sollte. Man wollte die Arme loswerden, die nicht mehr arbeiten konnten. Wie die anderen, verfiel ich täglich zusehends: Mein Körper hatte sich mit eitrigen Geschwüren bedeckt, meine Kleider klebten an meiner Haut. Noch am Leben, spürte ich schon, daß ich verfaulte. Der Krankenwärter hatte nicht das Recht, mich von der Arbeit freizustellen. Dennoch befahl mir mein Instinkt, unter allen Umständen Hilfe zu suchen. Der Brigadechef, der für die Seilerwerkstatt verantwortlich war, in der ich gearbeitet hatte, war ein Armenier, der mich schätzte. Ich wandte mich also an ihn. Er legte für mich beim Chefarzt des Krankenhauses ein Wort ein, der einer Aufnahme zustimmte. Ich wurde in das Zentrum von Assinia transportiert, das einige Dutzend Läger betreute.

Die Eisenbahnlinie ging nicht weiter. Mehrere hundert Zuchthäusler beluden und entluden Holz für die Sägewerke, die es in
Pfosten, Bretter und in Balken verwandelten, die Bergwerks-
gänge abstützen oder als Eisenbahnschwellen verlegt werden
sollten. Einige weitere Hunderte von Invaliden mühten sich mit
unvollkommenem Werkzeug ab, den notwendigen Brennstoff für
die Lokomotiven und für die Heizung des zentralen Krankenhauses breitzustellen. Besonders zahlreich waren hier die Intellektuellen. Drei Tage nach meiner Aufnahme im Hospital schickte
man mich zur Abteilung der Invaliden zurück. Ich hatte keinerlei medizinische Fürsorge erhalten. Der Arzt erklärte mir, daß
mangels Medikamenten er keine Möglichkeit hatte, mich zu behandeln. Übrigens hatte ich kein Fieber, und er hatte nicht das
Recht, mich im Krankenhaus zu behalten.

— Wir hier, vertraute er mir an, sind auch Holzfäller, mit
dem Unterschied, daß wir Arme und Beine abschneiden, aber
wir können die Leute nicht behandeln, weil wir keine Heilmittel
haben. Die Internierten kosten nichts, infolgedessen stellen sie
keinen Wert dar, übrigens gibt es Millionen von ihnen ... Sollen sie denn nicht sterben, oder was bedeuten sonst diese täglichen Ankünfte, diese Unzahl Konvois, die die Maschine in Gang
halten?

Die Hilfe, die der Doktor mir nicht geben konnte, kam mir noch
einmal von meinem Handwerk; damit ich seinen Mantel reparierte, stellte mich der Krankenwärter für eine Woche frei, und mit
Hilfe einfacher Heilmittel, die er im geheimen aufgehoben hatte,
machte er mich wieder gesund.

Inzwischen hatte ich die Bekanntschaft des Chefbuchhalters gemacht, eines alten, aus der Ukraine stammenden sozialistischen

Kämpfers. Liebevoll sprach er von seiner Stadt Kiew, und er wurde nicht müde, mir Fragen über jede Ecke dieser schönen Stadt zu stellen. An der Universität von Kiew, wo er studiert hatte, hatte er in der geheimen bolschewistischen Fraktion bis 1912 gekämpft. Nach dem bolschewistischen Kongreß in Prag kam Ordjonikidze nach Kiew zu einer Regionalkonferenz. Mein neuer Bekannter war gegen den Berichterstatter aufgetreten mit dem Vorwurf, mehr gegen die Menschewiken als gegen den Zaren zu kämpfen. Im selben Jahr wurde er von der Ochrana, der Polizei des Zaren, verhaftet. Die Oktoberrevolution befreite ihn. Er erhielt in Kiew die Verantwortung für die regionale Planungsabteilung. Im Jahre 1922 nahm Ordjonikidze an einem Ministerrat teil, der in Charkow stattfand, und zwar als Vertreter der Zentraldirektion in Moskau. Die beiden erkannten sich wieder. Ordjonikidze schien sich über diese Begegnung zu freuen, aber das verhinderte nicht, daß in derselben Nacht mein neuer Kamerad verhaftet wurde. Ordjonikidze ließ den alten Kämpfer als menschewistischen Aktivisten verhaften. Unser Chefbuchhalter erhielt drei Jahre. Er wurde in ein verlorenes Dorf verbannt, wo er das Recht hatte, innerhalb eines Umkreises von fünf Kilometern um das Dorf zu angeln und zu jagen. 1925 wurde er freigelassen. Nach einigen Monaten der Freiheit fand der Prozeß gegen den Gelehrten Ramsin statt, und mein Buchhalter wurde aufs neue verhaftet, dann freigelassen. Im Jahre 1937 nahm man ihn nochmals fest, diesmal aber ohne ihm das geringste Recht politischer Tätigkeit zuzugestehen. Wegen seines Alters und seiner Befähigung vertraute man ihm die Verantwortung für die Zentralbuchhaltung an. Als ich von ihm erfuhr, daß er von der Familie Martow abstammte, wies ich ihm nach, daß wir dann also doppelt Landsleute waren. Die Familie Martow stammte von Alexander Cederbaum, geboren in Zamosc, ab, der der erste Redakteur und Herausgeber einer jüdischen Zeitschrift in Odessa war. Obwohl mein Kamerad ein völlig assimilierter Mensch war, rief diese Entdeckung seiner jüdischen Vorfahren bei ihm eine lebhafte Bewegung hervor, aus der sich eine tiefe Freundschaft zu mir entwickelte.

Dank seiner Intervention bei den Ärzten erlaubte man mir, in dieser Zone einen Monat lang zu bleiben, ohne mir körperliche Arbeit aufzuerlegen. Man schickte mich in das Sägewerk, die Arbeit dort galt als eine der leichtesten, obwohl man sehr schwere Stämme zur automatischen Maschine rollen mußte, dann auf den Schultern mehr als sechs Meter lange Bretter, die fünfzig Millimeter dick waren, tragen, sie sechs Meter hoch stapeln und sie schließlich abdecken mußte, damit sie, vor Regen und Schnee geschützt, trockneten. Alle diejenigen, die dort arbeiteten, waren verbrauchte, erschöpfte Menschen. Wenn einer von ihnen hinfiel, sagte man: "Der Teufel soll ihn holen!" Die Brigade, in der ich arbeitete, setzte sich aus Koreanern und Chinesen, die aus der fernen Mandschurei stammten, zusammen; ihre gelbe Hautfarbe, ihre Magerkeit gaben ihnen ein gespenstisches Aussehen. In ihrem Herzen trugen sie einen abgrundtiefen Haß gegen alles, was russisch war: In jedem Russen sahen sie einen Dieb oder einen Banditen, einen Spitzel oder einen Unterdrücker. Dieser Haß war die einzige Flamme, die ihren Blick belebte. Anfangs hielten sie mich für einen Russen und wandten sich von mir mit Mißtrauen und Verachtung ab. Wenn ich noch fähig gewesen wäre, moralisch zu leiden, hätte mich dieser Haß getötet. Übrigens war es gefährlich, in einem solchen Klima zu arbeiten. In bestimmten Abteilungen war ein Minimum an Solidarität notwendig. Wenn man ein Brett oder einen Stamm wirft, muß man achtgeben, sonst kann man den Nachbarn töten. Alle Bemühungen, die ich entfaltet hatte, um ihnen begreiflich zu machen, daß ich kein Russe war, sondern ein polnischer Jude, ihr Bruder im Unglück, waren völlig vergeblich. Ganz so wie die russischen Internierten sie bei jeder Gelegenheit verspotteten, begegneten sie mir mit Verachtung. Ihr uralter Haß gegen Rußland entflammte sich besonders in den Jahren der Kollektivierung. Die Russen hatten die von Chinesen und Koreanern bevölkerten grenznahen Wohnsiedlungen im Fernen Osten entvölkert. Alle diese Völkerschaften wurden in ferne Regionen deportiert, wo sie unter einem Spezialstatut leben mußten: dem der "freien Deportierten", die natürlich der Freiheit beraubt waren, woanders hinzugehen.

Als ich nach Zuteilung zu einer anderen Brigade zwei weitere Juden fand, fühlte ich mich aus einer großen Gefahr errettet. Beim Aufladen von Brettern und Stämmen auf einen Wagen, der diese zu den Waggons brachte, entdeckte ich unter den Fahrern einen Juden, und bald waren wir vier Juden in derselben Baracke. Die gegenseitige Hilfe und Aufopferung verbanden den einen mit dem anderen täglich mehr. Solche Bande sind nur zwischen Gefährten im Elend und in der Verzweiflung möglich. Unser Ältester namens Maiers war ein Kommunist, der aus den Vereinigten Staaten stammte; er war Arbeiter in der Automobilindustrie gewesen. Im Jahre 1935 hatte er sich entschlossen, nach Rußland zu gehen, um beim Aufbau des Sozialismus während der vier Jahre beizutragen, die ihm bis zu seiner Pensionierung blieben. Jedes Jahr mußte er den Arbeitsvertrag verlängern. Zunächst arbeitete er in der Fabrik "Gorki", einem neuerrichteten Zentrum der Automobilfabrikation. Im Jahre 1937, während der Massenverhaftungen von Facharbeitern, die aus dem Ausland

gekommen waren, befand er sich unter den Opfern. Im Frühjahr 1938 wurde er freigelassen und erhielt alle Dokumente, um
Sibirien zu verlassen und nach Amerika zurückzukehren. Vom
Büro des amerikanischen Konsulats in Moskau telefonierte er
mit seiner Familie in Amerika, um seine unmittelbar bevorste-
hende Ankunft mitzuteilen. Er erledigte die letzten Formalitäten und erhielt das Visum, das ihm erlaubte, Rußland zu verlassen, aber auf der Fahrt zwischen Moskau und der Grenze holte
man ihn aus dem Zug heraus: Er fand sich im Gefängnis wieder,
wo er erfuhr, daß er ohne Prozeß zu zehn Jahren Verbannung
verurteilt worden war.

Unser Kamerad Lapicki, gebürtig aus der Stadt Kowno, war älter. Er stand in den Reihen der Roten Brigade in Litauen im
Laufe der Kämpfe gegen die deutschen Freikorps nach dem Ersten Weltkrieg. Im Jahre 1920 verurteilte ihn ein deutsches
Kriegsgericht zum Tode, da er aber minderjährig war, wurde
dieses Urteil in lebenslange Haft umgewandelt. Im Jahre 1923
wurde er gegen in der Sowjetunion zurückgehaltene Gefangene
ausgetauscht. In Moskau beendete er die Universität und arbeitete eine Zeitlang im jüdischen Sektor. Im Jahr 1930 wurde er
eingezogen, um bei der Kollektivierung in der Region von Swerdlowsk mitzuarbeiten. Vor seiner Verhaftung arbeitete er in der
Stellung des Verantwortlichen für das Fernmeldewesen. Für einen Mann, der Mitglied des Parteikomitees von Swerdlowsk war,
wurde eine Verurteilung zu sechs Jahren als Glücksfall angesehen.

Der dritte von unseren Kameraden, ein Kutscher, war ein Bauer aus der Ukraine, ein sehr einfacher, freundlicher, offenher-
ziger und guter Mann; ein wahrhafter Mann des Volkes. Im Jahre 1929 wurde das Leben auf dem Lande unmöglich. Das Elend

und die Arbeitslosigkeit brachten ihn zu dem Entschluß, in einer Kohlengrube, später im Fuhrwesen der Stadt Stalino, arbeiten zu gehen. Seit seiner Kindheit bewunderte er die Pferde: Während die übrigen Kutscher den wenigen Hafer, den sie für ihre Pferde erhielten, gegen Lebensmittel eintauschten, ernährte er nicht nur sein Pferd mit der empfangenen Ration, sondern er sparte an seiner eigenen Nahrung, um am Schwarzen Markt etwas zu kaufen, womit er das Futter des Pferdes verbessern konnte. Im Jahre 1937 wurde er mit einigen anderen Kutschern unter der Anklage verhaftet, die Namen führender sowjetischer Staatsmänner durch Flüche beschmutzt zu haben. Der Staatsanwalt eröffnete ihnen: Wenn sie leugneten, würden sie von der "Troika" zu mindestens zehn Jahren Zuchthaus verurteilt. Wenn sie gestanden, würde das Tribunal sie nur zu einer Buße in Höhe von einem Viertel ihres Jahreslohns verurteilen. Vor eine solche Alternative gestellt, gestanden sie und fügten hinzu, daß sie betrunken gewesen seien, als sie diese Beleidigungen ausgesprochen hätten. Sie erhielten fünf Jahre für "Geschwätz". Im Vergleich mit uns war das eine Wohltat: Er erfreute sich der Freiheit, sich außerhalb der Lagerzone zu bewegen, er arbeitete nicht unter der Drohung, erschossen zu werden, er versorgte die Pferde, diente als Tierarzt. Die Lieferung von Brot und Brennholz verschaffte ihm unerwartete Vorteile: Wenn er Waren für die Vorgesetzten und Privatpersonen transportierte, behielt er manchmal ein Brot, ein wenig Soja und andere Nahrungsmittel. Aber alles dies mußte er mit dem Brigadechef und denjenigen teilen , die eintrugen, was transportiert und was abgeliefert wurde. Auf jeden Fall war es vorteilhafter, Brot und Lebensmittel zu transportieren als Steine oder Ziegelsteine, und er teilte mit uns Dreien freudig, was ihm der Chef der Brigade übrigließ. Eines Tages wagte er ein kühnes Unternehmen, für das er im Falle des Scheiterns zehn Jahre zusätzlich riskierte. Er glaubte, wenn es ihm gelänge, eine Botschaft an die Familie von Mayers nach Amerika zu schicken, diese seine Freilassung erreichen könnte. In dem Stall, in dem er die Pferde striegelte, traf er einen alten Russen, der für sein Pferd ein Heilmittel suchte. Das war ein freier Deportierter, der nicht nur wegen seines Pferdes kam, sondern um sich mit unserem Kutscher über den Judaismus zu unterhalten. Er erzählte, daß sein Vater, jüdischen Ursprungs, zur orthodoxen Religion in der Armee des Zaren bekehrt wurde. Unter der Herrschaft von Nikolaus I. nahm man jüdische Kinder weg, um sie zu taufen und sie dann für fünfundzwanzig Jahre in die Armee zu schicken. Vor seinem Tode vertraute der Vater seinem Sohn an, daß er stets Jude geblieben sei, und bat ihn zu verhindern, daß man auf seinem Grab ein Kreuz aufstellte. Von diesem Tag an betrachtete sich der Sohn als Jude. Daher vertraute unser Kutscher ihm seinen Brief nach Amerika an. Der alte Mann war glücklich, einem Juden helfen zu können, und durch seine Tochter, die in die Stadt Tomsk fuhr, wurde der Brief aufgegeben. Ich weiß nicht, ob letzterer jemals seine Bestimmung erreichte, aber es geschah nichts.

Meine neue Zuteilung zu einer Gruppe von Abladern trennte mich von meinen jüdischen Kameraden. In meiner neuen Brigade waren wir an die hundert meist noch junge Internierte. Nachdem wir die Stämme, die großen und kleinen Balken, abgeladen hatten, mußten sie zu den Waggons gebracht werden, die am Bahnhof warteten. Die Stämme mußten mit Genauigkeit gelagert werden. Es mußten sechs in einen Waggon gelegt werden. Die größte Anstrengung erforderten die beiden letzten Lagen, die ober-

sten. Wir waren jeweils sechs, die einen Waggon beluden. Die
Norm war ein Waggon täglich je Mann. Es gab zweihundert
Gramm Brot mehr als im Lager, ebenso zweihundert Gramm
Soja. Wenn ein Angehöriger der Gruppe einen Stamm fallenließ,
drehte sich dieser und fiel mit seinem ganzen Gewicht. Falls
ein Mann darunter war, wurde er zu Tode gequetscht. Tödliche
Unfälle waren zahlreich, besonders gegen Ende des Arbeitsta-
ges, vor dem Schichtwechsel alle zwölf Stunden.

Der Brigadechef, der mich zum ersten Mal sah, sagte sofort:
— Bist du kein Russe?
— Nein, antwortete ich, ich bin Jude, man hat mich zur Arbeit
bei einer aus Mitgliedern derselben Nationalität bestehenden
Gruppe geschickt. Ich war der sechste einer Gruppe, deren
fünf andere Mitglieder aus Tadschikistan stammten. Die erste
Frage war:
— Moslem?
— Nein. Sofort fühlte ich, wie sich eine Mauer zwischen uns
erhob. Für sie war ich ein Russe, also grausam und nieder-
trächtig. Sie sagten es einander ins Ohr; beim Ausruhen, bei
der Arbeit warfen sie es mir bei jeder Gelegenheit vor. Man
hatte nicht das Recht, seinen Arbeitskameraden oder seinen
Nachbarn auf der Schlafbank zu wählen. Es fiel mir sehr schwer,
mich an ihren Charakter, wie auch an ihre Bräuche zu gewöhnen, insbesondere sie den ganzen Tag lang Tabak kauen zu sehen. Einsam und deprimiert setzte ich mich abseits, wenn die
Ruhestunde kam. Ich näherte mich dennoch einem alten invaliden Internierten, der seine acht Jahre Zuchthaus hinter sich gebracht hatte: Anstatt ihn freizulassen, teilte man ihm mit, eine
Sonderkommission würde seinen Zwangswohnort festsetzen, und
er erwartete diese Entscheidung. Zu der Begründung seiner Ver-

bannung gehörte "Freundschaft" zwischen Russen und nationalen Minderheiten.

In allen Republiken der UdSSR existierte neben der russischen Armee ein nationales Regiment. In den Jahren 1929 und 1930, als die Landbevölkerung von Haß gegen die gewaltsam erzwungene Kollektivierung kochte, befand sich ein Nationalregiment im Manöver. Die Soldaten machten sich daran, mit richtigen Kugeln auf die russischen Soldaten zu schießen. Die russische Armee umzingelte sofort das Regiment und entwaffnete es. Alle Vorgesetzten wurden erschossen und die Soldaten in Arbeitslager deportiert. Im Winter 1939/40 verstärkte sich die Unterdrückung. Zusätzlich zu den Scharfschützen setzte man zusätzliche Wachen ein, die beim geringsten Fluchtversuch das Feuer eröffneten.

Während der stärksten Schneestürme mußten wir arbeiten, bis jede Brigade ihre Norm an Waggons erfüllt hatte. Wenn eine von den sechs Gruppen in einer Brigade es nicht geschafft hatte, mußten die anderen warten, bis sie ins Lager zurückkehren konnten. Anstatt aber den Verspäteten, die aus Erschöpfung nicht mehr konnten, zu Hilfe zu kommen, beschimpften die andern, ebenfalls erschöpft und von Ermüdung und Hunger getrieben, diese Unglücklichen und warfen sich manchmal auf sie und schlugen auf sie ein. Sie verfluchten sie, weil es schien, daß man ihretwegen nicht in die Baracke zurückkehren, die Suppe und den Brotkanten bekommen und schließlich die so sehr erwartete Ruhe finden konnte. Unglück für mich, wenn ich mich in einer Gruppe von Verspäteten befand: Meine Arbeitsgenossen und ich wurden alle als "Dreckskerle" behandelt.

Unsere Situation verschlechterte sich: Man beraubte uns des

Rechts, die zusätzlichen zweihundert Gramm Brot täglich im Lagerladen zu kaufen. Man verkürzte uns auch die mittägliche Ruhestunde; wir mußten früher aufstehen, um am Zugang zur Arbeitsstelle gezählt zu werden. Nach der Arbeit wurde jeder gründlich durchsucht, und diese Prozedur dauerte länger als eine Stunde, die von der Arbeitsruhe abging. Überfordert, ohne Reserve, fielen die Menschen um wie die Fliegen. Alltäglich ersetzten Neuangekommene sie.

Von einem aus Leningrad gekommenen Konvoi erfuhren wir die Neuigkeit vom Krieg gegen Finnland. Dieser Krieg ließ bei den Internierten die Illusion aufkommen, daß er vielleicht eine positive Änderung im Regime herbeiführen würde. Man erinnerte sich an die Niederlage der zaristischen Armeen vom Jahre 1905 und die ruhmreichen Heldentaten der heimlichen Revolutionäre. Dennoch ging unser Leidensweg weiter.

Am Morgen des 1. Mai 1940 entstand im Lager das verrückte Gerücht, daß für alle Opfer des düsteren Jahres 1937 eine Amnestie erlassen werden würde. Und jeder erging sich in den handfesten Argumenten: Durch diese Amnestie suchten "sie" ihren traurigen Sieg über Finnland zu verteidigen; übrigens war die Mehrzahl der Verurteilten vom Jahre 1937 umgekommen, und diejenigen, die übrigblieben, waren in einem derartigen Zustand der Schwäche, daß sie nunmehr nutzlos waren. Die Annektion der Länder der Ukraine, von Weißrußland und der baltischen Staaten würde eine Menge neuer Deportierter bringen. Mit dieser Amnestie würde man zwei Ziele erreichen: Erstens das Ansehen des Staates erhöhen, zweitens freien Platz für die neu Ankommenden machen. Viele Jahre später stellte ich fest, daß unsere Überlegungen vollkommen abwegig waren. Viele der im Jahre 1937 Verhafteten waren freigelassen und "rehabilitiert" worden,

aber dies waren vor allem die großen Spezialisten der Kriegsindustrie. Unter ihnen Rokossowski, der später Marschall wurde. Als Kranke kam meine Schwester auch in den Genuß eines
Strafnachlasses. Stalin und Berija triumphierten: Die siegreiche sowjetische "Gerechtigkeit" gab den militärischen Kadern,
die "ungerecht" von den Verrätern des sowjetischen Vaterlandes
verhaftet worden waren, die Ehre wieder. Es war Jegow, den
man für alle diese Verbrechen, Verhaftungen und Hinrichtungen
verantwortlich machte, ganz so, wie man alle Verbrechen später Berija anlastete. Meiner Frau war es damals gelungen, ins
Büro des Anklägers Wischinski vorzudringen. Wenig später wurde sie zum NKWD in Kiew vorgeladen, um dort zu erfahren, daß
die Volksfeinde Unschuldige mit dem Ziel, die Sowjetunion zu
kompromittieren und zu besudeln, angeklagt und verhaftet hatten,
daß man alle Akten überprüfen und die Unschuldigen freilassen
würde.

Am 30. April arbeitete ich in einer Nachtschicht. Mit größter
Spannung erwarteten wir den 1. Mai, an dem die Amnestie er-
klärt werden sollte. Unsere Brigade hatte ihre Norm erfüllt, als
man neue Waggons zum Beladen heranbrachte. Der neblige Himmel verlängerte die Nacht. Die Tagesschicht kam und machte
sich an die Arbeit: Wir waren also nicht freigelassen worden.
Die Drohungen und Beleidigungen der Brigadechefs regneten auf
Erschöpfte nieder, als wir plötzlich, taumelnd vor Ermüdung,
Hunger und Verzweiflung, zu schreien anfingen: "Unser Brot!
Gebt uns unser Brot, das wir mit unserem Blut verdient haben!"
Die Brigadechefs gingen ins Lager und brachten uns unser Brot
und unsere Suppe, begleitet vom verantwortlichen Chef des Ar-
beitslagers. Er informierte uns:

— Da die freien Arbeiter am ersten Mai nicht arbeiten, sind

mehr Waggons zu beladen. Und für jeden leergelassenen Waggon muß Strafe bezahlt werden. " Aus diesem Grund also bedeutete dieser Festtag aller Arbeiter der Welt für uns, in "unserem proletarischen Vaterland", ein Mehr an Anstrengung. Alle Häftlinge wurden aus den Baracken zur Arbeit gejagt. Das also war das für den 1. Mai erwartete Wunder. Während 48 Stunden behielt man uns auf dem Ladeplatz der Waggons. Am dritten Tag verließen wir die Arbeit, umringt von Wachen und ihren Hunden. Allgemeine Durchsuchung unserer Fetzen unter einem feinen Regen, der uns bis ins Innerste durchkühlte; indem wir uns einer gegen den andern drückten, suchte jeder in die Mitte zu kommen. Das Hirngespinst der Amnestie war wie ein Traum zerronnen. Als uns endlich gestattet wurde, in die Baracken zurückzukehren, blieben viele sogar auf dem dreckigen Boden liegen, trotz des Gebrülls der Wachen, die ebenso froren wie wir.

Ich konnte mich am nächsten Morgen nicht mehr erinnern, wie ich auf die Schlafbank gekommen war. Als meine Brigade sich zur Arbeit aufmachte, war ich unfähig, von meinem Lager herabzusteigen. Der Chef der Brigade, mit dem ich einmal geteilt hatte, was ich von dem Konfektionsatelier bekommen hatte, sah mich mit Besorgnis an; er meldete meinen Zustand dem Werkstattleiter, aber weder der eine noch der andere konnte mich für einen Tag von der Arbeit freistellen, weil es schon zu viele Kranke gab. Der Krankenwärter hatte auch nicht mehr das Recht, einem Häftling einen Ruhetag zu bewilligen. Nun gab es so etwas wie ein "Wunder": Man führte mich in die Schneiderei der Kaserne, die für Kader und Militär reserviert war. Dort blieb ich länger als einen Monat. Die für die Kommandanten bestimmte Ernährung war besser und reichlicher. Außer Uniformen nähte ich für die Chefs verschiedene Bekleidungen. Man mußte sich vorsehen, denn nach den Bestimmungen hatte der Kommandant nicht das Recht, einen Häftling auf eigene Rechnung zu beschäftigen.

Ich hatte Gelegenheit, mich einigen Wachen zu nähern, die mit mir gutmütig sprachen, sobald wir allein waren, ohne Zeugen, denn mit einem Wächter zu sprechen, war uns streng untersagt: In flagranti bei diesem Vergehen erwischt, erwarteten den Häftling zusätzlich drei Jahre Haft. Fast alle Wächter waren Bauernsöhne. Nach ihrer Entlassung aus dem Wehrdienst rekrutierte man sie. Eher als zur Arbeit auf der Kolchose zurückzukehren, waren sie bereit, jeden anderen Vertrag zu unterschreiben. Man händigte ihnen dann einen Paß aus und versprach ihnen das Wohnrecht in der Stadt und einen Wachtposten, sei es in den Gefängnissen, sei es in den sibirischen Lagern. Ihr Leben war nicht immer einfach: Es war kein Honigschlecken, auf dem Dach eines Gefängnisses, bei Regen und Wind, besonders während des großen Winterfrostes, zu stehen, bei den Häftlingen auf Wache zu ziehen, und dies zehn bis zwölf Stunden lang täglich. Sie lebten in einer andauernden Spannung, weil sie ständig die Flucht eines Sklaven befürchteten. Eine solche Sache kostete den Wächter zehn Jahre Arbeitslager, das heißt, daß er seinerseits zu einem Zuchthäusler wie die anderen wurde. Man brachte ihnen eine Grausamkeit bei, die ohne jegliches menschliche Gefühl war, indem man ihnen jeden Häftling als Feind des sowjetischen Volkes darstellte, der stets bereit sei, dem Wächter den Kopf abzuschlagen. Alle zitterten vor ihrem Chefkommandanten.

Meine Arbeit als Schneider hing von demselben Chefkommandanten ab. Als ich ihn eines Tages während einer Anprobe versehentlich mit "Genosse" anredete, wurde er fuchsteufelswild:

— Ich bin nicht dein Genosse, schrie er mich mit wütendem Blick an. Deine Genossen sind in den Wäldern von Briansk. Das war ein für seine wilden Tiere berühmter Wald. Er stieß Beleidigungen aus. Zu seiner Frau, die der Szene beiwohnte, sagte ich kaltblütig:

— Sobald ein Schneider eine Anprobe macht, ist er der Kommandant.

Das brachte ihn zum Platzen. Außer sich, riß er sich die Kleider vom Leib und warf sie mir an den Kopf.

Dummkopf! sagte seine Frau und versuchte ihn zu beruhigen. Warum legst du dich mit diesem Menschen an? Er ist doch ein guter Arbeiter!

Es war vorauszusehen, daß dieser Vorfall das Ende meiner
Karriere als Schneider beschleunigen sollte. Zwei Tage später
brachte die Frau des Kommandanten mir ein Stück Speck und
ein Kilo Zucker, und am gleichen Abend wurde ich zu einem ab-
fahrbereiten Konvoi gebracht. Meine Werkstattkameraden, voller Befürchtungen, schrieben an meine Frau, ich sei plötzlich
weggebracht worden; nach dem Erhalt dieses Briefes hielt sie
mich für tot.

Aufs neue geschlossene Waggons voll widerlicher Gerüche.
Durch die kleinen vergitterten Fenster erhellte ein Schimmer
kaum diejenigen, die sich ganz in Fensternähe befanden, er
drang jedoch nicht ins Innere des Wagens. Die feuchte Wärme
dieser abgeschlossenen Atmosphäre war erdrückend. Mit bren-
nendem Kopf, mit trockener Kehle verlangten wir: "Wasser!
Wasser!" ohne aber eine Antwort zu bekommen. Im Laufe der
Reise wurde - was selten vorkam - ein alter Mann in unseren
Wagen eingewiesen. Weil es nicht den geringsten Platz mehr
gab, mußte er sich in die Ecke, nahe der Kloschüssel, drücken.
Mit gehetztem, verängstigtem Blick schwieg er. Nach einigen
Tagen dieser infernalischen Reise faßte er Vertrauen zu uns
und wagte, das Wort an uns zu richten: Er wurde nach Moskau
geschickt, um dort einem Verhör unterzogen zu werden. Bisher
war er in einem isolierten Lager eingeschlossen gewesen, ohne
das Recht, Briefe zu erhalten. Da die Gefangenen hier völlig vom
Rest der Welt abgeschnitten waren, war der deutsch-sowjetische

Vertrag für ihn eine Offenbarung, ebenso wie der Krieg gegen Finnland. Ungar, alter Gefährte von Bela Kun, Übersetzer, hatte er Engels, Marx, Plechanow, Lenin, Stalin und Bogdanow übersetzt. Er lebte in Rußland seit dem Sturz der Regierung von Bela Kun. Nach mehreren Überstellungen und Verhören mußte der Ungar uns verlassen. Als Vorsichtsmaßnahme hatte er nicht seinen Namen angegeben.

Zwei Tage lang rangierte man die Züge um. Kommandanten, die dem NKWD angehörten, liefen von einem Waggon zum anderen, mit Stößen von Akten unter den Armen. Niemand kümmerte sich um unsere Ernährung. Schreie entwichen einem Waggon: "Wasser! Brot!" Diese Schreie wurden in anderen Waggons schüchtern aufgenommen, aber die Drohungen der Wachen überdeckten die Stimmen; sie begannen zu brüllen: "Wir werden euch zusammenschlagen!" Und sie gaben Schüsse ab. In die Luft? Wie sollte man das wissen? Aber der Zorn, verrückt und entschlossen zugleich, kochte! Die Spannung kam rasch auf ihren Höhepunkt. In unserem Waggon, nahe den Fensterchen, rissen die Kräftigsten, die Diebe und Verbrecher, die Gitter heraus und schrien mit letzter Kraft: "Schießt doch! Aber schießt doch, ihr Hurensöhne! Eines Tages werden wir euch erdrosseln!" Man hörte das Rütteln an den Türen, die man zu öffnen versuchte. Die Schreie verstärkten sich, aber niemand hörte die verzweifelten Rufe. Die von den Anstrengungen noch schwächer gewordenen Sklaven verstummten allmählich. Niedergeschlagen, halbtot vor Durst und Hunger, sackten sie zusammen oder wurden bewußtlos.

Mitten in der Nacht ließ man vier Leute aussteigen, um Suppe und Brot zu holen. Ich war dabei. Auf diese Weise erfuhr ich, daß wir während achtundvierzig Stunden der Reise deshalb nichts zu essen bekommen hatten, weil man neue Konvois zusammenstellte. Die Kommandanten wußten daher noch nicht, welche Waggons ihnen anvertraut würden, sie konnten sich noch nicht mit den Leuten, die ihnen nicht "gehörten" und die ihnen vielleicht überhaupt nicht "gehören würden", abgeben. Sobald genaue Befehle gegeben worden waren und jeder Kommandant seinen Konvoi erhalten hatte, dachte er daran, sich mit ihm zu beschäftigen. Vier Tage verbrachten wir in dieser Hölle; abgesehen von einigen Verschiebungen bewegten wir uns kaum. Schließlich ließ man uns nicht weit vom Strom Irtysch aussteigen. Von dort mußte man uns weiterbefördern, ohne daß wir genau wußten, wohin. Während des Aufenthaltes ließ man uns arbeiten.

Vor der Steilküste, so weit der Blick reichte, riesige Mengen von zehn bis fünfzehn Meter langen Stämmen. Unsere Aufgabe bestand darin, die Stämme zum Wasser zu rollen. Unten verbanden andere Sklaven sie derart, daß Holzflöße gebildet werden konnten. Gelegentlich verhakten sich die Stämme miteinander, sammelten sich an und verstopften den Zugang zu dem riesigen Strom. Die Wachen drängten uns, schneller zu machen, trotz der ständigen Gefahr, von den Stämmen erdrückt oder vom Strom weggerissen zu werden und zu ertrinken. Mit langen Angelstangen bewaffnet, hielten wir uns in der Mitte des Flusses auf kleinen Schlauchbooten. Es erforderte große Schnelligkeit und Geschicklichkeit, und besonders mußte man ständig wachsam sein, um diese Arbeit zu einem guten Ende zu führen. Mein Nachbar, Doktor der Geologie, hatte mich mehr als einmal genau in dem Augenblick festgehalten, als ich, fortgezogen von einem Stamm, den ich zurückhalten wollte, beinahe in den Strom gefallen wäre. "Man kann nicht nur ins Wasser fallen, sondern auch seinen Nebenmann mitziehen", warnte er mich. Man muß mit seiner ganzen Aufmerksamkeit arbeiten, um einen Stamm, der entgleitet, zu erwischen. Das lernt man nur durch Erfahrung. "Ein Schneider und ein Doktor arbeiten hier an der Beförderung von Holz in Flößen", fuhr er bitter fort, "und irgendwo arbeiten sicherlich Spezialisten des Holztransportes auf dem Wasserwege als Schneider und verderben die Ware. Wegen dieses Wirrwarrs kann unser großes Land trotz seines ganzen Reichtums nicht alle seine Bürger ernähren!"

Nach einigen Wochen pferchte man uns von neuem in Waggons, um uns in Richtung der Mündung des Irtysch zu verlegen. Je mehr wir vorankamen, desto zahlreicher waren die Konvois, denen wir begegneten. Nach zwei Wochen Reise kamen wir im Zentrum Kirow, einst "Wiatka", an. Die Baracken waren hoch und enthielten zahlreiche Schlafbänke. Die von Tausenden von Inschriften bedeckten Mauern enthielten Namen, dahinter die Anzahl der Verbannungsjahre. Viele dieser Verschwundenen suchten ihre Eltern, Kinder, Familien. Nach den Sprachen dieser Inschriften zu schließen, handelte es sich um Bewohner der besetzten Gebiete.

Von Kirow aus fuhren wir im Laderaum einer großen Barke nach Kotlas, ganz so, wie die Sklaven aus Afrika nach Amerika transportiert wurden. Wir reisten auf der Düna des Nordens, dem riesigen, 750 Kilometer langen Strom, der die Taiga durchquert und sich zum Strom Winseheg wendet, der den Beinamen "kleine Düna des Nordens" hat, weil er nahe dem Nordpol fließt. Fast für die Gesamtheit der Zehntausende von Deportierten, einer Gratisarbeitskraft, die dazu bestimmt war, die Reichtümer dieser Gegenden auszubeuten, sollte es von dieser Reise keine Rückkehr geben. Das Leben auf dem Schiff war noch komplizierter als in den Waggons, denn die gemeinen Verbrecher bestimmten hier das Gesetz und terrorisierten die anderen Häftlinge. Was gab es außer der Brotration zu stehlen? Mehr als einmal brachen im Lagerraum Schlägereien aus wegen des Brotes, das wir gegen die Unterwelt verteidigten, die sich auf uns warf, um uns die Brotkanten zu rauben. Man fragt sich hinterher, wie diese Schlägereien in einer solchen Enge möglich waren.

Nachdem wir das Schiff verlassen hatten, erhielten wir ein Brot, dazu einige getrocknete Fische, danach marschierten wir zwei Tage lang, bis wir im Zentrallager von Kumi, nahe der Hauptstadt der kleinen autonomen Republik von Syktyvkar, anlangten. Die Konvois, die hierher kamen, waren so zahlreich, daß man uns nicht mehr aufnehmen wollte. Man ließ nur die Kranken herein. Wir mußten sofort ein Gelände zurechtmachen, das wir mit Stacheldraht umgaben. Hier brannte die Sonne praktisch vierundzwanzig Stunden lang: Es gab keine Nacht. Trotz unserer Ermüdung wurden wir von den Naturwundern ergriffen, von der blendenden Klarheit der Morgen- und Abenddämmerung. Hier brauchten wir keine ermüdenden Formalitäten durchzumachen. Man ließ uns nicht baden, unsere Kleider wurden nicht desinfiziert. Erschöpft, dreckig, von Läusen und blutsaugenden Insekten verzehrt - gegen die der einzige Schutz das Feuer war - wurden wir mit unserem Küchengerät und den Konservenkisten bis in die Taiga gebracht, wo die Vegetation so dicht war, daß ein Sonnenstrahl nur mit Mühe durchdrang. Äxte und Sägen wurden an uns verteilt.

Unter unseren Füßen war der Boden schlammig; um uns Insektenwolken. Werkzeuge in den Händen, konnten wir uns nicht gegen die gefräßigen Insekten schützen, die unsere Augen angriffen, in unsere Nasenlöcher, die Ohren und den Mund eindrangen.

Unsere Gesichter schwollen an, einige von uns hatten hohe Temperatur; bei anderen floß Blut, und der Körper wurde kraftlos.

Schließlich erreichten wir das Ziel. Wir begegneten den Spuren des Durchzugs einer Gruppe von Vermessungsingenieuren. Der Boden war vermessen und markiert worden. Der Weg, den wir herzustellen hatten, war vollständig vermessen worden: Vor allem mußten wir einen befestigten Streifen herstellen. Wir legten einen Weg von etwa zwanzig Metern Breite an, reinigten ihn von Wurzeln und ebneten einen Boden ein, den noch niemals ein menschlicher Fuß betreten hatte. Die Arbeit war recht primitiv. Die Straßenbaubrigaden legten zunächst von jeder Seite her Schneisen an, die durch Balken befestigt wurden. Das bildete eine provisorische Straße, die die Durchfahrt von Lastwagen und Pferdewagen für den Materialtransport ermöglichte und auch für die Konvois, die folgten. Einige hundert Kilometer lang, von Kotlas bis Workuta, arbeiteten Tausende Deportierte mit Schaufeln und Schubkarren, um einen Eisenbahndamm zu errichten. Die Befestigung des Dammes ebenso wie die Aufhäufung von Erde und Steinen wurde mit den lächerlichsten Mitteln ausgeführt. Hunderte von Armen bewegten riesige Balken, um den Bahndamm anzulegen. Wie stets, plagten die Brigadechefs die Sklaven. Die Normen übertrafen unsere Kräfte. Die Usbeken unter uns murmelten: "Man gibt uns tonnenweise Arbeit, aber Brot nur in Krümelchen!"

Der Übergang vom Sommer zum Winter war sehr plötzlich. Es gab noch keine Baracken für die Häftlinge. Die zuerst erbauten waren für die Chefs, die Verwaltung und die Wächter der Zone. Für die Küche und für die Arbeitssklaven errichtete man große Zelte aus wasserundurchlässigem Stoff, die "bresent" genannt wurden. Gegen Ende August bis zum Monat Mai des folgenden

Jahres fiel Schnee. Der Schnee drang in die Zelte ein. Die Bretter, auf denen wir die Schubkarren führten, wurden glitschig, es erforderte große Anstrengung, sie bis zum Ende im Gleichgewicht zu halten. Was die Arbeit noch anstrengender machte, war die einen halben Meter tief gefrorene Erde; während der Körper immer mehr Kalorien forderte, kamen die normalen Essensrationen verspätet, gelegentlich überhaupt nicht an. Das Zentrallager schickte sie wegen Transportschwierigkeiten, die der Plan nicht vorausgesehen hatte, nicht immer ab. Häufig wurden die Lebensmittel unterwegs gestohlen, obwohl sie von einer starken, bewaffneten Mannschaft begleitet wurden. In diesen Zonen waren ärztliche Fürsorge, Bäder, Desinfektion unbekannt: Es traten Epidemien auf, zunächst die Ruhr, die täglich neue Opfer forderte.

Die Jahre sind vergangen, und ich sehe immer noch diese Szenen vor mir, als wir unsere letzte Kraft sammelten und die nackten Kadaver schleppten, um sie im Schnee zu begraben. Noch heute krampft sich mein Herz zusammen, wenn ich dies Gedicht von A. ZAK lese:

Vergiß niemals die Gräber der Taiga.
Geschaufelt ins Eis,
Gleichsam namenlos,
Gefüllt mit Sklaven.
Der Wind häuft den Schnee.
Nach dem Schrecken der Baracken
Und ihren harten Brettern,
Nach dem Exil,
Wie wohnlich sind diese letzten vier Meter Dreck!
Gefolterter Bruder, Du brauchst nicht mehr auf die
Brotkanten zu warten.

Der Chef der Brigade kann dich nicht mehr quälen,
Noch dich mit seinem Knüppel, mit seinem Gewehr-
kolben erreichen.
Du siehst nicht mehr den Schatten des Schützen, der
seine Waffe auf dich richtet,
Du fliehst nicht mehr seinen finstern Blick.
Du siehst nicht mehr die schönen Medaillen auf sei-
ner Brust glänzen,
Sichel und Hammer gekreuzt auf seiner Schulter,
Auf immer bist du dem Schweigen anheimgegeben.

Im Frühjahr 1941 zog die Anlage von Gleisen auf dem neuen
Schienenweg nahe der Petschora, im Abschnitt von Kozvic
(Koswik), eine beträchtliche Erweiterung der Arbeitsregion
nach sich: Manche Werkstätten waren jetzt mehrere Dutzend
Kilometer vom Lager entfernt; die strategische und wirtschaftliche Bedeutung dieser Kommunikationsachse sollte in den nächsten Kriegsmonaten zutage treten.

Diese Region gehört schon zur Tundra: Um niedere und stäm-
mige Bäume auf dem Moos zogen Herden von Hirschen und
Rentieren umher, die ihre Nahrung bis zum entgegengesetzten
Abhang der Berge des Urals suchten, wo die Petschora, tau-
sendachthundertundvierzehn Kilometer lang, ihre Quelle hat. Hier
herrschten Zyklone und Schneestürme. Bis Workuta waren Lager noch vor der Anlage der Eisenbahn eingerichtet worden. Da
der ganze Transport sich damals auf dem Wasserweg abwickel-
te, behinderte der Frost während sechs bis sieben Monaten die
Ausbeutung der Naturschätze. Der Frühling des Jahres 1941
war regnerisch und eisig, aber überall wiederholten Inschriften:"Auf die Garben regnet es nicht", was bedeutete, ob es regnet oder stürmt, die Arbeit muß getan werden.

Im Laufe dieses Jahres 1941 sah ich, wie ein Konvoi von Lastwagen ankam; wir hatten einen sehr hohen Damm bei den Brük-
ken zu errichten, um sie vor der starken Strömung zu schützen.
Mit Schubkarren konnte das Ziel nicht erreicht werden. Fünfundzwanzig Bagger arbeiteten Tag und Nacht ohne Unterbrechung,
dreihundert Menschen beluden, dreihundert andere entluden die
Erde, stampften sie fest und befestigten sie. Einen Bagger durfte man niemals zum Stillstand kommen lassen. Für eine Minute
Aufenthalt waren sie bereit, einen zu erschießen: Die Maschine
war der Moloch, der uns auffraß. Jeden Monat kam ein neuer
Konvoi, aber niemals überschritt er die zur Bedienung des Bag-
gers notwendige Anzahl der Arbeiter, denn jeden Monat gingen
ein Teil der vorher gekommenen zur Gruppe der Schwachen und
ein Teil der Schwachen in die andere Welt über. Was mich betrifft, so hatte ich aufs neue die Chance, als Schneider in diesem Zentrum zu arbeiten.

Offiziell sollte ich die Arbeitskleidung ausbessern, aber in Wirklichkeit arbeitete ich vor allem für die Chefs.

Die deutsche Invasion und die Niederlagen der russischen Armeen in den ersten Kriegsmonaten riefen einen dumpfen Schrek-
ken bei den Agenten des NKWD, die die Wirtschaft und Verwaltung
der Lager leiteten, hervor. Der Wunsch, sich Staatseigentum an-
zueignen - die volkstümliche Redensart lautete: "Nimm, nimm,
alles wird aufs Kriegsbudget angerechnet" - hatte auch die La-
gerherren ergriffen. Von außen gesehen, ging alles wie früher,
aber das Verhalten der Wachen hatte sich geändert, sie verloren ihre Arroganz, während unter den Deportierten eine Hoffnung aufkeimte: War vielleicht die Freiheit auch nicht mehr weit?
Im Grunde ihres Herzens beteten die Menschen um eine russische Niederlage.

Die Hälfte der Maschinen wurde für die Front beschlagnahmt. Die Brotration verringerte sich noch mehr. Bis zur Ankunft amerikanischer Hilfe blieb das Ernährungsproblem katastrophal. Die neue Eisenbahnlinie begann, bis zur Petschora zu funktionieren. Von dort wurden täglich Häftlinge, Holz und Kohle aus Workuta und der Taiga verladen.

Unsere Gruppe befand sich in der Nähe der Eisenbahnstrecke und hatte dadurch die Möglichkeit, von anderen Regionen Nachrichten zu erhalten. Von den Konvois aus Lagern in Karelien und aus dem Bezirk Leningrad, von denjenigen, die aus Archangelsk und aus Murmansk kamen, erfuhren wir, daß die deutsche Armee von Finnland aus mit dem Ziel angegriffen hatte, den Zugang zur Nordsee zu versperren; in dieser Gegend waren bereits Tausende von Häftlingen konzentriert, und dennoch stieg ihre Zahl weiter an; die Eröffnung der Eisenbahnstrecke ermöglichte es, einen Teil dieser Deportierten weiter nach Norden zu schicken und "freie" Deportierte kommen zu lassen, das heißt solche, die freiwillig umsiedelten.

In diesem Winter wurde das Klima noch strenger, dazu kamen die Quälereien, die die Deportierten selbst hervorriefen: Eines Tages murmelte man heimlich den Namen von irgend jemand, und alle wandten sich von ihm ab; am nächsten Tag war es ein anderer, der als Denunziant gebrandmarkt wurde, und alle, vom Brigadechef bis zum Suppenverteiler, hatten vor ihm Angst und gingen ihm aus dem Weg. Ständig schwebte die Gefahr über uns, zur dritten Division vorgeladen zu werden und von dort nach Syktywkar zu kommen, um erschossen zu werden. Man entzog allen Politischen das Recht, mit ihren Familien zu korrespondieren. Der Chef des Arbeitsbüros, bei dem sich alle Akten der Politischen befanden, die nach Artikel 58, Absatz 6, unter "Spionageverdacht" verurteilt worden waren, sollte sie nach Matuschka-Schar im fernen Norden schicken, damit sie dort einen Hafen anlegten. Die Menschen dorthin zu bringen, hieß, sie in den Tod schicken.

Man schlug mir insgeheim vor, mich gegen Geld bei der Abfahrt des Konvois zu verstecken. Ich willigte ein: Ich wußte, daß unser Kommandant, der darüber im Bilde war, persönlich daran interessiert war, daß ein Schneider für die Militäranzüge in seinem Lager blieb. Wir suchten also gemeinsam für mich ein Versteck: Ein riesiger Schneehaufen machte es möglich. Auf diese Weise wurde ich vor Matuschka-Schar gerettet. Von nun an lebte ich in ständiger Angst, aus Neid angezeigt zu werden und wieder in die Fänge der III. Division zu geraten, deren Anzahl der Opfer täglich größer wurde. Ihre Mitglieder konnten dadurch ihren Nutzen und die Notwendigkeit beweisen, hier, fern von der Front, zu bleiben. Ich fürchtete, meinen Platz als Schneider zu verlieren, denn auf diesem Platz war das Leben unvergleichlich besser als überall sonst, obwohl die Arbeitszeit sogar achtzehn Stunden täglich erreichte und überschritt. Ich mußte für die Chefs ohne Nähzutaten arbeiten und die Arbeitskleidung der Häftlinge, ohne Faden oder Stoffreste, ausbessern und die zerrissene Kleidung zusammenflicken. Ich stahl etwas Garn aus dem Vorrat des Chefs. Ich mobilisierte die Häftlinge, alte Strümpfe und alte Säcke zu suchen, die ich auftrennte und die so gewonnenen Fäden aneinanderknüpfte. Man hatte mir übrigens gebrauchte Unterwäsche gebracht, um daraus Bandagen und Binden zu machen. Diese von Schweiß und Schmutz getränkten Stoffetzen dienten dazu, die Wunden zu verbinden. Von der Baracke aus, wo ich arbeitete, konnte ich die Gruppe der zur Abfahrt versammelten Sklaven erkennen, armselige Silhouetten in Lumpen in der klirrenden Kälte: Dieser Kontrast ließ mich schaudern.

Eines Morgens brachte mir der Krankenwärter einige gute Hemden mit dem Abzeichen der Wachen. Letztere hatten eine Revolte von Hirten niedergeschlagen, die die Herden von Hirschen und Rentieren in der Tundra der Petschora hüteten. Zahlreiche Wachen wurden verletzt, unter ihnen der Chefkommandant des Lagers von Koschewski. Die Wachen rühmten sich, alle Aufständischen erschossen zu haben, ohne Gefangene zu machen. Sie töteten sogar die Verwundeten. Sie gaben an, es seien finnische und deutsche Spione gewesen, die diesen Aufstand angestiftet und organisiert hätten. Die wahren Ursachen dieses Verzweiflungsaktes werden niemals ans Tageslicht kommen. Es ist durchaus möglich, daß der NKWD selbst diese Schlächterei provoziert hat, um seine Rolle überall vor Moskau zu rechtfertigen.

Im April 1942 kam eine Militärkommission mit dem Auftrag, unter den für Verbrechen und Betrug Verurteilten Freiwillige zu rekrutieren. Ich setzte eine Bittschrift auf und hatte sogar Gelegenheit zu einer Rücksprache mit dem Verantwortlichen der Kommission, der mir sagte:
— Wir wissen, daß unter euch, den Politischen, sich ehrenhafte Leute befinden, die bereit sind, das Vaterland zu verteidigen, aber wir selbst haben leider kein Recht, darüber zu entscheiden.

Vor der Abfahrt, während die Rekruten mit dem eingekleidet wurden, was sich im Lager befand, fragte ich einige von ihnen:
— Geht ihr, um das Vaterland zu verteidigen?
— Für das Vaterland? Nein, um uns wenigstens einmal vollzufressen, den Bauch vollzuschlagen bis zum Platzen! Die erste

Gruppe fuhr in geschlossenen Waggons bis Kotlas, wo sie offizi-
ziell freigelassen und in ein militärisches Zentrum geschickt
wurden. Bevor sie aber Kotlas verließen, griffen sie Läden an,
die sie plünderten und verwüsteten. Die Mehrzahl dieser Rekruten wurde unter starker Bewachung in die Lager zurückgeschickt;
nach diesem Vorfall wurden alle anderen Rekruten unmittelbar
an die Front geschickt.

Als die Polen amnestiert wurden, berief man mich zu dem Verantwortlichen für den Arbeitseinsatz; am nächsten Tag sollten
die Polen entlassen werden; alle wußten, daß ich in Polen geboren war, aber sie wußten nicht, daß aus der Sicht meiner Akten
ich zu denjenigen gehörte, die nicht freigelassen werden durften.
Ein Pole war eben gestorben; man konnte mich freilassen, wenn
man die Papiere des Verstorbenen vertauschte, aber diese Sache fiel ins Wasser, weil ich nicht die verlangte Summe besaß.

Unsere Arbeitsgruppe fuhr zur Arbeit am Bahndamm nahe Uchta. Zum ersten Mal fuhr ich mit dem Dienstpersonal, also in
nicht geschlossenen, nicht bewachten Waggons. Nur gelegentlich der Aufenthalte waren wir gezwungen, das Essen in die geschlossenen Waggons zu bringen. Alle Bahnhöfe waren voll von
freigelassenen Polen; unter ihnen viele junge Juden, die sich
freuten und fröhlich miteinander redeten. Mein Herz zitterte
vor Verlangen, unter ihnen zu sein: Zwei Jahre lang hatte ich
nicht einen einzigen Juden getroffen.

— Kamerad, bleib bei uns, laß deinen Konvoi ohne dich abfah-
ren, wir werden für dich schon irgendein Papier finden! Aber
ich ließ mich nicht von einem solchen Abenteuer in Versuchung
führen: Ich hatte bereits vier Jahre Strafe hinter mich gebracht
und wollte keine Verlängerung riskieren; außerdem gibt man

sich in Kriegszeiten nicht lange mit einem Flüchtling ab, und eine Kugel ist schnell zur Hand.

Uchta, mein neuer Aufenthaltsort, hatte eine ruhmreiche Vergangenheit: Die Zaren schickten die Deserteure dahin; in den Jahren 1919 bis 1920 deportierte die sowjetische Regierung die "Weißen" hierher. Wir wurden der Erdölbohrung zugeteilt; entlang des Flusses reihten sich die landwirtschaftlichen Betriebe aneinander, wo die kranken Deportierten arbeiteten; Tiefbauarbeiter waren hier mit dem Bau von Brücken, dort mit dem Roden von Wäldern, woanders mit der Vermessung einer Eisenbahnlinie beschäftigt. Zum Personal unseres Lagers, das sehr zahlreich war, gehörten Mechaniker, Elektrotechniker und Chauffeure, die beneidenswerte Rationen erhielten. Sie waren die ersten, die zusätzlich im Lagerdepot einkaufen konnten und Tabak erhielten, der ihnen mit dem mageren Lohn von monatlich 30 Rubeln zugeteilt wurde. Auf dem Schwarzen Markt des Lagers kostete eine Brotration von siebenhundert Gramm sechzig Rubel. Die meisten Häftlinge waren nicht aufgrund des berühmten Artikels 58 hier, auch waren sie nicht, wie wir, körperlich und moralisch gebrochen. Dies war zweifellos der Grund dafür, daß sie den Mut hatten, den Kommandanten zu bitten, Frauen kommen zu lassen. Zwei Jahre verflossen, bis er dieser Bitte entsprach. Schließlich ließ er sechs Prostituierte mittleren Alters, elend, mager, schmutzig, mit erloschenem Blick, kommen. Die Mehrzahl der Männer war so erschöpft, daß die Aussicht auf Sinnesfreuden sie überhaupt nicht interessierte.

Meine "Werkstatt" als Schneider befand sich in einer Baracke, wo einige hundert Arbeiter schliefen. Jede Brigade vertraute einem Wächter die Aufgabe an, die Baracke zu überwachen, Brot und Suppe zu bringen, die zerrissenen Schuhe zum Schuster und die reparaturbedürftigen Kleider zum Schneider zu tragen. Diese Wachen wurden unter den Dieben und Kriminellen gewählt. Sie verbrachten die Zeit damit, den ganzen Tag lang Karten zu spielen, die trübseligen Melodien der Unterwelt zu singen. Ein Refrain ist mir noch in Erinnerung: "Moskau, Moskau mein! Es verursacht mir Pein!" Sie erzählten sich ihr Leben außerhalb der Gesetze, indem sie ihre verbrecherischen Heldentaten im einzelnen schilderten. Ich mußte mit ihnen in gutem Einvernehmen leben. Wenn einer beim Spielen verlor und nichts hatte, um seine Schulden zu bezahlen, dann war es der Schneider, der zahlen mußte. Mich mit einem von ihnen zu verfeinden, wäre lebensgefährlich gewesen. Eines Morgens zwangen sie mich, in meiner Lagerstatt sechs beim Lagerladen gestohlene Kleider zu verstecken. Ihre Entdeckung hätte mich fünf Jahre zusätzlich gekostet. Der Kommandant durchsuchte alle außer mir: "Zwecklos, beim Schneider zu suchen", sagte er, das ist ein ehrlicher Mensch. "

Gelegentlich sahen sich diese Berufsdiebe politischen Beschuldigungen gegenüber: Wenn einer von ihnen sich weigerte zu gestehen, daß er gestohlen habe, schickte der Staatsanwalt dessen Akte zur "Troika", die den Vermerk "Konterrevolutionär" hinzufügte. Als die Diebe begriffen, daß man sie auf die Liste der Politischen setzen könnte und daß sie als solche ihre Privilegien im Lager verlieren würden, gestanden sie Diebstähle, die sie nicht begangen hatten. Einer von ihnen, Dieb seit dem Alter von sieben Jahren, gerissen und ausgekocht, hatte mir erzählt, daß er aus dem Lager entlassen worden war und in seine Stadt Rostow zurückgekehrt war. Dort war es einem Unbekannten gelungen, ein "tolles Ding" zu drehen: Man verhaftete meinen Dieb an seiner Stelle; der Staatsanwalt sagte ihm;

— Der Dieb bleibt unauffindbar, nimm dieses Schicksal auf deine Rechnung.

— Wieso? schrie mein Dieb, aber ich habe es nicht getan!

— Ich weiß, sagte der Staatsanwalt, aber man hat den Schuldigen nicht gefunden, und in der sowjetischen Miliz darf ein Fall nicht ungeklärt bleiben. Wenn du die Schuld nicht auf dich nimmst, schicke ich deine Akte zur "Troika", und du kannst sicher sein, zehn Jahre als Politischer zu bekommen; wenn du aber dieses Protokoll unterzeichnest, kriegst du nur fünf Jahre für Diebstahl. Und ganz stolz fügte mein Dieb hinzu:

— Übrigens, im Lager bin ich wer und nicht ein "kutzik", ein Politischer, ein Volksfeind. - Sie wurden alle an die Front geschickt.

Ich erinnere mich an etwas anderes. Nach dem Plan war der Bau des Bahndamms an der Brücke der Uchta, die zum Jahrestag der Oktoberrevolution hätte fertigwerden sollen, bereits vier Monate im Rückstand, und es war kein Ende abzusehen. Die ängstlichen Chefs waren außer sich, drängten, liefen wie die Narren umher. Ich arbeitete in der Nachtschicht und war damit beauftragt, die Lastwagen mit Steinen und Erde abzuladen. Außer der großen Anstrengung, die dazu notwendig war, war man ständig in Gefahr, sei es von der Höhe des Dammes zu fallen, sei es zermalmt zu werden. Auf diesem engen und sumpfigen Raum mußten vier Leute zwei Lastwagen manövrieren, die Ladeluken öffnen und die Wagen entleeren. Eine Sekunde der Unaufmerksamkeit oder der Ungeschicklichkeit konnte einem das Leben kosten. Mechanische Unfälle waren nicht selten. Die Maschine blockierte und blieb eines Tages in Gegenwart des Chefkommandanten stehen; ein Schweißausbruch überschwemmte mich trotz der klirrenden Kälte. Der Kommandant betrachtete einen Augenblick lang unseren Kampf gegen die rebellische Maschine, dann begann er uns in einer so rohen und obszönen Sprache zu beleidigen, daß sogar die Angehörigen der Unterwelt überrascht waren. Ich war in äußerster Verzweiflung; ich verlor meine Selbstbeherrschung und schrie:

— Geben Sie uns lieber Maschinen, die kontrolliert sind, bevor sie auf die Baustelle geschickt werden. Wir sind jedenfalls nicht für ihr Versagen verantwortlich. Ihre Beleidigungen sind eine Schmach für die sowjetischen Hoheitszeichen, die Ihre Uniform schmücken!

Sofort biß ich mir auf die Zunge, aber es war zu spät; auf dem Wege zur Strafdivision sagte der Wächter, der mich dorthin brachte und der mich gewöhnlich "semlak", Landsmann, nannte:
— Hör mal, der Kommandant ist doch dein Bruder, ein Jude!
Auf dem ganzen Weg debattierte ich vor Zorn bebend mit mir selbst, und stellte die Vorwürfe, die ich mir machte, den Rechtfertigungen gegenüber, die ich erfand: Wie konnte ein Sklave, ein Zuchthäusler, die Kühnheit haben, rechthaben zu wollen? Wenn ein Hund bellt, muß man ihn bellen lassen, wenn man diesen Chef sich selbst überlassen hätte, würde er sich schon seiner tierischen Vulgarität schämen.

In der Strafdivision fand ich wieder unmenschliche Bedingungen vor. Die Arbeitsnormen waren nicht zu verwirklichen: Auch waren die Brotrationen hier geringer und die Suppe dünner. Die Wachen wurden unter den brutalsten und den grausamsten Verbrechern ausgesucht; es war gang und gäbe, unter dem Vorwand eines Fluchtversuchs einen tödlichen Schlag auf den Kopf oder eine Kugel zu bekommen. Ich lebte dort vier Monate, die ich dank der Reserven ertrug, die mein Körper während meiner Arbeit als Schneider angesammelt hatte. Wir gruben Steine aus und zerschlugen sie mit Hacken, um sie anschließend in kleine Wagen zu verladen. Wir hatten keine Ahnung von der Arbeit der Erdarbeiter: Wir suchten die Steine in der Tiefe, anstatt sie flächig wegzunehmen, und es bildeten sich in den aufgeschütteten Wänden Löcher. Eines Tages lockerten sich die Wände und verstopften die Öffnung; die Masse steiniger Erde hätte mich beinahe lebendig begraben. Die Zeit, bis sie mich herausgezogen hatten, erschien mir wie eine Ewigkeit.

An einem anderen Tage hatten wir einen Konvoi von fünfzig Waggons zu beladen, dessen Räder blockiert waren; aber irgend jemand hatte unvorsichtigerweise die Bremsen berührt, so daß der Zug sich in Bewegung setzte und an Geschwindigkeit immer mehr zunahm. An diesem Tag wurden dreißig Menschen erdrückt. Ich kam mit einem fürchterlichen Schrecken davon. Wenig später entzündeten sich meine Augen: seit Tagesende sah ich nichts mehr; man mußte mich zur Arbeit und zum Suppe- und Brotholen führen. Als ich immer schwächer wurde, suchte ein "Asozialer", mit mir Streit anzufangen:
— Dreckskerl, ihr Dreckskerle seid alle faul! Euretwegen verschimmelt der russische Mensch in den Zuchthäusern ... ihr seid nichts als ...

Ganz blind und verhungert, wie ich war, warf ich ihm meinen Eßnapf an den Kopf. Der Schlag, den er mir verpaßte, warf mich um und ich blutete. Wieder einmal rettete mich ein Wunder; eine Gruppe von Vermessungsingenieuren, die mich als Schneider kannten, ging vorüber. Sie versprachen mir, zu meinen Gunsten zu intervenieren, indem sie meine Versetzung in ihre Abteilung beantragten. Sie hielten Wort, und ich wurde aus der Strafdivision entlassen. Ich stand nun in ihrem Dienst in einer

Sonderbaracke, wo sie schliefen und ihre Pläne zeichneten. Ich mußte sie bedienen und auch für sie und für ihre Chefs schneidern. Sie bildeten eine Elite; sie hatten Macht: Von ihnen hingen die Arbeitsnormen ab. Obwohl sie politischer Motive beschuldigt wurden, genossen sie bestimmte Privilegien: sie bewegten sich, ohne von Wachen begleitet zu werden, sie konnten die Zone verlassen und wiederkommen, so oft sie es für die Dienstgeschäfte notwendig hielten. Aber die von Moskau auferlegten Pläne lasteten auch auf ihnen, denn sie waren dafür verantwortlich. Dank ihnen arbeitete auch ich ohne Wache. Ich trug die Vermessungsgeräte, mit denen die Stellen markiert wurden, wo die Schienen gelegt werden sollten, und mit denen kontrolliert wurde, ob die Dämme nicht unter dem Gewicht der schweren Kohlenladungen nachgaben, die ohne Unterbrechung passierten.

Nach der Besetzung des Donez-Kohlen-Beckens durch die deutsche Armee suchte einer meiner Retter, mit mir allein zu sprechen. Ich sah, daß er ein dringendes Bedürfnis hatte, sich anzuvertrauen, sein Herz auszuschütten. Es war ein Mann voller Menschlichkeit, der das System haßte und besonders die Trunkenbolde, die es anwandten. Er liebte es, mit mir über die russische Literatur zu sprechen: Er sagte Gedichte von Puschkin, Lermontow und besonders von Nekrassow auf, für die er eine Vorliebe hatte. Mehrmals wiederholten wir diese Verse, die Nekrassow vor achtzig Jahren geschrieben hatte:

"Errichte stolz die Dämme

Für die Schienenwege, die weit führen,

Befestige sie, lege die Schwellen,

Verlege die Schienen für endlose Züge,

Errichte Brücken über die Ströme,

Die mit den Knochen des russischen Volkes befestigt
wurden.

Wie viele sind es? Kannst du es sagen, Wanja?"

Er vertraute mir an:

— Die Errichtung des Schienenweges zwischen Kotlas und Workuta hatte mehr Opfer gekostet, als er Kilometer lang war. Unter dem Zarenregime erhielten Hoffnung und Ideal die Verbannten aufrecht und verschönten das Zuchthaus. Nekrassow, gewiß, in allen Herzen ein Echo zu finden, konnte den Ruhm der
Opfer besingen. Unter dem Sowjetregime gab es nur "Höflings"-
Poeten, die den Ruhm der Verbrecher besangen und es wagten,
die Märtyrer als Helden der Arbeit hinzustellen, die freiwillig,
singend aufgebrochen seien, den Wohlstand der Nation zu er-
schaffen. Der "Komsomolsk" (Kommunistischer Jugendverband)
konnte glauben machen, daß die jungen Kommunisten jubelnd in
den hohen Norden aufgebrochen seien: In Wirklichkeit haben
dort Millionen Häftlinge den Tod gefunden. Tag für Tag erkaufen
die Russen mit dem Leben anderer ihren Sieg. Ist es denn unmöglich, die Bodenschätze dieses riesigen Landes auszubeuten,
ohne die Opfer zu vervielfachen?

Mein Leben während einiger Monate, die ich im Dienst dieser
Ingenieure verbrachte, war nicht nur eine Erholung für meinen
Körper, sondern auch eine seelische Stärkung. Es war nur von
kurzer Dauer. Noch einmal wurde ich bei Morgengrauen zur
Arbeitsstelle gejagt; unter Windstößen, bei Regen und bei minus
40 Grad arbeitete ich erneut am Bahndamm, hob Erde aus und
transportierte Schienen. Erst wenn das Thermometer 50 Grad
anzeigte, befreite man uns von der Arbeit. Die Kaukasier wurden bei mindestens 45 Grad freigestellt! Eines Tages wollte ich
schummeln und mich ihnen anschließen, aber der Brigadechef

sah mich und verjagte mich schreiend:

— Heda, heimtückischer Jude! Du, du bist ein Russe, natürlich!

Um zu erfahren, wie die Situation an der Front war, konnte das Lager als Barometer dienen. Wenn wir während der Zählung beleidigt wurden und man uns mit Erschießung drohte, uns die "K. R. D. " "Feinde des Volkes" schimpfte, dann war dies ein Zeichen dafür, daß die Lage an den Fronten gut war. Denn wenn die Herren über unser Leben ruhiger und weniger arrogant wurden, bedeutete dies für die Russen, daß es nicht gut stand. Die Mehrheit wünschte die Niederlage des Regimes, ohne sich Gedanken zu machen, was eine Besetzung unter dem Nazistiefel bedeuten würde.

Was die Häftlinge anlangte, ihnen war alles gleich. Seit Jahren lebten sie ohne Nachrichten von ihren Familien. Abgestumpft durch Erschöpfung und Hunger, konnten sie an nichts anderes denken als "Essen"! Man tauchte das Brot in zwei Liter kochendes Wasser, und mit dieser klebrigen Brühe füllte man den Magen; man täuschte das Hungergefühl, aber die wenigen Kalorien, die das Brot enthielt, waren umsonst. Die Füße waren geschwollen, und das Herz der Schwächsten konnte keinen Widerstand leisten.

Im Norden wächst eine hohe Pflanze wie ein Getreidebüschel, genannt "Iwan-Tschai"; man kocht sie ab und ißt sie. Diejenigen, die ohne Wache arbeiteten, sammelten und brachten diese Pflanzen, um sie zu verkaufen. Für einen Sack mit einigen Pfund dieses wilden Unkrauts forderte man zweihundert Gramm Brot. Diese Pflanze verursachte den Tod vieler Häftlinge. Tabak konnte nur mit Gold aufgewogen werden: Eine kleine Schachtel Streichhölzer hatte den Wert von vierhundert Gramm Brot. Leider wa-

ren es viele, die ihr Brot gegen einige Zigarettenzüge tauschten.
In dieser Region der Taiga wuchs das Kraut nur in Bachnähe.
Die vegetationsreichsten Stellen waren in der Umgebung von
Weiden. Aber diese Gebiete waren noch unerforscht. Wir wurden von Wachen dorthin geführt, mit dem Kommandanten zu
Pferde und zwei Wolfshunden. Man gab uns Brot und Suppe für
zehn Tage mit: Alles wurde in den ersten zwei Tagen aufgegessen, nicht nur, weil wir Hunger hatten, sondern aus Angst, bestohlen zu werden, obwohl es in unserer Arbeitsgruppe keine gewöhnlichen Verbrecher gab. An den folgenden Tagen aßen wir
das, was wir im Walde fanden. Trotz der Masken, die wir auf
dem Gesicht trugen, gelang es gefräßigen Insekten, zu stechen
und unser Blut aufzusaugen. Mach einigen Wochen wurden wir,
mehr tot als lebendig, ins Lager zurückgebracht. Bei der Rückkehr wurden wir gezwungen, einige Kranke zu tragen. Ich sage
gezwungen, denn ich glaube nicht, daß es Freiwillige gegeben
hätte, die diese Lasten hätten tragen wollen. Jeder hatte alle
Leiden der Welt, und es war schwer genug, sich selbst durch-
zubringen. Unter solchen Bedingungen wird der Mensch zum
Tier, gleichgültig dem Leiden, selbst dem Tod des Nächsten
gegenüber.

Bei der Rückkehr setzten wir vor der Baracke die Kranken ab,
die zum Lazarett gebracht werden sollten. Ich begegnete ihren
flehentlichen Blicken, die sich für immer in meiner Seele ein-
gruben. Einer unter ihnen war ein junger, schöner Georgier namens Abhaser, aber die anderen nannten ihn "Afsni", was "Seele"
bedeutet. Dieser Georgier war Mathematiker, und er arbeitete
beim Finanz- und Wirtschaftsministerium. Als Deportierter
konnte er dennoch auf seinem Gebiet weiterarbeiten. Während
des letzten, des achten Jahres zwang man ihn zu denselben Ar-

beiten wie uns alle. Erst da merkte er, wie das Leben eines Häftlings ist. Er kannte den Grund für seine Anklage nicht. Gewöhnlich sagte er, daß wir zwischen acht und zehn Jahre erhielten, damit wir nicht überleben, heimkehren und Zeugnis ablegen könnten. Die Tage, als wir uns in der Taiga auf der Suche nach einem genießbaren Kraut hinschleppten, sprach er mit bewegter Stimme von seinem Vaterland am Ufer des Schwarzen Meeres, von seinem ewigen Sommer, seinen prächtigen Städten: In der ganzen Welt gab es keine einzige Frucht, die nicht in Georgien wuchs: Weintrauben, Apfelsinen, Zitronen, Tee und Tabak. An den Bergabhängen würzten Zedern und Tannen in vollem Saft die Luft, und tief in der Erde gab es Gold, Silber, Kupfer, Kohle. Das Leben ist dort ein Fest. Der Mensch ist gesund und deshalb lebt er lange.

Vier Monate, nachdem ich aus der Waldarbeit entlassen war, fand ich mich aufs neue in der Gegend. Der Wald brannte. Wir waren mehrere hundert Häftlinge, aber nur mit Hacken, Schaufeln und Sägen ausgerüstet, um gegen die Feuersbrunst zu kämpfen. Bevor wir genügend Erde auf einen brennenden Baum werfen konnten, erreichte uns das Feuer und zwang uns zum Rückzug; vor uns das Feuer, hinter uns das Gewehr unseres Brigadechefs. Wir versuchten, einen Graben auszuheben, der das Vordringen der Flammen aufhalten würde, sie waren aber schneller als wir. Erst als die Wachen uns vom Feuer umgeben sahen und sich selbst bedroht glaubten, begannen sie zu rufen: "Rette sich, wer kann!" Wir begannen zu laufen und fielen dabei einer über den andern. Der Rauch nahm uns den Atem und machte uns blind. Einer Gruppe von etwa zwanzig Leuten gelang es, dem Feuer zu entkommen. Wir waren in der Panik verloren. Nach der blindmachenden Helle des Feuers wurde der Wald finster. Kein einziger Wächter. Welchen Weg mußte man einschlagen, um zur Arbeitsgruppe zurückzukommen? Man glaubte, das Geräusch eines Zuges zu vernehmen... Wir warfen Pilze und Walderdbeeren fort und liefen in Richtung dieses Zuges, aber es war nur der Wind. Die Taiga ist trügerisch.

Erst am nächsten Tag erreichten wir die Eisenbahnlinie, wo eine Gruppe arbeitete. Bei unserer Ankunft wurden wir, ohne Essen noch Trinken, in den "Isolator" geworfen. Dann gab es ein Verhör: Wir mußten beweisen, daß wir nicht versucht hatten zu fliehen. Eine solche Beschuldigung machte die abgesessenen Jahre ungültig. Der Kommandant dieser Arbeitsgruppe war ein nicht so unzugänglicher Mensch wie seine Kollegen, er ließ uns einfach zu unserer Arbeitsgruppe zurückführen.

DAS WUNDER MEINER FREILASSUNG

Nach so vielen Jahren finde ich mich wieder in einem richtigen
Zimmer, mit gepflegtem Parkett, weißen Wänden und frischen
Vorhängen an den Fenstern. Auf einem Regal stehen Bücher in
Reih und Glied. Der Wunsch, ein Buch aufzuschlagen, mich ans
Lesen zu machen, ist unwiderstehlich. Sieben Jahre sind es her,
seit ich ein geöffnetes Buch in Händen gehalten habe. Ein Ofen
verbreitet wohlige Wärme im Raum.

Und jetzt führt mich die Erinnerung an den heimischen Herd, zu
meiner Frau, zu unserem Kind ... Wo sind sie? Wer weiß es?
Meine Augen verschleiern sich vor Schmerzen. Mein Herz
zittert, zieht sich zusammen, es kann also noch leiden? Kommt
vielleicht diese Empfindung daher, daß ich nunmehr zu den Privilegierten gehöre? Fünfhundert Meter entfernt befinden sich
meine Arbeitskameraden, die dazu verurteilt sind, bis zum
Gürtel in einem Graben zu stehen, um Erde auszuheben. Unaufhörlich fällt Schnee. Die Häftlinge häufen Erde auf, beladen mit
ihr die Schubkarren. Die Schubkarren schwanken, ziehen die
Männer mit sich, die darum kämpfen, nicht hinzufallen, während ich mich an meiner Nähmaschine im Hause des Kommandanten der Zone eingerichtet habe. Seine Frau und sein vierzehn-
jähriger Sohn sind vor zwei Monaten angekommen. Ein Jahr
lang hatten sie auf die Erlaubnis, zu ihm zu kommen, warten
müssen, und schon wollte seine Frau am liebsten diese Hölle
wieder verlassen. Sie konnte den Anblick von so viel Leiden
nicht ertragen. Ihr Ehemann war Professor für Physik und Ma-

335

thematik, dann Schuldirektor gewesen. Während er die Schule mit Kohle versorgte, nahm er einmal einen Sack voll für seine alte Mutter beiseite. "Gute Freunde" zeigten ihn an: Er bekam drei Jahre. In den Lagern arbeitete er als Arbeitsaufseher. Bei seiner Freilassung wurde ihm vorgeschlagen, als freier Angestellter zu bleiben. Zur Zeit war er Kommandant der Zone, und er dachte: Wenn der Krieg zu Ende geht, gebe ich diese Tätigkeit auf; wenn er auch die Uniform des NKWD trug, stand er ihm doch mit Herz und Geist fern. Ich wunderte mich, daß er in Gegenwart seines jungen Sohnes so offen sprach.

Seine Frau unterrichtete mich über die russischen Siege an allen Fronten: Das sowjetische Territorium war von der Hitlerpest befreit worden; sie enthüllte mir, daß die zweite Front sich nicht nur durch Konservenlieferungen nach Rußland bemerkbar machte, sondern daß die englische und die amerikanische Luftwaffe die Industriestädte Deutschlands bombardierten. Ihrer Meinung nach entwickelte sich ein religiöses Gefühl im Herzen des russischen Volkes, das große Hoffnung auf einen radikalen Wandel des Regimes nährte. Der Kommandant sprach mit mir offen über die Meinungsverschiedenheiten, die zwischen den Wirtschaftsführern der Lager und den politischen Führern der Roten Division bestanden. Die Lager gehörten zum NKWD, aber die Wirtschaftsführung hatte eine andere Vorstellung von der Geschäftsführung: Ob es einem paßte oder nicht, bei der Ausführung von Plänen mußte man den objektiven Gegebenheiten Rechnung tragen, aber die Rote Division hatte das letzte Wort.

Zusätzlich zu meiner Schneiderei mußte ich allnächtlich Brot und Lebensmittel in ein entferntes Arbeitslager bringen. Ich mußte dort um fünf Uhr früh eintreffen, damit man die Rationen vor dem Aufbruch zur Arbeit verteilen konnte. Es gab keinen anderen Weg als die Eisenbahnschienen, die den Wald durchquerten. Ich lenkte einen Schlitten über die Schwellen zwischen den Gleisen. Das Pferd kannte den Weg genau, und darauf verließ ich mich. In der Dunkelheit, die uns umgab, herrschte ein tödliches Schweigen, das nur vom Geräusch der Hufe meines Pferdes unterbrochen wurde. Auch das Pferd hatte Angst vor der finsteren Leere der Taiga. Steckt Angst an? Fürchtete das Tier, wie ich, die hungrigen Wölfe oder die weißen Bären, die diese riesigen Wälder berühmt gemacht haben? Aber die Begegnung mit einer zweibeinigen Bestie war nicht weniger gefährlich: Die Gefahr war groß wegen des Schatzes, den wir beförderten. Sobald wir das Ziel gesund und sicher erreichten, stieß das Pferd ein volltönendes Wiehern aus und schüttelte seine schöne Mähne; seine Füße zitterten, und die Hufe stampften freudig den Boden, während seine Augen mich gütig anschauten.

Diese nächtlichen Abenteuer wiederholten sich zwei Monate lang. Eine Episode kommt mir häufig ins Gedächtnis. Ich befinde mich mit meinem Schlitten auf einem etwa 25 Meter hohen Bahndamm. Der Schlitten gleitet mit Leichtigkeit über die Schwellen, als die Gleise zu zittern beginnen. Von fern her kommt das Echo eines Zuges. In dem eisigen Schweigen dieser Weiten hallt das Geräusch unendlich wider. Ich springe vom Schlitten , stürze vom Pferd, ergreife es am Maul und will es von den Schienen wegziehen. In meiner Aufregung vergesse ich den Stock, den man unter den Schlitten legen muß, damit dieser angehoben werden kann und von den Schienen heruntergleitet. Das Pferd hebt plötzlich den Kopf, und im Vorgefühl der Gefahr zieht es heftig; aber der Schlitten gräbt sich noch tiefer zwischen den zwei Schienen ein und verklemmt sich. Das Pferd zieht zitternd; plötzlich erinnere ich mich an den Stock. Ich nehme ihn hervor und stecke ihn unter den Schlitten, aber vergeblich versuche ich, ihn anzuheben. Ich spanne mein Pferd aus und führe es neben die Gleise. Ich kann doch unmöglich den Schlitten auf den Gleisen lassen: Wenn ich eine Eisenbahnkatastrophe verursache, wird es mich das Leben kosten. Ich vereinige meine Kräfte mit denen des Pferdes, und in einer letzten Anstrengung gelingt es mir, den Schlitten freizubekommen und zur Seite zu ziehen. Eine Minute später kommt der mit Kohle beladene Zug. Der Lokführer hat ein Hindernis gesehen. Er versucht, den Zug zu bremsen, kann ihn aber nicht zum Halten bringen. Er steckt den Kopf aus der Kabine und beschimpft mich heftig, mich und alle meine Vorfahren seit Beginn der Zeiten. Ich nehme es wie eine verdiente Sache hin. Ich umarme den Kopf des Pferdes, das sanft wiehert, und küsse es in einem Gefühl zärtlicher Dankbarkeit dafür, daß es uns beide gerettet hat.

Ich begrüßte das neue Jahr mit einer Schaufel in der Hand. Ich arbeitete am Bau einer Eisenbahnlinie. Dennoch war ich an diesem Tage von einem neuen Hoffnungsschimmer belebt. Nach langen Jahren der Verbannung hatte ich eben einen Brief von meiner Frau erhalten. Mein Sohn, acht Monate alt als ich verhaftet wurde, war jetzt neun Jahre alt. Ich bewunderte die Beständigkeit meiner Frau: Unser Eheglück hatte nur drei Jahre gedauert. Im Augenblick unserer so brutalen Trennung stand meine Frau in der Blüte ihrer Jugend. Selten fand man im Lager einen älteren Häftling, aber noch seltener war jemand, der nach neun Jahren der Trennung auf ein intaktes Heim zählen konnte. Der Brief meiner Frau ruhte unter meinem Hemd, an meinem Herzen, und mein Wunsch, ihn immer wieder zu lesen, war unwiderstehlich.

Nach dem Arbeitstag streckte man sich auf der Schlafbank aus. Die lange Baracke wurde mäßig erleuchtet von zwei Dochten, die in einem halben Liter Petroleum schwammen. In der Mitte, nahe dem Ofen, trockneten unsere Wickelgamaschen, die jeder von uns aus Furcht vor Dieben im Auge behielt. Einige von uns konnten nicht umhin, daran zu erinnern, daß dieser Abend in der freien Welt als Silvester in Überfluß, Beschwingtheit und Euphorie gefeiert wurde. Wieder las ich meinen Brief, den ich auswendig kannte, betrachtete ihn und betete darum, daß die beiden Menschen, die mir am teuersten waren, mir in dieser Nacht im Traum erschienen. Ich konnte nicht einschlafen und fühlte ein unwiderstehliches Bedürfnis, meine Freude mit meinen Nachbarn zu teilen. Aber alle beide machten dieselbe gleichgültige Geste:

— Ach, laß doch, Mosche.

Der Russe zu meiner Linken war ein Eisenbahner, der wegen Diebstahls verurteilt worden war. Seine Bande hatte sich auf das Entwenden von Postpaketen spezialisiert, die sie aller Wertsachen beraubte. Mir erklärte er sein Leben mit einem Wort: "Hurenleben".

Der zweite, ein Jude namens Abraham, war ein braver Mensch, immer bereit, seinen Nächsten zu helfen. Er arbeitete in der Mühle. Sobald er etwas zu essen hatte, teilte er es mit mir; aber für seine Frau, die Mutter seiner Kinder, hatte er kein Mitleid. 1941 war er verhaftet worden. Er wollte nicht an seine Frau schreiben. Als er meinen Fragen nicht mehr ausweichen konnte, erzählte er mir, daß man ihn ihretwegen verhaftet hatte. Er wohnte in einem Dorf nahe Kiew und war offiziell als Kolchosearbeiter eingetragen. Der Vorsteher führte ihn als Arbeiter mit wenigen Arbeitsstunden, aber er gab ihm niemals Lohn: Im

Gegenteil war es Abraham, der den Vorsteher für diese Fäl-
schung bezahlte; außerdem führte Abraham für ihn, ebenso wie
für die ganze Elite der Kolchose, verschiedene Schneiderarbei-
ten gratis aus. In der verbleibenden Zeit stellte er Hosen und
Röcke aus Geweben her, die er in den Läden Kiews kaufte. Damit verdiente er den Lebensunterhalt für seine Familie. Er flehte seine Frau an: "Iß zuhause soviel du willst, aber verbirg es
vor den Nachbarn, zeige ein sorgenvolles Gesicht." Sie aber
verbrachte ihre Zeit im Gegenteil damit, zu prahlen. Eines Tages kam sie vom Markt mit einem Huhn zurück, das sie allen
vorzeigte. Danach fragten sich die Leute: "Wie macht es Abraham nur, daß er sich ein Huhn leisten kann? Was ist er denn:
Direktor, Parteisekretär?" Und man begann, ihn auszuspionieren. Natürlich fand man bei ihm zwanzig Meter Stoff. Dafür
wurde er zu acht Jahren verurteilt.
— Nun, Mischa, muß ich ihr schreiben?, fragte er mich.

Ich befand mich bei einer Gruppe, die nach Ishma abfuhr. Das
war eine Zone, die sich über ein riesiges Gebiet mit Dutzenden
von Lagern erstreckte. Hier waren zahlreiche Werkstätten, eine Schlosserei, eine Tischlerei, eine Schuhmacherei, eine Dre-
herei und eine Schneiderei. Alle diese Dienstleistungen standen
der freien Bevölkerung zur Verfügung. Dort gab es einen wichtigen Eisenbahnknotenpunkt, mit Eisenbahndepots, wo man die
Maschinen und Waggons reparierte. Mehrere Baubrigaden errichteten eine Stadt für die freie Bevölkerung. In dieser Kolonie
wurden die Baracken im Hinblick darauf errichtet, später die
Bevölkerung dort unterzubringen, sobald die Häftlinge woanders-
hin verlegt würden. Es gab auch ein Krankenhaus mit Hunderten
von Kranken, die wie Skelette aussahen.

Im Vergleich zu den Lebensbedingungen in den Lagern waren die

Büros der Verwaltung und die Baracken verhältnismäßig sauber. Jeder Häftling besaß eine Matratze und eine Decke. Die große Mehrheit des Personals hatte die Möglichkeit, wenn auch nicht offiziell, sich Nahrungsmittel zu besorgen. Die Ernährung war auch nach Qualität und Quantität besser. Das Regime wirkte menschlicher. Es war erlaubt, zu lesen. Die Häftlinge sahen gut aus, die Sterblichkeit schien zurückzugehen. Nach der Arbeit widmeten sich viele dem Lesen.

Dennoch, in der Nacht, die dem 1. Mai 1945 vorausging, als die Arbeiter der ganzen Welt sich darauf vorbereiteten, den Endsieg über den Nationalsozialismus zu feiern, wurden wir plötzlich geweckt und einer Durchsuchung unterworfen. Man beschlagnahmte die gefundenen Gegenstände: Eine amerikanische Konservendose, ein Stück Brot und ein Buch. Man rasierte uns den Kopf, nicht als hygienische Maßnahme, sondern um uns zu demütigen, indem man uns die Überlegenheit unserer Herren fühlen ließ, und um uns unsere Lage als Häftlinge in Erinnerung zu rufen. Mich traf es hart, als man mir einen Band D i e G e - s c h i c h t e d e r J u d e n von Graetz wegnahm, den mir ein Russe geliehen hatte. Dies Buch war in unserer Baracke von Hand zu Hand gegangen. Die Freude über den Sieg über Hitler, die lautstarke Ankündigung einer Amnestie änderten nichts am Klima, das bei uns herrschte. Waren doch 70 % der Häftlinge am Vorabend des Krieges verhaftet worden, und alle hatten schwere Leiden. Die Amnestie betraf vor allem die Diebe, die zu leichten Strafen verurteilt waren, und diejenigen, die fünf Jahre für Fernbleiben von der Arbeit bekommen hatten.

Nacht und Tag, in höllischem Rhythmus, kamen Züge mit Verbannten vorbei, die nach Norden weiterfuhren. Die Mehrheit bestand aus Soldaten, die von den Deutschen gefangengenommen worden waren. Bei ihrer Rückkehr waren sie zu schweren Strafen verurteilt worden, weil sie sich hatten gefangennehmen lassen.

Aus diesen Konvois ließ man die Schwerkranken aussteigen, um sie vorläufig in einem Krankenhaus unterzubringen. Von ihnen erhielten wir genaue Informationen über die jüngsten Ereignisse. So erfuhr ich von einem rumänischen Juden, daß alle Juden, die in der rumänischen Armee gedient hatten, in einem von den Rumänen bewachten Lager interniert worden waren; als die Russen dieses Lager umzingelten, drückten sie lebhafte Unzufriedenheit über die Tatsache aus, daß Hitler sie nicht auch von diesen Juden befreit hatte; und sie wurden alle zu zehn oder fünfzehn Jahren verurteilt, weil sie das Vaterland verraten hätten. Aber welches? Dieselbe Anklage lastete auf den Juden, denen es gelungen war, sich als Arier gefangennehmen zu lassen und auf diese Weise den Verbrennungsöfen zu entgehen. An dem Tage, als ich meinen hundertzehnten Haftmonat vollendete, wünschte mir die ganze Werkstatt Glück. Niemand unter uns war sicher, ob er, nachdem er seine Zeit abgesessen hatte, freigelassen werden würde; trotzdem lebte man dank dieser Hoffnung.

Seit zwanzig Tagen war ich aufs neue zum Holzverladen eingeteilt. Etwa fünfzig Leute waren für die Dauer von zehn Tagen aus den Werkstätten und Büros herausgeholt worden, um den Jahresplan erfüllen zu helfen. Der Kommandant der Wachen schlug mir vor, für ihn einen Mantel anzufertigen. Hätte er ihn in der Werkstatt anfertigen lassen, dann hätte er zweihundert Rubel an das Lagerbüro zahlen müssen . Ich bat ihn, mich vier Wochen lang in der Baracke arbeiten zu lassen, denn ohne Nähmaschine mußte ich alles mit der Hand machen. Er feilschte, fürchtend, daß der Präsident der Roten Division es erfahren könnte. Normalerweise mußte man invalide oder krank sein, damit man in seinem Beruf arbeiten konnte. Eine Kommission unter einem bekannten Arzt, einem Juden namens Molotow, kam an. Er vermerkte auf meinem Aktenstück "Schwerarbeit". Ich bat ihn:

— Ändern sie es doch in "leichte Arbeit"!
— Die Sonne scheint nicht in allen Lagern und nicht immer in meinem, antwortete er mir. Ich will nicht deinetwegen zehn Jahre dazubekommen!

Deprimiert vertraute ich mich dem Mann an, der das Büro säuberte. Gegen das Tabakpaket, das ich vom Kommandanten für den Mantel bekommen hatte, beseitigte er auf meinem Aktenblatt die schicksalsschweren Buchstaben und vermerkte stattdessen "leichte Arbeit". So konnte ich weiterhin in der Schneiderei in der Zentralzone arbeiten.

Die Mehrheit der Häftlinge kam hier aus den baltischen Ländern, Litauen, Lettland und Estland. Einige stammten aus der Ukraine und aus Weißrußland. Viele erhielten Pakete von ihren Familien. Nur die Häftlinge aus Rußland und der Ukraine erhielten keinerlei Hilfe. Alle Briefe sprachen vom Elend und vom Hunger, der in Rußland herrschte. Meine Frau beschrieb mir ihren Leidensweg. Während der Evakuierung aus Kiew verletzt, blieb sie in einem Lager liegen. Ihre Freundin, T. Berliner, hatte sie und das Kind nach Charkow mitgenommen. Nach ihrer Entlassung aus dem Krankenhaus in Charkow nahm meine Frau das Kind zu sich, bevor sie nach Kubitschew evakuiert wurde. Noch krank, arbeitete sie in einem Bauunternehmen. Als man erfuhr, wo sich ihr Mann befand, entließ man sie. Sie reiste dann in den Ural, in das Dorf Kisel, wo meine Schwester und mein Bruder im Kohlenbergbau arbeiteten. Hier verschwieg sie die Wahrheit über ihren Mann und sagte, er sei verschollen. Man stellte sie als Köchin ein. Die ständige Angst vor der Entdeckung ihrer Lüge löste bei ihr eine Nervenkrise aus. Sie blieb lange im Krankenhaus. Nach Kiew kehrte sie zurück, als die Stadt befreit wurde, aber ihr Zimmer war längst anderweitig besetzt. Man gab die Wohnungen nur den Frauen zurück, deren Männer in der Armee waren. Da sie keine Wohnung hatte, wollte man sie nicht anmelden. Da sie nicht bei der Polizei der Stadt angemeldet war, konnte sie nicht in der Fabrik wieder eingestellt werden, wo sie vor dem Krieg gearbeitet hatte. Und da sie nicht arbeitete, hatte sie keinen Anspruch auf eine Brotkarte! Am Schwarzmarkt kostete ein Kilo Brot zwischen fünfzig und sechzig Rubel. So zog sie mit dem Kind ständig hin und her. Mit Hilfe einer Bekannten fand sie schließlich eine Unterkunft in einem Dorf in der Nähe von Kiew, Butsche, aber auch hier konnte sie keine Arbeit finden. Sie lebte, aber wie?

Anderthalb Jahre waren seit dem Kriegsende vergangen. Überall sonst atmete die Welt ein wenig auf, aber in diesem Lande rüstete das schreckliche Elend nicht ab. Was konnte ich, hier festgehalten, für sie tun? Während meiner Arbeit in der Schneiderei war es nur möglich, im Geheimen ein Kleidungsstück zu nähen. Wenn es einem gelungen war, etwas Geld zu verdienen - was untersagt war - mußte man jemanden unter den freien Kunden finden, der bereit war, dies Geld auf Rechnung eines Häftlings wegzuschicken - was auch untersagt war. Ein freier Bürger konnte dafür drei Jahre Lager ernten. Dennoch gab es Fälle, in denen eine gute Seele dieses Risiko übernahm, aber ich hatte nur sehr wenig Geld, das ich meiner Frau schicken konnte. Ich erfuhr, daß sie von neuem im Krankenhaus war. Durch die

Bemühungen von Bekannten und Fremden wurde das Kind in einem Waisenhaus aufgenommen. Glücklicherweise konnte man auf die Solidarität zwischen Juden rechnen.

Diejenigen Häftlinge, die noch nicht der Melancholie verfallen waren, fanden neuen Lebensmut bei der Ankunft eines neuen Konvois unmittelbar aus Gefängnissen; unter diesen Leuten, die gestern noch frei waren, suchte man einen Bekannten, einen Landsmann, um die wirkliche Lage im Lande zu erfahren. Aber die Neuankömmlinge wurden in Quarantäne geschickt, und niemand durfte sie sprechen. Schließlich wurden sie verteilt, und es war schwierig, sie aufzufinden. Eines Tages kam ein Konvoi, bei dem alle Leute in Dunkelheit eingeschlossen waren. Sie blieben auf ihren Bündeln sitzen, betäubt, verzweifelt. Dennoch gelang es mir, mich ihnen zu nähern und unter ihnen vier Juden zu entdecken. Bald wurden die Baracke und meine Schlafbank zu einem Treffpunkt, wo sie etwas Wärme und Behaglichkeit fanden. Sie kamen unmittelbar aus dem Gefängnis von Lwow. Sie erzählten, daß der Gefängnishof mit den Leichen von Juden gedüngt war. Durch sie erfuhren wir von dem Völkermord, der von den Deutschen an den Juden begangen worden war , und von dem Aufstand im Warschauer Ghetto; sie riefen in uns eine große Hoffnung auf ein künftiges jüdisches Vaterland in Israel hervor, denn sie alle waren wegen Zionismus verurteilt, also als Agenten des englischen Imperialismus. Der Chef dieser Gruppe, Kopel Skop, aus Riga gebürtig und linker Zionist, hatte am Vorabend des Krieges Riga nicht mehr verlassen können, um nach Israel zu gehen, wo sich seine Frau bereits befand; letztere diente in der jüdischen Brigade bei der englischen Armee. Während des Krieges befand sich Kopel in Rußland. Nach dem Kriege ging er mit dem falschen Paß eines polnischen Bürgers nach

Polen. Von dort aus war damals der Weg in die große Welt frei. Aber statt sich in Israel mit seiner Frau zu treffen, arbeitete er mit einer Gruppe, deren Auftrag es war, alle jüdischen Waisen aufzufinden, um sie nach Israel zu bringen. Der Führer dieser Bewegung war Mosche Scharett, der später Außenminister in Israel wurde. Der für diese Aktion Verantwortliche war Antek Zukerman, Held des Widerstandes, der sich in die gefährlichsten Gegenden begab, um jüdische Kinder freizukaufen. Er mußte später diese Waisen nach Polen bringen und sie von dort nach Israel begleiten. Bei vielen gelang es, aber es gab auch einige, die zurückgeholt wurden und die man nie mehr gesehen hat. Skop kehrte nach Rußland mit einem jungen Zionisten, David, zurück, um diese heilige Aufgabe fortzuführen. Aber sie scheiterten: Einer der sieben Männer, aus denen die Bewegung bestand, Josef Naiman, erhielt drei Jahre, die sechs anderen bekamen jeder zehn Jahre.

Wir machten Eingaben, um diese Kameraden für "leichte Arbeiten" eintragen zu lassen, und es gelang uns, Kopel als Buchhalter ins Büro zu bringen. Bis zu meiner Freilassung lebte ich mit dieser kleinen Gruppe. Ihr Anstand, ihr Opfergeist, ihre Solidarität und ihre Liebe für die Waisen - für die sie ihr Leben hinzugeben bereit waren - machten diese Zeit zu meiner besten Erinnerung an das Lager. Neunzehn Jahre später, während meines Besuches in Israel, gab mir Zukerman die Adresse einiger Kameraden, denen es gelungen war, dem Tode zu entkommen: Der junge David kam um, Naiman verlor ein Bein, Kopel blieb krank. Einer von ihnen war in einem Lager dem jüdischen sowjetischen Dichter Halkin begegnet. Letzterer hat Skop sein Foto mit einem Vierzeiler in hebräischer Sprache geschenkt.

Je näher der Tag meiner vermutlichen Freilassung kam, desto größer wurde meine Angst. Würde man mich wirklich freilassen? Wie oft habe ich es während dieser schrecklichen Jahre der Haft erlebt, daß Häftlinge, obwohl sie ihre Strafe abgesessen hatten, nicht freigelassen wurden. Es wurde ihnen mitgeteilt, daß sie die Entscheidung einer Sonderkommission abwarten müßten. Was hatte sich darin im Jahre 1947 im Vergleich zu 1937 geändert, soweit es mich betraf? Ich war damals unschuldig, aber heute war ich höchst schuldig, denn ich war gegen ihren Willen am Leben geblieben! Ich war eins dieser hartnäckigen und hinterlistigen Individuen, wie Jakowlewicz, die alle trotz der Anstrengungen des NKWD überlebten. Würden sie mich wenigstens als "freien" Bürger leben lassen und mir erlauben, den hohen Norden zu verlassen? Wie lebte man heute in Freiheit? Die Lebenshaltungskosten hatten sich verzehnfacht, aber die Löhne waren auf derselben Höhe wie 1937. In den Lagern waren die Wege zur Heiligen Dreieinigkeit: - Küche-Brot-Lager- mir vertraut, aber in der Freiheit? Eine schreckliche Ungewißheit schnürte mir das Herz zusammen beim Gedanken an meine Frau, meine einzige Liebe. Zehn Jahre waren verflossen. Ich hatte sie seither nicht ein einziges Mal gesehen, und ich hatte ihr fast nicht geschrieben. Würden wir die gleiche Sprache wiederfinden? Wohin gehen, wo uns niederlassen? Es hieß, man dürfe sich überall niederlassen, jedoch nur hundertfünfzig Kilometer von einer Großstadt entfernt.

Am Vorabend meiner Freilassung hätte ich beinahe eine schicksalsschwere Handlung begangen. Ein Leutnant des NKWD, in Diensten der Eisenbahn, brachte mir Stoff, ich sollte ihm eine Uniform machen:
— Wie willst du bezahlt werden, fragte er mich, in Geld oder in Waren?

Ich bat ihn um ein Kilo Fett. Wie groß war mein Schrecken, als er mir abends eine Kiste mit zehn Kilo Schweineschmalz brachte. Vor Angst zitternd, flehte ich ihn an, sie zurückzunehmen, aber er lachte laut und verschwand. Was mit einem solchen Schatz tun? Das Herz schlug mir bis zum Hals: ihn wegwerfen, ihn mitnehmen? Er war zu schwer. Ihn verstecken? Aber wo? Und wenn man mich erwischte? Vielleicht zwang mich das Schicksal, Schieber zu werden! War dies eine Provokation? Eine Durchsuchung der Werkstatt, wo ich die Kiste versteckt hatte, und ich war verloren. Aber nach zwei Tagen war alles verteilt, verkauft, verbraucht oder aufgegessen, und ich war der Gefahr entronnen.

Die Mitteilung meiner Freilassung bekam ich mit drei Tagen Verspätung. Jeder Gefangene muß darauf gefaßt sein, zurückgehalten zu werden, und diese drei Tage waren die schlimmste Tortur.

Am 30. August stand ich vor der Frage: Wohin soll ich gehen? Der dem NKWD genannte Platz würde mein Aufenthalt fürs Leben sein. Wohin ich auch ginge, ich würde ein Fremder bleiben. Niemals würde in diesem riesigen Lande sich eine Tür vor mir öffnen, außer der des NKWD, bei dem ich mich regelmäßig melden müßte. Meine Frau schlug mir vor, eine kleine Stadt in der Ukraine auszusuchen. Aber ich lehnte ab. Nachdem ich so viele Jahre lang gefroren hatte, wollte ich mich ein wenig in einer sonnigen Ecke, möglichst weit vom Norden entfernt, aufwärmen. Georgien! Der Kommandant der 2. Division stimmte meiner Wahl zu - ein Dorf in Georgien, Welicika. Ich hatte von diesem Dorf einen Lagergefährten sprechen hören, der dort eine Schwester hatte.

Drei Tage wartete ich auf die Ankunft des Personenzuges. Angehängt an einen endlosen Kohlentransport, bestand er aus einem Waggon 1. Klasse mit pelzbedeckten Sitzbänken - reserviert für hochstehende Reisende. Ich befand mich allein im Wagen. Diese plötzliche Einsamkeit erschreckte mich. Der Zugaufseher, der in einem benachbarten Abteil untergebracht war, wünschte zweifellos Gesellschaft; er kam in mein Abteil, und wir redeten über dies und jenes. Er war dieser Linie zugeteilt, wo Lohn und Urlaub vorteilhafter waren. Trotzdem wollte niemand freiwillig auf der Linie Kotlas-Arkuta Dienst tun. Und er warnte mich, ich müsse auf mein Gepäck achtgeben, denn Diebstähle seien häufig, und man greife sogar die Züge an. Die Wachen seien nicht in der Lage, die Reisenden zu beschützen, denn niemand wolle sein Leben für andere in Gefahr bringen. Die Spezialagenten des NKWD, die diese Züge begleiteten, interessierten sich nicht für die Diebe, sondern nur für Schieber. Aus letzteren könne man Nutzen ziehen, während die anderen ...

Nachdem ich so viele Jahre gewartet hatte, von der Freiheit geträumt und sie erhofft hatte, war am ersten Tag dieses Glückes mein Herz von unendlicher Trauer erfüllt. Ich gedachte des Helden von Victor Hugo, Jean Valjean, am Tage seiner Freilassung. Im Laufe der ersten Tage begegnete ich mehreren alten Häftlingen, diplomierten Leuten, die zögerten, sich vom Lager zu entfernen, weil sie sich davor fürchteten, eine Arbeit anzunehmen, die ihren Fähigkeiten entsprach. Einer von ihnen, der als Wirtschaftsleiter in der Erdölförderung von Achtan arbeitete, hatte bis zum Tage seiner Verhaftung im Planwirtschaftsministerium in Moskau gearbeitet. Er sagte mir:
— Es ist klüger, in Achtan zu bleiben, für den Fall, daß man mich aufs neue verhaftet.

Ein Zahnarzt aus Wilna, nach zwei Jahren infolge der den Polen zugestandenen Amnestie freigelassen, stieg aus, erschöpft, unfähig, die Reise fortzusetzen. Er lebte im Norden und hatte sich verheiratet. Eine Tochter wurde geboren. Ein kleiner Gemüsegarten lieferte ihm Kohl und Kartoffeln fürs Jahr; eine Ziege gab ihm Milch; Holz und Kohle fehlten nicht. Er machte mir den Eindruck, mit seinem Leben im Norden zufrieden zu sein.

Ein Schuster, der mit mir auf der letzten Arbeitsstelle gearbeitet hatte, fand in der Nähe eines Bahnhofs eine Werkstatt und ließ sich nieder. Er erzählte mir, daß man in derselben Gemeinde eine Schneiderei einzurichten suchte: Warum wollte ich mich

nicht hier niederlassen? "Hier", sagte mir der Schuster, "sind die Brotrationen und alle Vorteile dieselben wie für die bei der Bahn Beschäftigten. " Und er rief die Zeiten in Erinnerung, als wir in der Werkstatt durch das Fenster die Wachmannschaften sahen, wie sie die Häftlinge bei ihrem Weggang zur Arbeit begleiteten. Ich erinnerte mich daran, daß ich während eines schrecklichen Schneesturmes gemurmelt hatte:"Welch ein Glück, hier nähen zu können! Mein Schuster ließ nicht locker;
— Heute, sagte er zu mir, empfinde ich dies Glück jeden Tag, und ich zittere nicht mehr wie früher davor, daß es mir verloren gehen könnte. Ich blicke über die Eisenbahn hinweg auf das Lager und sein Gehen und Kommen von Häftlingen, von bewaffneten Wachen, von Hunden. Ich aber mache meine Arbeit in Ruhe; ich bin frei, frei, ich habe Frauen und Wodka, begreifst du, Mischa? Erst angesichts dieser Lage begreife ich endlich das Ausmaß meines Glücks.

Für mich war dieses Land nicht die wahre Freiheit: In meinen Augen wählten diejenigen, die freiwillig in Sibirien blieben, den Weg des geringeren Widerstandes.

In Kotlas, bei der Kartenkontrolle, begegneten wir etwa zwanzig freigelassenen Häftlingen, darunter einem Juden aus Lodz. Tisserand hatte als Lehrer in der Textilfabrik in Iwania-Wosniestiensk gearbeitet. Er erzählte mir, daß er eine Anzahl Maschinen mit Aufschriften in Jiddisch gelesen hatte, die aus den Vereinigten Staaten und aus Kanada für die Juden von Birobidjan geschickt worden waren. Seine Kenntnisse als Mechaniker ermöglichten es ihm, am Leben zu bleiben. So viele Männer von kräftiger Statur waren umgekommen, aber ihm, der schmächtig und schwächlich war, gelang es, zu überleben. Er kehrte "nach Hause" zurück, obwohl er nichts mehr besaß. Seine Frau hatte inzwischen einen anderen Mann gefunden, der sein Töchterchen adoptiert hatte. Mein Kamerad hatte während der langen Jahre seiner Haft von diesem Kind geträumt und nur dafür gelebt, es wiederzusehen. Jetzt hoffte er, daß er wenigstens mit ihm würde sprechen können.

Auf den Bahnhöfen herrschte ein unbeschreibliches Durcheinander: Die Leute warteten tage- und nächtelang, bis sie eine Fahrkarte erhielten. Wir waren bevorrechtigt, insoweit die Agenten des NKWD die Fahrkarten ausgaben, die für uns in jedem Bahnhof reserviert waren. Einer von ihnen sagte, als er uns unsere letzte Fahrkarte von Kotlas nach Moskau aushändigte: Nun aber weg! Schert euch zum Teufel, damit euer Gestank uns nicht länger die Luft verpestet!

In Moskau wartete ich zwei Tage auf mein Billet nach Tiflis. Es konnte einem damals drei Jahre einbringen, wenn man den Bahnhof verließ! Ich ging das Risiko ein und lief zu einer Vorstellung im jüdischen Theater. Noch einmal wollte ich Michaels und Zyskind spielen sehen. In dem Theatersaal, wo eine festliche Stimmung herrschte, war das sonntägliche Publikum aufmerksam; einige schienen sogar guter Stimmung zu sein. Dies alles bewegte mich dermaßen, daß ich unfähig war, dem Stück zu folgen, es zu verstehen. Vor meinen Augen gingen andere Szenen, andere Bilder vorüber. Als die Zuschauer in begeisterte Bravorufe ausbrachen, wurde ich ganz traurig. Aus Freude? Aus Neid? War es meine Unfähigkeit, mich mit ihnen zu freuen? Oder war es etwa Schmerz und Erstaunen: Wie konnten sie sich des Lebens derart freuen, solange Millionen Menschen in den Lagern starben? Mein ganzer Körper zitterte, als ich im Theater ein jüdisches Buch fand. Mehr als zehn Jahre hatte ich kein Buch in Jiddisch in Händen gehabt.

Ich überlegte: Vielleicht sollte ich nach Kiew gehen, vielleicht von dort in das Dorf, wo sich meine Frau und mein Kind befanden? Nun hatte ich auf diesen Augenblick hunderteinundzwanzig Monate gewartet, zehn Jahre lang! Aber das wäre eine Torheit gewesen: Es war unmöglich, daß der Chef des NKWD des Dorfes nicht sofort von meiner Gegenwart erfuhr und daß dies mir drei zusätzliche Jahre wegen Abweichung von der im Paß vermerkten Wegstrecke einbringen würde. Nein, wenn ich die ganze Zeit durchgestanden hatte, würde ich es auch noch einen Monat können. Und schnellen Schrittes kehrte ich zum Bahnhof zurück! Die Reise von Moskau nach Tiflis dauerte drei Tage und drei Nächte. Im Zug schienen die Leute entspannt, frei und umgänglich, als ob sie zu Hause wären. Nachts gingen sie in Schlafanzügen spazieren. Ich selbst blieb wie angekettet am Fenster und folgte mit den Augen der Landschaft, die sich über Tausende von Kilometern erstreckte.

In jedem der Hunderte von Bahnhöfen zeigte sich das Elend in den leeren Buffets an. Von Rostow, Haupstadt der Kosakenprovinz, an änderte sich alles; man kam und hielt sogar in den Waggons Nahrungsmittel zu normalen Preisen feil. Wir folgten der Küste des Schwarzen Meeres und kamen durch den schönen Badeort Notschi, nahe an der georgischen Grenze. Dies Land der Blumen und Früchte war von der Sonne überflutet. Bei jedem Anhalten des Zuges waren die Waggons von Straßenhändlern umringt. Die Miliz war anders, höflich, sogar freundschaftlich. Die Waggons füllten sich mit Bauern, die die Früchte in die Stadt brachten. Man hörte nur die georgische Sprache. Ich war zufrieden mit meinem Entschluß, mich in diesem Lande niederzulassen. Falls man mich wieder holte, würde meine Familie dort weder Hunger noch Kälte leiden. Wir kamen in der Hauptstadt Tiflis gegen elf Uhr abends an.

Mosche Zalcman (erste Reihe - Mitte)
Mit einer Gruppe von Kameraden, die nach den russischen Verfolgungen am Leben geblieben waren und
1946 verhaftet wurden, als sie die illegale Einwande-
rung von Rußland nach Polen organisierten.
Von rechts - Abraham Ast, Joseph Miller, Joseph
Neumann, Koppel Skop, Salman Schennenberg.

Ich hatte also den Entschluß gefaßt, mich in Georgien anzusiedeln. Am ersten Morgen der Freiheit saß ich im Wartesaal des NKWD der Region, in dem Dorf Gurdczani. Kaum hatte man meine Akte geprüft, drohten mir erneut zehn Jahre, weil ich auf die Frage, ob ich wisse, daß ich infolge eines Gerichtsurteils verbannt worden sei, antwortete, dies sei nicht der Fall.

— Was! brüllte der Agent des NKWD, du willst mich glauben machen, daß in der Sowjetunion so etwas vorkommen kann? Man verurteilt jemanden für zehn Jahre ohne Prozeß? Aber das ist ein empörender Akt konterrevolutionärer Agitation!

Es glückte mir nur mit Mühe, mich aus dieser Affäre zu ziehen. Ich glaube, daß mir die Angabe meines gelernten Schneiderberufes zu Hilfe kam: Am selben Tage fand ich mich im Hause des Funktionärs des NKWD wieder, um für ihn zu arbeiten.

Später wurde ich einer Kooperative zugeteilt, die aus Handwerkern des Dorfes bestand. Wir arbeiteten im Akkord; monatlich verdienten wir höchstens 350 Rubel. Die Mehrzahl von uns kam nur auf 200 bis 250 Rubel, und es war schwierig, mit unseren Lebensmittelkarten die Brotnorm zum offiziellen Preis zu bekommen. Man konnte andere Produkte am Schwarzen Markt oder zum Kolchosenpreis bekommen. Der Preis entsprach dem kapitalistischen Gesetz von Angebot und Nachfrage: Da die Nachfrage das Angebot überstieg, waren die Preise sehr hoch.

Dies dauerte weit über das Jahr 1948 hinaus: noch 1957 gab es dort Lebensmittelkarten , während in den großen Städten der Verkauf bereits frei war. In Moskau, Leningrad, Kiew und Tiflis kostete ein Liter Milch einen Rubel, wir bezahlten drei. Ein Kilo Rindfleisch mit Knochen kostete in den Großstädten 12 bis 14 Rubel, bei uns 30 bis 36. Dazu waren die Löhne in den Großstädten, bei gleicher Arbeit, viel höher. Dennoch lebten die Einheimischen viel besser als in anderen Landwirtschafts-Kommunen. Alle beteiligten sich am Handel. Die Vorschriften besagten, daß jeder Angehörige einer Kolchose sein eigenes Stückchen Land von etwa einem Hektar besitzen durfte. Während der russische oder ukrainische Bauer Kartoffeln anpflanzte, die ihm kaum ermöglichten, seine Familie zu ernähren, baute der Georgier auf seinem Stück Land Wein an, was ihm ein beträchtliches Einkommen verschaffte. Im übrigen wurde die Kollektivierung in Georgien sehr viel später durchgeführt und unter einer weniger brutalen Form als überall sonst.

Zwischen den Georgiern herrschte nationale Solidarität. Die staatlichen Gesetze waren für sie russische Gesetze, und deshalb versuchten sie, niemals ihren Landsleuten zu schaden. Diejenigen, die vor der Kollektivierung wohlhabend waren, blieben es auch nachher. Es war selten, daß ein Georgier nur das Stück Land besaß, das jedem Angehörigen einer Kolchose zugebilligt wurde: man trug für ihn Teile unter dem Namen eines verstorbenen Vaters oder Bruders ein, so daß die große Mehrheit mehrere Teile besaß, was einige Hektar ausmachte.

In der Kolchose mußte man ein Mindest-Arbeitspensum leisten, wie einst der Leibeigene, der gezwungen war, den Boden seines Herren zu bearbeiten. Häufig mietete man tageweise Arbeitskräfte. Man konnte diese freien Arbeiter in den Nachbardörfern finden. Es waren Russen, Armenier, ehemalige Deportierte oder Leute, die wegen der auf die Kollektivierung folgenden Hungersnot aus ihrer Region geflohen waren. Diese Leute arbeiteten in der Ziegelei, beim Abladen von Waren und beim Verkauf, sie wohnten in schmutzigen und kümmerlichen Hütten wie Hühnerställen. Ihr Wohnviertel wurde "Abessinien" genannt.

Der riesige Partei- und Staatsapparat, angefangen vom allmächtigen Ersten Sekretär bis zum geringsten Untergebenen, rekrutierte sich aus der wohlhabenden Landbevölkerung. Führer und Funktionäre besaßen große Weinberge. Außer ihren hohen Gehältern, offiziellen oder nichtoffiziellen, bezogen sie beträchtliche Einkünfte aus dem Boden, den sie nicht selbst bearbeiteten. Sie hatten ihre zweistöckigen Privathäuser. Es stimmt, daß in den Vereinigten Staaten und in Westeuropa viele Arbeiter ein Haus besitzen, aber angesichts des riesigen Unterschiedes zu deren Löhnen und dem sehr niedrigen Lebensniveau des russischen Volkes stellten diese Russen das eigentliche Bürgertum der Region dar. Sie sprachen immer im Namen des Arbeiters und des Bauern. Sie riefen zu besserer Arbeitsmoral auf und waren der Ansicht, es werde nicht genug gearbeitet; sie drängten die Menschen zur Erfüllung der Pläne. Dank der geltenden Erbschaftsgesetze sicherten sie ihren Kindern eine bevorzugte Stellung.

Brennend vor Ungeduld und Angst erwartete ich das Kommen meiner Frau. Bei ihrer Ankunft schob meine Frau unseren Sohn mir entgegen und sagte: "Das ist dein Vater". Viele Tage vergingen, bis zwischen meinem zwölfjährigen Sohn und mir, seinem Vater, sich ein Klima des Vertrauens und der Zärtlichkeit einstellte.

Der Monat, der auf ihre Ankunft folgte, war der fröhlichste und

fruchtbarste, besonders in unserem Dorf Gurdczani. Die Sonne
brannte nicht, und ihr Licht verbreitete seine wohlige Wärme
von den Steppen bis zum Schnee auf den Gipfeln. Die Ernte war
eben beendet worden, und schon erfüllte das Aroma der gepreß-
ten Trauben die Luft mit Wohlgeruch. Alle Balkone waren mit
Zweigen geschmückt, an denen schwere Trauben hingen. Man
trocknete sie auf diese Weise, um sie im Winter zum Brot zu
essen. Die Frauen bereiteten eine Spezialität des Landes zu:
frische Nüsse, gemischt mit Mehl und Wein. Sie rollten den
Teig und trockneten ihn wie Würste, in ausreichender Menge,
die bis zur nächsten Ernte reichte. Sie buken auch Kuchen,
den sie auf ein Kuchenblech eines kleinen Herdes legten.

Meine Frau und mein Sohn, so heiß von mir erwartet, hatten
sieben Tage lang im Bahnhof von Kiew warten müssen. Durch
Flehen und Tränen gelang es ihnen schließlich, eine Fahrkarte
zu erhalten. Das wenige Brot, das sie hatten, aßen sie im Bahnhof auf, und für den Rest der Reise hatten sie nur einige gekoch-
te Kartoffeln. Beim Eintreten in mein kleines Zimmer sahen sie
zuerst auf dem Tisch ein Schwarzbrot und Trauben:
— Eßt, meine Lieben, sagte ich, ein Schluchzen unterdrückend.

Der Junge blickte seine Mutter an und wagte nicht, diese Köst-
lichkeiten bei einem Unbekannten, der sein Vater zu sein vorgab,
anzurühren.

Für dieses Zimmer, das einer s o u c c a h ähnelte - eine Laub-
hütte mit offenem Dach aus grünen Zweigen, wo die Juden das
Erntefest feierten - hatte ich 80 % meines Monatslohnes bezahlt.
Ich Wirklichkeit lebte ich davon, was mir meine zusätzlichen
Arbeitsstunden, nach meinem achtstündigen Arbeitstag in der
Kooperative, einbrachten: An Arbeit fehlte es nicht. Wir waren
nur sechs Schneider für eine Bevölkerung von einigen 15 000 See-

len, ohne Berücksichtigung des russischen Regiments in der Garnison. In den Kooperativen arbeitete man zunächst für die Chefs, die "höchsten", dann für die "mittleren" und schließlich für die "unteren". Für einfache Bürger arbeiteten wir nach dem Arbeitstag in der Kooperative. Dies war offiziell verboten, und für dies Vergehen konnte man einige Lagerjahre bekommen. Aber die Not zwang einen, sich darüber hinwegzusetzen und das Risiko einzugehen. Auch die Chefs schlossen die Augen, denn dadurch machten sie die Arbeiter von sich abhängig. Wenn die Schneider nur die Arbeit ihrer Hände verkauften, waren die Schuster gezwungen, auch die Waren zu verkaufen, die sie sich am Schwarzen Markt beschafften. In diesem Fall riskierten sie zehn Jahre Zuchthaus. Als unter der Herrschaft von Chruschtschow der Feldzug gegen die Spekulation geführt wurde, riskierte man die Todesstrafe. Kein Zentimeter Leder wurde am Freien Markt verkauft, und dennoch arbeiteten Zehntausende von Schuhmachern nach ihrem offiziellen Arbeitstag, sogar in der Schuhfabrik und der Kooperative, mit gestohlenem Leder. Wenn die Frau eines Angehörigen des NKWD oder des ersten Parteisekretärs ein Paar Schuhe bestellte, wußte man genau, woher das Leder kam. Wenn meine Kameraden nach Tiflis fuhren, um Leder einzukaufen, verabschiedeten sie sich von ihrer Familie, als ob sie sich nicht mehr wiedersehen würden.

Da ich keine Nähmaschine hatte, mußte ich bei einem Arbeitskameraden der Kooperative arbeiten. Nach vielen Entbehrungen hatte ich die notwendige Summe gespart. Aber am gleichen Tag, als ich mir eine Nähmaschine kaufen wollte, wurde der Rubel abgewertet, und der Lohn von drei Monaten genügte nicht mehr zum Kauf der Maschine. Die Arbeiter und die Bauern verloren auf einen Schlag ihre wenigen Rubel, die sie so mühselig erarbeitet hatten. Im Gegenteil dazu bereicherten sich die Leiter der Wirtschaftsorganisation einfach durch den Diebstahl des Eigentums anderer. Die Banken gaben den Unternehmen drei Tage Zeit, um ihre Konten in Ordnung zu bringen, nicht aber den Privatpersonen, deren Geld kaum mehr· etwas wert war.

Für die Sommersaison hatte unsere Kooperative ein Tauschabkommen mit dem Einkaufsbüro von Leningrad abgeschlossen, das uns weißen Kleiderstoff gegen Weintrauben liefern sollte. Gegen Ende der Saison befahl mir der Direktor, ein Blatt, seinen Bericht, zu unterzeichnen, in dem für jedes Kleidungsstück ein Meter zwanzig mehr als wirklich notwendig angegeben wurde. Ich weigerte mich, zu unterzeichnen und erklärte:

— Ich war in den kapitalistischen Ländern wegen revolutionärer Aktivität im Gefängnis, als Konterrevolutionär habe ich zehn Jahre in einem Lager verbracht, ich will nun nicht wegen Diebstahls verurteilt werden.

Daraufhin drohte er mir: Wenn ich nicht unterzeichnen würde, bliebe ich keine 24 Stunden länger in diesem Dorf. Einige Tage später bestellte er mich in sein Büro und suchte mich mit einer honigsüßen Stimme zu überzeugen: Niemand würde kontrollieren, ich hätte nichts zu befürchten, er sei Mitglied des Parteikomitees der Region. Er schloß mit den Worten :

— Alle Großen hier sind meine Freunde; übrigens, wer kennt sich hier genug aus, um zu wissen, wieviel Meter man für einen Anzug braucht?

— Wenn jemals eine Kontrolle aus Tiflis kommt, antwortete ich, wem würde man die Schuld an der Stoffvergeudung geben? Dem Zuschneider und mir, weil wir 230 Meter Tuch gestohlen hätten!

Darauf beklagte sich der Direktor:

— Aber wo soll ich sie hernehmen? Du hast doch für den ersten und den zweiten Parteisekretär Anzüge genäht? Woher hast du denn den Stoff für sie genommen? Sie aber haben nichts bezahlt, ebensowenig wie der Staatsanwalt, der Präsident des Exekutivkomitees oder der Redakteur der Tageszeitung, niemand hat bezahlt, was nun?

Da ich mich kategorisch weigerte, zu unterschreiben, kam er in derselben Nacht in Begleitung des Bürochefs der Finanzen zur Durchsuchung in meine Wohnung. Sie fanden einige angefangene Arbeitsstücke, unter anderem eine Uniform für den Kommandanten der militärischen Rekrutierungskommission. Sie begannen daraufhin, mich zu erpressen, indem sie mir drohten, meine Angelegenheit dem Staatsanwalt zu übergeben.

— Sie können sicher sein, für fünf Jahre ins Lager zurückzukehren, sagte der Chef des Finanzbüros.

Ich erklärte ihm, was die Forderung des Direktors für mich bedeutete, aber ich sprach zu tauben Ohren. Nun hatten sie mich in der Hand:Ich hatte nicht das Recht, zu Hause zu arbeiten. Am nächsten Tag lief ich zum Militärkommandanten, der für Tiflis zuständig war; er ließ meinen Direktor wissen, wenn er jemals seinen Schneider anrührte, den er als Soldat beauftragt hätte, für die Chefs seiner Militäreinheit zu arbeiten, dann würde er sich persönlich um diese Angelegenheit kümmern, und die Sache würde geregelt; er würde diese Verbindung des Direktors des Finanzbüros mit einem Kooperativdirektor aufdecken. Nach einigen Tagen der Angst begriff ich, daß die Sache niedergeschlagen worden war.

Jahre vergingen. Ich wurde bekannt. Für ein Dutzend Herren mußte ich umsonst arbeiten. Durch die Agenten des NKWD wurde ich zum Hofschneider: Vorhänge, Übergardinen, Kissen für die Autositze, alles wurde dem Schneider anvertraut, der alles können sollte und dazu gratis. Ich arbeitete bis tief in die Nacht hinein. Nur brauchte ich mich nicht mehr zu verstecken, und dies war eine große Wohltat. Wenn jemals ein Kontrolleur aus Tiflis gekommen wäre, dann hätte man hier nichts für mich tun können. Ich mußte also Stoff und Nähmaschine beim Kunden lassen, für den ich arbeitete.

Das Leben war hart, aber meine Familie konnte sich sattessen, und ich fühlte mich als nützliches Mitglied der Gesellschaft: Ich traf die Leute auf der Straße und sah, daß ich sie durch meine Arbeit gekleidet hatte, und mein Herz freute sich. Wenn die "Großen" befahlen, so kamen die "Kleinen", um zu bitten.

Ich kaufte einem Arbeiter die Hälfte seines Gartens ab. Er hatte Angst, man würde ihm den Garten wegnehmen, denn diese Parzelle war größer, als das Gesetz erlaubte. Jede Familie hatte das Recht, 300 Quadratmeter einschließlich des Hauses zu besitzen. Allerdings gehörte der Boden dem Staat und man hatte weder das Recht, ihn abzutreten, noch ihn zu verkaufen. Ich errichtete dort ein Holzhäuschen und zog ein. Es fand sich ein lieber Nachbar, der uns anzeigte. Ein Kommissar erschien und befahl mir, innerhalb von 24 Stunden das Häuschen abzureißen. Ich wandte mich an den Verantwortlichen der Bauaufsicht bei der Bürgermeisterei. Er lud mich ins Restaurant ein und kam mit fünf Freunden. Man trank, man betrank sich, und ich mußte die Rechnung begleichen: es kostete mich fast einen Monatslohn. Zwei Wochen später bestellte er mich, um mir mitzuteilen, er könne nichts für mich tun, da der Fall bereits dem Bürgermeister vorläge. Ich besuchte den Bürgermeister, aber der wollte nichts hören: Das Häuschen müsse abgerissen werden. Ich fragte ihn:

— Und wenn der Eigentümer dort ein Schwein unterbringt?

— Unsere Gesetze sind für Menschen gemacht und nicht für Schweine, antwortete er mit Würde.

— Warum sind dann diese Gesetze, fragte ich, nicht im Interesse des Arbeiters gemacht? Seit drei Jahren lebe ich in Ihrem Dorf, Hunderte von Einwohnern tragen mit Zufriedenheit die von mir gemachten Anzüge, warum verdiene ich nicht ein Dach über dem Kopf? Wenn ich mit einem Federhalter arbeitete oder in den Büros herumspazierte, dann hätten Sie mir längst eine Wohnung oder ein Stückchen Land gegeben.

Aber wir kamen zu keiner Einigung. Ich wandte mich dann an den Präsidenten des Exekutivkomitees der Region. Die erste Frage, die dieser mir stellte, war:

— Haben sie ein Zentimetermaß bei sich?

Da dies der Fall war, telefonierte er mit seiner Frau und sagte ihr, der Schneider sei in seinem Büro. Nachdem sie mir ihre Bestellungen gegeben hatte - Arbeit und Ware umsonst - bekam ich eine Nachricht für den Bürgermeister, in der festgestellt wurde, daß man nicht das Recht habe, die Leute im Winter aus der Wohnung zu setzen. Was die Frage des Häuschens anginge, so würde sie im Sommer geprüft. Nach einiger Zeit wurde ich zum Bürgermeister gebeten, der mich ebenfalls fragte, ob ich ein Zentimetermaß bei mir hätte, und gutmütig sagte:

— Warum soll ich als Bösewicht und er als der Gute gelten? Der Teufel soll ihn holen!

Nachdem ich meine Bestellungen ausgeliefert hatte, händigte er mir eine Bescheinigung in vorschriftsmäßiger Form aus, in der gesagt wurde, in einer Sitzung des Stadt-Sowjets sei ent-

schieden worden, daß das Stückchen Land, auf dem meine Barakke stand, mir gehörte. Jetzt brauchte ich Backsteine.

Es gab in dem Dorf eine Fabrik für Backsteine und Dachziegel.
Die gesamte Produktion mußte ins Kombinat nach Tiflis, 125
Kilometer vom Dorf entfernt, geliefert werden. Offiziell waren
diese Backsteine und Dachziegel für den Bedarf der Kolchosen
bestimmt, aber alle Empfehlungsbriefe, die ich vorlegte, und
in denen gesagt wurde, daß nicht nur ich selbst, sondern auch
mein Großvater Kolchosenangehöriger gewesen sei, genügten
nicht, um die mit der Aufnahme von Bestellungen und der Aus-
lieferung beauftragten Angestellten zu überzeugen. Erst, als ich
den und jenen bestochen hatte, erhielt ich meine Backsteine.
Nun mußten sie noch bis zu mir gebracht werden. Die Transport-
wagen gehörten den staatlichen Betrieben, und von denen, die
dort arbeiteten, konnte ein einfacher Dorfbewohner keine freundliche Geste erhoffen. Vielleicht, wenn der Kommunismus verwirklicht sein wird... Ein einziges Mittel: einen Chauffeur zu überreden; aber ein Inspektionskorps der Polizei hatte als aus-
schließliche Funktion, die Chauffeure zu kontrollieren; wenn
ein Chauffeur bereit war, das Risiko einzugehen, mußte dieses
daher ebenfalls bezahlt werden. Der Verantwortliche der Fabrik
freute sich, mich zu sehen, und ordnete an, mir mehr Ware zu
liefern, als ich verlangt hatte.

— Wenn du sie auch nicht brauchst, so ist die Lieferung doch für
mich nötig. Ich habe mehr am Lager, als im Bericht steht! Ich er-
warte einen Prüfer! Nimm sie nur! Du gehörst zu uns !

Wie konnte man so viel Ware wegbringen, wenn der Lieferschein
noch vom ersten Ingenieur unterzeichnet werden mußte? Auch
dessen Unterschrift war nötig. Bei ihm angekommen, lobte er

meine Talente als Schneider. Der erste Ingenieur weigerte sich, zu unterschreiben, weil in unserem Dorf die für das erste Trimester vorgesehenen Mengen bereits geliefert worden seien, aber angesichts meiner Schneiderkünste ... Er verlangte, daß diese Ware als Vorschuß auf das kommende Trimester eingetragen wurde! Alles war in Ordnung: Ich hatte bereits den Chauffeur bezahlt, der Lastwagen war beladen, der Ingenieur und der Direktor gaben mir ihre Unterschriften; ich würde für sie natürlich gratis arbeiten.

UNSER LEBEN AUF DEM DORF

Als meine Familie ein Dach über dem Kopf hatte, ohne Nachbarn noch Neugierige an der Tür, konnte ich mir erlauben, Radio zu hören. Alle Juden waren gespannt, die Nachrichten aus Israel zu hören. Jeden Abend brachten mir die Radiowellen die weite Welt nahe. Ich hörte in der "Stimme Israels" die interessanten Kommentare von Gross-Cymerman. Die Sendungen in jiddischer Sprache wurden am meisten gestört, aber die "Stimme Israels" kam bis zu uns durch. An einem Pessachfest erfuhr ich, daß der Dichter Heller in Israel angekommen war, um sich dort niederzulassen. Ich teilte es meiner Frau und einigen Juden, die im Dorf wohnten, mit. Am nächsten Morgen erwarteten mich meine Nachbarn: "Nun, gibt's Neuigkeiten?" Ich war stolz darauf, daß ein so großes Land wie die Sowjetunion ein kleines Land wie Israel so sehr fürchtete, daß es die Radiosendungen störte. Meine jüdischen Nachbarn hatten Angst, sich bei mir zu treffen. Am ersten Pessachtag, als mein Häuschen fertig war, kaufte ich mir dennoch in der Synagoge von Tiflis ungesäuertes Brot, Matze. Die wenigen Juden des Dorfes kamen bei mir zusammen. Ich stellte das Radio an, und wir hörten die melodische Stimme einer jungen Tochter Israels die Pessachhymne singen: Wir umarmten uns und weinten vor Freude. Die Erinnerung an diesen Abend hat sich mir ins Gedächtnis eingeprägt...

In unserem Dorf arbeiteten auch einige Juden aus Georgien. Zu den jüdischen Festen kehrten sie nach Hause zurück. Aus derselben Stadt wie Stalin gebürtig, Gora, erzählten sie mir, es gebe dort eine jüdische Religionsgemeinde und eine Synagoge. Nach ihrem Akzent und ihrem Aussehen hätte man sie für echte Georgier gehalten; dennoch bewahrten sie einige unauffällige Züge, an denen man sie als Juden erkannte. Sie bekannten sich als Juden mit einer Natürlichkeit, die das Fehlen jedes Minderwertigkeitskomplexes bewies. In ihrer Vorstellung bedeutete Israel Jerusalem. In ihrer Einfalt war Jerusalem größer und mächtiger als die Sowjetunion, sie konnten nicht begreifen, daß Jerusalem nur eine Stadt war.

Während des Welt-Festivals der Jugend in Rußland, an dem eine Gruppe junger Israelis teilnahm, luden zwei georgische Juden mich ins Kaffee ein, wo man Wein trank und dabei auf Fässern saß. Bei meinem Eintritt stellte ich die Anwesenheit aller Juden des Dorfes fest. Nach georgischer Sitte gibt es bei jeder Festversammlung einen t a m a r a, d. h. einen Vorsitzenden, der das Fest leitet; ob er nun zu trinken oder zu singen befiehlt, ihm muß gehorcht werden. Wir europäischen Juden wollten den Anlaß dieses Festes erfahren: War es eine Hochzeit? Inzwischen mußten die großen mit Wein gefüllten Teegläser geleert werden, ein Glas nach dem anderen. Als alle halb betrunken waren, zog einer der Tischgenossen eine Illustrierte Zeitung aus Israel hervor und jeder küßte sie, dann schrien alle gleichzeitig auf Georgisch: "Es lebe Jerusalem! Wir grüßen dich, Jerusalem!" Ein georgischer Jude, der Wein nach Moskau transportierte, rühmte sich, für diese Zeitschrift dreißig Rubel bezahlt zu haben.

In den offiziellen Versammlungen schwiegen die Juden, wenn von Israel die Rede war, damit sie nichts Schlechtes sagen mußten. Während der Suezkampagne, im Jahre 1956, fand eine Versammlung im Saal der Bürgermeisterei statt. Ohne mich zu fragen, ob ich das Wort ergreifen wollte, forderte man mich auf,

auf die Tribüne zu kommen, und ich wurde gezwungen, die Verleumdungen der Prawda zu wiederholen. Alle Anwesenden wußten, daß ich nichts anderes tun konnte, und niemand glaubte ein Wort davon. Einige Tage später besuchte ich einen Juden im Krankenhaus und begegnete dort dem Chefchirurgen, der mich erkannte.

— Beunruhigen Sie sich nicht, flüsterte er mir freundschaftlich zu, Israel wird überleben. Sie zwingen einen Menschen, auf sich selbst zu spucken. Sie haben uns unsere Unabhängigkeit geraubt. Sie, Sie sind hier Ausländer, aber uns hier, uns beherrschen und unterdrücken sie, und sie verpflichten uns, ihnen dafür noch unsere Anerkennung und Dankbarkeit auszudrücken!

Man verhaftete in unserem Dorf eine Gruppe junger Leute, darunter einen jungen jüdischen Mützenmacher, der mit mir in der Werkstatt der Kooperative arbeitete. Man verbreitete das Gerücht, er habe gestohlene Ware und viele Rubel versteckt. Man fand bei ihm zwanzig Mützen. Die ganze regionale Presse berichtete darüber. Wir bezeugten und bewiesen, daß diese Mützen aus altem getragenem Stoff zugeschnitten worden waren. Er hatte unmoderne Kleidung gekauft und daraus Stücke zugeschnitten, um daraus Mützen zu machen. Bei gleicher Gelegenheit führte man eine Durchsuchung unserer Werkstatt durch. Einige Stoffstücke ohne hinreichende Rechtfertigung hätten dazu führen können, daß ich mit anderen verhaftet worden wäre. Dies Vorgehen wurde vom Polizeichef von Tiflis geleitet, der mit dem Kampf gegen das Banditentum beauftragt war; er ordnete eine Durchsuchung bei mir an und verlangte, genau zu suchen, denn bei den Juden gebe es Gold. Man fand dann nur zwei angefangene Stücke, was genügt hätte, damit ich aufs neue meine Freiheit verlor. Allein durch einen wunderbaren Glücksfall waren diese

Stücke für zwei caids: den Chef des NKWD der Eisenbahn und den Staatsanwalt, der außerdem zweiter Parteisekretär war. Meistens bezahlten sie nicht für die Arbeit, die sie bestellten, und dies rettete mich: Der Staatsanwalt weigerte sich, den Haftbefehl zu unterzeichnen. Die übrigen Festgenommenen wurden in Tiflis einem Verhör unterzogen. Als Folge seines Verhörs wurde der junge Mützenmacher ins psychiatrische Krankenhaus abgeführt. Die übrigen gestanden, daß sie die Diebstähle begangen hätten, und wurden zu schweren Strafen verurteilt. Die Kassiererin des Bahnhofsrestaurants, die der Polizei bei dieser Entdeckung von Verbrechen geholfen hatte, erhielt eine Belohnung von zehntausend Rubel und eine Auszeichnung.

Nach der Hinrichtung von Berija verhaftete man seine ganze Familie, zu der der Polizeichef von Tiflis gehörte. Bei dieser Gelegenheit wurde der ganze Zusammenhang der gegen uns erhobenen Beschuldigungen überprüft, und die Bemühungen der Eltern der jungen Leute, die ungerechterweise angeklagt waren, führten dazu, daß sie alle freigelassen wurden. Die Kassiererin bekam nach einem Prozeß eine Strafe von zehn Jahren. Man erfuhr bei dieser Gelegenheit, daß nach mehreren Fällen von Banditentum der Polizeichef, anstatt nach den Banditen zu suchen, die Kassiererin beauftragt hatte, ihm die Jugendlichen zu melden, die zuviel am Bahnhofsbüfett getrunken und gelacht hatten; sie führte diesen Auftrag aus. Seine Darstellung während des Prozesses war nichts als ein Lügengewebe gewesen.

Die Neuigkeit von der Verhaftung der jüdischen Ärzte in Moskau schlug bei uns allen wie ein Blitz ein. In dieser Zeit des blutigen Terrors in der Sowjetunion war dies das erste Mal, daß ein antisemitisches Vorgehen reiflich vorgeplant, mit Zynismus durchgeführt und dabei die Psychologie der Leute geschickt in Rechnung gestellt wurde. Diese Freveltat übertraf alle Verbrechen, die gegen das jüdische Volk in den dreißiger Jahren begangen worden waren, einbegriffen das Verbot aller kulturellen Institutionen und die nächtliche Verhaftung der für sie Verantwortlichen. Die Propaganda erreichte unseren dreitausend Kilometer von Moskau entfernten Flecken. Die Bevölkerung haßte die Russen und mißtraute ständig jeder offiziellen russischen Information; antisemitische Vorurteile waren unbekannt, dennoch sprach mich einer der Arbeiter an:

— Weißt du wenigstens, woran die Deinen schuldig sind?

Vor den Zeitungskiosken drängelte man sich, als ob es sich um eine Verteilung von Zucker oder Mehl handelte. Es bildeten sich Gruppen, es wurde laut vorgelesen: Man kommentierte, man entsetzte sich. Ich ging von einer Gruppe zur anderen, ich beruhigte die Leute und versuchte zu erklären:

— Was haben wir einfachen Arbeiter mit den großen Ärzten von Moskau gemein? Haben sie ihre Rationen Weißbrot mit uns geteilt?

Man verhaftete einen kranken Juden, der am Büfett arbeitete: Es hatte sich das Gerücht verbreitet, er mische zerkleinertes Glas in die Fleischbouletten, die er verkaufte. Jedermann wußte, daß das nicht stimmte, daß er sie nicht selbst herstellte. Aber wer suchte noch nach Logik? Die finstersten Neuigkeiten kamen aus Tiflis: Man kündigte den Juden in allen verantwortlichen Stellungen, die Juden wurden aus den Fabriken und den Handelsorganisationen entfernt. Es ereigneten sich schreckliche Dramen, durch die gemischte Familien zerrissen wurden. Tragische Szenen ereigneten sich zwischen jüdischen Großeltern und ihren Enkelkindern, die sich als Russen fühlten. Unser Schlaf wurde aufs neue gestört. Noch einmal erlebten wir das

Grauen der wohlbekannten Angst. Bei jedem nächtlichen Geräusch schreckten wir auf: Jetzt ist es soweit ... man kommt! Am Morgen waren wir blaß und zerschlagen. Ich verbrannte meine wenigen Bücher in jiddischer Sprache. Mit beklommenem Herzen vernichtete ich den schönen Band über Michaels. Ein Nachbar teilte mir eine weitere, noch alarmierendere Neuigkeit mit: Man deportierte alle Juden. Ich lief auf Umwegen zur Eisenbahnlinie; eine lange Waggonkette hielt auf der Strecke Telawa-Tiflis. Die Waggons waren mit Kuban-Kosaken vollgestopft. In unserem Dorf wurden etwa zwanzig Familien zusammengetrieben. Juden und Nichtjuden. Einige kamen aus dem Iran, andere aus der Türkei, aus Armenien; unter letzteren drei Familien, deren Eltern in Georgien geboren waren.

In der Kooperative suchte der Direktor Streit mit mir. Er behauptete, ich hätte ihn bestohlen: bei dem Paar Hosen, die ich nähte, hätte - nach seiner Meinung - ein Stück für eine Mütze übrigbleiben müssen. Er beleidigte mich und drohte: "Jetzt kennt man euch! Man weiß, wozu ihr fähig seid!" Die Hosen wurden in Gegenwart des Sektionssekretärs der Partei bei der Kooperative aufgetrennt; alle Teile wurden auf dem Tisch ausgebreitet; es fehlte nichts. Aber der Direktor wollte das nicht zugeben. Von Furcht gejagt, suchte ich meinen mächtigsten Kunden, den Staatsanwalt, auf. Aber dieser Besuch zerstreute nicht unsere Befürchtungen.

Der Tod Stalins verursachte bei vielen naiven Leuten echten Kummer. Aber bei den ehemals Deportierten wuchs die Furcht: Würden sich nicht die Massenverhaftungen wiederholen, die auf den Tod Lenins gefolgt waren? In Georgien rief der Tod Stalins Zorn und Mißtrauen hervor, weil man nicht als Nachfolger den Georgier Berija bestimmt hatte, der volkstümlicher und beliebter als Stalin war. Zu seinen Lebzeiten betrachteten die Georgier ihn als einen Assimilierten, weil sie seine georgische Herkunft nicht kannten. Berija hatte lange Jahre in Georgien gearbeitet, bevor er Nachfolger von Jegow wurde. Er besaß hier eine zahlreiche Familie. Von seinem Büro in Moskau aus setzte er sich dafür ein, seinen Landsleuten Privilegien zu verschaffen. Sein Name war mit allen großen Unternehmungen in Georgien verknüpft, insbesondere mit der Errichtung des großen metallurgischen Zentrums von Rustawali.

Nach dem 20. Parteitag wurde Stalin zum Symbol des georgischen Nationalismus. Während man in der ganzen Sowjetunion die Büsten und Porträts von Stalin brennen sah, wurde hier sein Denkmal täglich mit Blumen geschmückt. Lokomotiven und Fahrzeuge waren mit Gemälden und Fotos seiner Mutter in georgischer Nationaltracht, seines Sohnes in Uniform des Luftwaffenkommandanten und seiner Tochter Swetlana geschmückt. Dies war nicht mehr Stalin, der Bolschewik, sondern Stalin, der Georgier. In ganz Georgien war es unmöglich, eine Versammlung zu veranstalten, um über den 20. Parteitag zu berichten, an dem Chruschtschow Stalin entlarvt hatte. Das ganze Volk, von Angehörigen einer Kolchose bis zum Parteisekretär, einschließlich der Agenten des georgischen NKWD, alle waren in ihrem Haß auf die Russen einig. Die Auflösung des einzigen nationalen Regiments, das in Kutaissil stationiert war, die Hinrichtung von Berija, der Verruf, in den Stalin gebracht war, nahmen die Gestalt eines Komplotts gegen das georgische Volk an. Der angesammelte Zorn brach am ersten Jahrestag von Stalins Tod aus, den der Sowjetstaat stillschweigend übergehen wollte. An der Universität von Tiflis streikten Studenten und Professoren; die Schulen und die Fabriken erklärten sich mit der Universität solidarisch. Die Russen, die sich weigerten, an diesem Streik teilzunehmen, wurden von den Georgiern gezwungen, mitzumachen. Massenumzüge füllten die Straßen von Tiflis mit beleidigenden Karrikaturen Chruschtschows und der übrigen Sowjetführer. Die Versammlung gegenüber dem Stalindenkmal dauerte vierundzwanzig Stunden. Der erste Sekretär des Zentralkomitees, den man entführt hatte, mußte bei der Versammlung das Wort ergreifen. Slogans zu Ehren von Mao-Tse Tung und Tschu-en-Lai, die an diesem Tage Tiflis besuchten, wurden skandiert. In der Nähe der Post eröffneten russische Soldaten das Feuer auf die Menge: Niemals ist bekannt geworden, wieviel Tote es unter den Studenten und Schülern gab. Mein Sohn ging in die Schule von Tiflis. Am dritten Tag der Ausgangssperre reiste meine Frau dorthin, um sich nach dem Schicksal unseres Kindes zu erkundigen. Fünf Tage nach dem Blutbad wurde die Ausgangssperre aufgehoben, und Moskau ermächtigte Georgien, von nun an den Jahrestag des Todes Stalins zu feiern.

Bei uns im Dorf wurden zu Füßen der Stalinbüste zwei Fässer Wein angestochen, und man trank, nach religiösem Ritus, auf den Ruhm des Toten. Der Verantwortliche der Partei unserer Kooperative erteilte mir einen Tadel, weil ich nicht an diesem feierlichen Gedenktag teilgenommen hatte. Er brachte mich als "Chruschtschewisten" in Verruf. Ich begriff die Gründe für seinen Vorwurf und billigte sie. Die Georgier sind ein altes Volk mit einer älteren Kultur als der russischen. Minderheiten wie die Georgier hatten das Recht, über ihre Feier- und Trauertage selbst zu entscheiden. Damals aber bewunderte ich vor allem den Mut Chruschtschows, und ich war ihm dankbar dafür, daß er die Maske von Stalin, dem grausamen und blinden Diktator, weggerissen hatte. Um jeden Preis wollte ich auf einen Neubeginn nach dem 20. Parteitag hoffen.

Nach sieben Jahren verließ ich das Dorf zum ersten Mal. Ich machte Urlaub am Meeresstrand. Am zweiten Tag meines Aufenthalts dort unten wurde ich zum Milizchef bestellt, der mir den Befehl erteilte, innerhalb vierundzwanzig Stunden die Stadt zu verlassen. Ich zeigte ihm alle meine Dokumente, die mir bescheinigten, daß ich Stachanowist war und daß ich mit Ermächtigung des NKWD meines Dorfes nur für zehn Urlaubstage gekommen war.

— Das ist dein Glück, sagte er mir, andernfalls kämest du für drei Jahre hinter Schloß und Riegel. Ich selbst glaube dir, aber das, was mit der Feder geschrieben steht, kannst du nicht mit der Axt beseitigen. Falls jemals ein Kontrolleur feststellt, daß ich einem Besitzer eines solchen Passes erlaube, hier auch nur einen einzigen Tag zu bleiben, bin ich verloren!

Wie sollte ich in so kurzer Zeit eine Rückfahrkarte erhalten? Enttäuscht, widerstandslos und beunruhigt verweilte ich auf dem Bahnhof, auf der Suche nach einer Fahrkarte, um möglichst schnell nach Hause zurückzukehren. Stündlich, jeden Augenblick lief ich Gefahr, festgenommen und ins Gefängnis gebracht zu werden. Hätte ich nicht einen Vermittler gefunden - in den Bahnhöfen ließen sich die Gepäckträger den Preis einer Fahrkarte dreifach und mehr bezahlen - hätte ich mindestens eine Woche warten müssen. Ich machte die Rückreise mit sehr trüben Gedanken: Dem klarsten und ehrlichsten Politbüro würde es nicht gelingen, den Gang der Dinge zu ändern; das ganze System müßte sich ändern. Stalin war nicht tot. Tausende von Stalins lebten weiter. Eine echte Änderung setzte gewerkschaftliche Freiheit mit Streikrecht, Gewaltentrennung, Demokratie in der Partei und Anerkennung der Minderheitenrechte voraus. Wenn aber das System auf Korruption, Diebstahl, Schurkerei basiert, wenn das ganze Volk dazu gebracht wird, am Rande der Gesetze zu leben, wenn alle Gefangene mit Strafaufschub sind, was kann man dann erwarten? Nahe dem Gipfel ist man sicher, sich oben zu halten, und jeder Verantwortliche benimmt sich wie ein Stalin. Wer würde es wagen, ihn zu kritisieren? Er hält in seiner Hand das Schicksal und die Freiheit jedes Kolchosenangehörigen. Und er selbst zittert vor dem Inspektor des Regionalkomitees, vor dem Kommissar der Landwirtschaftsabteilung, vor dem ersten Parteisekretär, denn sie sind es, die ihn auf diesen Posten gesetzt haben. Wenn er nicht versteht, den Rücken zu krümmen und die Hände zu schmieren, anders gesagt, für sie zu stehlen, wird er seinen Posten nicht behalten, und wäre er noch so begabt! Dasselbe Phänomen wiederholt sich auf allen Ebenen.

Ich nähte für den ersten Parteisekretär einen Sommeranzug; zur Anprobe begleitete mich der Direktor der Kooperative. Wir mußten länger als eine Stunde warten; schließlich forderte uns der technische Sekretär auf, in das Büro der großen Persönlichkeit einzutreten, ein geräumiges Zimmer, das einem Ministerkabinett ähnelte, mit einem langen, von weichen Sesseln umgebenen Tisch. Entlang den Wänden Bücherschränke mit verglasten Türen, hinter denen man den Goldschnitt der Bücher bemerkte. An der entgegengesetzten Wand hingen grafische Darstellungen über die regionale Produktion. Mein Direktor, der sich bei uns als despotischer und arroganter Herr aufspielte, zeigte hier ein liebenswürdiges Gesicht, ein schmeichlerisches Lächeln und blieb mit einer Verbeugung im Hintergrund stehen.

Ich näherte mich dem Sessel, an dem der erste Sekretär, über ein Verzeichnis gebeugt, saß. Mein Gruß blieb unerwidert; er hob nicht einmal den Kopf. Ich nahm einen Stuhl, setzte mich und betrachtete eine auf dem Tisch liegende Zeitschrift. Auf dem Rückweg, als wir draußen waren, platzte mein Direktor heraus:

— Wie wagst du, derart bei dem ersten Sekretär einzutreten, ohne aufgefordert zu sein?

— Sie, antwortete ich, sind gezwungen, sich vor ihm zu beugen, denn Dutzende anderer begehren Ihre Stellung! Sie hängen von ihm ab, ich aber nicht. Er kann mir mein Handwerk nicht wegnehmen, und niemand reißt sich um meinen Platz als Schneider. Wenn der erste Sekretär nach Tiflis kommt, bleibt er genau so wie Sie auf der Schwelle mit einer Verbeugung vor dem Sekretär des Zentralkomitees stehen, der seinerseits sich auf der Schwelle der Tür vor einem Mitglied des Obersten Sowjets zitternd tief verbeugt.

In der freien Welt kommen in einem kleinen Dorf wie dem unseren vielleicht ein oder zwei Prozesse im Jahr vor. Bei uns arbeitet das Gericht ununterbrochen: Man gibt sich nicht damit ab, Untersuchungen durchzuführen mit Belehrungen, Zeugen, Sachverständigen, Beweisstücken und Verteidigungen; man verurteilt. In der kleinen Fabrik meines Ortes krachte der Transmissionsriemen einer Maschine, der völlig abgenutzt war, überall; wenn man ihn an einer Stelle reparierte, riß er an einer anderen; während sechs Monaten reklamierte der Verantwortliche einen neuen Riemen in Tiflis: außer Versprechungen kam nichts. Verärgert kaufte der Verantwortliche der Kolchose im Fabrikladen einen neuen Riemen mit dem Geld aus der Kasse. Eines Tages ließ sich der Lagerverwalter erwischen und denunzierte unter anderen den Verantwortlichen der Kolchose, der festgenommen wurde. Rückblickend ermaß ich mein Glück, nicht selbst wegen Diebstahls oder Schmuggels verhaftet worden zu sein! Vom einen hatte ich eine illegale Bestellung angenommen, vom anderen Holz und einige Kilo Zucker; ich hatte beim verhafteten Lagerverwalter fünfzehn Meter Stoff, einige Flaschen Mineralwasser, Medikamente und sogar ein Krankenbett gekauft - denn wenn man den Arzt nicht bezahlte, war kein Bett für einen Kranken frei! Ebenso war es, wenn man ein Kind an einer höheren Schule anmelden wollte: Die Zeiten, in denen ein begabtes und fleißiges Arbeiterkind ein Stipendium erhalten konnte, waren vergessen; alle Vergünstigungen waren allein den Kindern der Funktionäre des riesigen Staatsapparates vorbehalten. Mein Sohn beendete die Grundschule mit "Auszeichnung"; sein Banknachbar beendete das letzte Jahr nicht ohne Schwierigkeiten; dennoch war er es, der zur Höheren Schule zugelassen wurde, weil seine Mutter Sekretärin beim NKWD war und gute Beziehungen hatte.

Mein Nachbar, ein Arzt, erzählte mir, daß die sechs Examen, die sein Sohn, ein hervorragender Student, bestanden hatte, um sein Doktorat zu erhalten, ihn sechstausend Rubel gekostet hatten. Offiziell war der Unterricht kostenlos, aber die Kosten eines Studiums aufzubringen, überschritt die offiziellen Mittel einer Arbeiterfamilie. Mein Sohn hatte Anspruch auf ein Stipendium, das die fleißigen Schüler erhielten, damit er aber unter Verzicht auf Fleisch täglich essen konnte, mußte ich ihm ins Internat von Tbilissi, wo er in Pension war, meinen ganzen Monatslohn schicken.

Mosche Zalcman mit Frau und Sohn
Georgien, 1950

Ich verbrachte die Nächte damit, das Für und Wider folgender Frage zu erwägen: Sollte ich ein Gesuch stellen und die Revision der falschen Anschuldigungen beantragen, deren Opfer ich im Jahre 1937 gewesen war, oder besser diese Angelegenheit auf sich beruhen lassen? Schließlich entschloß ich mich, das Gesuch abzuschicken. Lange Monate gingen vorüber, ohne daß ich eine Antwort erhielt. Schließlich wurde ich zum NKWD bestellt. Ich mußte mich mitten in der Nacht einstellen, um ein Dokument ausgehändigt zu bekommen, mit dem Inhalt, daß man am 17. April 1956 in einer Sitzung des Militärgerichts meine Beschuldigung von 1937 überprüft habe. Mir konnte nichts nachgewiesen werden, ich hatte weder ein Verbrechen noch ein Vergehen begangen: Ich war rehabilitiert. Demnach hatte ich zehn Jahre in den Gefängnissen und Zuchthäusern gelitten, war aus meinem Heim gerissen und von der Welt ausgestoßen worden – für nichts!

Ich wurde ermächtigt, meinen Paß eines ehemaligen Zuchthäuslers umtauschen zu lassen. Meine Freude war ungeheuer trotz der Erinnerung an meine unter dem sibirischen Schnee begrabenen Kameraden. Während einer Unterhaltung mit dem Inspektor, der mir meinen Paß aushändigte, erläuterte er:
– Für den NKWD hat sich nichts geändert. Mit oder ohne Rehabilitation, auch wenn du bei allen Göttern schwörst, daß du Rußland und sein System liebst, wir wissen, daß das nur Heuchelei ist, denn ein Mensch, der auch nur ein einziges Mal verhört worden ist, kann nicht dem System anhängen.

Als Entschädigung für die zehn Jahre Zwangsarbeit erhielt ich meinen Lohn für die letzten beiden Arbeitsmonate in der Fabrik von Kiew! Mit diesem Betrag kaufte ich zwei Bettücher. Ich wurde zum ersten Sekretär bestellt, der mir sagte: "Du mußt wieder in die Partei aufgenommen werden." Er schickte mich dann zur Kontrollkommission beim georgischen Zentralkomitee in Tiflis. Diese Kommission war in Wirklichkeit eine Untersuchungsbehörde mit Dutzenden von Büros. In der Empfangshalle warteten wir, etwa dreißig Leute, darauf, vorgelassen zu werden. Alle waren Verantwortliche in der Verwaltung; jeder von ihnen wartete, zitternd von Angst, auf die Entscheidung, die in seinem Fall getroffen werden würde. Hinter den geschlossenen Türen stand seine finanzielle und politische Stellung, eine von der anderen untrennbar, auf dem Spiel. Wenn er das Pech hatte, daß sein Parteibuch - seine Existenzgrundlage - eingezogen wurde, war er verloren. Wenn die Angelegenheit direkt zum Gericht weitergeleitet wurde, konnte er der Freiheit Lebewohl sagen. Ich war der einzige, der, zum ersten Mal, ohne alle Befürchtungen wartete. Ich beobachtete alle diese wohlbestallten und skrupellosen Leute, ich lächelte über diese so sichtbare Hasenfüßigkeit; zweifellos hatten sie vergessen, daß sie ihren Kontrolleuren unterworfen waren, denen sie schmeicheln mußten. Sie fragten sich gegenseitig aus und trösteten sich, stellten Hypothesen auf. Sie wunderten sich, als sie erfuhren, daß ich nur ein Arbeiter war. Das war tatsächlich erstaunlich: Ein Arbeiter unter den Chefs und den Verantwortlichen! Andererseits, ein Arbeiter, der Mitglied der Partei war, war sogar unter Arbeitern fehl am Platz, die in ihm nur einen Spitzel sahen, ihm mißtrauten und im übrigen jedes Parteimitglied als einen Privilegierten betrachteten.

Mein Verhörer prüfte meine Akte und gab mir den Rat, wieder Parteimitglied zu werden, weil ich seinerzeit gerade mein Parteibuch erhalten sollte, als ich festgenommen wurde. Ich wagte ihm zu sagen, daß ich anderer Meinung sei, denn ich hätte mich jetzt an die polnische Partei gewandt: Falls diese meiner langjährigen Zugehörigkeit Rechnung trage, würde sie meine Rückkehr nach Polen verlangen; ich brachte dem Chef des NKWD das Dokument der Sektion "Parteigeschichte", in dem bestätigt wurde, daß ich nach langen Jahren im Dienste der Revolution in die UdSSR als Emigrant gekommen sei, dem das Recht auf Rückkehr zustand. Bei ihm begegnete ich dem Direktor der regionalen Presse. Alle beide machten erstaunte Augen: "Du warst Arbeiter und Revolutionär! Aber wie kommt das?" Sie waren so verständnislos, daß sie nicht meine Hingabe an die Revolution begriffen. Sie waren es, die gegenwärtig die Früchte der Opfer der anderen genossen, und sie verachteten den Arbeiter.

Ich erhielt Nachrichten von meinem Schwager in Paris: Er reiste in die UdSSR als Tourist, aber man verweigerte ihm die Genehmigung, uns zu besuchen. Er schlug mir vor, die Strecke Moskau-Tiflis zu fahren und ihn in Erivan, der Hauptstadt Armeniens, zu treffen. Ich selbst hielt es für weniger riskant für mich, ihn in Moskau aufzusuchen, von wo ich sofort zurückkehren würde, um nicht von den Agenten bemerkt zu werden, die die ausländischen Touristen überwachten, während meine Frau ihren Bruder in Erivan sehen würde. Bei meiner Ankunft in Moskau rieten mir meine Kameraden, sofort nach Hause zurückzukehren, sogar ohne meinen Schwager gesehen zu haben, denn aus dem Treffen könnte sich ein schweres Hindernis für meine Rückkehr nach Polen ergeben; sie versicherten mir, nur die Anfangsbuchstaben hätten sich geändert: M. G. B. anstatt NKWD; dieselben Leute erfreuten sich derselben Macht, der Apparat und das System seien unverändert. Mein Kamerad Guterman unterrichtete mich, daß es für jeden zu Jugendfestspielen Eingeladenen einen Geheimagenten gab, der mit seiner Überwachung beauftragt war. Bei dieser Gelegenheit hatten sie alle Studenten, darunter Gutermans Sohn, dazu herangezogen; offiziell "Führer" im Dienste des Eingeladenen, hatte dieser die Aufgabe, die Personen zu notieren, mit denen der Ausländer in Verbindung trat, und ganz besonders die Sowjetbürger, die er traf. Er erzählte mir, was seinem Nachbarn passiert war: Seine einzige Tochter, eine schöne Studentin, hatte den kaufmännischen Vertreter einer ausländischen Firma kennengelernt. Die Agenten des MGB befahlen ihr, mit dem jungen Mann intim zu werden, um ihn im Interesse des Staates auszuspionieren. Empört unterbrach das junge Mädchen seine Studien in Moskau und reiste nach Tiflis, um dort sein Studium fortzusetzen und sich dadurch einer Aufgabe zu entziehen, die es für abscheulich hielt. Sogar das polnische Konsulat wurde ständig überwacht.

Nachdem ich acht Tage und acht Nächte in den Bahnhöfen Moskaus verbracht hatte, kehrte ich zurück, ohne meinen Schwager gesehen zu haben. Ich wollte kein Risiko mehr eingehen und machte die Rückreise in einem Waggon mit einer Gruppe jüdischer Studenten aus Leningrad. Ihre Fröhlichkeit und ihr Gelächter erleichterten den Kontakt. Unter anderem sprachen wir über die beiden damals viel diskutierten Werke, deren Autoren Juden waren: Kazakewitsch und Ehrenburg. Das Werk des letzteren, "Das Tauwetter", wurde sofort aus dem Verkauf gezogen. Ich sagte zu ihnen:

— Wenn Ehrenburg in seinem Buch nicht das jüdische Problem,

die Tragödie der jüdischen Ärzte, berührt hätte, obwohl dies im Einklang mit den Beschlüssen des Zwanzigsten Parteitages stand, dann hätte er den Leninorden erhalten. Aber er ist der einzige Schriftsteller in der Sowjetunion, der in seinem anderen Werk, "Der neunte Damm", gewagt hat, das antisemitische Klima zu beschreiben, das damals in Kiew nach dem Kriege herrschte.

Ehrenburg gelang es gerade noch, seinen Kopf zu retten. Kazakewitsch erhielt den Preis, denn er lobte in seinem Werk die Rolle der Sicherheitsorgane, denen es gelungen sei, das Chaos zu besiegen, das nach dem Sturz des Nazismus in Ostdeutschland herrschte. Im selben Jahr ermordeten die Agenten des NKWD in Birobidjan den Vater des jüdischen Schriftstellers.

Ich verwickelte die jungen Leute in eine lange Diskussion über die jüdischen Probleme. Sie baten mich, ihnen Werke über die jüdische Geschichte anzugeben. Das einzige, das ich ihnen empfehlen konnte, war "Die jüdischen Kriege" von Feuchtwanger, ein Buch, das man noch in den Bibliotheken der Großstädte finden konnte.

Mein Schwager rief mich aus Erivan an. Er begann mir Vorwürfe zu machen: "Aber ihr seid ja alle krank vor Angst!" Wie hätte er unsere Vorsicht verstehen können? Was wußte er von all den Schrecken, die wir durchlebt hatten? Ich setzte meine Reise fort. Unterwegs sah ich die Grenzagenten des NKWD am Werk. Sie ließen einige junge armenische Bauern aus dem Zug aussteigen, die Spezialfahrkarten und die Genehmigung der Leiter ihrer Kolchose hätten haben müssen.

"Wir wollen doch unsere Hauptstadt sehen", baten sie flehentlich. Sie wurden abgeführt, ich weiß nicht wohin.

Von der georgischen Grenze bis Erivan durchquert man Schneeberge. Die Gegend war kahl; selten gab es Bauernhöfe, Steppen, Wälder. War dies der Grund für die massive Auswanderung der Armenier nach Georgien? Die Georgier, leidenschaftliche Patrioten, die ihr Vaterland liebten, kämpften gegen die russische Assimilierung und für die Beibehaltung ihrer Nationalität; sie widersetzten sich den Mischehen, besonders mit Russen, die übrigens sehr selten eingegangen wurden, obwohl die Russen derselben orthodoxen Religion angehören. Ein Reisender fragte mich:

— Sind Sie Georgier?

— Nein, aber ich wohne hier.

— Das ist dasselbe, antwortete er mir. Ihre Kinder werden Georgier sein. Er sah mich mit einem herzlichen Lächeln an. Was er sagte, traf zu: Die anderen Bevölkerungen assimilierten sich leicht und stimmten für die georgische Nationalität, besonders die Armenier. Für die jungen Georgier, die eine Höhere Schule beendet hatten, war es eine Tragödie, nach Rußland zur Arbeit zu fahren. Sie zogen es vor, bei weniger Gehalt in ihrem Lande zu bleiben. Ich beneidete sie, als ich sah, daß es bei ihnen Familiengemeinschaften gab, die drei bis vier Generationen umfaßten.

In dem Stadtzentrum von Erivan, wo sich das Touristenhotel befand, waren alle Häuser aus weißen Steinen errichtet. Diese Stadt liegt nahe der türkischen Grenze. Die Armenier, die hier lebten, schienen ruhiger und gebildeter zu sein. Alle Ausländer, die im Hotel übernachteten, waren, abgesehen von meinem Schwager, Armenier, die Familienangehörige in Erivan hatten, aber es war ihnen untersagt, eine Nacht außerhalb des Hotels zu verbringen. Die Touristen waren fröhlich, trugen den Kopf hoch, machten Späße und lachten; dagegen betrachteten die

Familien, die sie besuchen wollten, sie mit einer offensichtlichen Traurigkeit. Man konnte auf ihren Gesichtern eine Bedrükkung ablesen oder einfach eine Depression, besonders bei den Armeniern, die nach dem Kriege aus Frankreich zurückgekehrt waren. Ihre Illusionen waren sehr rasch vergangen, und der Kummer nagte an ihnen. Im Gegensatz dazu marschierte mein Schwager, zehn Jahre älter als ich, zuversichtlich durch die Straßen; meine Schwester und ich folgten ihm, schweigsam wie Schatten, und wir drehten uns flüchtig um, um sicher zu sein, nicht verfolgt zu werden. Mein Schwager begeisterte sich unermüdlich! Er konnte nicht die riesige Kraftverschwendung, den Verlust an Millionen Menschenleben, die Verbrechen und die Tränen erkennen: Nichts davon stand auf den Marmortafeln und den Mosaiken des Moskauer Theaters oder an den Wänden des großartigen Gebäudes. Schöpfte er nicht alle seine Informationen über Rußland aus der kommunistischen Presse von Paris? Wußte er, daß eine Nacht in seinem Hotel mehr kostete als den Lohn von vier Arbeitstagen? Er schwärzte uns an: In seinen Augen waren wir nur Hasenfüße und Memmen, vor Angst kranke Leute. Er erzählte uns, daß die Pariser Familie unseres Freundes Guterman ihm Geschenke für diesen mitgegeben hatte. Von seinem Hotel in Moskau aus ließ mein Schwager Guterman wissen, daß er Geschenke für ihn habe und bat ihn, sie abzuholen. Daraufhin erhielt er ein Telegramm von Guterman: Letzterer lehnte die Geschenke ab und wünschte keinen Besuch! Mein Schwager wollte davon nichts wissen und besuchte ihn. Dieser Besuch brachte Guterman eine Vorladung beim MGB ein. Und ein Verhör, nach dem er monatelang in tödlicher Angst lebte. Nach vielen Eingaben mußte er lange auf die Erlaubnis warten, Rußland zu verlassen, um nach Polen zurückzukehren.

MILITÄRGERICHT DES MILITÄRBEZIRKS VON KIEW
Stadt Kiew, Artema 59

21. April 1956, Nummer 271/0-56

Bescheinigung

Betrifft die Anklageschrift gegen Herrn Guerchkovitch Mosche
Zalcman, geboren 1909, überprüft vom Militärgericht des Militärbezirks Kiew am 17. April 1956.

Die aufgrund der Sonderverhandlung des Büros des Volkskom-
missars beim Innenministerium (NKWD) vom 14. November 1937
ergangene Verfügung, betreffend Zalcman, Mosche, Guerchkovitch, wird aufgehoben, und seine Akte wird für erledigt und
strafrechtlich gegenstandslos erklärt aus Mangel an Beweisen.

Der Präsident des Militärgerichts von Kiew

Kriegsgerichtsrat:

ZAHARTCHENKO

Stempel des Militärgerichts des Militärbezirks Kiew.

ВОЕННЫЙ ТРИБУНАЛ КИЕВСКОГО ВОЕННОГО ОКРУГА

"21" .... апреля .... 195.6..г. № 27.1/0-56

г. Киев, Артема 6В.

С П Р А В К А

Дело по обвинению гр-на ЗАЛЬЦМАН Моисея Гершковича, 1909 года рождения пересмотрено военным трибуналом Киевского военного округа 17 апреля 1956 года.

Постановление Особого Совещания при НКВД СССР от 14 ноября 1937 года в отношении ЗАЛЬЦМАНА Моисея Гершковича отменено и дело о нем в уголовном порядке прекращено за отсутствием состава преступления.

ЗАМ. ПРЕДСЕДАТЕЛЯ ВТ КВО
ПОЛКОВНИК ЮСТИЦИИ   / ЗАХАРЧЕНКО /

תעודת הריהאביליטציה של משה זלצמן

389

Das Zentrum für die Heimkehrer war in Warschau in einem am
Stadtrand gelegenen Palais untergebracht; dies Palais hatte einst
einem Juden gehört, in einem abgetrennten Raum befanden sich
noch die Spuren einer Synagoge, besonders der Altar, der die
heilige Thora barg. Dort war auch eine Parteischule, die der-
zeit als Versammlungsort für Altkommunisten, für einstige politische Emigranten, die aus der UdSSR kamen, diente. Einige
hatten, wie ich, das Glück gehabt, am Leben zu bleiben und rehabilitiert zu werden. Die mit unserem Empfang und unserer
Unterbringung beauftragte Verwaltung und auch das Zentralkomitee der Partei befanden sich in einer delikaten Situation,
denn es war für sie unmöglich, auch nur einen einzigen nichtjüdischen Polen herauszufinden.

Für uns jüdische Kommunisten, die jetzt heimgekehrt waren,
zeigte sich nun klar die Wahrheit über die kommunistische polnische Vorkriegspartei, denn die weitaus meisten unter uns, die
durch ihren Einsatz sogleich polnisch geworden waren, hatten
ihre jüdisch klingenden Namen gegen andere, rein slawisch
klingende Namen vertauscht. Man bemerkte auch zahlreiche
Witwen von Parteikämpfern, die in Sibirien erschossen oder
verschollen waren.

Anfangs hat sich die polnische Partei uns gegenüber sehr ver-
ständnisvoll gezeigt, aber man mußte eine völlig einwandfreie
Vergangenheit haben, um eine Wohnung in Warschau selbst zu
bekommen. Die Partei mit ihrem Politbüro und die Staatsver-

waltung spiegelten die Gefühle des polnischen Volkes wider, das antisemitisch und antisowjetisch blieb, weshalb es gut war, wenn man einen Genossen hatte, der die eigene Vergangenheit bezeugen konnte.

Die einstigen Genossen, die in Warschau lebten, konnten einem nicht helfen. Sogar die Mitglieder meiner Gruppe von Zamosc, unter denen sich Armeekommandanten wie Hakman, Brones und Fainberger befanden, brauchten die Hilfe eines nichtjüdischen Polen. Immerhin erhielten wir eine Traumwohnung! Allgemein gesehen war damals das wirtschaftliche und politische Leben in Polen im Vergleich zu Rußland fast paradiesisch zu nennen; man konnte frei atmen, man zitterte nicht wegen eines unbedachten Wortes, man fürchtete weder Gefängnis noch Lager. Überdies war dies Land nicht hermetisch abgeschlossen: Man konnte frei reisen. Mit welcher Angst hatte ich in der Sowjetunion meinen Schwager in Erivan aufgesucht! Im Gegensatz dazu konnte ich mich in Polen frei bewegen und empfing mit Freude meinen anderen Schwager, Henieck Dajez, zu einem Besuch. Letzterer nährte für Polen ein tief patriotisches Gefühl. Seit seiner Jugend hatte er in der kommunistischen Bewegung gekämpft. Dank seiner blonden Haare und seines arischen Aussehens verkörperte er den reinen polnischen Typ und konnte in dem polnischen Arbeitersektor kämpfen. Aktiv in Lodz, dann im Industriezentrum von Dombrowe-Zaglembie, lebte er in der Illegalität, ohne festen Wohnsitz. Er verbrachte zwei Jahre im polnischen Lager von Kartuz-Bereza, wo die Pilsudski-Regierung die Kommunisten gefangenhielt. Seine noch ganz junge Tochter kam auf polnischem Boden um. In Frankreich diente er während des Krieges gegen die Nazis in der Armee, und nach der Unterzeichnung des Waffenstillstandes kehrte er

in die Reihen des französischen Widerstandes zurück. Er machte sich nun Vorwürfe, weil er nicht gleich nach dem Kriege nach
Polen zurückgekehrt war, wie dies andere jüdische Kommunisten getan hatten, die zurückkehrten, um das Land wieder aufzubauen und den Sozialismus zu errichten. Der damalige polnische Innenminister, sein engster Freund, hatte ihn vor dem
Schicksal gewarnt, das zur damaligen Zeit wegen des latenten
Antisemitismus die Polen jüdischen Herkommens erwartete.

Gewiß hatte die Partei gefordert, daß die jüdischen Heimkehrer
würdig empfangen wurden; zu diesem Zweck war sogar ein Son-
derfonds bereitgestellt worden, aber niemand dachte daran, diesen Entkommenen eine Arbeit zu verschaffen, die es ihnen erlaubte, ihr Leben neu aufzubauen. Kurz nach meiner Ankunft
erlebten Juden, daß sie aus ihren Stellungen entlassen und
durch Nichtjuden ersetzt wurden. Es kam bald zu Massenent-
lassungen.

Der "polnische Oktober" des Jahres 1956 erlaubte es einigen
zehntausend Juden, Polen zu verlassen. Unter ihnen gab es eine große Anzahl von Funktionären. Aus der Sowjetunion waren
neunzehntausend Juden nach Polen zurückgekehrt. Aus den Kooperativen, die die Juden dank der Hilfe des "Joint" errichtet
hatten, wurden Werkstätten für nichtjüdische Polen. Den Juden
wurde die Arbeitsmöglichkeit verweigert. Nunmehr errichtete
die Union der kulturellen jüdischen Institutionen, mit Unterstützung der Partei und finanzieller Hilfe des "Joint", neue jüdische Kooperative in Warschau und in den Großstädten der Provinz. Die jüdische Organisation "O. R. T. " eröffnete technische
Lehrgänge, um Juden Gelegenheit zu geben, ein Handwerk zu
erlernen. Nach kurzer Zeit wurden acht Lokale in verschiedenen Straßen Warschaus eröffnet, obwohl nur selten Heimkehrern

gestattet wurde, in der Stadt selbst zu wohnen. Das neue Unternehmen, in dem ich arbeitete, entwickelte sich in einem Jahr so gut, daß zweihundert Arbeiter beschäftigt wurden: 90% dieser Jugendlichen waren Angestellte, die aus den Verwaltungen entlassen worden waren.

In unserer Kooperative ging ein Sprichwort um: "Um in unseren Werkstätten zu arbeiten, muß man mindestens Hauptmann sein." Leider war dies die traurige Wahrheit. Wir hatten unter uns ein Dutzend Kommandanten - einer von ihnen trug eine Auszeichnung mit goldenen Buchstaben, die besagten "Verdienter Held des polnischen Volkes, möge Gott dich belohnen", und er wurde als linker Zionist angesehen; ihm war es untersagt, sein dankbares Vaterland zu verlassen!

Bei uns gab es auch S. Zaidow; einst Freiwilliger in den Kämpfen in Spanien, ehemals von den Nazis deportiert, hatte er mit Cyrankiewicz am geheimen Kampf teilgenommen. Nach dem Kriege wurde er zum ersten Sekretär des Zentralkomitees der Partei in Krakau gewählt. Dann war noch Kurt Jablonski da, eines der ersten Mitglieder der polnischen Arbeiterpartei, der am Widerstandskampf im Ghetto von Warschau und später im eigentlichen polnischen Sektor teilgenommen hatte. Da war auch Lebland, Kommunist aus Lodz und zuletzt Leibgardist von Zawadzki; Lebland, einst tapferer Kämpfer, Sekretär der Konfektionsgewerkschaft in Lwow, hatte zwei Jahre im Lager von Kartuz-Bereza gesessen. Nach dem Kriege ernannte ihn die Partei zum Hauptmann der Armee, dann zum Direktor eines großen Bauunternehmens. Es gab noch Bernsztein, ehemaliger Kommandant in der Kompanie Botwin, der in der Verwaltung der Partei arbeitete. Jeder von uns hatte eine heldenhafte und beispielhafte Vergangenheit hinter sich, und erst als sie aus ihrer gesellschaftlichen Stellung verjagt wurden, begriffen diese Männer, daß sogar das sozialistische Polen keine Ausnahme machen konnte. Diejenigen, die sie so behandelten, waren ihre Kameraden, bewährte Kommunisten, im Kampf um diese Freiheit aufgewachsen, deren Polen sich gegenwärtig erfreute.

Man kannte sie gut, diese jüdischen Kommunisten: Wenn man sie brauchte, um die härtesten und die undankbarsten Aufgaben durchzuführen, waren diese kommunistischen Juden dazu bereit. Sie hatten mitgeholfen, die Wirtschaft, die neue Armee, den Sicherheitsapparat aufzubauen. In den Universitäten hatten sie die nationalen Kader ausgebildet, an denen das Land großen Bedarf hatte; doch nun konnte man auf sie verzichten: Man brauchte sie nicht mehr.

Der "Joint" schickte Maschinen und Rohstoffe, was die jüdischen Kooperativen unabhängig machte. Ich litt darunter, zu sehen, wie das Geld unserer jüdischen Brüder Amerikas in den Schmutz geworfen wurde, denn wir wußten, daß bei der geringsten politischen Veränderung unser Schicksal dasselbe sein würde wie das der ersten nach dem Krieg geschaffenen Kooperative. Heute weiß man, welch enorme Beträge die Juden Amerikas durch Vermittlung des "Joint" in Polen investierten. Im Laufe von acht Jahren drei Millionen sechshunderttausend Dollar, nicht mitgerechnet die Maschinen und Rohstoffe.

Ende des Jahres 1960 begriffen wir, daß diese Kooperativen uns nicht retten würden. Wir suchten dann nach einer Möglichkeit, Polen zu verlassen, besonders diejenigen, die aus dem "russischen Paradies" zurückgekehrt waren. Wir wußten, daß die neuen Volksdemokratien notwendigerweise zu dem Punkt kommen würden, wo sich Rußland befand. Mehr als 90 % der Unsrigen verließen Polen. Nur die Kranken, einige Pensionäre, die zu alt waren, um zu emigrieren, diejenigen, die eine Pension in ihrer Eigenschaft als alte Parteimitglieder erhielten, und schließlich diejenigen, die zu allem bereit waren, um ein leichteres Leben zu führen, blieben.

Ich habe mich bemüht, meinen Grundsätzen treuzubleiben und im Einklang mit meinem Gewissen zu leben. Nachdem ich begriffen hatte, welche kriminelle Rolle die Partei spielt, sobald sie die alleinige Macht besitzt, lehnte ich es ab, ihr anzugehören. Andererseits war ich bereit, der Direktion der Kooperative, in der ich arbeitete, anzugehören. Aber sobald ich als Tourist reisen konnte, verließ ich das Wenige, das ich in Polen besaß, um endlich frei zu sein.

Ich hatte die Schwierigkeiten vorausgesehen, die mich in Frankreich erwarteten und die mit meinen Gerichtsakten angesichts meiner früheren politischen Tätigkeit zusammenhingen, mit meinem Alter und mit meiner angegriffenen Gesundheit und besonders derjenigen meiner Frau; aber ich konnte nicht länger unter einem sozialistischen Regime leben. Ich wollte nicht länger seinen Honig noch sein Gift. Alle zum Abschied zum Bahnhof gekommenen Arbeiter hatten es begriffen. Auf den Gesichtern meiner Kameraden erkannte ich den Ausdruck der Solidarität und der Freundschaft. Mein Herz klopfte sowohl aus Schmerz als auch aus Dankbarkeit für diese Gefährten der langen Jahre der höchsten Not, der Leiden und der Trauer um die ums Leben gekommenen untadeligen Märtyrer eines verhöhnten Ideals.

Eine Gruppe von Angestellten der Jüdischen Schneiderei - Kooperative in Warschau, 1960.

Die Kooperative wurde während der antisemitischen Tumulte im Juni 1967 aufgelöst.

משה זלצמן

...וזכיתי לריהאביליטציה

קורותיו של קומוניסט יהודי
בבתי הכלא ובמחנות הסטאליניים

מיידיש — **גרשון אלימור**

הוצאת „ישראל-בוך"
תל־אביב, תשל״ד — 1974

Nachwort: Wie dies Buch entstand

Auf der Frankfurter Buchmesse 1981 kam eine Vertreterin des Pariser Verlages R e c h e r c h e s an unseren Stand. Ihr war der Hinweis auf unsere Judaica-Reihe aufgefallen. Sie bat darum, das in Frankreich viel gelesene Buch "Histoire véridique de Moshé, ouvrier juif et communiste au temps de Staline" von Moshé Zalcman in einer deutschen Ausgabe herauszubringen. Ihr Verlag bereite eine Taschenbuchausgabe vor, und Freunde hätten ihr unseren Verlag empfohlen.

Nun, während der Buchmesse kann man kein Buch lesen, sonst würde vielleicht ein wichtiges Gespräch nicht zustandekommen. Ein, zwei Wochen später schickte der Pariser Verlag etliche Buchbesprechungen aus angesehenen französischen Zeitungen über das im Jahre 1977 erschienene, aus dem Jiddischen ins Französische übersetzte Buch. Es zu lesen, war fesselnd, Mosche stand uns vor Augen, wenn er aus seinem bewegten Leben in Polen, Frankreich, auf der Fahrt nach Moskau und schließlich von seinem Leben in der Sowjetunion berichtete. Auf der letzten Buchseite angekommen, wollte ich mit Mosche sprechen, um ihm zu sagen, wie tief mich sein Lebensbericht beeindruckt habe, und daß wir eine deutsche Ausgabe machen würden. Die Auskunft beim Fernamt nannte eine Nummer zum Namen Zalcman, Moshé, in Paris. Ich wählte in dem Gefühl, in einer anderen Welt anzurufen. Tatsächlich meldete sich eine männliche, leise Stimme: "Oui, monsieur, c'est moi, l'auteur de l'Histoire véridique ..." Er freute sich über die kommende deutsche Ausgabe, die mit Hilfe meiner lieben Frau bei der Übersetzung und Fertigstellung der Druckbogen entstehen würde.

Vom 12. Januar 82 bis heute, am 26. Juni, war Mosche uns ständig gegenwärtig, und wir freuen uns, nun seinen Lebensbericht einem deutschsprechenden Leserkreis vorzulegen.

Wie war es dazu gekommen, daß ein junger jüdischer Arbeiter im christlichen Polen nur im Kommunismus seine einzige Rettung erblickte, dann wegen des Judenhasses in Polen nach Frankreich auswich, sich in der jüdischen Sektion der kommunistischen Gewerkschaftsbewegung verdient machte und den glühenden Wunsch empfand, im "Vaterland aller Werktätigen" am Aufbau des Sozialismus mitzuarbeiten, und schließlich erkannte, daß in der Sowjetunion sein Ideal verhöhnt wurde? Er begriff, daß der Mensch der Willkür preisgegeben ist, sobald nur eine einzige Partei in einem Staate herrscht.

Ich erinnerte mich der deutschen Diktatur des "Dritten Reiches" mit seiner Verfolgung Andersdenkender, mit seinen Verbrechen, die in tausend Jahren nicht vergessen sein werden. Heute aber haben wir in unserem Teil Deutschlands Rede- und Koalitionsfreiheit, wie es sie nie in der deutschen Geschichte gegeben hatte. Warum sollte eine ähnliche Entwicklung nicht auch in der Sowjetunion stattfinden können? "Kommunismus in der UdSSR unter Stalin", ist etwas wesentlich anderes als "Kommunismus in Ungarn von 1982", und dieser Entwicklungsprozeß würde gefördert, sobald die militärische Einkreisung der Sowjetunion, ihr starres, von der Partei beherrschtes Wirtschaftssystem mit hoffnungsloser Ineffizienz der Produktivität sich ändern. Unsere östlichen Nachbarn sind ebenso liebenswerte Menschen wie andere, die in allen Teilen Europas wie in der ganzen Welt leben.

Es scheint mir eine sinnvolle Aufgabe zu sein, Bedingungen zu schaffen, unter denen alle Menschen von Not und Elend befreit sein werden. Verständnis für andere zu wecken, wäre der schönste Lohn für die Arbeit an diesem Buch.

Darmstadt, 26. Juni 1982

Günther Schwarz

Mosche Zalcman und seine Frau in Paris 1969

VERLAG DARMSTÄDTER BLÄTTER, Haubachweg 5, 6100 Darmstadt

Reihe Konfliktforschung

Bd. 1 Konfliktforschung

Jerome D. Frank, Muß Krieg sein? Psychologische Aspekte von Krieg und Frieden 491 S. Ln. DM 25. -ISBN 3-87139-005-4 kt. DM 20. -ISBN 3-87139-006-2. Anhang:John Somerville:Die Demokratie und das Problem des Friedens. Aus dem Vorwort von Senator J. William Fulbright:" Nur wenn wir unser Verhalten verstehen, haben wir die Hoffnung, es so zu lenken, daß der Fortbestand der Menschheit gewährleistet wird. "

Bd. 2 Konfliktforschung

Robert Kennedy, Dreizehn Tage / Wie die Welt beinahe unterging (Kubakrise 1962) 2. Auflage 1982, 364 S. kt. DM 20. -, ISBN 3-87139-076-3, mit zwei Beiträgen von Anatol Rapoport:"Kubakrise - die letzte Konfrontation?" und "Clausewitz - auch heute noch?", sowie Kommentar von John Somerville. "Das wichtigste zeitgeschichtliche Dokument"

Bd. 3 Konfliktforschung

John Somerville, Durchbruch zum Frieden / Eine amerikanische Gesellschaftskritik 272 S. Ln. DM 20. -ISBN 3-87139-021-6; kart. DM 14. 80 ISBN 3-87139-020-8. Aus d. Vorwort v. Eugen Kogon:"Die Hauptschwierigkeit, die im Wege steht, ist das Denken nur in den Erfahrungen von vormals bis gestern; nicht den Mut zu haben, sich aus altgewohnten Vorstellungen zu befreien, sich den grandiosen Möglichkeiten zu erschließen, die wir heute haben".

Bd. 4 Konfliktforschung

Anatol Rapoport KÄMPFE, SPIELE UND DEBATTEN / Drei Konfliktmodelle 448 S. brosch. DM 35. - ISBN 3-87139-038-0 Inhalt: Die Blindheit der Massen / Die Logik der Strategie / Die Ethik von Debatten / Die Debatte: Gründe für den Kollektivismus / Gründe für den Individualismus

Eine wissenschaftlich begründete Methode, mit der wir menschliche Konflikte in allen ihren Formen verstehen - und vielleicht auch beherrschen - können. "Als Mathematiker, Biophysiker, Philosoph und Soziologe hat Anatol Rapoport eine ausgezeichnete allgemeinverständliche Einführung in den weiten neuen Bereich der systematischen Untersuchung von Konfliktsituationen - von Streitigkeiten bis zur Entscheidung über Krieg und Frieden - geschrieben... Ein ernstzunehmender Beitrag ebenso wie eine Höchstleistung an klarer und sinnvoller Kommunikation" Karl W. Deutsch, Yale Review

Bd. 5 Konfliktforschung

Anatol Rapoport KONFLIKT IN DER VOM MENSCHEN GEMACHTEN UMWELT 352 S. brosch. DM 25. -, 2. Aufl. ISBN 3-87139-032-1

Inhalt: I. Systeme in der Umwelt: Der sogenannte Existenzkampf / Systeme im Gleichgewichtszustand / Vom Tropismus zum Verhalten / Lernen / Vom Zeichen zum Symbol / Die symbolische Umwelt / Evolution und Überleben / Der Fortschrittsgedanke/ Ein Tag im Leben von Herrn A und Z. II. Die Ursachen und Strukturen von Konflikten: Der sogenannte Aggressionsinstinkt / Umwelttheorien der Aggression / Systemtheorien: Hobbes, Hegel, Clausewitz, Marx und Lenin, Richardson und Kahn / Eine Systematik von Konflikten / Endogene Konflikte / Verinnerlichung von Konflikten / Professionalisierung von Konflikten / Konfliktlösung / Ausblicke

Bd. 6 Konfliktforschung

Georg Friedrich Nicolai, Die Biologie des Krieges: Betrachtungen eines Naturforschers / Den Deutschen zur Besinnung; Nachdruck der 1. Originalausgabe (2. Aufl.) Zürich 1919 (Druckplatten 1915 in Deutschland beschlagnahmt), 3. unveränderte Auflage 1982, Geleitwort von Romain Rolland, Teil I:Kritische Entwicklungsgeschichte des Krieges, Teil II:Die Überweindung des Krieges (in einem Band), 575 Seiten , kart. DM 28. 50, ISBN 3-87139-069-0

VERLAG DARMSTÄDTER BLÄTTER, Haubachweg 5, 6100 Darmstadt

Reihe: SPRACHE UND KOMMUNIKATION

Band 1 S. I. Hayakawa SPRACHE IM DENKEN UND HANDELN / Allgemeinsemantik
5. erw. Aufl. 464 S. kart. DM 28. 50, ISBN 3-87139-027-5. Das Buch erklärt, wie menschliches Verhalten durch Worte beeinflußt wird. H. von H e n t i g : "Ich glaube, wenn die Pädagogen wüßten, was sich hinter dem Wort 'Allgemeinsemantik' verbirgt, sie hätten sie sich längst zu eigen gemacht". Walter J e n s :" "Ich bin vom Aspektreichtum, dem Witz und d. Treffsicherheit dieses im besten Sinn originellen Buches außerordentlich beeindruckt. "

Band 2 S. I. Hayakawa VOM UMGANG MIT SICH UND ANDEREN-Eine Lebenshilfe, 269 S. kart. DM 14. 80, Ln. DM 20. - ISBN - 001-1 (kart); - 000-3 (Ln.). "Durch Allgemeinsemantik erfahren wir von einer Wirklichkeit, die jeden Bereich unseres Lebens durchdringt und uns davor bewahrt, Opfer von Fehleinschätzungen und der daraus erwachsenden Fehlhaltungen zu werden. " Dr. med. Walther H. L e c h l e r .

Band 3 S. I. Hayakawa, DURCHBRUCH ZUR KOMMUNIKATION/Vom Sprechen, Zuhören und Verstehen, 226 S. kart. DM 20. -, ISBN 3-87139-051-8
Das Buch behandelt die Beziehungen zwischen Eltern und Kindern, Männern und Frauen, ethnischen Gruppen, Nationen, Verbrauchern und Werbeleuten, Fernsehprogrammen und Zuschauern. Senator Hayakawa veranschaulicht die Eigenschaft unserer Kommunikation, daß unser Selbstverständnis auf den Kommunikationsvorgang einwirkt, und er legt dar, wie man Mißverständnisse überwindet. "Als Motto über Hayakawas gesamter Arbeit könnte der Satz von Alfred Korzybski stehen:' Mit anderen Beurteilungen (Interpretationen, also letzten Endes Wörtern (Helmut S e i f f e r t, Erlangen) kannst du eine andere Welt machen'. Im Grunde handelt es sich um die Analyse und Bekämpfung sozialer und politischer Vorurteile. Hayakawas 'Sprache im Denken und Handeln' ist ein Hit! "

Band 4 & 5 G. Schwarz (Hg.)WORT & WIRKLICHKEIT / Beiträge I & II zur Allgemeinsemantik, jeder Band 362 S. Ln. DM 25. -(-004-6 Bd. I); kart. DM 20. -(-015-1 Bd. II); (-025-9 Bd. II Ln. ; -024-0 kt.). Bd. I: Probleme der Kommunikation und der Erziehung/ Beziehungen zwischen Sprache und Denken/Allgemeinsemantik im Umgang mit Menschen und Nationen; Bd. II: Ursprung und Verbreitung der Allgemeinsemantik/Ihre Bedeutung für die Erziehungswissenschaft/für die Persönlichkeitsentfaltung und die Gesellschaft.

Band 6 & 7 Mary S. Morain: Bd. 6 ALLGEMEINSEMANTIK & VERHALTEN/Eine Didaktik mündlicher Kommunikation, Unterrichtsmodelle, 2. Aufl. . 160 S. kart. 14. 80 (-030-5) Bd. 7: ALLGEMEINSEMANTIK FÜR DIE SCHULE : Entwürfe für den Deutsch- & Sozialkundeunterricht, 170 S. kart. 14. 80 (Classroom exercises i. g. s. , USA 1980; -065-8)

Band 8 Hildegard Schwarz, MIT TRÄUMEN LEBEN - Einsichten, 208 S. DM 20. - ISBN 3-87139-072-0. Die Autorin:" Die Arbeit an den Träumen bewirkte gewissermaßen eine zweite Geburt, in der Vereinzelung und Entfremdung aufgehoben sind und die Zerrissenheit in der eigenen Brust geheilt ist" und "Durch meine Erblindung bin ich eigentlich erst sehend geworden".

Sprachbücher für Kinder

Irma E. Webber, SO SIEHT'S AUS / Ein Buch über Gesichtspunkte (Für Kinder von 6-14). Vier Mäuse leben in vier verschiedenen Teilen einer Scheune. Jede Maus sieht das Leben von ihrem eigenen sicheren Schlupfloch aus an sich vorüberziehen und hält ihre Ansicht für die absolute Wahrheit. Erst unter dem Druck einer Gefahr kommen sie zu gemeinsamen Ansichten. Schenken wir in den bildsamen Jahren unserer Kinder genug Aufmerksamkeit der Art des Denkens, die in dieser Geschichte enthalten ist? Mit 55 lustigen Zeichnungen, Malvorlagen, einer Sprachenübersicht, zwei Welt-Mäusekarten. Lieferbare Ausgaben: enthalten Deutsch, Englisch, Französisch +
Band 1: spanisch, ISBN 3-87139-041-0
Band 2: italienisch. ISBN 3-87139-042-9
Band 3: türkisch. ISBN 3-87139- 043-7
Band 4: griechisch. ISBN 3-87139- 044-5   Band 1-6 (DIN A 5) DM 9. 80
Band 5: serbokroatisch. ISBN 3-87139- 045-3   Band 7 (DIN A 4) DM 16. 80
Band 6: nur deutsch, englisch, französisch
Band 7: deutsch, englisch, französisch, italienisch, russisch, spanisch; 3-87139-049-6

VERLAG DARMSTÄDTER BLÄTTER, Haubachweg 5, 6100 Darmstadt

Willis W. Harman, Gangbare Wege in die Zukunft? Zur transindustriellen Gesellschaft, Vorwort Robert Jungk. 240 S. kt. DM 25. -ISBN 3-87139-074-7

Inhalt: Die Methoden zur Erforschung von Zukünften/ Steht eine Umwandlung bevor? / Das Wachstumsdilemma / Das Dilemma des Stellenwerts der Arbeit / Das globale Verteilungsdilemma / Das sich wandelnde Bild vom Menschen / Die transindustrielle Ära/ Strategien für eine lebenswerte Zukunft

Paul Goodman, Aufwachsen im Widerspruch / Über die Entfremdung der Jugend in der verwalteten Welt. 348 S. Ln. DM 25. -ISBN 3-87139-010-0; kt. DM 20. -ISBN 3-87139-011-9. Vorwort Hartmut von Hentig. "Die beste Analyse der geistigen Leere unseres technischen Paradieses, die mir bekannt ist". Sir Herbert Read.

Anatol Rapoport BEDEUTUNGSLEHRE / Eine semantische Kritik
533 S. Ln. 35. -; brosch. 28. 50 ISBN 3-87139-018-6 (Ln); 3-87139-019-4 (brosch.)

Der Mensch und seine Sprache / Symbol und Bedeutung / Von der Bedeutung zum Wissen / Vom Wissen zur Verantwortung

Anatol Rapoport PHILOSOPHIE HEUTE UND MORGEN / Einführung ins operationale Denken, 454 S. brosch. DM 25. - 2. Auflage ISBN 3-87139-035-6

Inhalt: I. Operationales Wissen / Das Problem der Definition, -der Wirklichkeit, der Nachprüfbarkeit, der Deduktion, der Kausalität / Gedankensysteme. II. Operationale Ethik : Haben wir die freie Wahl? / Ziele und Mittel / Typen der Wertsysteme / Operationale Ethik / Individuum und Gesellschaft / Kommunikation, Macht und Revolutionen III. Die Grenzen: Quantifizierung / Die Quantifizierung der Gültigkeit, Richtigkeit und Kausalität / Die Quantifizierung der Ordnung, des Lebens und der Ethik / Die extensionale Verständigung / Metaphern und Modelle / Die Aufgabe des Philosophen

Bertrand Russell sagt seine Meinung -Eine Stimme moderner Aufklärung 228. S. kt. DM 16. 80, ISBN 3-87139-034-8. 13 Dialoge mit Woodrow Wyatt im BBC über: Zukunft der Menschheit/ Freiheit des Einzelnen/ Fanatismus und Toleranz/ Kontrolle der Macht/ Kommunismus und Kapitalismus/ Atomkrieg und Pazifismus/ Einfluß der Religion/ Moralische Tabus/ Weg zum Glück/ Wert der Philosophie. B. R. war "Einer der brillantesten Sprecher der vernünftigen Denkweise und Menschlichkeit und ein furchtloser Kämpfer für freie Rede und freies Denken im Westen" - aus der Begründung des Nobelpreises im Jahre 1951 für Bertrand Russell.
Bertrand Russell speaks his mind, 174 S. kt. DM 9. 80. ISBN 3-87139-039-9

Lao Tse, Tao Te King, übertragen von Reinhold Knick, Chang Tung-Sun, Chinesen denken anders : Ältestes und modernes chinesisches Denken. 15 Abb. 130 S. kt. DM 12. 80 ISBN 3-87139-048-8

Chung Cheok Tow, Chinesisches Schattenboxen / Anleitung zum Shao-lin, dreisprachige deutsch-französisch-englische Ausgabe, 3. Aufl. 171 S. kt. DM 25. -ISBN 3-87139-017-8

Modern Guide to Synonyms and related words, edited by S. I. Hayakawa, amerikanisch-englisches Synonymen-Wörterbuch, 726 S. Leinen DM 68. - ISBN 3-87139-007-0. Sechstausend Synonyme des klassischen Englisch, des literarischen Amerikanisch & der Umgangssprache beider Länder werden von einander abgegrenzt, definiert und an Beispielen erläutert; auch Slang und mundartliche Ausdrücke sind berücksichtigt.

Gilbert Casez, Wir lernen Deutsch in Deutschland/Ein praktisches Lehrbuch für erwachsene Ausländer ohne Deutschkenntnisse, Band 1 Grundstufe, 181 S. kart. DM 16 . 80 ISBN 3-87139-046-1; Übrungs- und Lehrerheft, 95 S. DM 12. 80

VERLAG DARMSTÄDTER BLÄTTER, Haubachweg 5, 6100 Darmstadt
Neue Reihe Judaica

Band
1: Denkwürdigkeiten der Glückel von Hameln, Geleitwort Hans Lamm, 368 Seiten
kt. DM 28.50, hrsg. Alfred Feilchenfeld, ISBN 3-87139-053-4

2: Ludwig Rosenthal, "Endlösung der Judenfrage":Massenmord oder "Gaskammerlüge"?
Eine Auswertung der Beweisaufnahme im Nürnberger Kriegsverbrecherprozeß, 2. Aufl.
5 Abb., 179 S. kt. DM 12.80, ISBN 3-87139-059-3

3: Julian Castle Stanford ehemals Schloss, Tagebuch eines deutschen Juden im Untergrund,
189 S. 30 Abb. DM 12.80, ISBN 3-87139-054-2

4: Nahum Goldmann, Erez-Israel:Reisebriefe aus Palästina 1914 und Rückblick nach siebzig Jahren, 3. Aufl. 1982, 229 S. kt. DM 20.-, ISBN 3-87139-056-9

5: Joseph Weill, Ein Sucher nach ewiger Wahrheit: Ernest Weill (1865-1947) Oberrabbiner
von Colmar & Oberelsaß, a. d. Franz. übs. 210 S. kt. DM 20.-ISBN 3-87139-055-0

6: Jenny Spritzer, Ich war Nr. 10291, Tatsachenbericht einer Schreiberin d. pol. Abt. aus
dem KZ Auschwitz, 2. Aufl. 1980(1. Aufl. 1946), 179 S. kt. DM 12.80, ISBN 3-87139-060-7

7: Krystyna Zywulska, Leeres Wasser, Roman nach authentischen Erlebnissen i. d. warschauer Gettos, 2. Aufl. Vorwort VERCORS, 312 S. kt. DM 28.50, ISBN 3-87139-061-5

8: Krystyna Zywulska, Wo vorher Birken waren, Überlebensbericht einer jungen Frau aus
Auschwitz-Birkenau, 2. Aufl., 296 S. DM 28.50, ISBN 3-87139-062-3

9: Dagobert David Runes, Die Wurzel der Judenverfolgungen, a. d. Amerikan. übs. (The war
against the Jew, N. Y. 1968)Nachw. Heinz Kremers, 336 S. kt DM 28.50 ISBN 3-87139-064-x

10: Grete Salus, Niemand, nichts - ein Jude. Theresienstadt, Auschwitz, Oederan, Reprint 1958
("Eine Frau erzählt") 128 S. DM 12.80, ISBN 3-87139-070-4

11: Ludwig Rosenthal, Wie war es möglich? Die Geschichte der Judenverfolgung in Deutschland von der Frühzeit bis 1933, 165 S. kt. DM 12.80, ISBN 3-87139-063-1

12: Edmond Fleg, Warum ich Jude bin, 2. Aufl. (Reprint 1929), 96 S. kt. DM 12.80 aus dem
Französischen übs. v. Mimi Zuckerkandl. Vorwort Hans Lamm, ISBN 3-87139-068-2

14: Oscar Teller (Hg), Davids Witz-Schleuder:50 Jahre Jüdisch-politisches Cabaret, 395 S.
32 Abb. brosch. DM 39.80, ISBN 3-87139-073-9, 1982, Vorwort Gerhard Bronner, Wien

15: Mosche Zalcman, Als Mosche Kommunist war / Die Lebensgeschichte eines jüdischen Arbeiters in Polen und in der Sowjetunion unter Stalin, a. d. Franz. übs. v. Helma
& Günther Schwarz, (Paris 1977, Original Jiddisch Tel-Aviv 1970) 391 S. 16 Abb.
brosch. DM 28.50, ISBN 3-87139-077-1

VERCORS:Das Schweigen des Meeres / Le Silence de la Mer, zweisprachige deutsch-franzö-
sische Europaausgabe 1982, 144 S. kt. DM 12.80, ISBN 3-87139-067-4
- -

DARMSTÄDTER BLÄTTER

Haubachweg 5, 61 Darmstadt

Verlangen Sie ein kostenloses Probeheft unserer Monatsschrift DARMSTÄDTER BLÄTTER